U0007129

文化的困境

20世紀的民族誌、文學與藝術

THE PREDICAMENT OF CULTURE

Twentieth-Century Ethnography, Literature, and Art

詹姆士・克里弗德

王宏仁、林徐達 譯

James Clifford

目錄

I

話語 Discourses

II

移轉 Displacements

推薦

文化的困境，也是文化的超越

方怡潔（國立清華大學人類學研究所副教授）

人類學作為一門學科，有其框定的研究對象，其所使用的主要概念「文化」曾為人類學帶來了獨特的視角，加上強調骨架、血肉、精神三者缺一不可的田野調查法，讓人類學家被賦予了研究「文化」的**民族誌職權**（ethnographic authority）。但當現代化、全球化、殖民、資本主義、國族主義、地緣政治等帶給「文化」諸多衝擊與挑戰，「文化」的困境，是否仍舊能以研究「文化」的方法來解決呢？當這些概念與我們面對的研究對象的日常經驗再也無法匹配時，現在的我們如何使用過去發展出的理論、方法與實踐來完成研究的任務？現在的我們又該如何去框定甚至指認我們研究的對象為何？文化是什麼？當群體都已經碎裂、跨越、跨在「之間」的今日世界，到底我們多大程度還能言之鑿鑿地指稱「××文化」是什麼，而沒有一絲懷疑或不安？

詹姆士・克里弗德在本書中一步步細膩檢視田野工作與民族誌書寫的權威來源。在場、理解、同步、循跡、學習，這些理念在某些時代脈絡下的田野實踐過程中，曾帶來了希望——彷彿我們因此可以得到一些其他學科不能得到的洞見，但在世界變化後，也一樣帶來痛苦與困境——到底，我們在做什麼？我的理解是什麼樣的理解？在知識生產與知識的譜系中，人類學式的知識、了解與明白，是有意義的嗎？應該被擺在什麼樣的位置？越眞誠面對這些困境，就越拉扯、越痛苦，我們該以什麼態度面對文化的困境，以及面對文化的困境是否等同面對自身「明白」的困境？這些都是深不見底的大哉問，平常鮮少有人願意臨淵履薄一探究竟，而《文化的困境》一書直接面對著這些問題。

對我而言，人類學的一個獨特之處在於它一直勇於（甚至是興致勃勃、樂此不疲地）反覆檢驗、挑戰、修正自己學科的根基，這種傾向讓我即使在當了很久很久的人類學學徒之後，仍然會感到讚嘆——有些人類學家能邊拆掉自己走過的來時路，邊走出一條新路；一邊瓦解立論的前提，一邊重新找到定位，犀利地看穿世界。他們能細細拆解掉一個個我們習以爲常的定見，透過靈活綿密的旁徵博引，一步步說服、引導你走上一條無人走過也不知盡頭的小路，讓你讀得絞盡腦汁，不時要停下來思考，有時隨著他讚嘆路邊不曾看過的風景，突然之間，一個全新的世界展開在面前，使你全然忘記來時的疲憊。

克里弗德一開始就探問人類學最根本也最棘手的問題：現代性發生後的文化是什麼？

或說，不曾本質化／去本質化的文化如何再現？克里弗德把人類學這門學科地基中的預設給問題化了，讓讀者一打開這本書就必須跟他一起面對「純粹產物已然瘋狂」之後的世界（那個世界還有我們曾經以爲存在的「文化」嗎？）。但好在他並沒有把我們遺棄在大而沉重的質疑中，讓罪惡感與焦慮吞噬我們，而是率先勇敢地邁向那黑黝黝的黑洞，帶我們無重力飛翔，跟著去看他在一切與一切都瓦解之後找到的天地。

面對不再純粹的現代世界

本書分成四個部分，分別題爲「話語」、「移轉」、「收藏」與「諸多歷史」。在導論中，克里弗德以理解的口語捕捉了邊緣族群在「進入現代世界」之後的困境——獨特歷史迅速消失，捲入資本主義與各種進步科技所支配的洪流中，失去創造自身在地未來的能力，即使他們的獨特之處仍然緊緊依繫著傳統，但卻無力創造新的結構。這種現象影響的不只邊緣族群，更讓西方世界中心的布爾喬亞階級社會整個被擾動，人們陷入困惑，被一種名爲「瀕危的本眞性」推入失去根源、無法言喻的混亂之中：像一個年輕醫師看著來自肯塔基州、帶著印地安血統的女孩被「拋棄」到紐約郊區的中產階級家戶中，在廚房與洗衣間打掃家裡和照顧小孩時所湧起的極度混雜的情緒；也像李維史陀在紐約公共圖書館看到拿著派克鋼筆頭戴羽毛裝飾的印地安人時產生的不適感。

這種因爲現代化而失去過去、失去本眞性、失去一切有價値的事物的悲觀情緒瀰漫在李維史陀《憂鬱的熱帶》中，但卻不在《文化的困境》裡。克里弗德反而一開始就堅定地告訴我們：現在還在追求純粹本眞性的本質是瘋狂的，相反地，它爲正在穿越現代性的特定路徑創造了空間。過去、滅絕、遙遠社會，不需要被哀悼、喟嘆，也不必搜集、記錄、珍藏、以其爲師，這些瀕臨滅絕的眞品，正在重建自己。他引威廉斯的說法：「面對新的事物形態如同面對現實本身……進入一個新世界，並且擁有移動以及新意的自由」（頁八〇～八一）。原先以爲傳統的生活形態，注定會融入「現代世界」之中，但差異性並沒有消失，而是以新穎的方式，重新宣告。西方現代性的願景，無法包容並解釋這些並存著過去、現在與各種可能的未來的複雜主體，所以讓人不適、失序、混亂，而克里弗德企圖以本書來迎戰這個挑戰：打開／拋棄西方現代性預設的（過去與）未來，以及這個軸線同時安放著的他者與自我，評估並正視許多種可能性。

要打開／拋棄西方現代性預設的過去與未來，首先要理解人類學曾經經歷的「那個擁有爲他者日常（或是歷史）『發聲』的特權，而不用擔心矛盾的時代」是如何面對文化、書寫文化，再爲這個年代已經成爲過去了之後，當「無家可歸的身分成爲一種普遍狀態時」，人類學家該如何面對文化、書寫文化，騰出討論的空間。

因而，第一部分的「話語」，正是在反思和直指這整個或被意識到、或被遮蔽的過程。「文化的困境」描寫的困境因而不只在於再現文化本身的困難，還包括了更深層的關於了解、知曉、描述本身就會遭逢的困難。克里弗德精彩地梳理了人類學田野工作方法的發展歷史，從馬凌諾斯基開始，根據個人經驗、強調觀察，再加上科學做法與系統性資料搜集的「參與觀察」，保證了民族誌工作者作爲在地生活最佳詮釋者的權威與地位，讓人類學建立起學院訓練的學者模式，取代之前民族誌知識的廉價模式。

馬凌諾斯基在《西太平洋的航海者》（編按：*Argonauts of the Western Pacific*，卽《南海舡人》）開篇的方法論章節，就爲現代人類學的田野調查立下了宏大的目標，亦卽要用民族誌捕捉一個在地文化的「骨架」、「血肉」與「精神」，他把身爲一個人類學家的作品，與長期住民的著作以及其他的科學工作者的調查區分開來，目的在以科學方法去描繪「現實生活中的不可測現象」，如他所說，這些是指諸如「工作日的例行工作、照料身體的細節、烹調食物和進食的方式、村裡火邊的閒談與社交生活的步調、強烈的友情或敵意、人際往來的同情和嫌惡、憎恨、虛榮、野心」*，試圖以這些去超越「縱覽調查（survey work）常勾勒

* 馬林諾斯基（Bronislow Malinowski），一九九五（一九二二），《南海舡人：南太平洋土著的海上冒險事業》（*Argonauts of the Western Pacific: An account of native enterprise and adventure in the Archipelagoes of Melanesian New Guinea*）。頁四一。台北：遠流出版社。

出極佳的骨架（部落組成），卻不見血肉，可以很清楚地認識該社會的風俗法則和規律，卻感覺不到也想像不出實際的人生」的弊病，而要做到描繪「現實生活中的不可測現象」，卻是「只根據報導人陳述，或是只根據客觀文獻，或是只根據觀察，都無法得知的」。馬凌諾斯基知道自己正挑戰一個在「社會心理學事實研究中的歌帝之結（Gordian Knot）」——想要知曉、描述出那些「即使存在（人們通常感覺到、想到或經驗過），卻沒有人說得出來，更不要說用言詞條例指出這些狀態」的「刻板印象化的思考方式與感覺方式」。自馬凌諾斯基以降，人類學不打算從理論上解開這個結，而以「直接逼近實際手段」，在方法論上進行克服困難的探討：一個「學習者」的謙卑態度某種程度保證了人類學再現文化的權威。但文化到底指涉什麼？從局部中尋找普遍性、在部分中尋找整體嗎？這是否終將徒勞無功？

「民族誌文本是在充滿政治主導情境中的多聲交流的編排」（頁八七），克里弗德說，這樣的過程創造出一種特定的主體性，是不對等交流下的產物。今天，我們得面對民族誌本質上可以說都是小說（即使是嚴肅的）的眞相。人類學家逐漸意識到也承認，不管對在地人或是觀察者、有意或無意，不管多麼力圖避免，民族誌仍然都是對眞實的建構。特別是，當「文化作爲一個複雜整體」的預設在今日已經難以操作、也越來越難符合經驗事實時，我們越來越說不清，部分如何可以理解整體，以小見大的方法論又是如何可行。

差異與整體：不斷移動的「文化」

在第二部分「移轉」，克里弗德把焦點轉向民族誌的超現實主義。超現實主義在他的用法中是指涉一種「重視破碎、奇特收藏、突如其來的並置的藝術」。他精彩地論證了科學和藝術之間的界線是意識形態和流動的，而民族誌的發展史也被捲入到這樣的流動之中。在這裡登場的主要是法國的人類學家，如牟斯、李維史陀等。法國當時對異國情調的時尚熱情造就了人類學這門學科（或說人類學這門學科藉此興起），文化在此除了被看作遵守秩序，更是對於秩序的逾越。偶然與諷刺的拼貼、擾亂分類的秩序、對「自然」的視覺錯位，民族誌和超現實主義會合了，共同且持續地顚覆表面眞實。這背後深具特色的抱負是以差異作爲開端，進而使差異變得可以理解，最後要讓世人看見「理性星空中的蒼白月亮」，看向「人類文化表達的全部潛力」（頁二五二）。

在第三部分「收藏」，克里弗德對於文化概念的探討，繼續沿著「當民族誌作爲一種文化收藏的形式」來展開。與「藝術」的結合（還有分工），讓現在的文化觀念與藝術觀念成爲一「文化–藝術」系統，在二十世紀的文化類別中，強調包容性，卻也偏好一致、平衡與

「本真性」。在克里弗德細緻的闡述中，相互連結的西方文化與藝術概念會讓人對文化產生一種文化應該是具備整體性、持續性與本質性的預設與期待。

最後來到第四部分「諸多歷史」。這種對於文化整體、持續和本質的期待的荒謬性，在一場訴訟中暴露無遺。當一個印地安部落被要求證明其族群身分以重拾失去土地，誰擁有可以爲某個群體的身分或眞實性發言的權威？是什麼構成一個文化的根本要素？群體的界線又在哪裡？在群體間歷經數代的頻繁互動後，現在的印地安人是否與原住民祖先是相同的印地安人？我們又要如何看待印地安人爲了適應各種情況而採行的不同生活方式，以及在各文化「之間」的穿梭行動，若在法庭上做裁判的是我們，是否該允許他們的文化可以同時既是同化的美國人文化，又是獨立的印地安人文化呢？要如何解釋判決結果認定他們在歷史上某些年代是一個部落、其他時候又不是呢？認同可以是碎片的、斷裂的嗎？問題將變成「這是誰的現實？誰的新世界？」今天，每個要提筆撰寫民族誌的人類學家都將是法庭上的法官與陪審團，要在內心審理「文化」、「部落」、「身分」、「同化」、「族群」、「社群」等概念的定義，以及不同詮釋之間的衝突，並在下筆那一刻做出隱而不宣的判決，寫出我們的知識產品「民族誌」。

克里弗德在第十一章細細分析薩依德的著作，指出其不但批評了文化本質化模式，更挑戰了諸多重要的人類學範疇，特別是文化的概念。他在這裡精彩地肢解又重建了我們對於文化概念的理解，當薩依德指出文化本質化的模式完全不再適用之際，我們應該揚棄「文化是一個整體化傳統的延續，是個有機體」的想像，而把文化看作一個「協商的當前過程」：我們不再問過去是什麼，甚至不問現在是什麼，而是正在成爲什麼。

或許，我們需要一個猶豫的歷史

透過一路梳理文化的困境，克里弗德告訴我們，從群體的立場來看，交換而非認同，才是根本必須維持的價值，不純正的當下也可以成爲未來。當文化接觸與變遷常被簡化爲同化或抵抗的二元對立，克里弗德提出了把「猶豫」和「抵抗」區分開來的重要性。面對主導的社會變遷趨勢，人不一定只能反對或是默許，猶豫是「對歷史可能性的警覺等待」（頁五七〇），人們在等待中思考、期待。

除了抵抗的歷史，我們也需要一個猶豫的歷史，在警覺的猶豫中，身分並非要去劃出邊界，而是一種積極參與的、主動交流的位置。面對當今社會文化接觸頻繁發生，文化變遷讓一切面目模糊，不再有同質、也無本眞可追溯的情況下，或許我們不該再抱持著倖存或同化的立場來思考文化，若用「浮現」的觀點來看，我們就會看到「當未來是開放的時候，過去的意義也會是開放的」（頁五六九）。我們不需要揚棄文化這個概念，只是需要重新定義它，視之爲一個集體建構的差異性，而這差異性並非單純地從傳統、語言或環境中繼承，而是在「全球關係的新政治－文化條件下產生的」（頁四五八）。至此，文化的困境，因而可以成爲文化的超越。

推薦

「如是文化，如是困境」
——從民族誌職權到歷史批評的壯遊

李宜澤（國立東華大學族群關係與文化學系副教授）

詹姆士．克里弗德回應民族誌職權的「文化三部曲」，在台灣的出版由最後一部論述當代原住民身分行動政治的《復返》開始，進而以討論二十世紀旅行書寫與展示策略的《路徑》接棒，終於到了第一部《文化的困境》面世。中譯本出版順序倒過來進行，讓閱讀經驗如同農人倒退插秧，呈現「退後原來是向前」的生命整體感。如果說文化書寫引導克里弗德越來越精細地走向身分政治與原民性，那麼回頭看待《困境》裡八〇年代末的文化拼貼論述，反而可以從田野工作與書寫的「雙向共存性質」（如同希臘神話裡的雅努斯神〔Janus〕，一面朝向過去一面朝向未來），看到在民族誌形成過程中，多項議題的共生時刻。三部曲的架構有如塞拉為《碧海藍天》所做的電影配樂，將片尾的主題結論寫在前面，因爲這樣，《困境》這部談論的議題特別廣闊，論述特別博雜；但也引導讀者發現民族誌批判的多重意義。

在《困境》一書中，克里弗德把十二個章節大致區分成四個題材：話語、移轉、收藏、諸多歷史。「話語」（Discourses）呈現民族誌職權的歷史轉向與書寫中見證和記錄的現身。「移轉」（Displacements）則是比較十九世紀的旅行與書寫者，從中看到文化內容如何透過移動、並置與「編織」（fabrication）而成爲新藝術裡的文本。「收藏」（Collections）相當結構性地比較了藝術鑑賞力、民族誌博物館藏品、現成製品與反藝術，以及觀光商用複製品的對比和流動。最後，「諸多歷史」（Histories）則以東方主義批判，以及美國原住民梅斯皮部落身分的法庭資料與辯論，作爲現代性議題的展現。我們可以說，在《困境》裡，民族誌職權是克里弗德最重視的主題，他在《困境》中以此爲出發點，並於文化三部曲陸續展開後續三個主題的討論。我順著議題發展提出幾個觀察，作爲與《困境》所感受到的文化壯遊，進行交流對話。

民族誌職權與文化本真性的螺旋關係

在《困境》的討論當中，克里弗德認爲人類學者的職權（authority）是透過不同形態的民族誌書寫而展開。民族誌包含了幾個賦予職權的面向：其一是「特定時空」（chronotope）下歷史與地理的壓縮轉變；透過被研究者或在地人跟隨象徵文物或傳說題材等本眞性再現於其他形式時，作者如何賦予該關係的權威性。其二是文化的轉譯與作者身分的建造；作爲書寫能動性的建築師，人類學者如何呈現「民族誌文本是在充滿政治主導情境中的多聲交流的編排（orchestrations）」（頁八七）。第三是作爲讀者面對文化敘說的轉譯與政治批判，重新思考文化多聲性的理解，在書中表達爲「民族誌科學的發展無法單獨理解爲寫作與他者性的再現，它最終必然與其中政治認識論的論辯有關」（頁一〇七）。透過這三者之間的對話，民族誌職權與文化再現過程衍生出了幾個問題：（一）田野工作如何協助進行文化本眞性的論述？口傳知識如何與田野工作的詮釋職權合作對話？（二）民族誌的創作與實體資料的詮釋有何連結？如何回應民族誌工作與藝術創作相互關聯的趨勢？（三）藝術創作與文化本眞的四個象限（頁三八六），如何回應當代的政治與文化資產議題？這些問題連結了從傳統民族誌的田野紀錄，到當代民族誌透過反思書寫開創的文化論述路徑，以及身分政治糾纏的復返過程。

透過從口傳到紀錄、從本地報導人到民族誌書寫者的轉換，田野工作以及對它的再現，包含當代尋求民族誌書寫職權與文化本眞性之間的對話與協商。過去作爲在場的「職權」被「血緣」或者身分認同所取代，文字的反思被誤解爲研究者的自我描述，因此出現了許多所謂「自我民族誌」。但在克里弗德看來，自我民族誌並不是民族誌書寫的實驗與反思類型。若將文字書寫與收藏文物展示的歷史並置，對文化的思考則來自田野工作與文化收藏時的「價值時間視野與後設歷史」（頁九二）。因此，如何呈現被轉變的民族誌特質，也帶著研究者的特質如何涉及其中的思考。

《困境》描述的「自我民族誌」並非個人在文本化中未經轉換的「自白紀錄」或「家族經歷」，而是與異文化交互閱讀之後的展示性象徵書寫（例如書中民族誌研究者雷里斯在非洲的夢境與精神分析，或者是塞澤爾在克里奧文化中重新反思「黑性」的書寫）。本書意圖拆解民族誌單單作爲（較爲神聖的）口述資料文字化，以及本土（原住民）田野工作者身分優先於書寫職權的迷思。透過上述反思，我們才能夠面對當代許多可能出現的田野書寫認識論問題，諸如：如何處理田野工作與身分政治正確的倫理矛盾、對保存歷史（傳統）文化或是提倡流行混合與創新的衝突，甚至還包括了對於原住民議題復返之後的返祖批判，將民族誌職權的靈光（aura）詮釋爲（常見於宗教活動）儀式中的神祕經驗或者祖先遺訓。這樣誤解雖然令人憂慮，但在當前的身分政治情境下卻成爲主流。

從田野工作到文化展現的解碼關係

田野工作中對於細緻資料的追求，像是微分程式般地不斷趨近報導人的觀點與細節（可參見頁一七三～一七四對格里奧爾的分析討論），最終卻爲了詮釋文本意義而「拒斥」民族學類型的在地資料收集，或與由此而起的身分政治正確對立。這兩者的衝突如何在民族誌書寫中解決？在第二章關於格里奧爾書寫的討論中，克里弗德認爲「到了一九六〇年代後期，田野調查裡和諧關係的浪漫神話已經開始公開瓦解」。但當代的民族誌書寫似乎又回到了「和諧關係」的操作設想；或者相反地出現以和諧關係的想像而延伸的自我民族誌政治立場。這兩種角度都失去了面對田野反諷觀點的意義。克里弗德跳脫將民族誌視爲「現代田野工作書寫成品」的潛規則，而將書寫職權與十六世紀以來的書寫與文化表達形式，諸如莎士比亞、摩爾、拉伯雷，以至於十九世紀的杜斯妥也夫斯基，互相關聯並置。透過這些關聯，民族誌的書寫不是對於外在文化世界的「鏡像」紀錄（實際上也不可能），而是對於書寫文本種類的回應與比較，人類文化的可能性在書寫和再現之間重新被組織和反思。

而從分析批判薩依德的「東方主義」以及傅柯的「知識考古學」，克里弗德闡述文化論述中，「作者」的「視野」如何被呈現：「它主要涉及的是由許多現代主義作者所經驗到的問題，也就是如何成爲『作者』」（頁四五〇～四五一）。這個說法對照回應本書第三章關於康拉德與馬凌諾斯基的觀察，表達「文化論述批判也是作者」的觀點，針對文化論述也對於作者意圖與呈現爲「職權」的角度加以連結。克里弗德認爲薩依德討論東方主義的效果，與其說是破壞了東方的本質概念，實際上是複雜化了西方，並且以此「讓西方本身變成複雜且不斷變化的他者，其投射、雙重性、理想化和否定的運作方式」（頁四五五）。衡量目前我們看到的許多所謂「自我民族誌」書寫，眞實地反映了把西方複雜化卻沒有發現自我東方主義的可能問題；但如何批判這個問題，卻又落入外來本土思維的二分形態。於是看起來乘著薩依德論述而起的「反刻板化東方」自我敍說，卻也加強了對西方多樣性未曾反思或重新認識的「簡化東方立場」。自我內捲的詮釋循環失誤，也正是人文詮釋學中「再現」的主要困境。

如同馬凌諾斯基的《日記》並非《西太平洋的航海者》的眞實故事隱藏版本，民族誌也不是爲了將田野筆記「故事化」而產生；否則田野筆記必然在學科意義上比民族誌作品重要，但實際上並不然。當克里弗德說：「民族誌研究者如同超現實主義者，被允許製造震撼」（頁二五八）。這個評論相當重要，他將民族誌作爲超現實創作的模式，而這的確也回應了現代將人類學成果作爲展示的常見合作形態；相對來說，這同時體現了民族學作爲「社會整體事實」的模式。以克里弗德關於「超現實主義並置」的觀點來看，所有的民族誌物件（收集的物質、神話傳說、社會體制等），在不同文化之間互相比較、並視其爲類似的機構加以討論之際，卽已經將該物件抽離出原有的歷史文化脈絡，轉變爲超現實的拼貼機制。

由此思考，人類學的確是在創造一個與原本文化不同的跨文化範疇，但這作爲超現實主義表達的意義爲何？是作爲增進理解的方式，還是作爲文化實踐的類別？在克里弗德的討論中，這一點並不明顯。

殖民遺緒裡空缺的反思民族誌書寫

作爲一門誕生於殖民時期、爲了分類與管理或理解文化而發展出來的人文科學，人類學無法逃避與戰爭的關係。兩次大戰前，歐洲人類學的發展主要得力於帝國主義向外擴張後，知識比較與系統性建構的需要。這個背景一方面使得人類學應用的發展打從一開始就以服務殖民活動而生；另一方面也使得種族主義下社會生物性的人種階序觀點被複製到不同文化的優劣關係上。人類學史學者史托金在「殖民情境」（colonial situations）的分析中，就把開創人類學田野工作方法的馬凌諾斯基與殖民探險時期的英國探險家並列比較，認爲他們都受制於各自身處的殖民情境。* 馬凌諾斯基藉由初步蘭島的研究把田野觀察延伸爲人

* Stocking, George ed.1991. *Colonial Situations: Essays on the Contextualization of Ethnographic Knowledge*. Madison: University of Wisconsin Press.

類學知識的基礎，目的是希望透過科學民族誌研究，思考文化的共時性表現。另一位英國人類學開創者芮克里夫－布朗專注的安達曼人研究，則以英國在當地建立的「安達曼人之家」作爲先期研究觀察站。這個觀察站從物質交易，以至於語言文化實踐以及信仰，逐步對當地土著文化進行改變與破壞；但是芮克里夫－布朗卻在書寫中濾除了「安達曼人之家」之於研究的作用，還刻意在研究書寫中修補其帶來的負面影響。其他經典殖民地民族誌的分析包含政治體系的人類學反省，如史奈德在密克羅尼西亞雅浦（Yap）的研究與海軍資助的關聯，不但沒有使得人類學家與殖民者得以區分開來，反而提高史奈德在雅浦人心中的殖民地位；特納對亞馬遜流域巴西境內卡亞波人（Kayapo）的研究，遇上了對抗當地雨林開發的政治經濟情勢，特納也發現卡亞波人因此主動體認到自身文化巨大的政治價值，進而與人類學家一起創造自己的民族誌。這些分析都深刻地反思到人類學研究與殖民體制之間交錯發展的複雜關係。相對於此，克里弗德想要批判的是再現與展示過程中，西方秩序的無處不在，「西方的身分和其『人文主義』從未被展示或分析過，也從未受到公開質疑」（頁二七四）。

對照台灣人類學研究的反思書寫，我們發現既有的人類學反思很有趣地形成兩個斷代。前一段是對於日本時期的殖民研究與民俗學中政治分類的觀點反省，後一段是對當代原住民身分政治的重新看待與書寫，卻隱含了對「殖民」遺緒的人類學代理觀點。這種「文化代理人」的思維方式——不論是在被研究社群中尋找主要報導的代理人，或者是以人類學者的研究作爲被研究對象的學術代理發言——其實就是人類學學科本身發跡於殖民時期的內在「性格」。我認爲，此種性格與台灣人類學從殖民時期根植的歷史脈絡極爲相關。一方面，對於知識來源與行動的認定取決於統治關係：有權力宣稱掌握某族群或者團體的知識內容，來自於統治關係的確認。另一方面，如同張隆志所分析的，日治時期從「舊慣調查」到「民俗分類」的論述轉移，呈現的卽是從「文化他者」到「國家成員」之間從屬關係的轉變：「日治初期具有殖民地文化治理和殖民論述性格的舊慣調查，轉變爲戰爭動員時期對於地方鄉土認同與文化保存的民俗研究。」* 也因此，戰後台灣只有鄉土史以及民俗研究卻沒有台灣人類學的現象，是來自於殖民地學術體制在戰後崩解以及去殖民的影響，使得移植自中國的地方歷史與民俗研究沒有獲得主體發展，而呈現爲潛伏的狀態。

克里弗德紀念不同研究地區與書寫取向的先驅者，對多樣的文本書寫慶賀衆聲喧嘩的可能；台灣的民族誌工作者卻鮮少以書寫作爲主要的論述思辨方式，族群文字工作者（包含原住民與非原住民族）則是在文學創作上發展多樣的可能。奇特的是，當族群研究者進

---

* 張隆志，二〇〇六，〈從「舊慣」到「民俗」：日本近代知識生產與殖民地台灣的文化政治〉，《台灣文學研究集刊》，第二期。頁三三～五八。台北：台灣大學台灣文學研究所。

入學術工作，卻也以「記錄傳統」與「學習權威知識」爲職志，反而失去面對創作文本時的活力。而台灣人類學者在缺乏帶有田野工作反思的創作文本之際（早期這類文本更少，除了已逝人類學者胡台麗的作品），又走向了「以研究者爲中心」的自我描述。人類學者缺少對田野書寫的多樣創作，卻開始對田野的存在自我描述；原民文化記錄者（或者稱爲本土文化學者）則急於學習人類學的分類論述。這兩種類別將台灣田野工作的文本化製作，變成「檔案形態」的操作，也因此造成了田野書寫中權力效果的記錄與閱讀門檻。

原住民身分與國家糾纏的未竟之功

本書最後的「梅斯皮身分」是最特別的章節。以結構而言，《困境》一書由不同題材的評論集結而成，看似互相分散，是以無法稱之爲民族誌。但在「身分」一章，透過原住民身分的土地權法律爭議（正好是目前非常切合台灣時事的題材）來論述原住民身分的現代功能性與自爲性議題。這個法律例子讓我們想起「一滴血」的政策論述。從美國的種族奴役與土地轉移歷史來看，「一滴血」爲不同的種族描述了不一樣的規則：白人的認知策略是，任何一種族裔混血後代，只要有黑人祖先的血緣，就是黑人族裔；但對應到美洲原住民身上剛好相反，有任何白人祖先血緣，就不是「純」美洲原住民。這樣的策略是爲了「白人至上」的效益服務，當任何黑人混血成員出現被歸爲黑人，則可以認定爲奴隸的勞動人口變多；當任何印地安混血成員出現被歸爲「非原住民」，則可以被劃歸爲原住民保留區域的土地就變少。兩者結果都對於白人族裔的排除效果大大有利！

有趣的是，克里弗德在該章引用了許多梅斯皮部落的成員關於語言、傳說、文化記憶的「證詞」，且對部落的歷史演變進行討論；從許多層面看來，這就像是一本民族誌會提供的「在地口述觀點」紀錄，實則卻又是在進行一場文化權益的西方法庭論辯。說起來，這算不算是一份小型的「民族誌」呢？也許克里弗德正是想與「歷史方志」與「文化評述」的形態區隔，於是進行了一次小小的習作和反叛（藉以達成民族誌職權！）。透過可能的論點文獻，克里弗德對於「身分」到底帶有哪些可能性，進行了多樣而細膩的展示。當篇章從「證人陳述」再回到審判過程時，克里弗德有趣地拆解了「文化資產論述」的「前台觀點」：「對許多白人來說，他們可以理解西北沿海部落要求保留傳統的捕鮭魚特權，但卻無法理解部落經營違反州法律的高額賭博遊戲」（頁四七四）。這段話把白人在「血親繼承與族裔區隔」權益下實際出現的擔憂，以法庭對話的形式非常深刻地表現出來，如同民族誌裡會出現的口述與象徵比對，並且穿插了克里弗德自己在閱讀證詞時關於文化本眞性的提問。

克里弗德將過去在田野小屋裡出現且互相交織的論述分析與資料採集，再現於現代法庭的思辨過程；所進行的觀察過程也如同當代的「會議人類學」，以參與審判、法庭筆記、活動評論等爲田野紀錄，以「梅斯皮身分」作爲對象進行參與觀察和田野工作。梅斯皮部落案例提醒了讀者，現代部落宣稱自身法律地位的可能性，依賴三個條件：（一）文化完整性和結構的概念，（二）口述和書寫知識之間的階層區分，以及（三）歷史和身分的敍事連續性（頁五六〇）。當代部落或社區的認同與主權宣示，不論其族群組合多麼純粹、地理位置多麼偏僻，面對的仍然是這裡所歸納的三個條件。

前述種種，呼應了克里弗德在二〇一六年《復返》中譯本首次出版來台演講時，表明自己作爲「歷史實在論」（Historical Realism）實踐者的立場：以梅斯皮部落來說，殖民者來臨、瘟疫、改宗、進入種植園，甚至支持殖民者身分立場以及通婚等等。克里弗德以「兩條歷史路線」呈現了不同的觀點，這些在「梅斯皮部落」形成的歷史過程中都存在，也成爲後續認同意識發生的實在背景。案例的多元證詞表達了對於歷史事實與在地主體多樣性的細膩尊重，而非強加單一線性論述的邏輯。克里弗德讓我們經歷了電影《恐怖分子》式的雙重結局，表達了當代文化認同綜攝於歷史與政治的意義。

如是困境，如是壯遊

從論述話語的收藏角色，到文化職權在時空轉換下的壯遊，《困境》一書反思的不只是上個世紀八〇年代前的案例收集，而是所有變成當下的歷史面對未來的呈現動態，並且如何成爲敘事的連續性。本文標題模擬港口部落阿美族人日常的紀錄片《如是生活，如是Pangcah》；透過歷史反思與再現對照的「如是」，文化的命題和民族誌的職權交互凝視，時間與空間的生活才有可能，思辨的海浪才能不斷拍打，形成多樣的海岸風景。以爲導言。

關於《文化的困境》、《路徑》、《復返》三部曲譯注計畫

林徐達（東華大學族群關係與文化學系教授）

《文化的困境》、《路徑》、《復返》三部曲譯注計畫承蒙科技部（二〇二二年更名為「國科會」）人文社會經典譯注計畫補助出版。本計畫於二〇一五年八月向科技部提出「譯注計畫構想表」，經第一階段審查通過後，於該年末正式提出本項譯注計畫並獲得兩年期補助（科技部專題研究計畫編號 MOST 105-2410-H-259-034-MY2）。本項譯注計畫之內容和出版程序均符合科技部「人文社會經典譯注計畫」之作業要點。同時，原著頁碼列於文本下方，以斜體數字標示。

三部曲中《文化的困境》多年前由王宏仁教授（現任職於成功大學政治學系）接受桂冠圖書公司之委託並完成翻譯初稿，而由計畫主持人林徐達教授（現任職於東華大學族群關係與文化學系）進行審訂、潤稿、增加譯注，以及確認譯稿等程序。《路徑》和《復返》早先由桂冠圖書公司洽購版權後陸續出版——《復返》由林徐達和梁永安主責翻譯（二〇

一七）；《路徑》在Kolas Yotaka女士的初譯稿基礎上，交由張瀠之、林徐達審譯後出版（二〇一九）。二〇二二年桂冠圖書公司因故結束營業，承蒙左岸文化協助三部曲出版，接續處理相關版權、修潤譯稿和最終的編輯排版，其中《路徑》委由林徐達和梁永安重新翻譯，《復返》全書檢視並修潤原先的譯本，以助於統整作者在三部曲中持續的論述立場和相關觀點。

本計畫在此向科技部（國科會）和三本譯著的審查委員表達感謝之意，同時感念已故的桂冠圖書公司賴阿勝先生的提攜，並向左岸文化黃秀如總編輯、孫德齡編輯協助這三部曲完整發行表示敬意。此三部曲譯著由計畫主持人全權負責譯文品質，並接受學術社群的監督批評。

⁕

本三部曲譯注計畫原著作者詹姆士·克里弗德出生於一九四五年，一九六七年大學畢業於美國賓州哈弗福德學院（其中一九六五年在英國倫敦政經學院就讀），一九六八年取得史丹佛大學碩士學位，並自一九七七年取得哈佛大學歷史學博士學位後，任教於美國加州大學聖塔克魯茲分校意識史學系。克里弗德曾在多所大學擔任客座教授，包括耶魯大學

（一九九〇）、倫敦大學學院（一九九四）、巴黎社會科學高等研究院（二〇〇三）、柏林自由大學（二〇一二）、史丹佛大學（二〇一三）。他於二〇一一年獲選爲美國藝術與科學院院士。

克里弗德是當代人類學論述和文化反思最具重要性學者之一，過去三十年來每年平均超過十場全球性受邀演講；二〇一六年他曾應三部曲譯注計畫主持人的邀請，並以「民族誌－歷史學的現實主義時刻：原民性、博物館與藝術」爲題訪問台灣並發表數場演講。克里弗德過去曾擔任 *American Ethnologist*、*Cultural Anthropology*、*Museum Anthropology*、*Cultural Studies*、*Material Culture*、*Collaborative Anthropology* 等重要人類學期刊之編輯委員。其研究觀點包含人類學發展史、民族誌田野工作、原住民研究、原民藝術、博物館收藏與歷史。主要著作包括：

《個人與神話：美拉尼西亞世界裡的莫里斯·林哈特》（*Person and Myth: Maurice Leenhardt in the Melanesian World*）。一九八二年加州大學出版社發行；一九九二年杜克大學出版社發行。

《書寫文化：民族誌的詩學與政治》（*Writing Culture: The Poetics and Politics of Ethnography*），詹姆士·克里弗德與喬治·馬庫斯合編。一九八六年加州大學出版社發行。

《文化的困境：20世紀的民族誌、文學與藝術》（*The Predicament of Culture: Twentieth-Century*

Ethnography, Literature, and Art）。一九八八年哈佛大學出版社發行。

《路徑：20世紀晚期的旅行與翻譯》（*Routes: Travel and Translation in the Late Twentieth Century*）。一九九七年哈佛大學出版社發行。

《人類學邊緣》（*On the Edges of Anthropology*），二〇〇三年芝加哥刺範出版社發行。

《復返：21世紀成爲原住民》（*Returns: Becoming Indigenous in the Twenty First Century*）。二〇一三年哈佛大學出版社發行。

導讀

馬凌諾斯基遺產與當代民族誌覺察

林徐達（東華大學族群關係與文化學系教授）

當代提到「人類學家身影」的意象，肯定會想起「馬凌諾斯基的帳篷」這張經典照片（ethnographer's tent; Malinowski 1922:15, 233）。這張照片的拍攝時間介於一九一五至一九一八年之間，畫質不免受限於當時的攝影設備，但仍舊引人遐思：由於帳篷內外光影的緣故，照片切分出一個輪廓鮮明但不完整的等腰三角形構圖，看似表達了「田野裡的帳篷」此一主題。與此同時，在帳篷外、占據三角形左半部位置的，是初步蘭群島中基里維納島嶼居民，或坐或站地與拍攝者的鏡頭直面相望，人物形象相對清晰，仿若是帳篷構圖下的聚焦人物。然而，他們的現身也同時襯托出三角形右半部那位側身坐在帳篷內、被陰影遮掩，未面對鏡頭的田野工作者。照片中馬凌諾斯基剪影般的身姿，與這些表情略顯困惑的在地者，共同刻畫了「人類學家置身田野」的雋永形象，意外而完整表達了現代田野工作的情境：一位居處內部、模糊不確定，卻不可忽略的田野工作者。

一九三九年，馬凌諾斯基因若干因素辭去倫敦政經學院教職，前往美國耶魯大學任教，卻在一九四二年因心臟病發突然去世。之後在耶魯大學的研究室偶然發現他當初在新幾內亞與初步蘭群島的田野日記。廿五年後（一九六七），這本田野日記在馬凌諾斯基遺孀瓦萊塔・斯旺的同意下出版。*

現代人類學透過此一人類學家身影傳達了密集式、久居的、少有移動的田野工作方法；卻在《日記》出版後對此一身影提出質問：在這之前，古典民族誌作者的田野工作主觀性與民族誌書寫文本的客觀性是絕然分開的，但在《日記》出版後，人類學開始詢問作者如何掩飾他的欲望或是疑惑，以及這種客觀性究竟如何建立？日後我們會發現，這一系列質問所帶來的認識是，民族誌作者不再擁有無庸置疑的拯救權力，或是替那些已經消失或即將消失的文化文本代言的職權；沒有任何人可以毫不含糊地占有一個民族誌文本下所圈住的世界（同時見Clifford 1986）。在《日記》之後，任何「他者」的建構都是對「自我」的建構——當初的「民族誌研究者的魔法」（ethnographer's magic）如今轉變爲「研究者的民族誌魔鏡」（ethnographer's magic mirror，或許英文說法更令人感到不安）。這面「魔鏡」讓人類學家得以看見田野中的自己，不預期地或是刻意地塑造出爲讀者所見的自身形象（見以下討論）。於是，《日記》的出版賦予人類學在學科知識生產上一次自我覺察的重要契機。

馬凌諾斯基的私密日記

一百年前馬凌諾斯基出版《西太平洋的航海者》（一九二二），奠定了以「在地者觀點」爲立論基礎的田野方法論和民族誌書寫兩項重要的人類學遺產。一百年後當我們重新審視這項遺產，對於當時馬凌諾斯基私密的田野日記有了新的認識：日記裡研究者掙扎於內在的自我依賴，不再是有關人類學研究倫理的醜聞，而是作爲並存於正式民族誌的紀錄。** 日記的田野時間是一九一四至一五年，以及一九一七至一八年兩個時期，結束在馬凌諾斯基母親的死亡：

* 馬凌諾斯基的第一任妻子梅森（Elsie R. Masson；同時見本書第三章）於一九三五年過世。一九三九年（有一說爲一九三八年）馬凌諾斯基與梅森所生的三位女兒，以及第二任妻子瓦萊塔一起移居美國。瓦萊塔．斯旺是一名英國藝術家（原名爲安娜．瓦萊塔．海曼－喬伊斯〔Anna Valetta Hayman-Joyce〕，斯旺是她第一任丈夫的姓氏），於一九四二年馬凌諾斯基過世後終生定居於墨西哥城，直到一九七三年去世，她將馬凌諾斯基的許多文件留給了這三位女兒，特別是三女兒海倫娜（Helena Malinowska Wayne）。海倫娜於一九九五年編輯出版了她的父親與母親的書信集《一段婚姻故事：馬凌諾斯基與梅森的書信》（*The Story of a Marriage: The Letters of Bronislaw Malinowski and Elsie Masson*）。海倫娜於二〇一八年過世，享年九十二歲。

** 在此提醒的是，日記內容不必然是「馬凌諾斯基田野工作的眞實顯露」。見本書第三章。

一九一八年七月十八日。天氣極佳，天空總是布滿雲朵……每一項細節都讓我想起母親……有時我覺得母親仍舊活著，戴著柔軟的灰色帽子、穿著灰色連衣裙……再次令人恐懼的念頭：死亡、骷髏、自然的想法交織著心中的痛苦。我的死亡正變得更加真實無比。有一種強烈感受想要在母親身旁，在空無一切之中與她相聚。我回憶起母親曾經說過關於死亡的事情。我想起無數次自己故意與母親保持距離，以便獨處、獨立，而不是感覺自己成為整個憤怒悔恨和愧疚感的一部分。……母親的最後遺言，她會告訴我她的感受、恐懼和希望。而我卻從未對她敞開心扉，從未把一切都告訴她。……但這一切都變得毫無意義了。世界已失去色彩。……所有事物都徹底從我的生活中消失了。……我確實缺乏真正的性格。（Malinowski 1967:297-8）

《日記》結束在這句令人動容的自我懺悔，同時這項覺悟轉爲一種令人驚訝的補償動力——四年後的《西太平洋的航海者》從此駛離感性猶豫，朝向完全相反的科學研究航道前進。*

《日記》的出版使我們對於馬凌諾斯基遺產的「田野工作」方法獲得更深度認識的同時，它也刺激了前所未有的民族誌覺察（ethnographic insight）——一種有關田野工作者自身的反思書寫。於是，以這種態度重新看待自馬凌諾斯基以來的人類學知識理論，能夠闡述論述上的複雜迂迴，也兼容著無可避免的同情與一定程度的理解。並且重要的是，透過這些同情與理解讓我們明白人類學知識生產與田野工作者自身困境之間的裂隙，而非訴求道德層次上的虛乏撫平。

這位樹立現代田野方法論的研究者將其稱爲「民族誌研究者的魔法」，奠定了不同於過去「安樂椅上的人類學家」、同時有別於其他學科專業的人類學研究方法論（見本書第三章）。一九三〇年代，歐洲開啟了非洲民族誌研究的時代，由美國洛克菲勒基金會贊助的「非洲研究」，在當時倫敦政經學院人類學系系主任馬凌諾斯基（一九二七～一九三八）的主導下，建制了這門學科自身知識體系的實踐方式。** 自此之後，所有人類學研究者都被要求經過「田野工作」這種儀式般洗禮方能獲得專業職場上的肯認。「田野工作」因而帶來保障：人類學家抱持文化相對主義立場「置身田野現場」(being there)，從而獲得話語的職權，獲得「在地者觀點」的發言人身分，闡述一個深信未受其他文明汙染的部落本眞性以及後續的「拯救」任務（林徐達 2019a:122-3）。然而，以這種「長期置身田野」作爲人類學敘說職權的研

* 克里弗德提醒我們，關於馬凌諾斯基在一九二〇至一九二一年期間在加那利群島撰寫《西太平洋的航海者》時的生活，我們幾乎一無所知。見本書第三章。

** 關於法國的非洲探險計畫，見本書第一章；非洲部落文物成爲「藝術品」收藏，見第九章。

究範式，卻反映了這門學科自古典時期以來始終存在的兩項憂慮：一是對於自身學科面對客觀、系統、可複製檢測等科學有效性指標的擔憂，另一則是對於西方帝國主義全盛時期的人類學行動與殖民主義的糾葛有著倫理道德上的芥蒂（Geertz 2000:94）。

這兩項關於「民族誌研究範式與職權」的憂慮，持續在葛茲的詮釋人類學（1973, 1983）、史托金的歷史人類學研究（1987, 1992）與他所主持編輯的「人類學歷史」系列專書（1983-2010），[*] 以及本書作者的論著觀點上得到闡述。但隨著民族誌田野調查方式廣爲普及，此刻卻又面臨了新的困境。

一方面，一九八〇年代美國詮釋人類學將單向的「在地者觀點」推展至在地者與人類學家雙向共塑的「地方知識」（見Geertz 1983），使得這種「追求本眞性」的科學式命題獲得解脫。詮釋人類學主張將文化視爲文本閱讀經驗，提出對研究主體的多義性闡釋。這仰賴一定程度的詮釋與翻譯，進而使得人類學家有能力理解一個社群是如何在他們的現實與幻想之間達成有意義的連結（Geertz 1983）。因此，民族誌書寫不再是單純的記錄謄寫，而成爲一項「編寫」（fiction）的文本。也正是因爲這項文本編寫的本質性，我們方才確切了解到「民族誌眞實」本質上都是部分的眞實，「具備承諾但卻是不完全的」。這是一種眞實的人爲編寫，它讓民族誌眞實彰顯了權力在不斷變化的世界中所持續給出的矛盾（見Clifford 1986；同時見本書各處）。

另一方面，包括社會學、教育學、文化政治、歷史學、經濟學，甚至文學或藝術創作等諸多學科訓練，逐漸廣泛挪用人類學式田野調查，加速了田野實踐的普遍化，同時「去神祕化」（demystify）自身這項專業訓練的獨特調查方法（林徐達 2019b；同時見Geertz 2000:ch5）。這又帶來一項副作用：原先對人類學家來說，田野工作使得人類學家具備一種混入的覺察能力（in-wrought perceptions），這種獨特感知力讓人類學分析和在場目睹的力量（the power of witness）能夠抵達在地者所感知的內容（Geertz 2003:29）。然而今日這項過度強調操作技術面的跨學科應用，卻導致了田野調查被固著在一個僵化的質性概念，以爲「出門即是田野、訪談便具深度」，而非伴隨「參與觀察」所帶來對於長期置身田野的允諾。結果是，這項調查範式對於自身人類學專業必然帶來（至少在科學和倫理上）民族誌覺察，但跨學科的田野技術操作卻逐漸稀釋了人類學作爲獨特的異文化調查之學科訓練，甚至反向加深了民族誌田野工作方法的刻板印象。

＊史托金的出色作品包括《維多利亞人類學》（*Victorian Anthropology*, 1987）與《民族誌研究者的魔法與相關人類學史論文》（*The Ethnographer's Magic and Other Essays in the History of Anthropology*, 1992）等。他所主持編輯「人類學歷史」系列（一九八三～二〇一〇；部分卷冊與漢德勒合編）共計十二冊，涵蓋多個國家的人類學歷史與傳統，以及個別人類學家的論述觀點，由美國威斯康辛大學出版社發行。

反思書寫

無論如何，當一九六七年史丹佛大學出版社將日記定名爲《一本嚴格意義下的日記》，顯然預料到日記內容可能引起的波瀾（事實上也確實如此）。然而，即便排除民族誌田野工作者的倫理爭議，《日記》仍在人類學知識上引起兩個面向上的議題。

一是《日記》透露了「人類學家究竟如何工作」，並且對於「人類學同理」感到懷疑。從《日記》裡，我們發現田野工作者憑藉的並非感知在地者的感知（也不會是感性），而是「通過」（with）、「藉由」（by means of）、「經由」（through）這種翻譯途徑（Geertz 1983）。這其中，「翻譯」不再是馬凌諾斯基世代裡使用自身的語言理解異地語言，而是透過「描述」——描述即是一種翻譯，「翻譯」因而成爲一種將「意義」從這個論述搬移到另一個論述的工作。葛茲以爲，人類學家憑藉的是詮釋循環的兩極擺盪，而不是「佯裝擁有超乎常人的體察能力」。《日記》表達出馬凌諾斯基的田野調查手段不是透過「參與觀察」（葛茲認爲這是一種願望而非方法），而是在文學困境下「參與描述」。因而，將馬凌諾斯基從情緒的黑暗世界裡拯救出來的，不是他（或是我們誤以爲）的「人類學同理」，而是他的工作能力——「簡直難以置信的工作能力」（葛茲的形容）。這種難以置信的成果甚至讓我們懷疑這位絕倫出衆的田野工作者，是否經由大量資料的搜集來彌補他的情色幻想、過度手淫以及罪惡感，甚至對於母親的思念與懊悔？

二是《日記》的出版爲人類學文本主義下的「第一人稱書寫」帶來隱憂。這是關於「我－目睹」（I-witnessing）類型的書寫形式，在最直白的意義下證實了民族誌作者的「置身田野現場」。然而，此一自我陳述的經驗書寫者，卻無時不刻提醒敘說者，此刻的紀錄將使得他成爲未來出版品的作者。於是，當這位書寫者以這種「日記形式」記錄下個人經驗時，在書寫意識上存在著一位有別於上帝的潛在讀者。這種「喚起他者」的敘說形式——個人書寫自身的同時卻明白不是爲自己所寫——使得人類學陳述者更多時候是一位「不可靠的敘說者」（Geertz 1988:96）。如此一來，當代人類學界信誓旦旦的「反思書寫」，反省對象究竟是作者自身，還是這位願意甚至刻意讓讀者以爲看見了的裸露的人類學家形象？或者，讀者想要閱讀的內容，究竟是透過人類學描述而得以認識的那個異文化族群，還是這位田野工作者的「民族誌魔鏡」身影？或許我們可以這麼說，當馬凌諾斯基的私密日記意外成爲公開出版品之後，這便意味著自我經驗敘事再也不是那麼純碎的私人話語了。

這類的自我經驗書寫再現了一位高度飽和的作者，甚至是過度飽和的人類學文本，並且重新質疑了書寫上的「我們」：「我們」究竟是誰？或者「我並不訴諸於任何的『我們』」（I don't appeal to any "we"; Rabinow 1986:261）；因此，我也不屬於任何我們。於是，相較於原先古典民族誌裡的「作者消失於讀本之中」，自我經驗書寫卻是「作者現身於讀者面前」。自我經驗的民族誌作者與他所彈射出去的假想讀者，既完成了「我們」，使得拋出去的獨白式話語有了降落的對象，同時又宣告了「我們」的對立，以獲得唯一且完整書寫職權的民族誌書寫形式。結果是，人類學作品既表達了擁抱異文化他者的熱切盼望，又同時營造了田野工作者的孤獨身影。就這點來說，《憂鬱的熱帶》仍是其中的佼佼者（同時見本書導論）。

以這種「事實之後」的立場來回顧那個令人困惑、但帶來思考刺激的一九八〇年代，西方人類學界確實對於自身學科訓練感到懷疑，其中包括過往殖民主義式的介入姿態、書寫修辭上的道德疑慮，與無可避免的研究倫理等議題（見林徐達 2015:6）。一九八六年出版的兩本著作——《書寫文化》和《文化批判人類學》——所提出的論述和概念，在當時的人類學思潮中獲得矚目並崛起，持續成爲日後數十年學界授課的經典教材。其中，克里弗德於《書寫文化》中認爲，民族誌書寫有效地將部落他者予以文本化，並提供民族誌作者、民族誌的書寫對象，以及讀者一種特殊的現實感，這種現實感除了表達時間流動的概念以及含糊不清、移動的歷史當下之外，更是一種共時性懸置（synchronic suspension, 1986:111）。至此，一九八〇年代的人類學論述開展了民族誌書寫的內部覺察。

人類學「反思轉向」（reflexive turn）離開了前述第一人稱喃喃自語式的經驗書寫，轉向自身學科訓練提出一系列獨立卻彼此呼應的質問（見林徐達 2015）。這些論述表達了人類學知識的困境與反身性：再現危機（Marcus and Fischer 1986）——民族誌書寫中的「在地者觀點」

究竟是誰的觀點？在地者（只能）永遠活在原始樣貌的「民族誌當下」批判（Fabian 1983; Crapanzano 1986; Appadurai 1988），以及田野地點的封閉性（Geertz 1988; Gupta and Ferguson 1997; Clifford 1997）、田野工作的「神祕性」（Rabinow 1977; Geertz 1995）、民族誌「職權」（見本書第一章）、「部分眞實」（Clifford 1986）、「詩學」的修辭轉向（見《書寫文化》書名副標題，一九八六）、本眞性（Boon 1983，以及三部曲各處）等。

總括來說，這些反思性議題多來自西方人類學界的訓練傳統——馬凌諾斯基的「在地者觀點」、伊凡普里查的「幻燈片式」民族誌、民族誌作者「置身於田野現場卻消失於文本」的書寫風格、地方知識的正當性、現代跨國主義和全球體系的人類學挑戰等。這種人類學反身性彰顯了若干「後現代式」的民族誌書寫：強調多音（這是對自己與分裂出來「他者」、的顚覆）、異質（反對均質的分布以至於掩蓋了他者差異性）、拼貼（作爲不預期、非連續性的特質），並且偏好田野調查的自身諷刺處境，藉以質疑理解的途徑，例如對自身田野工作的倫理學評價，由與報導人「和諧共處」（rapport）轉爲「同謀」（complicity）的合作關係（Marcus 1998）。同時，當代人類學也批判西方文明與宗教救贖式的「白種人負擔」與原始部落的野蠻心智之間的主體部署。「田野調查的寓言昭示了民族誌書寫的反諷處境：來自殖民帝國的白人、在部落頭目家旁搭建的西方帳篷、徘徊於帳篷外的『野蠻人』、關鍵報導人的依賴和僕從的照料、菸草物資的索討和給予、白人的性焦慮和西方女體的幻想，或者是相

襯於一九二〇年代歐洲左翼資產階級關於理想主義道德與政治實踐二者結合的不可能性。」（林徐達 2015:264）

緊接著，一九九〇年代美國人類學界開啟關於「田野」如何束縛與限制了民族誌調查的省思論述（譬如古塔和弗格森於一九九七年合編的《人類學定位》，以及本書作者同年出版的《路徑》），「田野」概念不再是自中心前往邊緣、從文明的都會出發至一個靜態封閉的遙遠異地社會，有關「他們」與「我們」不同之處的長期調查工作也涉及多點移動、回返自身社會、研究議題多樣化等調查樣態。在這層考量下，人類學研究涉及了現代跨國接觸、全球性複雜網絡與流動，或是混雜式本眞等辯證議題，在在都有別於當初田野調查處理議題的模式。一如葛茲在《作品與生命》（一九八八）所強調的：「從此事情變得不再那麼簡單了，原先人類學致力維持均衡的等式兩端——將自身所處的第一世界予以廉價裝飾，而對於置身現場的第三世界加以歌頌——現在更多的是嘲弄而非平衡。」此一論點在本書中似會相似：「在一個擁有太多聲音同時發言的世界裡，各種融合和嘲弄諷刺的創作正在成爲規則，而非成爲異例。」（見本書第三章。）

《文化的困境》、《路徑》、《復返》三部曲

本譯注計畫原著作者克里弗德接續的三本著作《文化的困境》（*The Predicament of Culture*, 1988）、《路徑》（*Routes*, 1997）、《復返》（*Returns*, 2013）正是承續上述思潮。此三部作品不只視爲「一組三部曲的圓成，更是一系列持續的反思，以及對時代變遷的回應」（見《復返》〈序〉）。《文化的困境》、《路徑》、《復返》既各自擁有論述主題，又前後呼應地聚焦於人類學實踐與思想史，以及原民社群與殖民發展史等組合討論。這系列作品讓我們了解到當代原民社群在世界主義與全球現代性的過程中所涉及有關現代跨國活動、殖民經驗、政治記憶與文化身分等議題，並且透過實用主義手段與全球化勢力，周旋於各種不同的資本主義和特定的國家霸權（林徐達 2015）。因此，當代的原民文化復振從來不是一個從「殖民壓迫」朝向「解放獨立」的簡單過程，而是在「殖民／解殖／後殖民」轉換的不確定關係中的各式接觸、交換、抵抗和衝突。在這種民族誌現實主義之下，我們終會領悟到原民文物復返運動與博物館收藏正義，有賴於殖民歷史與後殖民原民主張的彼此協商與合作。

在作者精確並帶有個人詩意的修辭風格下（其中若干章節展現了具實驗色彩的書寫），這三部作品延續了《書寫文化》中「部分眞實」觀點，主張在原先人們認爲的單一歷史現實中騰出不同的理解空間。一如作者在《路徑》所言：「我們是否可以維持一種更複雜、同

時更不穩定的限制和可能性的概念，嚴峻又充滿希望的願景？」因而作者提出「諸多歷史」（histories）這一觀點作爲貫穿整個三部曲的核心思想——在《文化的困境》裡反駁文化「非存卽亡」的有機論述；在《路徑》裡闡述羅斯堡的諸多過往；在《復返》裡賦予「偶然性銜接」的歷史辯證。

《文化的困境》首先指認了民族誌現代性所面臨的「文化同質性」窘境（或者說是，「純粹產物已然瘋狂」），試圖說明民族誌職權中「參與觀察」在身體與知識經驗上的文化轉譯，或是民族誌的超現實主義元素喚起文化價值的片斷化與異文化並置。克里弗德以爲，田野工作的參與觀察迫使民族誌調查者在實踐上和知識上遭遇文化翻譯的處境，這其中包括語言的學習、某種程度的直接介入與對話，以及個人和文化期待上經常受到的妨礙（1988:24-25）。但是，卽便民族誌經由一連串密集式經驗與對話得以詮釋他者文化，這種研究經驗如何轉化成權威的寫作經驗？或者，個別的作者如何經由權力關係以及借助抽象方式，捕捉這種跨文化遭逢？這種往返於人類學田野工作和民族誌書寫的異文化認識與策略（在《路徑》與《復返》逐漸以「移轉」指稱之）——包括自我意識的錯雜、文化混雜的領受性、母語的系統性觀察與外語的資料記錄二者的翻譯、預設的讀者群、與報導人建立「同盟陣線」的共謀策略（sentimental rapport）等——其中的交錯往返，流動且具彈性，沒有固定的劇本（scenario）卻卽興式一致（improvisational correspondence；見林徐達 2015:260）。

此一「文化移轉」概念（cultural displacement）揭示了《路徑》的核心主題：該書著眼於「人們在移轉過程間所形成的差異、交錯的文化經驗，以及一個愈趨緊密連接、但非同質的世界結構與可能性」（見《路徑》〈序〉）。因而，移轉經驗以文化根本要素（roots）的形態出現，表達「自我和他者的一連串遭逢」（見本書第五章），而不是一種單純路徑或延伸（routes）。克里弗德認爲，將「田野想像成一種慣習，而非一個地點」（1999:69；見《路徑》第三章，以下同），這並非刻意抵制或反駁過往研究範式——田野自始以來便是制度化暫居與旅行經驗的組合——而是「田野成爲一種旅行的相遇；將田野去中心化，成爲自然的暫居經驗」。於是，「旅行成爲一段大量、並陳與熱情的短暫（文化）遭逢。」旅行因而成爲一個包含愈來愈多複雜經驗的實踐樣態，過程中的互動與跨越動搖了原先文化假設中所謂的「在地主義」。於是，克里弗德將「進入田野」視爲一項旅行經驗，突顯歷史性與政治上界定邊界的具體行爲，藉由這種對世界性的強調，將民族誌路徑推往當代各種可能性、延伸性與複雜化。克里弗德以爲，這樣的改變挑戰了原先「將原始研究客體視爲浪漫、受威脅、具古意與簡單的研究對象之態度」。

最後，《復返》接續一九八〇和九〇年代以降的「多樣性」論述基礎，克里弗德在〈序言〉中陳述：「我在《文化的困境》裡許多文章（以它們對一言堂權威的否定，以它們致力於多樣化和實驗）可以由此獲得理解。《路徑》是同一種批判氛圍的產物，哪怕它對新興形式（兼含「離散」形式和「原住」形式）的接受暗示著更多其他東西。《復返》雖仍帶有一九九〇年代的烙印，卻開始記錄一種新的歷史氛圍。」於是《復返》試圖描述這個銜接性的多中心總體，藉以彰顯一種多元的時代精神，一團糾結的諸多歷史，並且提出對本眞性的懷疑，從而呈現一種小寫複數形式的歷史觀，以便尋找「一個複雜、協商、歷史偶然的眞實」（同時見本書第二章）。這種對於「不協調的緊張處境」呼應了克里弗德在本書裡認爲，這種民族誌書寫可以「避免將各種文化描繪成有機的整體，或是描繪爲一個屈從於連續的、解釋性的話語中，統一的、現實的世界」（1988:147；見本書第四章）。

✵

在現代思想領域之中，人類學專業執著在「小寫的複數他者」之中，試圖建立新的社會研究取向（Geertz 2000:96）。然而由於當代世界已經不再具備舊時代對於傳統和文化本眞性的標準化定義，一如阿帕度萊所言，「沒有人能夠宣稱對於社會生活獨特性的理解擁有優先權」（1996:55）。對於這門學科企圖挑戰原先古典人類學教條中「在道德、情緒與理智上皆爲單一標準的世界」此核心使命來說，田野資料證明「它不是什麼」比起指認「它是什麼」來得更加迫切（Geertz 2010:17；同時見林徐達 2011:154）。因而，正是人類學所展現眾聲喧嘩般的詮釋內容與表達形式（見本書第一章），彰顯了當代人類學的價值與精神。

在這些「近迫vs.退縮、自信的經驗主義vs.清澈的不確定性（lucid uncertainty，見《路徑》各處）、孤立的穩定vs.興奮的騷動、在地的直接性vs.無中心的折射」等多樣的世界處境裡（Geertz 2000:116-7），今日的人類學作爲一門精通特殊、差異、異質的學問，該如何展現這項有別於其他學科知識的專業，以維護這個複雜社會不至於傾向單一的見解？對於人類學來說，田野工作帶給人類學此一專業在社會文化獨特性上的刺激與思考：自身學科的田野調查是否淪爲資料搜集的管道或封閉場域？我們又以什麼姿態進入田野呢？這項「維持與當地居民長期互動關係」的田野倫理允諾，如今還有效嗎？人類學家是否具有能力保持對流動的異質性與混雜本眞性的現實感呢？

《文化的困境》、《路徑》、《復返》三部曲可以視爲上述一系列問題的回應，並且延續前述《書寫文化》以及《文化批判人類學》的討論，同時也是葛茲《作品與生命》（一九八八）、《後事實追尋》（一九九五）的接續對話。當上述四本著作在當今華文學術界陸續已有繁體或簡體版譯本，唯獨克里弗德此三部作品至今仍尚未有任何華文譯作（反觀日本已有此三部曲中之《文化の窮状—二十世紀の民族誌、文学、芸術》（二〇〇三）、《ルーツ—20世紀後期の旅と翻訳》（二〇〇二）譯本）。此刻，無論是在當代思潮或是論著生產上，克里弗德的《文化的困境》、《路徑》、《復返》三部曲著作更具急迫性：希望此三部曲譯注計畫將有助於國內學界相關領域理解當代文化研究之方法論與知識論省思，以及當代民族誌書寫思潮等課題，這其中包括廣義人類學研究與相關田野工作調查，也涵蓋了當代原住民族運動、歷史、文學、美學，與倫理學。

也許，我們每個人都曾經是一九四一年紐約的李維史陀，對於身旁那位拿著派克鋼筆的印地安人感到錯愕，並且透過自己的理解套路試圖解開眼前的文化困境，以爲這位印地安人或許僅僅是衰敗族群中的倖存者。但往往這些李維史陀（以及我們）眼中羸弱不堪的微渺族群，正在他們的路徑上復返、延續、迂迴，或是持續爭議著。如同本書中提及《初步蘭板球》（一九七五）影像中的臉部彩繪、豔麗的陣容、二戰跳島攻擊的模仿與重演，既重現了殖民歷史經驗又有著在地文化的巧妙適應，它既是本土化的板球運動又是世界的初步蘭群島。這一切都偶然地聚集在那只藍色愛迪達運動袋。確實，「非常漂亮」。

引用書目

一、中文書目

林徐達

二〇一一〈論地方知識的所有權與研究職權：從詮釋人類學的觀點省思Lahuy「論文返鄉口試」〉，《台灣人類學刊》九（一）：一四七～一八五。

二〇一五《詮釋人類學：民族誌閱讀與書寫的交互評註》。台北：桂冠。

二〇一九a〈藝術，在田野之中：田野調查、當代藝術創作，與人類學〉，《藝術家雜誌》第五三一期，八月號，頁一二二～一二七。

二〇一九b〈清澈的不確定性〉，《路徑》出版序，頁i～iv。台北：桂冠。

二、英文書目

Appadurai, Arjun

1988 "Putting Hierarchy in Its Place," in *Cultural Anthropology* 1(3): 36-49.

1996 *Modernity at Large: Cultural Dimensions of Globalization*. Minneapolis: University of Minnesota Press.
Boon, James A.
1983 *Other Tribes, Other Scribes: Symbolic Anthropology*. Cambridge: Cambridge University Press.
Clifford, James
1986 "Introduction: Partial Truths," in *Writing Culture: The Poetics and Politics of Ethnography*, edited by James Clifford and George E. Marcus, pp.1-26. Berkeley: University of California Press.
1988 *The Predicament of Culture: Twentieth-Century Ethnography, Literature, and Art*. Cambridge: Harvard University Press.
1997 *Routes: Travel and Translation in the Late Twentieth Century*. Cambridge: Harvard University Press.
2013 *Returns: Becoming Indigenous in the Twenty-First Century*. Cambridge: Harvard University Press.
Crapanzano, Vincent
1986 "Hermes' Dilemma: The Making of Subversion in Ethnographic Description," in *Writing Culture: The Poetics and Politics of Ethnography*, edited by James Clifford and George E. Marcus, pp. 51-76. Berkeley: University of California Press.
Fabian, Johannes
1983 *Time and The Other: How Anthropology Makes Its Object*. New York: Columbia University.
Fischer, Michael M. J.
1986 "Ethnicity and the Post-Modern Arts of Memory," in *Writing Culture: The Poetics and Politics of Eth-*

nography, edited by James Clifford and George E. Marcus, pp.194-233. Berkeley: University of California Press.

Geertz, Clifford

1973 *The Interpretation of Cultures*. New York: Basic Books.

1983 *Local Knowledge: Further Essays in Interpretive Anthropology*. New York: Basic Books.

1988 *Works and Lives: The Anthropologist as Author*. Stanford: Stanford University Press.

1995 *After the Fact: Two Countries, Four Decades, One Anthropologist*.Cambridge: Harvard University Press.

2000 *Available Light: Anthropological Reflections on Philosophical Topics*. Princeton: Princeton University Press.

2003 "A Strange Romance: Anthropology and Literature," in *Profession*, pp. 28-36. MLA Journal.

2010 *Life among the Anthros and Other Essays*, edited by Fred Inglis. Princeton: Princeton University Press.

Gupta, Akhil and James Ferguson

1997 "Discipline and Practice: 'The Field' as Site, Method, and Location in Anthropology," in *Anthropological Locations: Boundaries and Grounds of a Field Science*, edited by Akhil Gupta and James Ferguson, pp.1-46. Berkeley: University of California Press.

Malinowski, Bronislaw

1922 *Argonauts of the Western Pacific: An Account of Native Enterprise and Adventure in the Archipelagoes of Melanesian New Guinea*. New York: Waveland Press.

1967 *A Diary in the Strict Sense of the Term*. Palo Alto: Stanford University Press.

Marcus, George E.

1998 *Ethnography through Thick & Thin*. Princeton: Princeton University Press.

Marcus, George E. and Michael M. J. Fischer

1986 *Anthropology as Cultural Critique: An Experimental Moment in the Human Sciences*. Chicago: University of Chicago Press.

Rabinow, Paul

1977 *Reflections on Fieldwork in Morocco*. Berkeley: University of California Press.

1986 "Representations are Social Facts: Modernity and Post-Modernity in Anthropology," in *Writing Culture: The Poetics and Politics of Ethnography*, edited by James Clifford and George E. Marcus, pp. 234-261. Berkeley: University of California Press.

Stocking, George

1987 *Victorian Anthropology*. New York: The Free Press.

1992 *The Ethnographer's Magic and Other Essays in the History of Anthropology*. Madison: University of Wisconsin Press.

二〇二三年台灣版序

詹姆士·克里弗德

當我設想這三本著作——《文化的困境》(一九八八)、《路徑》(一九九七)和《復返》(二〇一三)——此刻在台灣出版時，我試圖想像它們在這個地點和時間上的意義，以及它們將如何被閱讀。這是一個開放的問題：誠如龐德那著名的宣稱，翻譯總是涉及「革新」(making it new)。* 這三本著作的核心觀點認為文化是歷史性的，是被塑造以及重塑的，而非固有或原初的，我認為此一想法肯定會在這個歷經諸多外來影響和戲劇性轉變之地引起若干共鳴。本書一個重要課題是將原民性視為一項銜接和能動的過程，而這或許可以用以討論台灣族群日益顯著的獨特在地根源、廣泛的南島語族連結，以及與漢族中國和日本的複雜殖民關係。我相信這些複雜的歷史會刺激修正，並對不同時代和地點的分析添加細微

* 譯注：埃茲拉·龐德(Ezra Pound)是美國詩人、作家和文化評論家，被譽為現代主義文學的重要代表人物之一。「Make it new」(直譯為「革新」)是龐德的口號和文學觀點，他主張文學的發展和進步需要不斷地創新和革新。此一觀點對於現代主義文學產生了深遠的影響，激勵了其他作家和詩人在文學創作中追求創新和突破傳統的精神。此一說法同時見《復返》第一章。

的解釋。我樂見這些修改。

三本著作集結了我爲特定時機寫就的文章，如今回顧形成了此「三部曲」，是以每一本都大致結合了我對一段十年左右歷史的回應。某些我關注的主題會一再出現：文化及其民族誌再現的關聯複雜性、瀕危原民社會的生存與創生、「全球」現代性霸權和多樣性的銜接、西方博物館的殖民收藏遺產。這些議題在過去幾十年間交織、重組，卻從未形成過一份最終的「成品」。每本著作都是一次暫時的聚集。

《文化的困境》的索引裡尚未包含「全球化」、「後殖民」或「種族」等後來才出現的語彙。〈民族誌的自我塑造〉此章是我在一九八四年爲史丹佛大學的一場研討會所撰寫。我依然記得那個標誌性的年代，歐威爾反烏托邦的小說標題當時看來遙不可及。[*] 我們如今所在何地、身處何時？我們又將何去何從？這是一個無法回答的問題：我們在轉變中進行歷史記述，卻沒有可信的進步故事或黑格爾「米娜娃之梟」（Owl of Minerva）的領悟[**]。這是一個不可迴避的問題，儘管它並不可能有答案。

一九八四年，就在《文化的困境》撰寫之際，關於抽象的「語言」和「文化」的穩定性正受到質疑。這兩種論述形構在二十世紀大部分時間裡占有主導地位，但其時已不再能容納人類的多樣性、移動性和融合創新。在先前提及的章節中，我主張前後一致的語言和文化在「制度瞬息萬變、城市化的跨國世界裡」，正在失去其連貫性。跨界和逾越已經定義了眞實。

一九八〇年代，「全球化」成爲有彈性的新自由資本主義勢不可擋地重構與擴張的代名詞。到了九〇年代，全球化已成爲一種霸權，並獲得廣泛地擁抱，或抵抗。社會、經濟和文化的同質化（或無情的「現代化」）似乎不可避免。抵抗通常採取的形式是反對具特定傳統和依附的全球力量，並保有其在地性。但人們從來都不願意或不被允許長時間停留在原地。《路徑》透過探索人類移動的多樣性——旅行、遷移和離散——使得這種「全球／在地」的二元對立變得複雜。我認爲這種移轉，無論是被迫的或是自願的，都是「另一種全球化」（alter-globalizations）。全球文化實際上是一個糾纏複雜的歷史和「不一致的世界主義」（discrepant cosmopolitanisms）。

全球化在千禧年仍是一股力量，但已失去了核心與方向。回顧一九八〇年代，曾經看似資本主義新階段的出現，如今更像是歷史關頭的混亂收場。戰後的繁榮持續「泡沫化」，

* 譯注：喬治·歐威爾（George Orwell）爲英國作家和記者。歐威爾以具政治寓意的著作而聞名，特別是他的兩部經典作品《一九八四》和《動物農莊》。他的作品探討了政治權力、極權主義、社會不公和言論自由等議題，其獨特的筆觸和冷靜的觀察揭示了當時和現代社會的問題。

** 譯注：黑格爾的「米娜娃之梟」是黑格爾哲學中有關「後見之明」的概念：智慧女神米娜娃的梟鳥只在夜幕降臨才起身飛翔，暗示對歷史事件的眞正理解和覺察只能在事件發生之後。此一說法同時見《路徑》序文。

「第一世界」的全球主導地位已經結束。一九七五年之後的經濟衰退成了週期性的繁榮和蕭條，世界成爲多中心的世界。與此同時，儘管戰後解殖的進展各地不均，卻已使得前「西方」及其最終版本——美國治世（Pax Americana）——失去了中心地位。四十年後，一個擴張主義的「單極」（unipolar）世界看起來更像是霸權的空想。相反地，我們正在面對一個不受控的連結地景：變革性技術、動蕩的經濟，以及不確定的未來。

好消息與壞消息總是相伴出現。好消息是，歷史上長期擁有帝國特權的西方已被取代，但壞消息則是，取代它的是擾亂秩序並破壞環境的資本主義。我們看到的並非全球性的整合，而是各處排他性民族主義的復興。在此一未定的關頭，《復返》從前兩本著作中汲取了線索，即在地和全球的銜接中，「原民性」的意外興起。多樣化的部落、原住民和第一民族社群，並沒有屈服於殖民暴力和漸進的現代化，而是成爲定居者殖民過程和國際環境脈絡中的重要參與者。這種搏鬥與肯認的新的空間發生在新自由主義霸權的數十年間。如同《路徑》，《復返》寫作的目的是複雜化（而非逃避）資本主義及後／新殖民的結構。《復返》與其他案例一起關注阿拉斯加的原住民振興：這是一種激勵人心、充滿希望，與古老傳統的重新連結，同時與自由身分政治和石油經濟密不可分的發展。

我在《復返》以及先前著作中試圖維持的現實主義假設認爲，不同甚至矛盾的歷史需要處於某種張力狀態，而不需要達成進步或辯證的解決方案。我們需要講述的不只一個故事，這些故事反映了不一致、不斷變化的歷史位置，並且不能被加總成一幅完整的圖景。

從此刻暫定的廿一世紀立場來看，我在這個「三部曲」中看見的許多眞實已被證明是部分的眞實，如今可以重新脈絡化、修訂和更新。在此一簡短序文裡，我僅談自己曾提到過的一九八四年的那篇論文。該篇將著名的社會科學家和受人景仰且富有想像力的作家——馬凌諾斯基和康拉德——並列討論。其中，兩位精通多種語言、具有多重歸屬的波蘭移居者，以先驅者的身分現身。但先驅者的「先驅」，究竟所指爲何？此處所說的，不僅僅是指他們在文學和人類學中所抱持的現代主義，而是他們在其領域的經典角色。在該篇討論中，康拉德和馬凌諾斯基預想到了一些其他的事物，一些極度的、新興的事物。我們可以稱之爲後現代性，或者是一種遷移／放逐／離散的普遍狀態——一種在文化之內、之間和之後形成的主體性。我在八〇年代初暫時將這種主體性稱爲「民族誌的自我塑造」。

民族誌（指涉關聯性和偶然性）當時正與人類學（強調科學和普遍性）分道揚鑣。在此一批判自我意識的時刻，經驗主義和理論的功能關係也正被創造性地重新思考。對我們許多人來說，這意味著讓社會科學與文學和詩學進行對話。一個延伸的「書寫」概念（德里達的「*écriture*」概念）有助於解構描述與創造、資料與詮釋、客觀與主觀之間的界線。馬凌諾斯基和康拉德一同貢獻了可供討論的內容。

我現在明白了，當時我所面臨的是重建、而非破壞「現實主義」。《書寫文化》

（一九八六）或《文化的困境》中相當重要的一章〈民族誌職權〉這類作品都是改革主義式的，目的在於爲跨文化再現尋求開展新的可能性。知識論、美學和政治批判已變得密不可分。那是一個對解殖、後六〇年代社會運動和身分政治、第二波女性主義以及跨國原住民復興的累積效應做出回應的時代。西方社會科學和哲學中的「觀察者定位」（以羅薩爾多的話來說）已被明確地去中心化了。

有一則關於馬凌諾斯基的軼事，它並沒有收錄在我這三本著作中，但或許有助於我們看清當時的問題所在。衆所周知，馬凌諾斯基在一九一六至一七年開創以密集的人類學田野工作方式作爲該學科的規範。這一新典範的關鍵要素是要求研究者使用在地語言進行調查。馬凌諾斯基本身是一位精通多種語言的歐洲人，語言是他的強項，他也能一定程度流利地使用初步蘭群島的基里維納語。他主張，這種能力讓他得以科學地接觸到「在地者觀點」，而無需依賴不可靠的翻譯者，也就是所謂的「主要報導人」。

一九九〇年代初，我參加了一場由人類學家韋納主辦，以馬凌諾斯基爲主題的研討會，韋納在初步蘭群島田野工作的成果《價値的女性，聲望的男性》（一九七六），被譽爲女性主義人類學的經典之作。韋納的研究雖然對這位前輩表達了充分的尊重，但也揭露了馬凌諾斯基在初步蘭社會所忽略的一個重要面向：一個由女性所控制、在出生和死亡上具有權威的交換體系。在研討會上，有人問韋納是否能說明一下馬凌諾斯基基里維納語的程度如何。

她並沒有直接回答這個問題，卻說了一個更有趣的故事。一九六〇年代，在她田野工作期間，初步蘭群島的耆老們確認她所理解的比馬凌諾斯基更多。他們說，這並不是因爲她的基里維納語講得更好，而是因爲當馬凌諾斯基和他們在一起時，他們的英語能力還不夠好！因此當馬凌諾斯基誤解時，他們沒有辦法糾正他。

如此一來，跨文化研究的整個過程便開啟了。田野工作中的對話元素是不可避免的：你在研究他們的同時，他們也在研究你。因此，「在地者觀點」這種由一位前來拜訪的人類學家所理解和傳遞的文化知識，是很偶然性的：這是一個雙向的翻譯過程。觀察者也被觀察著。而民族誌中的「在地者」永遠不僅僅是研究的對象，他們是積極的主體，也是充滿好奇心的研究者。

在《文化的困境》的第三章結尾，我引用了康拉德的《黑暗之心》中的一段話。在那個黑暗的故事裡，敘述者馬洛說道：「當然，在這一點上，你們看到的比當時的我更多。因爲你們看到了一路以來所認識的我。」對於重新定位的觀察者而言，這些話似乎表達了一種適切的民族誌謙遜——以一種嚴肅而部分的方式講述眞實。無論自一九八四年以來發生了多大變化，我仍然認爲這些話語喚起了我們認識世界和創造世界的必要工作：一種不是關乎他者，而是與他者**同在**的去中心化現實主義。

獻給我的母親

弗吉尼亞・伊格哈特・克里弗德

致謝

本書章節完成於一九七九至一九八六年，期間受到許多領域的朋友和同事們的鼓勵，我大多已在早期版本的章節裡公開致謝，此處若再一一列出，最終可能會導致一份事務性的冗長名單。我相信，這些幫助過我的朋友和同事們都知曉我始終對他們滿懷感激。

這本著作出自多個學科與寫作傳統出現不同理論和政治性質疑的時期。我從許多工作方向類似的人那裡獲得挑戰、批判和指導，但書中引述無法完整表達他們的貢獻。

我特別感謝以下諸位對我在思考此書內容上的幫助：波恩、福斯特、馬庫斯、普拉特、拉比諾、拉蘇拉、羅薩爾多、史德文特，以及瓦瑟斯特隆。

我同時感謝過去七年裡美國學術團體協會、美國哲學學會，以及國家人文基金會夏季獎助計畫提供的學術研究經費。

本書是我在加州大學聖塔克魯茲分校的意識史研究所任教期間所撰寫，反映了這群非凡的學者和研究生們的精神氣質與活力。我特別感謝我的同事哈洛威、懷特和布朗。

哈佛大學出版社的沃特斯提供了敏銳的編輯建議。此外也特別感謝雅各布協助文書作業，以及我的妻子茱蒂斯所給予的愛與包容。

加州聖塔克魯茲　詹姆士・克里弗德

感謝以下出版社的引用授權：

〈愛爾希〉，威廉斯，《詩集》第一卷：一九〇九～一九三九，版權爲紐約新方向出版社所有（一九三八）；英國版權：《威廉斯詩集》第一卷：一九〇九～一九三九，利茲、麥高恩編輯，倫敦卡卡內特出版社發行（一九八七）。

芬頓的詩作〈牛津皮特河博物館〉，引自《流亡兒童：一九六八～一九八四年詩集》，蘭登書屋發行（一九八四）；英國版權：愛丁堡蠑螈出版社發行（一九八三）。

節錄自波拉斯《西新幾內亞獵頭族：一份民族誌報告》的內容，由荷蘭奈霍夫出版社發行（一九八一）；版權爲萊頓皇家語言、土地和民族學研究院所有。

《非洲幽靈》的插頁來自雷里斯著作《破碎》，巴黎風雅信使雜誌（一九六六）；英文版權：北角出版社。

〈重返家園的筆記〉、〈對海地詩人德佩斯特的回應〉、〈遷移自由〉等節錄詩句來自《塞澤爾詩選》，艾希爾曼、史密斯翻譯，加州大學出版社發行（一九八三）。

圖片說明

（頁　九九）「白人」奧涅查。引用自Cole and Aniakor 1984:150。柯爾攝影。加州大學洛杉磯分校文化歷史博物館提供。

（頁一六四）格里奧爾正在沖洗相片的感光板。達喀爾－吉布提探險任務收藏，法國人類博物館提供。

（頁一六九）格里奧爾正在拍照的照片。達喀爾－吉布提探險任務收藏，法國人類博物館提供。

（頁一八七）格里奧爾和雷里斯準備獻奉祭祀用的雞。達喀爾－吉布提探險任務收藏，法國人類博物館提供。

（頁二三二）哥布林大道上的商店。阿傑拍攝。紐約現代藝術博物館提供；伯頓捐贈，雅培－利維作品集。

（頁三〇五）菲律賓伊哥洛特族男子，於一九〇四年在聖路易世界博覽會上展出。照片編號：324375。紐約自然史博物館圖書服務部門提供。

（頁三四〇）印地安婦女紡紗和搖籃。照片編號：11604。紐約自然史博物館圖書服務部門提供，鮑亞士作品集。

（頁三四九）**「相似性的形成」**

1. 畢卡索，《鏡前的女孩》（局部），一九三二年。油彩畫布，64×51¼英寸。紐約現代藝術博物館提供；西蒙・古根漢夫人捐贈。
2. 瓜基烏圖族面具，彩繪木材。奧斯特萊希拍攝。柏林民族學博物館提供。
3. 畢卡索，《鏡前的女孩》。

（頁三五四）**紐約現代藝術博物館「原始主義」展覽中「未包含的相似性」**。

一、身體

1. 約瑟芬・貝克，紐約格蘭傑收藏提供。
2. 木雕人形（安哥拉，紹奎族），發表於卡爾・愛因斯坦的《黑人雕塑》（一九一五）。
3. 雷捷爲《創世紀》所做的服裝設計，一九二二～二三年。紐約希爾曼收藏提供。

（頁三六二）二、收藏品

1. 首領夏克家屋內部，一九〇九年阿拉斯加蘭格爾市。照片編號：46123。

史密斯拍攝。紐約自然史博物館圖書服務部門提供。

2.太平洋民族廳中瑪格麗特・米德館一景。紐約自然史博物館圖書服務部門提供。

（頁三六七） 土地統治神阿剌和她的「孩子們」。引用自Cole and Aniakor 1984:9。柯爾攝影。加州大學洛杉磯分校文化史博物館提供。

（頁三七〇） 三、挪用

1.皮爾・洛布太太在她收藏有現代和部落作品的公寓裡。一九二九年，巴黎。洛布畫廊提供。

2.新幾內亞女孩與攝影師的閃光燈泡（收錄於太平洋民族廳的「文化接觸」展覽）。照片編號：336443。吉利亞德拍攝。紐約自然史博物館圖書服務部門提供。

（頁四二七） 霍皮族的基瓦洞穴。照片編號：28345。洛伊拍攝。紐約自然史博物館圖書服務部門提供。

導論　純粹產物已然瘋狂

我們曾經是這塊土地的主人，但自從殖民者到來後，我們卻成了他們所唾棄的族群……希望有一天他們會領悟到我們才是他們的祖先，明白我們必須共同成長，如同一棵大樹有著枝幹，也開著花朵。

——弗朗西斯科．塞文，帕塔維特拉族群，巴拉圭印地安議會，一九七四年

約莫在一九二〇年，一位住在紐約市紐澤西郊區的年輕醫師，寫下關於一位女孩的詩作，詩名爲〈愛爾希〉。他看著愛爾希在廚房和洗衣間工作，或是協助妻子打掃家裡和照顧孩子。這令他感到驚訝；在這位女孩的身上，似乎總結了這一切的發展——他的家庭、他初次行醫、他的藝術，以及圍繞在他們四周的現代世界，讓人們陷入不斷變動之中。

威廉斯的這首詩作給出了一連串的關聯性。整首詩從一個著名的主張開始：

純粹的美國產物已然瘋狂——
並且不間斷地持續著
來自肯塔基州的山林居民
或是來自澤西島稜曲北端
有著孤寂的湖泊和溪谷的聾啞者、竊犯
這些舊名字以及混雜其間的
那些從事鐵路運輸的無所顧忌的人們
出於純粹的冒險欲望——
以及那些沉浸在汙穢之中的年輕蕩婦
週一至週六
俗麗夜晚受到矇騙
毫無想像內容
不具任何鄉村傳統特色
僅是不安與誇示
純然衣衫襤褸卻不帶任何情緒

2

導論　純粹產物已然瘋狂

Introduction: The Pure Products Go Crazy

僅存麻痺的恐懼
在苦櫻或莢蒾植物的藩籬之下——
這是他們無法表達的——
或許除了姻聯
攙和著若干印地安人血統
會讓一位女孩如此孤獨遭到拋棄
如此受到疾病或陷入危險
接著她將被某個機構所拯救——
由國家所扶養並且
十五歲時前往郊區
在某個繁忙的房子裡工作——
某個醫師的家庭、某個愛爾希
激起情欲的分泌液表達損壞的
大腦裡關於我們的真實——
她那偌大不雅的臀部和下垂的胸部
朝向廉價的珠寶

3

以及有著美麗雙眸的年輕富有男人們

當發怒的描述突然改變：
彷彿踩在我們腳下的大地
是某個天空的排泄物
而我們鄙視那些注定受飢餓所苦的囚犯
直到我們吃下汙物
想像力濫用
當馴鹿經過黃菊田時
在令人窒息的九月盛溫中
這似乎是要摧毀我們
只有在零星的斑點中
某種東西被釋放出來
沒有人
目睹或是調整，沒有人在駕駛這輛車子

這首詩出現在威廉斯達達主義式的意象創作詩集《春天與萬物》（一九二三）。* 我以這些詩句作爲本書對於困境的開場。此一困境我稱之爲民族誌的現代性：「民族誌」表達了威廉斯發現自己遠離了逝散的傳統；而「現代性」則是因爲威廉斯所面對的無根漂泊處境，已經逐漸成爲了共同的命運。〈愛爾希〉同時代表著在地文化的崩落以及一個群體的未來。對威廉斯而言，愛爾希的故事無可避免既是他自己的，也是每個人的故事。從「她那偌大不雅的臀部和下垂的胸部」這句可以明白，威廉斯感受到所有事物都在解體當中。所有美好而純樸之地都遭到毀壞了。某種文化上的不倫關係成了一種歷史感官，無法受控而蔓延，驅使著一連串彼此關聯的事物。

這種因爲失去本眞性（authenticity）或現代性，而產生對於某種本質與起源的遺落感，並非新的現象。在《鄉村與都市》（一九七三）一書裡，雷蒙・威廉斯便將這種遺落感形容爲一項具有反覆特性、鄉村特質的「情感結構」。千禧年來不斷的變化成了一場混亂，純粹產物已然瘋狂。然而，愛爾希的形象代表了一次新的契機。在一九二〇年代，人們已經清

4

* 譯注：威廉・卡洛斯・威廉斯（William Carlos Williams）爲美國廿世紀重要作家和詩人，曾在一九〇二年於賓夕法尼亞大學就讀醫學，畢業後成爲小兒科執業醫師。他同時從事寫作，出版的重要詩作有 *The Great American Novel*（一九二三）、*In the American Grain*（一九二五）等。

楚看見一個能夠眞正促進各式文化聯繫與融合的全球性空間：在瞬息萬變的都市或鄉村環境中，在地本眞性交會或合併——這些情境包含那些紐澤西州的移民社區、多元文化蔓生的阿根廷布宜諾斯艾利斯，以及南非約翰尼斯堡的小鎭。儘管威廉斯道出了美國的純粹產物，但詩作中無人駕駛的車輛一路顚簸，顯而易見地意味著更多的「我們」。從事民族誌工作的現代主義者試圖從地方性中找到普世意義，試圖用這種方式以小窺全。威廉斯對於美國（而非英國）的著名演說，提供了區域性詩意以及自身的醫療專業訓練，但不能因此將他排除在一般的人類過程之外。事實上，威廉斯的世界主義（cosmopolitanism），正是需要在在地連結與各種可能性之間的不斷轉向。

詩中的愛爾希似乎不同於一般習以爲常的人生，並且正是由於愛爾希的存在，有了一種**歷史的**不確定性，進而動搖了這位既是醫師又身爲詩人的現代主義者所賴以安身之處。[1] 威爾斯對於愛爾希再現的失序做出的回應既複雜又矛盾。如果說各種本眞傳統，即純粹的產物，在任何地方都陷於混雜並失去目標的話，那麼懷舊感也就不再具有任何吸引力了。既然沒有了過去，便不存在挽救的基礎。威廉斯在此處以及作品中避免使用其他二〇年代自由主義者常見的田園詩和習俗式的感情訴求——像是在阿帕拉契地區這類瀕臨危絕的地方積極保存或找尋出一份眞實的田園文化。如此得來的本眞性，充其量只是一些人造的美學產物（Whisnant 1983）。威廉斯並不接受這兩種面對歷史的急迫性。他並非試圖喚起人們對於愛爾希的想像或是突顯田園生活的無知，進而讚揚一個進步科技的未來。事實上，威爾斯對於愛爾希的命運感同身受，因爲在那個驚恐的處境下，確實「沒有人在駕駛這輛車子」。同時，威爾斯也並非陷入逐漸混亂的現代性（entropic modernity）*，使得他對過往地方傳統的喪失而感到悲傷——這是那些文化同質化的預言家、或是那些惋惜熱帶地區遭受破壞之人經常提出的觀點。相反地，威爾斯認爲，確實有「某種東西」正在「流失」，即使只是一些「零星的斑點」。

我們必須在此討論這個新興而分散的「某種東西」與「我們」共同乘坐其上的那輛車子之間的差異。但是，是否有可能抵抗這首詩中急迫且無法迴避的驅動力呢？這麼做並不是爲了提供一項充分的解讀（如同從威廉斯《春天與萬物》所摘取的詩句），而是爲了反思這些解讀——幾種歷史性的「愛爾希」。這個具有爭議的人物形象伴隨愛爾希身上「攙和著若干印地安人血統」、不甚優雅的女性身軀，以及一種無法言傳的身分，代表著在西方布爾喬亞階級世界中，那些被邊緣化或是受到噤聲的群體：「在地者」、女性、窮人。在詩人的凝視裡，有著暴力、好奇、憐惜和欲望。愛爾希所觸動的正是這些極度混雜的情緒。女性和

* 譯注：「entropy」直譯爲熱力學上的「熵」。愈是混亂，熵值愈大。此處採意譯。在文後第十章中，作者討論李維史陀的紐約生活時，則回到《憂鬱的熱帶》原文的「熵增論」翻譯。

帶有膚色之別的身體，再次成爲吸引力、嫌惡與象徵挪用之處。愛爾希的存在充其量只是突顯了具有特權的男性。一種失去根源而無法言喻的混亂，讓愛爾希無處可去。威廉斯藉此表達了內心的不滿與漠然的同情——他將情緒轉入現代歷史之中。詩作中有三分之二的部分，愛爾希的個人故事轉變爲一般大衆的故事；她在郊區廚房裡的獨特生命消失了。愛爾希、威爾斯，以及我們，都被禁錮在無法逃脫的現代發展之中。

在西方想像的歷史定義或民族誌紀錄裡，邊緣族群長期以來有著相似的處境。「進入現代世界」使得他們原有的獨特歷史迅速消失。一旦被席捲至資本主義社會或各種科技進步的社會主義所支配的共同命運，這些所謂的「落後」族群便無法創造在地的未來。他們的獨特之處仍然緊緊地聯繫著傳統的過去，固有的結構或抵抗或屈服於新的結構，但不管如何，他們無法自己創造出一個新的。

本書試圖提出不同的歷史觀點。我並不認爲世界充滿了瀕危的本眞性——純粹的產物總是走向瘋狂。相反地，本書爲朝向現代性的特定路徑騰出了空間，這是威廉斯面臨矛盾問題時所期待的認識：像愛爾希這類的個人歷史「釋放」出了什麼？是這些「零星的斑點」瞬間消逝的火花嗎？還是新的開始？或是其他……？「創作。（沒有想法／卻在事物中）創造！」這是威廉斯的說法（1967:7）。在《春天與萬物》這本詩集中，人類的未來是可以積極想像的，而非僅是消極地延續下去：「面對新的事物形態如同面對現實本身……進入一個新世界，並且擁有移動以及新意的自由」(1923:70, 71)。但此刻，每一項創造性的現實詩句都需要面對地緣政治問題，包括本書所極力主張的：這是誰的現實？誰的新世界？爲什麼一個人的立場可以因此寫下「彷彿踩在**我們**腳下的大地／是某個天空的排泄物／而**我們**……注定……」？

人與事愈來愈不在他們該在的位置上。身爲一位既是醫師又是詩人的田野工作者，威廉斯觀察並且聆聽紐澤西州的移民、勞動者、待產婦女、滿臉青春痘的年輕人，以及有著精神疾患的個案。從這些人所經歷過的獨特生命經驗與話語，透過兼富詩意和科學式的獨特參與觀察，威廉斯從中找到了寫作的素材。他能隨意進入病人的家庭中，採取一種醫療行爲又具備美學的距離（雖然有時這是相當困難的，如同《派特森》第三卷的〈美麗事物〉系列）。威廉斯與愛爾希的會面則顯得有些不同：一位擾動的外來者現身於布爾喬亞的家庭空間之中。她不再是一位有距離的被觀察者。

這種由一位來歷可疑又身分不明之人所帶來的侵擾，預示了一些二次大戰後才變得顯著的發展。殖民關係將變得極具爭議。在一九五〇年之後，那些長期被西方民族誌學者、行政官員或傳教士所代言的人們，開始在全球舞台上爲他們自己做出更有力的發聲與行動。結果是，我們愈來愈難以將這群人置於他們原先的（傳統）位置裡。原先以爲傳統生活形態注定會融入「現代世界」中，如今卻以新穎的方式重新宣稱其差異性。正是因爲這些發展，我們對愛爾希的看法有所不同。

從新的角度來反思詩作的主旨，我們不禁要問：究竟是什麼使得這位女孩在威廉斯的廚房裡工作？她是否必須象徵著某種永恆終點？愛爾希預示了什麼？身爲一名女性：她不纖細的身體，在男性凝視支配的世界下是否意味著失敗象徵，或是一個權力下「混亂」（disorderly）的女性意象，因而有別於男性至上主義者（sexist）所定義的美感選項。身爲不純粹的產物：這個混合背景若不是傳達一個無根的迷失靈魂，便是暗示著一個新的混雜個體，無論如何，與她工作的郊區家庭相比，她不單只是一位僕從。身爲一名美國印地安人：愛爾希代表最後僅存且受到同化的圖斯卡羅拉人（Tuscaroras），一個傳統上定居在紐澤西州北方的拉馬普山脈的印地安族群，又或者她代表了一個正朝向無法預知未來的美國原住民過去。（在過去十年裡，一群自稱拉馬普部落的愛爾希族人正積極宣稱他們的印地安人身分。）[2] 威廉斯將他的僕人象徵性地同化爲一個共同的命運，只是如今看來似乎又不是那麼確定了。

在廿世紀晚期的此刻解讀〈愛爾希〉，變得更爲具體，也更加不確定。愛爾希各種可能的未來反映出西方現代性願景裡一系列無法解決的挑戰——而本書就是企圖討論這些挑戰。在這些討論裡，愛爾希多數時間依舊是無聲的，但我們卻仍可感受到她擾動的存在——一個浮現的複數主體。[3] 那個擁有爲他者日常（或是歷史）「發聲」的特權，而不用擔心矛盾的時代已經過去了。「克羅齊有句著名格言：整個歷史便是一部當代史，這並不表示整部歷史便是**我們的**當代史……」（Jameson 1981:18）。當西方主流敘事方式受到質疑，歷史浮現成爲一項政治議題變得無法避免。如同米切爾在《女人：最漫長的革命》（一九八四）中寫道：「我認爲如果不在某種意義上承擔歷史，我們便無法以人類主體的方式生活著；對我們來說，那主要是布爾喬亞資本主義下形塑出的男性或女性的歷史。爲了解構那段歷史，我們只能建構其他不同的歷史。透過這種方式來看看我們自己在這過程中改變了什麼？」（1984: 294）。我們並不全然都坐在威廉斯的車子裡。

✻

在愛爾希浮現的許多可能性之中，本書只探討了其中一種，也就是關於她「攙和著若干印地安人血統」這個部分。一九七七年秋季，住在梅斯皮「鱈魚角的印地安城鎮」的萬帕諾格（Wampanoag）印地安人後裔，在波士頓聯邦法院上被要求證明自己的族群身分。爲了拾回已失去的土地，並透過訴訟方式來保有法律上的權利，這群現代麻薩諸塞州的公民被要求證明他們的部落自十七世紀起便持續存在至今。然而，梅斯皮的生活方式在當初與普利茅斯港的英國清教徒以及麻州說著當地方言的居民有了第一次接觸之後，便有了極大的改變。一九七七年的這群原告者是否仍是「相同的」印地安人？他們是否不單純是個體的集合，而是不同程度的美國原住民祖先？如果他們不同於鄰近的居民，那麼他們又該如何突顯其「部落」的差異性？在冗長的公開審理中，許多印地安人和白人列席提供了有關梅斯皮生活的佐證。專業的歷史學家、人類學家以及社會學家，在法庭上以專家學者的身分出庭作證。新英格蘭印地安人的痛苦故事在微小細節與激烈辯論中被敍說出來。由於不同詮釋之間的衝突，「部落」、「文化」、「身分」、「同化」、「族群」、「政治」以及「社群」等概念，也同時接受審理。在四十天的審理過程中，我幾乎都坐在法庭中聆聽與記錄。

這場訴訟案對我來說——除了可能在政治上的立卽性風險——是一場關於跨文化翻譯的重要經驗。這些有著新英格蘭英語口音的現代印地安人敍說著聖靈，試圖說服一個清一色由白人組成的波士頓陪審團有關他們的本眞性。整個翻譯過程充滿疑點又含糊不清，因爲具爭議的文化界線總是模糊且經常變動的。這場訴訟案突顯了更深遠的問題：文化的詮釋模式、整體性的默會模型、距離的形態，以及歷史發展的不同故事。

我開始將這些問題視爲民族誌職權裡普遍存在後殖民危機的徵候。儘管之前西方的霸權論述已經強烈感受到此一危機，但此刻提出這個問題更具有全球性的意義。誰擁有這個權威可以爲某個群體的身分或本眞性發言？什麼是構成一個文化的根本要素與界線？在民族誌、旅行、現代跨族群關係的遭逢中，自我和他者如何發生衝突或對話？哪些關於發展、流失與創新的敘說，能爲當下在地範圍的反對行動提供解釋？在審理期間，眼前這些問題比理論探索更具急迫性。

我在法庭上的觀點是相當曲折的。我當時剛完成歷史學博士論文，對人文科學歷史，尤其是文化人類學有著強烈興趣。訴訟案期間，我正在改寫準備出版我的博士論文。這份論文是有關林哈特的傳記，他是一位在法國新喀里多尼亞的傳教士和民族誌研究者，同時也是一位在巴黎的民族學者（Clifford 1982a）。還有什麼比新英格蘭印地安人更可以進一步思考這些？事實證明，這些相關性是相當接近且具有針對性的。

在美拉尼西亞，林哈特深入部落群體，這些部落群體經歷了與麻州類似的殖民攻擊，而他專注在文化變遷、信仰融合、宗教信仰改變以及生存的實踐與理論問題。如同許多美國印地安人，在軍事上被擊潰的新喀里多尼亞卡納克人（Kanaks）留下了「部落」制度，以作爲具備限制條件的保留區體系。這兩個群體都將這些政府的外部形式做了策略性的調適。美國原住民和美拉尼西亞人都在人口和文化的嚴重危機之下，以及變遷和復興的時期倖存了下來。如同美拉尼西亞人得生活在充滿侵略性的世界，新喀里多尼亞的卡納克人在過去一百年裡找到了強大而獨特的生存方式。就我看來，梅斯皮人也正在爲實現類似的目標而奮鬥、不斷嘗試與創新求生的方式，一如廿世紀印地安人的處境。

毫無疑問地，我在新英格蘭法庭上的所見所聞，影響了我對於美拉尼西亞身分的體認，我逐漸了解到這不是古老的遺存，而是一個具有政治性爭議以及歷史上未完成的持續過程。我在關於歐洲民族誌機構的研究裡已經培養出類似的態度。

⁂

本書主要探討西方觀點與實踐行動，這些觀點或實踐展現了挑戰「西方」權威乃至未來身分的應對力量。現代民族誌以不同形態出現，有傳統也有創新；但作爲一項學術實踐，它無法脫離人類學獨自存在。一般看法認爲，民族誌只不過是從參與觀察的角度思考和書寫文化的不同方式。但在廣義上，像威廉斯這般的詩人其實就是民族誌學者；許多被社會科學研究者稱爲「在地報導人」(native informants)的人也是。最後，我的主題著重於在獨特意義體系的世界中，偏離主流的普遍處境，這是一種在文化中生活又同時觀察著文化、一種個人和集體自我塑造的形式。此一困境並不僅限於學者、作家、藝術家或是知識分子，而是回應了廿世紀各種傳統的疊加。現代「民族誌」不斷在各文化**之間**結合和移動，不像西方另一個自我的「人類學」那般渴望調查全人類的多樣性或發展。民族誌始終帶有移轉性質(displaced)，既是區域型聚焦也是廣泛性比較，是在居住和旅行經驗愈來愈難以區分的世界中的一種形式。*

本書在地方與全球觀點間移動，不斷重新定位其主題。第一部分聚焦於書寫與再現的策略，這些策略隨著歷史而改變，藉以回應自一九〇〇年殖民主義高峰，至一九五〇年代之後，後殖民主義與新殖民主義的廣泛改變。在這些章節中，我試圖表明民族誌文本是在充滿政治主導情境中的多聲交流的編排（orchestrations）。在這些多半是不對等交流下所產生的主體性——無論是「在地者」或是來訪的參與觀察者——都同爲眞實的建構領域，這是一種嚴肅的編寫（fictions）。** 一旦這種主體性被認可，對於後殖民民族誌的再現所提供的多樣、豐富的可能性也隨之浮現，而本書將會探討其中一部分。本書第二部分描繪民族誌研究與前衛藝術和文化批判的結盟，這些活動同時與現代主義技法中的拼貼、並置、疏離

10

* 譯注：移轉（displacement）是三部曲中重要概念之一。移轉不同於「取代」（replacement），後者指的是一個新的事物完全替換了另一事物。「取代」通常是永久性的，原本的事物被消除或被遺忘，被取代的東西不復存在；相較之下，「移轉」暗示某種外部壓力或挑戰使得原先的位置或內部結構變得不適合或無法容納。因此，民族誌「移轉」經常指涉文化地理空間上的遭逢（encounter）經驗（這意味著不同文化、社會、族群的接觸，以及接觸後可能帶來的交互變化），同時彰顯了特定時空下民族誌書寫結構上的改變。

** 譯注：這裡「fictions」不應解釋爲（科幻）小說或是虛構之意，而是採呂格爾（Paul Ricoeur）在《詮釋學與人文科學》（*Hermeneutics and the Human Sciences: Essays on Language, Action and Interpretation*, 1981）中，以及本書作者與馬庫斯共同編輯的《書寫文化》（*Writing Culture*, 1986）的立場，認爲「fiction」是一種人爲編寫的作品，意即人類學家爲民族誌書寫賦予了批判觀點與重新脈絡化的詮釋。在本書其他各處（如第五章）則就文本脈絡翻譯爲「小說」，或是關於巴赫金的「特定時空」（chronotope）一詞則採「編造」之意（見第十章）。

有關。這種「異國情調」如今已近在咫尺。此處我透過旅行書寫中若干自我反思形式，探索西方民族誌的侷限性，並且討論廿世紀「移轉的詩學」（poetics of displacement）的各種可能性。本書的第三部分轉向收藏的歷史，特別是對於「原始」藝術和異國「文化」的分類與展示。我的主要目的是消除任何超驗的本眞性統轄權，並且主張所有權威的收藏，無論是以藝術或科學之名，都有其歷史條件，並且受制於在地的重新挪用。最後，在本書第四部分中，我試圖探討非西方歷史經驗——那些屬於「東方」和美國原住民「部落」的經驗——如何被傳統的連續性與整體式自我概念（unified self）所限制。我認爲，以民族誌的角度思考，身分必定始終是混雜的、具有關聯性的，同時又帶有創新意義。

當我研究康拉德和馬凌諾斯基這兩位精通多種語言、帶有波蘭血統卻身處英國與英語文化的移居學者時，自我認同（self-identity）成爲一項非常複雜的文化問題。兩人都對當地集體生活的編寫作品進行了開創性的思考，並且帶有不同程度的諷刺；兩位都在有限的現實和表達形式下，建構出他們的身分。他們擁抱「文化」的嚴肅編寫的同時，正值民族誌（相對的和多元的）概念開始流通於現代社會。在此處與書中其他地方，我試圖對這個流通現象予以歷史化，企圖尋找可以保留文化差異功能的概念，同時將集體身分視爲一項混雜、通常是不連續的創造過程。文化是一個我無法擺脫且深深妥協的概念。

我在分析薩依德的爭議性著作《東方主義》（一九七八）時，討論過某些文化主義者的簡化傾向和本質性問題上所具有的政治危險。後殖民「對抗」批判的固有分歧立場——在簡化本質與深化二分法這兩方面的建構——顯然並非西方的東方主義者所獨有。薩依德寫作的方式既維護又顛覆了自己的權威。本書的分析指出，這些存在於薩依德論述中的偏差是不可能消除的，因爲愈來愈難在西方「外部」保持某一種文化和政治立場，從而安穩地攻擊西方。如薩依德這類的批判論點受困於我所提出的雙重民族誌行動之中。這些論點具有在地性根基和政治性參與，但必須將其置於全球範圍方能產生共鳴；他們參與了廣泛的後殖民過程卻不具概貌，反倒提出赤裸的偏見。

在一個相互關聯的世界中，人們總是在若干程度上顯得「不夠本眞」（inauthentic）——人們處在不同文化之間，並且參與其中。在全球權力體系中，話語透過相互關係才得以發展，所以一個文化或傳統的連續性中不可能只有差異或獨特性。因此，身分是關聯性的，而非本質性的。薩依德在《最後一片天空消失之後》*裡談論這些議題的態度令人動容。這是一部有關「巴勒斯坦人的生命」與他自己在其中位置的回憶（1986a:150）：「在可見的未來，某物的部分勝於全部。破碎優於單一。不停歇的游牧活動超越固定領土上的定居。批評大於屈從。巴勒斯坦人在投資與消費欲望貧乏的土地上擁有自我意識。發怒的英雄氣概

* 譯注：繁體中文書名譯爲《薩依德的流亡者之書：最後一片天空消失之後的巴勒斯坦》，立緒出版發行。

贏過托碗乞討，有限的獨立自主勝過委求於人。注意、警覺、專注。做別人所做但脫穎而出。講述你的零碎故事，如同**故事自身便是如此**。」這部作品在我完成我自己的著作時出版。因此，我對《東方主義》的討論，僅事先預示了薩依德尋求非本質主義形式的文化政治的不斷努力。《最後一片天空消失之後》積極處理巴勒斯坦流放者的獨特情況與更廣泛的廿世紀選項之間的差異。這本書是（但不僅僅是）薩依德這位巴勒斯坦人，感傷地接受「我們的流浪旅途」，懇求「展現世俗的成分，但並非救贖的對稱形式」（1986a:150）。

*

我對這個「救贖的對稱形式」感到懷疑。所有應許的獲得，並且回歸到「原初」起源或是對於眞實傳統的收集，都涉及可疑的純粹化行動。這類以本眞性需求**反對**具支配性的外在他者的純粹性宣稱，不管在任何情況下幾乎都會被推翻。於是，「第三世界」與「第一世界」對抗，反之亦然。以在地的層面來看，初步蘭群島居民可以在最近的殖民歷史與巴布亞新幾內亞這個新興國家之內創造**他們自己的**文化，甚至進而抵抗這個殖民史與國家機制。如果本眞性具有關聯性，那麼所謂的本質並不存在，除非作爲一項政治、文化的創新，或是在地策略。

在本書中，我質疑西方民族誌在地策略裡某些專注於文本化，尤其是收藏的救贖模式，並在其中幾個章節詳細分析本真性系統如何強加於非西方的藝術與文化創作。這些章節著眼於當代收藏與本眞性實踐，例如紐約現代藝術博物館一場關於「部落」和「現代」藝術之間關係的展覽所引發的爭議。那些具有異國風情的物件如何在西方收藏系統中被賦予了「藝術」與「文化」的價値？某些批評家認爲，非西方物件唯有置於原本環境的脈絡才能被正確理解，我個人並不同意這種觀點。如同美學所遭遇的問題，民族誌脈絡化也容易受到純粹化和去歷史（ahistorical）的處理。

我追溯現代美學和民族誌分類的早期歷史，也就是一九二〇年代和三〇年代的前衛巴黎，一個我稱之爲民族誌超現實主義的激進背景。兩個重要的博物館：托卡德侯民族誌博物館，及其科學的繼承者人類博物館，象徵著不同的「藝術和文化收藏」模式。將二者並置比較突顯了一個問題：民族誌世界和其具有意義的工藝品，是如何被切割、挽救與評價？文化在此處不是一個需要保存的傳統，而是容易受到批判和創造性重組影響的組裝符碼與人爲產物。民族誌是一種明確的文化批判形式，與達達主義和超現實主義一樣具有激進觀點。我這麼說並非默許將前衛藝術實驗從學科訓練中區隔出來，相反地，我重新開啟了一個領域，並且認爲現代藝術和民族誌若是分工在不同機構之中，實則限制了前者的分析能力和後者的顚覆性志業。

自一九〇〇年以來，所有關於「人類」的收藏品，已經在如人類學這類的學科訓練，以及藝術博物館或民族學博物館中予以制度化收藏。一個有侷限的「藝術－文化系統」控制了本眞性、價値，以及工藝品和資料的流通。爲了分析此一系統，我認爲任何收藏都意味著產生一種稀有性和價値的時間視野，一種後設歷史（metahistory）。此一歷史定義了哪些群體或事物將從破碎的人類過往中被拯救，哪些又將被定義爲共同命運下，具有活力或悲劇性的代理人。我的分析試圖揭露這些歷史，以及它們所辯護的現代收藏地方政治的偶然性。或許，爲替代方案騰出了空間。

✸

本書是一份疊接的民族誌作品，一份未完整的集合品，由七年來書寫和重寫的探索所組成。它自身的歷史時刻已經由科學、美學和文本所主導的跨文化再現等急速變化的詞彙所標誌。如今，以「西方」這種代表單一人類歷史的權威書寫已受到廣泛挑戰，而在其空間身分逐漸受到質疑之際，本書的調查研究無法、也不應歸納爲一個毫無漏洞的視野框架。某種偏袒是顯而易見的。本書章節在形式和風格上各不相同，反映出不同情況和特定創作場合。我並沒有爲了達到表面上的一致，而試圖去重寫那些已經發表的內容。此外，本書收錄了意圖打破主流基調的文本，希望以這種方式體現我的書寫修辭。我偏好銳利而聚焦清晰的描繪方式，藉以展現出它們的框架或視角。

民族誌是一項混合的活動，因此表現為書寫、收藏、現代主義拼貼、帝國權力，以及顛覆性批判。或許從廣義來看，我的主題是一種旅行方式，一種身處十六世紀在地圖上已經統一的多樣化世界中，理解和知曉的方式。民族誌的主要功能之一是「定向」（orientation），這個詞彙來自歐洲旅行遺留下對於虛幻的整體「東方」的發明。但是在廿世紀，民族誌反映出新的「空間實踐」（De Certeau 1984），以及新的定居與流動形式。

廿世紀見證了觀光旅行、移工、移民、都市擴張等流動性的劇烈擴張。愈來愈多人仰賴在大眾運輸、汽車、飛機的協助下「居住」。六大洲的城市已經開始有外來人口定居，但通常只以局部、特定的形式，與在地居民混居在一起。「異國風情」諷刺地如此近身。相反地，地球上似乎沒有任何地方遙遠到無法感受「現代」產物、媒體和權力的存在。一種舊式的旅遊地形學和經驗由此爆發。人們不再離開自身社會，帶著自信去尋找全新事物或是另一時空。近在眼前的存在差異，遠在天邊者卻顯得熟悉。這種「定向迷失」（dis-"orientation"）反映在整本書中。舉例來說，廿世紀學術上的民族誌並不是一種對於各種差異性和生活方式的詮釋實踐，反而是一系列的特定對話、挑戰與創造。「文化」差異不再是穩定，也不是異國情調的差異；自我-他者的各種關係，是權力和修辭的問題，而不是本質問題。

整個文化和藝術本眞性的期望結構已經受到質疑。

謝閣蘭和雷里斯的作品中清楚呈現了民族誌移轉（ethnographic displacement）的新關係。當「自身社會」和「異地國度」、「自我」和「他者」、「野蠻」和「文明」似乎更加鮮明對立之際，或許兩者已經忘卻曾經組織過旅遊經驗的形式。他們的作品流露出對逃避和回返、啟蒙和征服的不安。他們並非宣稱要去了解遙遠的「奇風異俗」，要去帶回這些異地祕密，並且客觀描述其風景、習俗、語言。他們無論去到何處都會記錄下複雜的遭遇。以謝閣蘭的話來說，這位新旅行者表達的「不光是他的看法，而是透過即時且持續**轉換**產生的，對其存在的迴響」。中國因此成了一面寓言的鏡子。雷里斯在「鬼魅非洲」的田野工作讓他回到了永無止境的自我民族誌之中——並非自傳，而是在記憶、夢想、政治和日常生活的當下，書寫他的存在。

廿世紀的身分認同不再能夠預設持續傳承的文化或傳統。無論在何處，個人和群體利用外來的媒體、符號和語言（重新）收集過去，藉以即興創作出在地的演出。這種破碎間的存在常常被描繪成一個毀滅和文化衰敗的過程，李維史陀的《憂鬱的熱帶》（一九五五）是其中的佼佼者。今日，李維史陀的全球視野觀點已被廣泛接受，而在此觀點下，人類各種眞實的差異性正在瓦解，消失在擴張的商品文化之中，充其量成爲可供收藏的「藝術」或「民間傳說」。《憂鬱的熱帶》中關於逐漸混亂失序（entropy）和流失的偉大敘事，表達了一個無法避免的悲慘事實。但它講得過於工整，因而在單一人類歷史的「終結」上，採取了令人懷疑的歐洲中心主義立場，並以此收集、紀念世界各地的歷史。除了這種漸進式單一文化的論述，書中還可瞥見一種更加模糊的「加勒比」體驗。在我的說明中，「新詞彙主義」（neologistic）文化政治的實踐者塞澤爾代表了這樣的可能性——有機文化重新被視爲創新過程，或是不同語言結合的「文化互動」（Wagner 1980; Drummond 1981）。[4] 傳統的根源被切斷又被重新連結，集體符號從外部影響中取得挪用。對塞澤爾而言，文化和身分具有創造性和流動性。它們並不需要扎根於祖先的土地；它們依靠傳授與（歷史上的）移居而活著。

按照《憂鬱的熱帶》（1955:38）中這位幻想破滅的旅行者的說法，一個擴張的西方向世界上各個社會拋出的「汙物」，成爲新的差異秩序（orders of difference）的原始材料和肥料。但它仍是汙物。現代文化的接觸不需要被浪漫化，從而消除帝國的暴力以及持續新殖民統治的各種形式。加勒比海歷史是一段墮落、擬仿、暴力和封閉了各種可能性的歷史，而塞澤爾從中獲得創新和策略性的「黑人文化傳統」（*négritude*）。* 它同時也是具反叛性的、融合多

* 譯注：「*négritude*」在此採意譯。在第七章討論此主題時，採坊間一般的譯法「黑性」。當然，按照塞澤爾創造這個新詞的原意，任何具備明確意義的翻譯都將遠離此一新詞的歷史創造。事實上，塞澤爾在接受訪問時，拒絕爲「*négritude*」提供任何定義，見本書第七章。在本書中，「*négritude* movement」一律翻譯爲「黑人自覺運動」。

15

樣不同信仰的以及具創發性的。這種模糊性使得地球上的在地未來充滿著不確定性和開放性。沒有任何偉大論述可以調合全球文化歷史的悲喜劇情。

對比於感知各種新秩序，體認各種差異秩序的流失，相較之下容易許多。本書對於民族誌當下－成爲－未來（presents-becoming-futures）的關注，或許有點走得太遠。* 它對重新創造差異此一烏托邦式且執著的希望，低估了全球經濟和文化集中化的破壞性與同質化影響的風險。再者，西方假設「傳統」的各種論斷永遠是對於新事物的回應（換言之，歷史不會眞正重演），或許會因此排除了文化持續和復原的在地論述。我並非講述所有可能的故事。如同伊博族（Igbo）諺語所說，「你不會老站在同個地方觀看一場扮裝慶典。」

我主要的目的是爲文化的未來和現身的認可騰出空間。這需要對西方根深蒂固的思維方式和價值體系提出批判。我特別對於那種爲單一史觀服務、將異國情調的人和物納入集體的做法，有種近乎反射的懷疑（Fabian 1983）。現代主義和人類學的包容性秩序（威廉斯車上的「我們」、西方社會科學中的人類）總是部署在大寫歷史的終點或進展邊緣。比起融合當下的稀釋性創造，異國情調的傳統來得更古老、更純粹（也更罕見）。在這樣的暫時安排下，許多廿世紀的創作只能以更「發達」模型的複製面貌呈現。這星球上的愛爾希們仍然沒有屬於自身之地的旅行。

世界各處的原住居民不得不考慮「進步」和「民族」統一的力量。這個結果同時具有破壞性和創造性。許多的傳統、語言、宇宙觀和價值觀都已經流失，有些就字面上來說甚至已經被謀殺了；但在複雜且對立的背景脈絡下，也有許多東西同時被發明和復興。如果說在進步和帝國之下的受害者是虛弱的，他們卻很少是被動的。例如，過去人們常常將非洲、美拉尼西亞、拉丁美洲，甚至是受殖民的麻薩諸塞州的基督教改信，視爲原民文化的滅絕，而非轉變。但某些更加模糊和歷史複雜的現象已經發生，幫助我們覺察到某些多樣性秩序的終結，**以及**另一種秩序的創造或翻譯（Fernandez 1978）。某些「滅亡」的族群已經復返並糾纏著西方歷史的想像。[5] 無論如何，我們很難將新幾內亞「天主教義」的未來與其在義大利當下的前景相提並論；新喀里多尼亞新教的基督信仰與其多樣化的奈及利亞形式截然不同。未來不會（僅僅）是單一文化。[6]

拒絕單一進步或逐漸混亂失序的後設敘事（metanarrative），並非否定全球性過程普遍存在作用不均的現象。這個世界在經濟和文化上的聯繫日益緊密，但並不統一。地方特殊主義無法逃避這些參與。確實，現代民族誌歷史或許注定要在兩種後設敘事之間搖擺不定：一方是同質化，另一方是浮現差異；這端是流失，那頭則是創造。在大多數特定情況下，這兩種敘事彼此相關，每一方都削弱了另一方講述「整個故事」的能力，每一端都否認對

---

* 譯注：此處「當下－成爲－未來」所指涉的「差異秩序」，在本書第十章討論本眞性的歷史情境時，將會再度提及。

方享有黑格爾式的特權觀點。世界各地都在摧毀、**同時也**在創造差異性；但是新的身分和差異秩序更讓人想起威廉斯的愛爾希，而不是柯蒂斯理想中「正在消失」的美國印地安人。浮現差異的各種歷史要求其他不同的敘事方式：塞澤爾不純正的文化詩學、薩依德零散的「巴勒斯坦人的生命」、梅斯皮鎮重塑的傳統——並不存在單一的模式。本書針對幾種混雜和顛覆性的文化表現形式進行調查，這些形式預示著創造性的未來。在廿世紀的最後十餘年裡，民族誌開始於一個無法逃避的事實，即西方人並不是唯一在現代世界中出沒的人。

但旅行者不總是和世界各地的「在地者」遭逢嗎？一種奇怪的期待：英國新教徒抵達新大陸的普利茅斯岩後，卻發現了剛從歐洲回來的印地安帕圖西特族人斯夸托。

「白人」，伊博族扮裝慶典的表演者奧涅查。奈及利亞東南方阿莫古地區的伊茲氏族（Amagu Izzi），1982年。

第一部分　話語

第一章　民族誌職權*

克里弗德把原住民、報導人以及……人類學家都視為「原住民」。我們正在被觀察和書寫。

——保羅．拉比諾，〈再現作為社會事實〉

在拉菲托神父一七二四年那本《美洲的野蠻習俗》的卷頭插畫中，民族誌工作者被描繪爲一名年輕女孩，她正坐在寫字檯前，周圍擺放著來自新世界、古典希臘和埃及的工藝

21

* 譯注：在本書中，涉及民族誌寫作模式時的「authority」，均翻譯爲「職權」，指涉民族誌作者經由田野經驗在學科科學和個人書寫身分上所獲得認可的依據。這是考量現代人類學家的民族誌寫作，在學科倫理上並不主張特權、支配、控制或統轄，儘管書寫本身便涉及權力的本質。「authoritative」一詞則翻譯爲「權威性」，表達民族誌書寫者對於報導人提供的資訊的支配態度。此外，在第十一章中，當作者討論薩依德的東方主義批判觀點時，亦翻譯爲「職權」，以表達一位巴勒斯坦人的批判效力。

品。這位作者身旁有兩名小天使協助她進行比對的工作，還有一位留著鬍鬚的時間人物，指向一幅代表作者筆下最終眞理來源的畫面。而這幅讓年輕女子抬頭凝望的景象，亞當、夏娃和蛇出現於一團雲彩之中，上方站著《啟示錄》裡獲得救贖的男人和女人，他們站在一個發光三角形的兩側，三角形上刻有耶和華三個字的希伯來文。

馬凌諾斯基《西太平洋的航海者》的扉頁是一張照片，標題寫著「庫拉（Kula）儀式」。* 照片中，站在住處門口的初步蘭群島首領正在接受年輕人獻給他的貝殼項鍊，這位年輕人身後有六位年輕人站成一列，彎腰鞠躬，其中一人正吹著海螺。所有人物都以側面示人，他們的注意力顯然集中在交換儀式上，這是美拉尼西亞生活中的眞實事件。但若進一步觀察會發現，其中一位鞠躬的初步蘭島人似乎正看著鏡頭。

並沒有太多人知道拉菲托放這幅畫的意圖——畫中那位作者僅爲抄錄，而非原創者。不同於馬凌諾斯基的照片，拉菲托的這幅版畫並不具備民族誌經驗——即使拉菲托曾經對莫霍克人（Mohawks）花了五年時間進行調查，而且這項研究爲他贏得了不分世代田野工作者的景仰。他的記述並非第一手觀察的呈現，而是在擁擠的工作坊中完成的寫作。如同所有的照片一般，《西太平洋的航海者》的扉頁顯示一種在場（presence）——鏡頭前的場景，而這也暗示了另一種在場——民族誌工作者積極完成初步蘭群島現實的片段。馬凌諾斯基書中的主題「庫拉交換」至此完全可見，並成爲我們感知的重心，而照片中參與者的目光，

22

將身爲讀者的我們的注意力，重新引導到與民族誌作者和他的相機共享的觀察立場。現代田野工作職權的主要模式在此標誌出來：「你現在在那兒……因爲我曾經在那兒。」

本章追溯了廿世紀社會人類學中民族誌職權的形成和斷裂。這不是一個完整的說明，也不是基於對民族誌詮釋和文本理論的全面性認識。[1] 這種理論的輪廓是有問題的，因爲相較於過往，今日跨文化的再現行動更受質疑。當前的困境與一九五〇年之後數十年間殖民力量的斷裂與再分配，以及此一過程在一九六〇、七〇年代與激進文化理論的呼應，都與當前的困境密切相關。黑人自覺運動反轉了歐洲人的目光，人類學因其在帝國秩序中的自由主義地位而出現了道德危機（*crise de conscience*），在此之後，西方不再能將自己表現爲有關他者的人類學知識的獨特提供者，而變得有必要去想像一個廣義民族誌的世界。隨著通訊和跨文化影響的擴大，人們透過眼花繚亂的話語多樣性——巴赫金（1953）稱之爲「眾聲喧嘩」（heteroglossia）的全球處境——詮釋他者和其自身。[2] 此一模糊而多聲的世界，讓人愈來愈難以想像人類多樣性可以被刻畫在界線分明的獨立文化之中。差異，是一種創造性

* 譯注：馬凌諾斯基一九二二年的著作 *Argonauts of the Western Pacific: An Account of Native Enterprise and Adventure in the Archipelagoes of Melanesian New Guinea*，曾在台灣翻譯爲《南海舡人：美拉尼西亞新幾內亞土著之事業及冒險活動報告》兩冊，由于嘉雲翻譯，於一九九一年由遠流出版公司發行。該經典著作在本書以及《路徑》和《復返》中統一直譯爲《西太平洋的航海者》。

23

融合（inventive syncretism）的結果。近年來，薩依德的《東方主義》（一九七八）和洪通基的《非洲「哲學」論》（一九七七）這類作品針對某些以爲呈現異地人類群體並不需要尋求系統性的新穎方法和認識論的觀點，提出了強烈的質疑。這些研究認爲，雖然民族誌寫作無法完全避免使用二分法和對本質的化約主義，但至少有覺察到這一點，進而努力避免描繪抽象的、去歷史的「他者」。這是因爲對不同族群來說，形成彼此間複雜的具體意象，以及將其聯繫起來的知識和權力關係，此時比過往任何時刻都來得更加重要；但是，沒有任何最有效的科學方法或是倫理立場，可以保證這些意象的眞實性。它們都是在支配與對話的特定歷史關係中構成的——對殖民地再現模式的批判至少表明了這一點。

本章所調查的民族誌實驗寫作，並不意味著一個清楚的改革方向或發展。這些因應時勢而成的創作並無法透過後殖民再現的系統性分析加以看待。也許最好將它們理解爲德勒茲和傅柯兩位學者的理論「工具包」（toolkit）的組成成分：「理論觀念作爲工具包的意義在於（一）理論並不是建構一套系統，而是建造工具作爲一種邏輯，藉以展現權力關係的特殊性和圍繞其周的鬥爭；（二）此項調查只在既定情況的（在某些方面必然是歷史的）反思基礎上逐步進行」（Foucault 1980:145；同時見1977:208）。我們可以試圖清點目前較好（但仍不完美）的方法，來促進對跨文化表現的實際反思。在此之中，民族誌田野工作仍是一項異常敏銳的研究方法。參與觀察迫使實踐者在身體和知識層次上體驗了翻譯的變換

（vicissitudes）。這需要語言的辛苦學習、一定程度的直接參與和對話，並且經常涉及個人和文化期望的擾亂。當然，田野工作仍有著理想的神話迷思；而實際的經驗又受困於許多不確定因素，甚少符合理想。但作爲一項要求密集且互爲主體的知識生產手段，民族誌實踐保有了一定程度的示範地位。再者，如果田野工作一度被認可爲一門獨特的西方學科以及一門綜合性的「人類學」科學，那麼這些組合並不必然可以永遠持續下去。當前文化描述的風格受到歷史限制，並且正在經歷相當嚴重的變形。

民族誌科學的發展無法單獨理解爲寫作與他者性的再現，它最終必然與其中政治認識論的論辯有關。然而，我在本章的討論裡持續關注專業人類學，特別是一九五〇年以來的民族誌。[3]當前民族誌職權的危機——或者更適當的說法，民族誌職權的分散（dispersion）——讓我們有可能劃定出一個以一九〇〇至一九六〇年爲界的艱困時期；在這段期間，一種新的田野研究概念將自身建立爲歐洲和美國人類學的規範。由受過大學訓練的專家進行密集性的田野工作，成爲研究異地族群的特權，以及獲得認可的資料來源。這不是單一研究方法占據主導地位的問題。首先，「密集式」民族誌早已被各種不同方式所定義。（比較格里奧爾一九五七年的作品與馬凌諾斯基一九二二年著作的第一章即可見一斑。）再者，相較於法國，田野工作早就在美國和英國建立起更完整的霸權地位。早期的例子有鮑亞士和托列斯海峽（Torres Straits）探險，稍晚則有一九二五年成立的人類學機構和一九三二年那趟廣爲人知的法國達喀爾－吉布提探險任務與之匹配（Karady 1982; Jamin 1982a; Stocking 1983）。然而，到了一九三〇年代中期，人們普遍了解到一種正在形成的國際共識：有效的人類學抽象概念，應盡可能以具有資格的學者深入的文化描述爲基礎。至此，新風格已經變得普及且制度化，並體現在特定的文本實踐之中。

近期我們已經可以區分這些傳統慣習，並與之保持某種距離。[4] 如果民族誌是經由密集的研究經驗進而產生文化詮釋，那麼這種難以規範的經驗將如何轉化爲一種具有權威性的文字說明？確切地說，在權力關係和個人多種考量的情況下，此一充滿異聲、過度確定的跨文化遭逢，是如何經由這位單獨作者組成一個有著若干相異的「他者世界」的適切版本？

分析此一複雜的轉變時必須牢記一個事實，卽民族誌自始至終都與書寫密不可分。就最低程度來說，這種寫作至少包括將經驗轉化爲文本形式。由於多項主觀因素以及書寫者無法控制的政治約束之故，這個過程變得很複雜。爲了應對這些限制，民族誌書寫制定了一種特定的職權策略，這種策略涉及一個無可置疑的宣稱，卽身爲眞實（truth）的文本提供者。弗思的《我們蒂科皮亞人》、孔多米納斯的《我們吞食這座森林》、米德的《薩摩亞人的成年》、伊凡普里查的《努爾人》，複雜的文化經驗皆是由單獨的個人所闡述出來的。

以下的討論首先將這項職權定位在廿世紀參與觀察科學的歷史發展之中，接著就預存的假設加以批判，並且對新興的文本實踐提出檢視。在最近民族誌的實驗寫作中，可以看到民族誌職權的替代策略，他們有意識地拒絕馬凌諾斯基扉頁照片風格的文化再現場景。拉菲托擁擠藏經樓工作室的另類世俗版本正在出現。在新的職權範式中，書寫者不再著迷於超驗角色——不論是一個希伯來－基督教神靈，或是人類與文化在廿世紀的替代者。天國般的場景裡只剩下人類學者在鏡中的模糊形象。民族誌工作室裡的寂靜，已被持續不斷的喧嘩眾聲和筆尖的摩擦聲所打破。[5]

26

✵

在十九世紀末，沒有任何事情可以保證民族誌工作者作為在地生活的最佳詮釋者的地位——他們不同於旅行者，尤其不同於傳教士和行政官僚，這些人有的在此領域待得更久，與研究對象關係更好，也具備較佳語言技能。從庫辛（一個古怪的人）到米德（一名全國性人物），田野工作者在美國的形象發展可說意義重大。一種既經過科學證實、同時又根基於個人獨特經驗的特殊的職權形式在這段期間被創造出來。一九二〇年代，在為田野工作建立信譽這個部分，馬凌諾斯基發揮了主要的作用，而我們應從此一角度回顧他對田野中那些競爭者的能力的攻擊。例如，殖民政府地方法官倫圖爾魯莽地反駁有關初步蘭島父系社會概念的科學發現，而此一非專業的「司法監督觀點」導致他被排除在《人類》章頁之外（見Rentoul 1931a, b; Malinowski 1932）。芮克里夫－布朗進一步指責此領域的業餘身分，正如蘭格哈姆所言，芮克里夫－布朗發現了嚴格的社會規律，進而成爲科學專業人士的縮影（Langham 1981:chap. 7）。在廿世紀上半葉，隨著專業田野工作的成功，興起了一般理論與實證研究、文化分析與民族誌描述的新融合。

田野工作理論者取代了「殖民人員」（man on the spot）（用弗雷澤的話來說），但又不是殖民地（metropole）裡的那種社會學家或人類學家。這種工作性質隨著不同國家的傳統而有所不同。例如，在美國，摩根對於自己進行社會學統合的某些原始素材的文化至少有些個人了解；鮑亞士則很早便將密集性田野工作視爲嚴肅的人類學論述的必要條件。然而，整體來說，在馬凌諾斯基、芮克里夫－布朗、米德成功建立起學院訓練的學者模式，並從第一手研究中歸納出理論規範之前，比較占上風的是另一種截然不同的民族誌知識的廉價模式。例如，科德林頓的《美拉尼西亞人》（一八九一）是一本關於風俗習慣的詳盡彙編，主要內容來自他身爲傳教士相對長期的研究成果，以及基於與原民翻譯者和報導人的密切合作。這本書並非依照田野工作的「經驗」加以組織，也沒有提出一個假設性的、功能性的、歷史性的，或其他任何統一的詮釋。這本書傾向低層次的概括和各種折衷式資料的積累。科德林頓清楚知道自己的知識不夠完整，也認爲只有在十年左右的經歷和研究之後，才能眞正了解當地生活（pp. vi-vii）。像是需要多年的學習和捨棄、獲得充分的語言能力等這類關於掌握外部族群世界之困難的認知，往往主導了科德林頓那個世代的作品。這種假設很快便受到馬凌諾斯基更有自信的文化相對主義模式的挑戰。這批新的田野工作者與早期的「殖民人員」——傳教士、行政官僚、商人和旅行者——截然不同，這批田野工作者認爲，「殖民人員」對於原民族群的知識，並非來自最佳的科學假設或充分的中立性的了解。

在專業民族誌出現之前，麥克倫南、路柏格和泰勒等作者曾試圖依據《人類學的記錄與詢問》的指導方針，來控制其人類學論文的品質，例如泰勒就是和傳教士費森這類在田野中富有經驗的研究者培養長期合作關係。一八八三年，泰勒在被任命爲牛津大學的人類學高級講師之後，開始提倡交由合格的專業者以系統性的方式收集民族誌資料。當時，美國民族局則已經致力於這項任務並且提供了研究模式。泰勒積極成立了加拿大西北部落委員會。這個委員會在該領域的首任執行者是在歐吉布瓦族（Ojibwa）中服務十九年的資深傳教士威爾森，但不久後卽被正在轉向專業民族誌的物理學家鮑亞士所取代。史托金具有說服力地指出，鮑亞士取代威爾遜「標誌著英國民族誌研究方法發展中一個重要階段的開始：由受過學術訓練的自然科學家收集資料，將自己定義爲人類學家，並參與人類學理論的制定與評價」（1983:74）。隨著鮑亞士的早期調查工作和一八九〇年代其他自然科學家田野工作者（如哈頓、斯賓塞）的出現，開始朝向專業民族誌發展。如史托金所稱，一八九九年托列斯海峽的探險工作或許可以視爲「中間世代」（intermediate generation）的最高峰。新的研究形態明顯有別於田野裡的傳教士和其他業餘愛好者，而且從泰勒之後成爲整體趨勢的一部分，「使得人類學調查的經驗和理論要素更緊密地結合在一起」（1983:72）。

然而，必須等到馬凌諾斯基那一輩，這種廣泛而密集式的參與觀察才成爲一項專業的規範。「中間世代」的民族誌研究者通常不會在一個地方居住超過一年，也不會掌握當地語言並以此作爲個人學習經驗的入門門檻。他們不以文化內部者的身分發言，而是保留了自然科學家紀實的觀察立場。在一九三〇年代之前，庫欣算是相當孤立的例外。正如辛斯利所認爲的，庫欣對祖尼人（Zunis）長期的第一手研究，以及幾乎被吸進他們的生活方式中，「提出了驗證和責任的問題……科學人類學社群和其他科學一樣，需要共同的話語語言、常態性交流管道，並至少對評判方法達成最小程度的共識」（1983:66）。庫欣對祖尼人的直覺和過度個人化的理解，並不能賦予他在科學上的職權（scientific authority）。

簡單來說，在十九世紀末之前，民族誌工作者和人類學家，在習俗的描述翻譯與建立關於人類的一般理論上，是截然不同的。（清楚了解民族誌和人類學之間的緊張關係，對於正確理解這兩門學問最近或暫時性合併是很重要的。）馬凌諾斯基給了我們新的「人類學家」形象——蹲在營火旁；觀察、傾聽和發問；記錄和詮釋初步蘭群島的生活。此一新的寫作職權表現在《西太平洋的航海者》的第一章，其中醒目地展示了民族誌工作者在基里維納（Kiriwinian）住處搭帳篷的照片。在芮克里夫-布朗的《安達曼島人》（一九二二）中可以發現對於新模式最精彩的方法論論證。兩本書的出版時間相隔不到一年，雖然兩位作者分別發展了相當不同的田野工作風格和文化科學願景，兩位的早期文本都爲民族誌工作者－人類學家的特殊職權提供了明確的論據。

如同馬凌諾斯基爲《西太平洋的航海者》所寫的重要導論所示，他關心的是如何說服讀者們相信他擺在他們面前的事實是客觀獲得的，而不是主觀創造的修辭形態（Stocking 1983:105）。此外，他清楚知道「在民族誌中，原始資料——諸如研究者般的自身觀察、在地的描述，或是在部落生活的萬花筒中——與最終在此一職權下的呈現有相當大的差距」（Malinowski 1922:3-4）。史托金細膩地分析了《西太平洋的航海者》各種文學技巧（其引人入勝的敘事結構、在「民族誌當下」〔ethnographic present〕使用主動語態、作者參與初步蘭群島生活場景中虛幻般的戲劇化描寫），以及馬凌諾斯基爲了使得「他自身對在地者經驗的經驗（可以）成爲讀者的經驗」所用的手法（Stocking 1983:106；同時見Payne 1981，和本書第三章）。馬凌諾斯基對於驗證和責任問題如此關切，將庫欣推向專業與否的邊緣。這種焦慮反映在《西太平洋的航海者》書中的大量資訊、六十六張照片、現在相當少見的「作者所目睹的庫拉事件的時間順序表單」、對典型行爲的客觀描述，以及「我目睹了……」與「我們一行人自北方起航」兩種陳述方式的不斷交替。

《西太平洋的航海者》是一份同時針對初步蘭群島生活和民族誌田野工作的複雜敘事。

它是民族誌世代的原型，成功確立了參與觀察的科學有效性。《西太平洋的航海者》、米德的《薩摩亞人的成年》和《我們蒂科皮亞人》中的研究故事，成了所有關於異國世界專業報導的隱晦敘述。如果說，隨後的民族誌並不需要納入這些詳細的田野工作敘事，那是因爲一旦出現類似李恩哈特《神性與經驗》（1961:vii）開頭的這句話，民族誌田野工作便已預設存在了：「本書係根據一九七四至一九五〇年期間在丁卡（Dinka）爲時兩年的工作成果。」

一九二〇年代，新的田野工作理論者完成了一種具有影響力的新科學及書寫文類，也就是民族誌，這是一種基於參與觀察的綜合性文化描述（Thornton 1983）。此一新的再現形態著眼於制度和方法上的創新，克服了早先科德林頓那一世代的優秀研究者在形塑異文化快速知識時所面臨的阻礙。以下簡要概述。

首先，田野工作者的角色同時獲得了公開和專業上的正當性。在大眾領域，馬凌諾斯基、米德和格里奧爾這類知名人物傳達了一幅民族誌願景，即具備了科學要求，同時又是英勇出眾的。專業的民族誌研究者會接受最新的分析技術和科學解釋模式的訓練，而這賦予了他們在這個領域有別於業餘者的優勢：專業者可以宣稱自己更快進入文化核心，掌握其根本的制度和結構。一種既有的文化相對主義態度使得田野工作者能夠有別於傳教士、行政官員這些人，他們對在地者的看法可能不太客觀，並且會專注在政府和宗教問題方面。除了科學教養和相對主義式的同理，因應新研究形式的各種規範標準也隨之出現：田野工

30

作者要住在當地村莊、使用在地語言、待在當地充足（但鮮少特定）時間、對某些典型主題進行調查等。

其次，人們默認新形態的民族誌研究者在田野裡的時間鮮少超過二年，更多時候甚至比兩年短很多，他們只需要有效地「使用」在地語言而不需要「精通」它們。米德在一九三九年一篇重要的文章中認爲，如果民族誌研究者要依照馬凌諾斯基的方針，避開翻譯者的協助並使用在地語言進行研究，事實上並不需要「精通」在地母語，只要能夠「使用」當地語言提出問題、保有當地人的信賴，並且在特定的集中領域裡取得良好的研究成果即可，同時也沒有文化適應的問題。而這實際上證明了米德的做法的合理性，其特點是停留時間相對較短，並專注在例如童年或「人格」等特定領域，聚焦在文化綜合體的「類型」。米德對語言「使用」的態度成爲民族誌世代的廣泛特徵，例如賦予了《努爾人》這項只有十一個月辛苦調查的研究權威。米德的文章引起了洛伊（1940）的強烈回應，他代表更早之前的鮑亞士傳統，更具語言學（philological）方向上的意義。不過洛伊的回應算是防範性（rear-guard）行動；因爲就操作上來說，在熟悉異地語言一至兩年的基礎上完成研究，這種看法已被普遍接受（儘管正如洛伊指出，沒有人會相信只要能夠「使用」法語便可以翻譯普魯斯特的作品）。

第三，此一新民族誌的特徵是更加強調觀察的力量。文化被理解爲具有特徵的行爲、儀式和姿態的集合，並且由訓練有素的旁觀者加以記錄和解釋。米德尤其強調此點（事實上，她本身即具備非常卓越的觀察分析能力）。參與**觀察**成爲一種普遍趨勢，因而形成一項研究規範。當然，成功的田野工作涉及盡可能廣泛的互動，但看見了什麼顯然相當重要：詮釋與描述緊密相關。在馬凌諾斯基之後，對「主要報導人」（privileged informants）的普遍懷疑反映出一項系統性的偏好，即重視民族誌研究者（方法上）的觀察，而非當地原民當權者（所感興趣）的詮釋。

第四，某些強大理論的抽象概念有望幫助學術界的民族誌研究者比其他人更快觸及文化的「核心」，例如對習俗和信仰進行全面調查。研究者無需花費數年時間深入了解在地者及其複雜的語言和習慣，便可以選定資料，從而得出文化整體的核心框架或結構。里弗斯的「系譜學方法」以及後續芮克里夫-布朗的「社會結構」模式，提供了類似的捷徑。一位研究者似乎可以在沒有深入了解在地語言的情況下，抽引出親屬制度的術語，也自然而然框定了必要的知識脈絡的範圍。

第五，當文化被視爲一個複雜的整體時，總是難以在短時間內掌握，因此新的民族誌研究者傾向主題式聚焦在特定的制度上。其目的並不是對習俗進行完整的盤點或描述，而是透過其中一個或多個部分來了解整體，尤其是針對社會結構方面。一個個體的生命週期，如同庫拉圈或納分儀式這樣的儀式複合體，也可以符合如經濟、政治等行爲的分類。

在新民族誌有著支配地位的借喻式（synecdochic）修辭立場下，部分被認爲是整體的縮影或類比*。在描繪一個連貫的世界時，這種制度前景和文化背景的設置有助於現實主義的寫作傳統。

第六，如此呈現的整體往往是共時性的，是短期研究活動下的產物。一個密集式田野工作的調查者可以貌似合理地勾勒出「民族誌當下」的輪廓——一年的週期、一系列的儀式、典型的行爲模式。引進長期性的歷史調查方式，將導致新形態的田野工作變得無比複雜。因此，當馬凌諾斯基和芮克里夫-布朗對於文化傳播論的「推測性歷史」提出批判時，很容易將歷時性（diachronic）過程排除在田野工作的調查主題之外，其結果至今已受到足夠的譴責。

32

＊

* 譯注：借喻（synecdoches）指的是在修辭中使用事物的部分來代表整體，例如某個部落的確切生活彰顯了該族群的文化。如作者所言，民族誌書寫中經常以借喻法（或是本書的「借喻式修辭」），將田野資料賦予所觀察的儀式生活作爲複雜的文化整體。

這些創新有助於驗證科學式參與觀察的民族誌有效性，其綜合影響從伊凡普里查一九四〇年出版的《努爾人》可見一斑，此書很可能是新民族誌的傑作。正如該書引人入勝的導論所言，伊凡普里查在幾乎不可能的條件下進行十一個月的研究，仍然能夠創作一部經典之作。他應英－埃蘇丹政府的緊急要求，隨著殖民軍隊抵達努爾人的土地。他受到強烈且持續的質疑，並且據他所說，報導人很善於迴避他的問題，所以直到最後幾個月裡他才終於能夠與報導人進行眞正有效的交談。在這種情況下可以完成這部作品簡直是項奇蹟。

儘管伊凡普里查宣稱自己受到的限制，也毫不掩飾其研究的侷限，但仍試圖證明他所提出理論的有效性。他把焦點放在努爾人的政治和社會「結構」，將此結構分析爲一組介於領域分支、系譜、年齡和其他流動性更強的群體之間的抽象關係。這種分析得出的整體，是由遷徙模式、與牛的關係、時間和空間概念所組成的「生態」背景之下所描繪出來的。伊凡普里查很清楚地將他的研究方式，與他稱爲「偶發的」（馬凌諾斯基式的）文獻資料區分開來。《努爾人》的風格不同於馬凌諾斯基的《西太平洋的航海者》和《珊瑚花園及其巫術》，它並不是一個全面的觀察或在地語言文本的文獻綱要。伊凡普里查嚴謹地認爲「事實只能根據理論來選擇和安排」，而對政治社會結構做出清晰的抽象描述則是提供了必要的框架。「如果有人指責我將事實描述爲自身理論的例證，那麼他將會進一步發現，我已經被了解了」（1969:261）。

伊凡普里查在《努爾人》中，強烈主張科學的抽象概念能夠用以研究調查並且處理複雜的資料。這本著作經常提供強烈的論據而不只是描述，但這種做法並非一致——書中既充滿了透過技巧性的觀察而來的理論論點，也有對努爾人生活的敘事與詮釋。這些段落在修辭上的作用不僅僅是簡單的「例證」，因爲它們有效地暗示了讀者參與觀察的複雜主體性。我們可以從一個典型的段落中看出，這個段落是透過一連串不連續的論述立場（discursive positions）進行的：

33

> 很難從英語中找到一個適當的詞彙來描述「*diel*」在部落中的社會地位。我們稱他們為貴族，但並不表示努爾人把他們視為更高的階級；如同我們所強調的，他們厭惡一個人對其他人發號施令這種想法。整體來說——我們稍後會進一步說明——*diel*是一種聲望而非身分地位，是一種影響力而非權力。如果你是部落裡的一位*dil*，那麼你便不只是一位簡單的部落成員。你是這個國家、村莊、牧草地、漁池和水井的擁有者之一。其他人與你的氏族結婚、透過收養進入你的家族，或是因為其他社會關係而住在那裡。當部落開戰時，如果你是部落的領袖，那麼刻有你的氏族的矛便會被調用。每當村子裡有一個*dil*，村落人群便會簇擁在他周圍，如同牛群圍繞著成熟的公牛那般。（1969:215）

前三個句子是有關翻譯的論證，但卻賦予「努爾」一套穩定的看法。（稍後我會進一步說明這種歸因方式。）接著，第四句以「如果你是……*dil*」開頭，第二人稱結構將讀者拉了進來，和當地人一起參與文本。最後一句是對典型事件的直接描述（也就是說，讀者現在開始得從參與觀察者的角度理解），透過努爾牛隻的隱喻喚起了場景。段落的最後一句透過參與的編寫，將前三句關於翻譯的論證，轉向外部和原民文化描述的隱喻性融合，從而完成了抽象分析和具體經驗的主觀結合。

伊凡普里查稍後會從《努爾人》的理論位置離開，拒絕將「社會結構」視作獨特框架的主張。事實上，我先前列舉的每一項田野工作的「捷徑」都存在爭議，而這些爭議至今仍舊存在。然而，透過不同組合的部署，學術上田野工作理論的職權在一九二〇到一九五〇年間確立。這個密集式個人經驗和科學分析的奇特結合（這段期間有人理解為「通過儀式」，也有人理解為「實驗室」）成為了一項方法：參與觀察。儘管這個方法有不同的理解，在許多方面至今仍存在爭議，但這種方法仍然是專業人類學主要以茲區別的特徵，其複雜的主體性經常出現於民族誌寫作和閱讀之中。

❋

34

「參與觀察」是一項在事件「內部」和「外部」之間持續轉換的簡略說法：一方面感同身受地把握特定事件和形態的意義，另一方面回過頭來將這些意義置於更廣泛的脈絡之中，特定事件因而得以獲得更深刻或更普遍的意義、結構規則，或之類的東西。從字面意義來理解，參與觀察是一項矛盾的、具有誤導性的定則，但如果用詮釋學的詞彙將其重新表達爲經驗和詮釋的辯證法，則或許我們該嚴肅看待這個問題。此一研究方法繼承了從狄爾泰經由韋伯，再到葛茲等「象徵與意義」人類學家一路以來的傳統，最近由頗具說服力的辯護者重新提出。然而，經驗式職權所強調的不同於詮釋式職權。近年來，重點明顯從前者轉向後者。本節和下一節將探討關於經驗和詮釋頗爲不同的主張，以及它們不斷演變的相互關係。

田野工作理論家日益增長的聲望淡化了（但沒有消除）許多在以前的方法中更爲顯著的過程和媒介。我們已經看到，語言掌握程度是如何被定義爲在有限的時間內收集到分散資料的使用水準。在這種情況下，文本抄錄和翻譯的任務，以及翻譯者和「主要報導人」之間的重要對話角色，都被降爲次要有時甚至是貶抑的地位。田野工作是參與觀察者**經驗**的重點。這是一種鮮明的形象或敘事——一位外來者進入一個文化，並且經歷一種「和諧一致」（**rapport**）的啟蒙（這指的是最低限度的接受和同理，但通常暗示類似於友誼的關係）。一個由參與觀察者所撰寫的詮釋文本，從這項經驗中以不特定的方式浮現。如同我們將看

35

到的，這個文本產物的說法所隱藏的內容與它所揭露的一樣多。因此我們需要認眞對待以下這個主要假設：研究者的經驗可以作爲該田野職權的一致性來源。

經驗式職權是基於對異地情境的「感覺」，是一種積累的智慧和對一個族群或地方風格的感受。這種訴求經常出現在早期專業的參與觀察者的文本中。米德認爲透過對形式、語調、形態和行爲風格的高度敏感，可以掌握一個文化的基本原則或精神氣質（ethos），而馬凌諾斯基則強調他**在**村落的生活和對日常生活中「無法衡量的事物」（imponderabilia）的理解，這些都是相當顯著的例子。一如特恩布爾的《叢林人》（一九六二），許多民族誌研究仍然採用經驗模式，主張民族誌工作者作爲一名內部者和參與者的「我曾在那兒」（I was there），早於任何特定的研究假設或方法。

當然，談論關於經驗的問題是困難的。如同一個人有或沒有「直覺」，怎麼用這項直覺也常常帶有神祕色彩。儘管如此，人們應該避免將所有具有意義的經驗都翻譯成詮釋——兩者若是相關，便意味著它們並不相同。如果只是因爲對經驗的訴求通常可以作爲民族誌職權的驗證，則將兩者分別視之亦有其必要。

關於經驗在歷史和文化科學中如何發揮作用的最嚴肅論證，涵蓋於「理解」（*Verstehen*）的普遍概念之中。[6] 狄爾泰（1914）頗具影響力的觀點認爲，理解他者，開始於一個共享世界裡共存的絕對事實；但是此一經驗世界藉以形塑客觀知識形式的互爲主體基礎，正是民族誌研究者在進入異文化時所不足或問題之所在。因此，在田野裡的最初幾個月（事實上是整個研究過程），就是在進行最廣義的語言學習。研究者必須建立和重建起狄爾泰的「共同領域」，建立起一個共享的經驗世界，而所有「事實」、「文本」、「事件」以及它們的詮釋，也都將依此建構。這個以個人方式生活進入一個異文化表達世界的過程，本質上永遠是主觀的，但它很快就會變得依賴於狄爾泰所稱的「永恆的固定表述」（permanently fixed expressions），卽理解可以回到穩定的表達形式。這些固定形式的評注，提供了所有系統化的歷史文化知識的內容。因此，經驗與詮釋密切相關。（狄爾泰是最早將對文化形式的理解與對「文本」的閱讀進行比較的現代理論家之一。）但是這種閱讀或評注只有在密集式個人參與、主動而安穩地處於共同世界的狀態下才能發生。

36

按照狄爾泰的觀點，民族誌「經驗」可以被視爲基於感受、感知和臆測的直覺形態，所建立的一個共同、具有意義的世界。在形成穩定的詮釋之前，此一活動會使用線索、證跡、形態和感受的片段。這種零碎的經驗形式可以歸類爲審美以及／或是占卜（divinatory）。此處僅簡短介紹有關民族誌的理解方式。克魯伯在一九三一年對米德《新幾內亞人的成長》的評論提供了一種審美模式的召喚。

> 首先，很明顯地，她具備卓越的能力，能夠迅速感知一個文化的主要潮流對個人的衝

> 擊，並用極清晰的筆觸將其描繪出來。這個結果成為相當生動且鮮明的生活描述。這種能力顯然來自一種既理性又具備強烈感受的天賦；同時很明顯地，從根據的線索中即可完成一幅令人信服的圖像的能力看來，她也有著很敏銳的直覺，因為她僅僅只花六個月時間學習一門語言，接著進入整體文化內部來獲得所有資料的線索，這同時還要專注於兒童行為的研究。無論如何，就目前而言，這幅文化圖像對評論者來說是完全具有說服力的，他們也毫無保留地讚賞其精確的覺察力和書寫的效率。（1931:248）

林哈特的《杜卡莫：美拉尼西亞世界的人物與神話》（一九三七）則提供了另一種敘述的方式。該書中時而隱誨的闡述方式，實則要求讀者具備米德和林哈特擅長的那種審美和完形式認知。林哈特對這種研究途徑的支持意義重大，考慮到他長期的田野經驗和對美拉尼西亞語言的高深造詣，他的「研究方式」對短期民族誌來說並不一定完全合理：「實際上，我們和他人的接觸並不是透過分析來完成的。相反地，我們是從他的整體來理解他。我們從一開始便使用輪廓或象徵性的細節描繪出我們對他的看法，這些細節包含了整體本身，也喚起他存在的眞實形式。如果我們只是利用自己理解的分類來研究我們的同伴，那麼他們將會逃離我們所以爲的理解」（1937:2）。

金茲伯格對複雜的占卜傳統的調查（1980），提供了另一種嚴肅看待經驗作爲民族誌知識來源的方法。他的研究範圍從早期獵人對動物足跡的詮釋，到美索不達米亞的預測形式，再到希波克拉底醫學症狀的解碼、對偵查藝術品僞造細節的關注，再到佛洛伊德、福爾摩斯和普魯斯特。這些非恍惚性質的占卜預言形式（nonecstatic divination），試圖了解特定環境的意義關係，並且基於猜測解讀一些明顯毫無關聯的線索以及「偶然」的出現。金茲伯格將其「臆測的知識」模式呈現爲一個有規則的、非通則化的、溯因推理的理解模式，這種理解模式對於文化科學而言具有非常核心、但尚未被認可的重要性。要了解一個人如何感覺自己進入一個陌生的民族誌環境中是不容易的，而金茲伯格的方式或許爲這個稀少的來源增添了一些成分。

正因爲難以確認，「經驗」成爲了民族誌職權的有效保證。當然，這個詞彙帶有若干模糊。經驗喚起一種參與性的存在，一種與尚待理解的世界的敏感接觸，一種與其他人群的融洽關係，以及一種具體的感知。它同時暗示了累積的、深化的知識（「她在新幾內亞的十年經驗」）。這些感知共同發揮作用，賦予了民族誌研究者對於「他的」或「她的」族人眞實但無法言喻的感覺或才能。然而，値得注意的是，當這個「世界」被理解爲一種經驗性創造時，它是主觀的，而不是對話形式的或互爲主體的。因而，這位民族誌研究者累積了對所在田野的個人知識（「我的族人」這個所有格形式直到最近才在人類學界被廣泛使用，但這個詞彙實際上指的是「我的經驗」）。

由於經驗所伴隨的模糊性，經驗性職權的標準——參與觀察「方法」、和諧一致的關係和同理心的力量等未經檢驗的信念——受到專注於詮釋修辭的人類學家的批評，是可以理解的。經驗和詮釋辯證的第二階段愈來愈受到關注和闡述（例如見Geertz 1973, 1976; Rabinow and Sullivan 1979; Winner 1976; Sperber 1981）。基於文本「閱讀」的語言學模型的詮釋已經成爲一項複雜的替代方法，取代了如今顯得天真的經驗式職權論點。詮釋人類學去除了大部分之前在民族誌敘事、類型、觀察和描述的建構中未經檢驗內容的神祕性。它有助於提高創造性（以及廣義上的詩意）過程的可見度，透過這些過程，「文化」對象被創造了出來，並被認爲是具有意義的。

把一個文化視爲可詮釋的文本集合體，涉及了什麼？呂格爾在他的文章〈文本模式：文本的意義行動〉（一九七一）中提供了經典的說明，而葛茲則在許多具啟發性和精彩的討論中，將呂格爾的理論應用於人類學田野工作（1973:chap.1）。「文本化」被視爲詮釋的先決條件，組成了狄爾泰的「固定表述」。藉由這個過程，尚未被書寫記錄下來的行爲、演說、信仰、口述傳統和儀式等素材，從直接的話語或陳述情境中被分離出來，成爲具有意義的整體。在文本化的過程中，這個有意義的集合體認可了若干穩定關係的脈絡；我們對此一

38

過程的結果相當熟悉，其中許多內容被認爲是民族誌的深度描述。例如，我們會說某種制度或部分行爲是地方文化的典型特徵或溝通的基本要素，如同葛茲著名的鬥雞（1973:chap.15）成爲峇里島文化中一個非常重要的活動一樣。借喻（synecdoches）的場合被創造了出來，其中部分與整體相關聯，並且整體——即我們通常所說的文化——由此構成。

呂格爾實際上並沒有獨鍾於部分-整體關係，以及組成功能主義者或現實主義再現的特定類比（analogies）。他只是在文本和「世界」之間設定了一種必然關係。世界無法被直接理解；它總是根據其部分進行推論，而部分必須在概念上和感知上從經驗的脈絡中切分出來。因此，文本化透過循環運動產生意義，這種循環運動將事實或事件從包羅萬象的現實中隔離出來，然後將其脈絡化。一種熟悉的職權模式產生了，它聲稱代表彼此分離且具有意義的世界。於是，民族誌成爲對文化的詮釋。

呂格爾分析的第二個關鍵步驟是他對「話語」成爲文本的過程的說明。在本維尼斯特的經典討論中（1971:217-230），話語是一種溝通模式，而發言主體的呈現以及當下的溝通情境爲其不可或缺的基本要素。話語是以代名詞（明顯的或暗示的）**我**和**你**，以及指稱詞——**這個**、**那個**、**現在**等——表示話語的當下情況，而不是超出它的事物。話語並不會超出主體爲了對話溝通而挪用語言資源的特定情況。呂格爾認爲文本無法在一個開放式的、潛在的公開方式下被詮釋，在那種方式下，文本是被「閱讀」的。因爲話語要在話語主體在場的情況下被理解，「你必須曾經在那裡」。話語要成爲文本，以呂格爾的說法，它必須是「自主的」（autonomous），它必須與特定的發言和作者的意圖分開。詮釋不是對話。它不依賴於說話者是否在場。

對民族誌來說，這個區分的相關性或許太過明顯。民族誌工作者最終總會離開田野地，帶走文本以供之後的詮釋（在這些被帶走的「文本」中，我們可以包括記憶——經過模式化、簡化或片段的事件脈絡，以便在日後的建構和描繪中進行詮釋）。與話語不同，文本可以走動。如果許多民族誌書寫是在田野之中產生，那麼一本實際的民族誌則是在別處才得以完成的。在話語、對話條件下構成的資料，只能以文本化的形式加以挪用。研究事件以及和它的遭逢則成爲了田野筆記。如此一來，經驗變成了敘事、有意義的事件，或是案例。

將研究經驗轉換成有別於話語生產處境的文本素材，對民族誌職權具有重要影響。因此，這種重新塑造的資料不再需要被理解爲特定人物所想要溝通的訊息。報導人對於習俗的解釋或描述無需採用「某某人如是說」這種形式——文本化的儀式或事件不再與特定行動者對該事件的生產密切相關。相反地，這些文本成了一項包容性脈絡的證據，一種「文化」現實。此外，由於特定的作者和行動者從他們的作品中被分離出來，因此必須創造一個廣義的「作者」，藉以說明那個文本中被重新編寫定位的世界或脈絡。這個廣義的作者有各式各樣的名稱：在地觀點、「初步蘭島人」、「努爾人」、「多貢人」等，這些和與之相似的詞彙出現在民族誌中。於是，「峇里島人」在葛茲的文章中，以文本化鬥雞的作者登場。

因此，民族誌研究者與文化起源或「絕對主體」有著特別的關係（Michel-Jones 1978:14）。我們很容易將民族誌研究者與文學詮釋者進行比較（而且這種比較愈來愈常見）——但更具體地說，是將民族誌研究者與傳統批評家進行比較，後者的任務是將文本不受控制的意義置於一個整體的連貫性意圖中。藉由將努爾人、初步蘭島人或是峇里島人呈現為主體以及一個具有意義的意圖來源，民族誌研究者將研究情境的模糊性和意義多樣性，轉化為一幅完整圖像。然而重點是，什麼東西從視線中消失了？研究過程與它所生成的文本，以及文本所召喚的編寫性世界分開了。話語情境和個別對話的實體被過濾掉了。報導人——連同田野筆記——是至關重要的媒介，卻通常會被排除在權威的民族誌之外。民族誌詮釋的對話和情境往往會從最終所呈現的文本當中被排除。當然，並沒有完全被剔除；為了描繪研究過程，常規論述（*topoi*）仍會被允許存在。*

我們愈來愈熟悉個別的田野工作敘述（一個仍然傾向被歸類為主觀的、「軟性的」，

* 譯注：「*topoi*」是「*topos*」的複數形式，一般翻譯為「主題」、「題材」或「論點」。在本書中則譯為「常規論述」，藉以說明個人主體見解卻時常帶有一般性共同論點的修辭現象。在第十一章作者在談論薩依德的寫作觀點時，傾向於「拓墣學」（topology）的批判觀點，強調寫作的修辭結構與策略。

或是非科學性的次文類），但卽使在經典的民族誌中，若干刻板的「和諧寓言」（fables of rapport）也描述了所有參與觀察者的位置。這些寓言可能被精心講述或是順帶一提，可能天眞或是諷刺。它們通常描繪了民族誌研究者早期的無知、誤解、缺乏接觸——往往在文化中表現出小孩般的狀態。在民族誌**教育史**（*Bildungsgeschichte*）中，這些純眞或困惑的狀態被成熟的、自信的、省悟的知識所取代。我們可以再次引用葛茲的鬥雞，其中早期與峇里島人的疏遠、一種混亂的「非人」身分，交由一個被軍警突襲及其共謀表現的精彩寓言所轉化（1973:412-417）。這則軼事建立了一項關聯性的假設，使得作者在隨後的分析中得以充當無所不在、無所不知的注釋者和發言者。這位詮釋者將這項儀式運作看作是一個在脈絡世界裡的文本，並且出色地「閱讀」了它的文化意義。葛茲突然消失在他的和諧關係（也就是參與觀察的準隱藏形式）中是一種典範，他在這裡利用一個既有的慣習來展示民族誌職權的獲得。結果是，我們很少意識到這樣一個事實，卽鬥雞作爲文本的建構，其中一個重要部分是對話式的——作者與特定的峇里島人面對面交談，而不是「越過（他們的）肩膀」閱讀文化（1973:452）。

詮釋人類學透過將文化輕率地、有時甚至矛盾地視爲文本的集合，並強調所有集體表現中的創造性詩詞，極大程度上去神祕化了民族誌職權。然而，在主流現實主義立場上，它並沒有逃脫批評者針對「殖民」再現的普遍責難。這些批評者自一九五〇年代以來，便已經拒絕「描繪其他族群的文化現實卻不述及他們自身的現實危難」的話語。在雷里斯的早期批評裡，經由瑪奎、阿薩德等人的討論，不具互惠性質的民族誌詮釋便已受到重視（Leiris 1950; Maquet 1964; Asad 1973）。自此以後，科學研究人員的經驗和詮釋活動都不能被認爲是無辜的。因此，有必要將民族誌設想爲一種建設性協商，涉及至少兩個（通常更多）有意識且具有政治意義的主體，而不是圍繞一個具體的「他者」現實的經驗和詮釋。經驗和詮釋的研究範式正轉向對話和複調的話語範式（discursive paragigms），而本章的其餘部分將討論這些新興的職權模式。

以話語爲核心的民族誌實踐模型強調了所有言說的互爲主體性，以及它們直接的陳述情境。本維尼斯特關於人稱代名詞和指示詞（deixis）構成性作用的研究強調了這些面向。每當使用第一人稱「我」便預設了第二人稱「你」，每一個話語實例都立即與一個特定的、共享的情境相關聯：沒有了對話和脈絡，便沒有了話語意義。此一強調的關聯性對民族誌來說是顯而易見的。田野工作很大程度上是由語言事件組成的；但用巴赫金的話來說，語言「處於自己和他者的邊界。語言中的字詞有一半是別人的」。這位俄羅斯批評家極力主張根

42 據具體的話語情境重新思考語言，他寫道：「沒有『中性』的字詞和形式——字詞和形式不屬於『任何人』；語言已經完全被接管了，進而充滿著意圖和語調。」因此，民族誌寫作的內容不能被解釋爲獨白的，或是關於抽象的、文本化現實的權威性聲明或詮釋。民族誌語言充滿了其他主觀性和特定脈絡的弦外之音，因爲從巴赫金看來，所有語言都是「對世界具體的衆聲喧嘩」（1953:293）。

「話語」式的民族誌寫作傾向於研究背景和對話情境的描繪。因此，像是拉比諾的著作《摩洛哥田野工作的反思》（一九七七），關注的是對特定研究情境（一系列受限制的時間和空間），以及（若干程度的編寫形式）一系列個別對話者的表現。確實，「田野工作」的全新次文類（拉比諾的著作是其中最尖銳的一種），成了民族誌寫作的話語範式。法夫雷-薩達的《致命的話語》（一九七七）是一部以話語模式持續進行民族誌書寫且帶有自覺的實驗作品。[7] 她認爲，對話事件總是賦予民族誌工作者在互爲主體關係網絡中一個特定的位置。在充滿權力的話語定位領域裡，在不斷變化的**我的**和**你的**關係母體中，並不存在中立的立場。

最近有不少作品選擇以兩人對話的形式來呈現民族誌的話語過程。拉科斯特-杜雅戈丹的《民族誌中的女性對話》（一九七七）、杜蒙的《頭目與我》（一九七八），以及肖斯塔克的《妮莎：一位嘖貢女性的生命與話語》（一九八一）都是值得注意的例子。另外有兩篇文章對這種對話模式給予頗爲複雜的擁護。首先是德懷爾關於「民族誌對話」的理論反思，其來源是與主要報導人進行一系列訪談，並且決定以較偏向字面紀錄的對話形式來建構其民族誌（1977, 1979, 1982）。第二部作品是克拉潘扎諾更爲複雜的《圖哈米：一位摩洛哥人的描繪》。這是拒絕將詮釋性自我與文本化的他者截然分開的系列訪談之後的另一部書寫（1980；同時見1977）。德懷爾和克拉潘扎諾都將民族誌置於對話者積極協商共同的現實願景的對話過程之中。克拉潘扎諾認爲，這種相互建構必定會在任何民族誌的遭逢中持續進行，但參與者往往傾向於假設他們只是順從了對方的現實。因此，舉例來說，初步蘭島人的民族誌研究者，並沒有與他的報導人合作，一起公開編造（concoct）一個現實版本，而是詮釋了「初步蘭群島的觀點」。克拉潘扎諾和德懷爾提供了打破這種文學－詮釋學慣習的複雜嘗試。在這個過程中，民族誌作者作爲敘述者和詮釋者的職權已經發生了改變。德懷爾提出對「脆弱性」的詮釋學看法，強調田野工作的斷裂，以及民族誌研究者的分裂立場和不完全的控制。克拉潘扎諾和德懷爾都試圖以揭開他者文本化結構的方式來呈現研究經驗，進而詮釋自我的文本化結構。[8]（此處引出了詞源〔etymologies〕：眾所皆知，文本一詞與交纏、裂扯或傷害的脆弱性有關，在這例子中因而開啟了一個封閉的權威。）

對話模式突顯了有關環境和互爲主體之間的話語元素，而這正是呂格爾必須從他的文本模式中所排除的。但是，如果詮釋式職權是基於對話的排斥，那麼反之亦可成立：一個

43

純粹的對話式職權會壓制不可避免的文本化事實。雖然將民族誌描繪成兩個人之間的遭逢，可能會成功地戲劇化田野工作互爲主體之間的妥協，並且引入作者聲音的對立面，但它們仍舊保留了許多對話的**再現形式**。作爲文本，它們在結構上無法是對話式的，正如泰勒（1981）指出，蘇格拉底在自身的遭遇面前表現出一位去中心的參與者面貌，但柏拉圖掌控了全部的對話。這種取代（而非消除）的獨白式職權成爲把民族誌研究者描繪成田野工作敘事要角的方法特徵。此外，在對話的編寫中有一常見的趨勢，即民族誌研究者的對應者往往表現爲他或她的文化的代表人物——用傳統現實主義的語言來說則是一種類型——透過這樣的文化，得以揭露一般社會過程。[9] 這樣的描繪恢復了借喻式的詮釋式職權，藉此，民族誌研究者在閱讀文本時得以進入脈絡，從而建構了一個具有意義的「他者」世界。如果對話式描述難以避免典型化程序，那麼它們很大程度上可以抗拒朝向他者的權威性再現。這取決於他們刻意保持他者聲音的陌生特質，以及掌握彼此交流時特定偶發情況的能力。

*

當我們說民族誌是由話語（discourses）組成，它的不同組成部分彼此間是對話性地關聯時，並不是說民族誌的文本形式應該是文字對話的形式。確實，如同克拉潘扎諾在《圖哈米》中所體認到的，第三位參與者——不管是眞實的或想像的——必定在兩人遭逢之間扮演調解者的功能（1980:147-151）。事實上，編寫的對話是一個濃縮物，是一個複雜多重的過程簡化後的呈現。這種話語複雜性的另一種呈現方式，是將整個研究過程理解爲正在進行的協商。格里奧爾和多貢人是廣爲知曉且特別清楚的例子。格里奧爾在《水神：與奧戈特姆利的對話》中關於多貢人宇宙觀智慧的說明，是對話式民族誌敘事的早期練習。然而，除了這個特定的相互對話場景，尚有一個更複雜的過程在其中發生作用，因爲很明顯地，格里奧爾團隊耗費數十年長期研究的內容和時機，其實皆受到多貢人部落當局的密切看管和顯著影響（參閱本書第二章的討論）。這已經不是什麼新聞了。許多民族誌工作者對他們的研究受到報導人既細微又顯而易見的指導或限制進行過評論。路易斯（1973）在針對這個議題具有挑釁意味的討論裡，甚至稱人類學是一種「剽竊」。

羅薩爾多一九八〇年的作品《伊隆格族的獵人頭》曾經清楚描述該研究過程中的民族誌互動過程（give-and-take），值得留意的是，這部作品既呈現了研究者對其他現實的詮釋，也呈現了他對研究過程本身的詮釋。羅薩爾多抵達菲律賓高地，企圖撰寫當地社會結構的共時研究。但不顧羅薩爾多一次又一次的反對，他還是被迫聆聽伊隆格人沒完沒了地講述當地歷史。他在無趣到快要睡著的狀態下，盡責地、默默地記下這些故事；他在一本又一本的筆記本上寫滿他認爲根本可以丟棄的文本。只有等到離開了這個田野，經過漫長的再

45

詮釋過程（這是民族誌中顯而易見的過程），他才意識到這些晦澀的故事帶給他的是他最後的主題，也就是具有伊隆格文化特色的敘事感和歷史。羅薩爾多這個可以被稱爲「指導寫作」的經驗，尖銳地提出了一個基本問題：誰才是田野筆記的眞正作者？

這個問題很微妙並且需要好好討論。但是已經說得夠多了，多到可以得出一個普遍的觀點，就是原住民族對於研究者可以在田野中獲得什麼樣的知識具有相當大、甚至是決定性的控制權。當前的民族誌寫作正在尋求一種新的方式來充分呈現報導人的權威，但可供參考的模式並不多，因此需要重新思考鮑亞士、馬凌諾斯基、林哈特等人過去的文本彙編。在這些作品中，民族誌文類尚未出現與個人田野工作經驗密切相關的現代詮釋性專著。我們可以思考一種民族誌模式；這種模式在當前政治和認識論的某些特定方式上尚未具有權威性。在這些老舊的作品集裡，事實上有許多甚至悉數是由報導人所撰寫的內容。人們會想起杭特在鮑亞士民族誌中的角色，或是林哈特《新喀里多尼亞人文獻》（一九三二）中列出的十五位「抄錄員」。[10]

馬凌諾斯基是一個複雜的過渡案例。他的民族誌反映了現代專著尚未完成融合的部分。如果馬凌諾斯基主要負責將理論和描述融入到專業田野工作者的職權，那麼他所收錄的素材仍然並未直接支持他自己非常清楚的詮釋傾向。在他的書中充斥著許多口述的傳說和咒語，並且他發表了許多自己承認並不了解的資料。結果導致一個開放的文本，可以受到多

46

方的詮釋。我們需要將這種比較老舊的資料收集形態和最近的民族誌模式進行比較，後者引用證據藉以支持某種特定的詮釋，但沒有太多其他內容。[11] 在現代的權威性專著中，事實上並沒有呈現除了作者以外的其他強烈的聲音。但是在《西太平洋的航海者》（一九二二）和《珊瑚花園及其巫術》（一九三五）中，我們讀到一頁又一頁關於巫術的咒語，在民族誌作者的書寫中不具有任何本質意義。這些口述的文本除了實質上的紀錄外，都是由特定卻未具名的初步蘭島人所撰寫。事實上，任何持續的民族誌闡述，經常都會融合各種原住民「作者」的描述、抄錄和詮釋。那麼該如何體現這些作者的存在？

✵

巴赫金對「複調」小說的分析，提供了一個有用但極端的立場。巴赫金認爲這種文類的基本條件是它呈現了多重話語中的說話主體。爲此，這部小說探討並且表現了衆聲喧嘩。對巴赫金來說，這個世界是一種非同質性（nonhomogeneous）整體的再現，整合的文化世界或語言並不存在。所有試圖安置這種抽象整體的意圖，都是獨白式權力的建構。具體來說，「文化」是次文化、內部者與外來者、多方派別之間具開放性和創新的對話。「語言」則是區域性的地方語言、專業術語、通俗用語、各年齡層和個人語言等相互作用和衝突的結果。

對巴赫金來說，複調小說不是文化或是歷史整體化的傑作（如同現實主義批評家盧卡奇和奧爾巴哈曾經的主張），而是一個狂歡節般的多樣性舞台。巴赫金發現了一個烏托邦式的文本空間，其中可以容納話語的複雜性以及不同聲音相互影響的對話。他特別讚許杜斯妥也夫斯基和狄更斯在小說中對於整體性的抵抗，而他理想的小說家則是一位腹語表演者——在十九世紀時的說法就是「複調聲音的創作者」（polyphonist）。「他在不同聲音之間擔任維持秩序的角色」，在《我們共同的朋友》中，一位聆聽者高聲讚嘆那位將報紙中的訊息公開讀出、名爲史拉皮的男孩。但是身爲演員、口語表演者和複調聲音創作者的狄更斯，必定被安排在福婁拜的對立面。福婁拜是一位控制大師型的作者，以一種似神般的角色穿梭於故事人物的思想和感情之間。如同小說一般，民族誌也必須處理這些關於表達的不同選項。民族誌作者是否藉由福婁拜式的「自由間接風格」（free indirect style）來描繪在地人的想法，此一風格壓抑了直接的引用，更傾向於作者若干程度地控制話語？（斯佩柏〔1981〕以伊凡普里查爲例，相當有說服力地指出，**間接風格**事實上是民族誌詮釋的首選模式。）或者說，民族誌作者對其他主觀性的描繪，在風格上需要一種非同質化的、充滿狄更斯「不同聲音」的版本？

47

一本小說或民族誌除非完全由引文所構成（這點在理論上是可能的，但卻鮮少有人這麼做），否則某些間接風格的使用是不可避免的。[12] 然而，實際上民族誌和小說是在不同的抽象層次上求助於間接風格。我們不需要去問福婁拜如何知道包法利夫人在想什麼，但田野工作者是否有能力融入原民的思緒之中卻始終令人懷疑。這的確是民族誌方法中持續且尚未解決的問題。民族誌研究者通常避免將信仰、感受和想法歸因於個人。然而，他們從不遲疑將主觀的狀態歸因於文化。斯佩柏的分析揭露了諸如「努爾人認爲……」或「努爾人的時間感」等慣用語，與民族誌研究者對在地話語的引述或翻譯有根本上的不同。這種慣用語的陳述「沒有特定的說話者」，並且在字面上是模稜兩可的，無縫接軌地將民族誌作者的主張，與一位或多位報導人的看法加以結合（1981:78）。結果是，民族誌中充滿許多未注明出處的句子，例如「靈魂於夜晚回到了村莊」這種對信仰的描述，實際上是作者假定的文化的說法。

在這個「文化」層面上，民族誌作者渴望自己有福婁拜式的無所不知，可以在原住民族的主體世界裡自由移動。然而，在表面之下，他們的文本更加不受控與不協調。特納的作品提供了很生動的例子，並且值得深入調查，以作爲獨白和複調互動的範例。特納的民族誌對恩登布人（Ndembu）的儀式符號和信仰進行了極爲複雜的描繪；他也提供了異常清晰的幕後觀察。《象徵的叢林》是特納第三本關於恩登布人的著作，在其收錄的文章中，特納描繪了他最優秀的報導人，「大黃蜂姆喬納（Muchona the Hornet），宗教的詮釋者」（1976:131-150）。姆喬納是一位儀式治療師，他和特納因對傳統象徵、詞源和深奧意義的共同興趣而彼此合作。他們兩人都是「知識分子」，熱衷詮釋習俗的細微差別和深度；兩人都是開放的學者，分享著「對客觀知識的不滅渴望」。特納將姆喬納比喻爲一位大學院校的老師；他們的合作關係包括了明顯且強烈的矛盾心態（psychological doubling）。

然而，他們的對話中還有第三個人，卡希納卡吉，他是當地教會學校的恩登布人資深老師。他和姆喬納、特納一同分享他們對於詮釋傳統宗教的熱情。卡希納卡吉透過聖經的教育，「獲得了闡明棘手問題的能力」。由於卡希納卡吉對基督教義和傳教士的特權有所懷疑，於是他開始以同情的角度看待異議宗教。特納告訴我們，卡希納卡吉「跨越了姆喬納和我之間的文化距離，將醫生的技術語彙和村落裡的酸言酸語，轉換成我比較可以了解的敘述」。這三位知識分子很快便「聚在一起，每天都在討論宗教問題」。特納對此一聚會討論的描述別具一格：「關於恩登布儀式，我們三人進行了長達八個月令人興奮的、連珠炮似的談話。」他們揭示了一種出色的民族誌「對話」；但重點是，特納在論文裡並沒有提及此一三方合作。相反地，他聚焦在姆喬納身上，而將三方對談轉化成了兩人之間的對話，並且將一個複雜的生產關係，簡化爲「描繪」一位「報導人」的層次。（這種簡化某種程度上受限於書本格式所需。卡薩格蘭德在一九六〇年出版的重要合輯《人類學家的同伴》中，透過〈二十位人類學報導人的描繪〉這篇文章首度披露這一點。）[13]

特納出版的著作在話語結構上差異頗大。有些大量由直接引文組成；姆喬納至少確定

49

是某一篇文章整體詮釋的主要來源，其他文章則是被匿名引用，例如在〈一位男性儀式專家〉此一文章（1975:40-42, 87, 154-156, 244）。卡希納卡吉則被認定爲是一位助手或翻譯者，而非各種詮釋的來源。整體而言，特納的民族誌異常的複調多音，公開地根據引文建構而成（「根據一位專家……」或「一位報導人猜測……」）。然而，他卻沒有透過不同聲音來描繪恩登布人，我們很少聽到「村落裡的七嘴八舌」。原民的聲音都順暢地融入若干可互換的「報導人」的描述之中。民族誌中在地語言的表達、翻譯和熟悉化的需要，都是複雜的操作和修辭問題。[14] 但是特納的作品賦予了原住民對於習俗詮釋可見的地位，具體揭示了文本對話和複調多音的這些問題。

特納在《象徵的叢林》中描繪姆喬納形象的舉動可以視爲那個時代的標記。卡薩格蘭德在合輯裡首度呈現出民族誌研究者與原民合作者的關係這個關鍵問題。這些問題的討論在科學民族誌中仍然沒有立足之地，但卡薩格蘭德的合輯打破了後馬凌諾斯基時代對於「主要報導人」的專業禁忌。弗思談費努阿塔拉、洛伊談卡彭特——有一長串傑出的人類學家名單，他們都描述了原民籍「民族誌研究者」。某種程度上，他們同時與這群民族誌研究者共享一個疏遠的、分析的，甚至諷刺的習俗觀點。這些人之所以成爲有價值的報導人，是因爲他們往往頗爲微妙地明白**民族誌**的文化態度。洛伊引述他的克勞族（Crow）翻譯者（也是他的「語言學家」同伴）卡彭特的話，強調人們感受到了一種共同的看法：「當你聽到老一輩的人說著他們自己的意見時，你就是得**要**相信他們」（Casagrande 1960:428）。而在弗思講述關於他最好的提卡皮族（Tikopian）朋友和報導人的故事中，這不僅僅是一個眨眼或點頭作爲彼此默會之意而已：

> 還有一次，話題轉到設置在湖中用來捕鮭魚的網子。這個漁網正在變黑，可能有些有機物生長，導致它很容易腐爛掉。接著，費努阿塔拉向聚集在屋內的群眾說了一個故事，關於有一次他拿著漁網站在湖邊，他感覺到有一個靈魂進入到網中，並且讓漁網變軟。當他舉起漁網時，他發覺網子很黏滑。這個靈魂一直在發揮作用。然後我問他這是否是一種傳統知識，也就是靈魂是造成漁網損壞的原因。他回答：「不，這是我自己的想法。」隨後他笑著補充：「這是我自己的傳統知識。」（Casagrande 1960:17-18）

薩格蘭德這本合輯在方法論上的影響仍未受到重視，尤其是它對民族誌文本和詮釋性對話產物的重要性。這個重要性被一種試圖將此書描述爲一份普遍的、人文主義式文獻的傾向所遮蔽，這種傾向展現了「一座鏡廳……無止盡反射出人類的多樣形象」（Casagrande 1960:xii）。然而，由於當前的民族誌職權的危機，這些揭示眞相的描繪從作者的作品中溢出，從而改變了人們閱讀這些作品的方式。如果民族誌是瓦格納（1980）所稱的「文化的發明」的一部分，那麼它的活動則是多元的，並且不受任何人的控制。

＊

民族誌知識習慣性且詳盡地引用報導人觀點，成爲一種日益普遍的民族誌知識協作生產方式。(其中顯著的例子是奈許一九七九年的《我們侵蝕礦場、礦場吞噬我們》)。但這種手法只是開始打破獨白式的職權。引文總是受到引述者所安排，並且往往僅是作爲案例或證實用的證詞。除了引用之外，我們可能會想像一種更爲激進的複調書寫，它會「使用不同的聲音來表達當地人和民族誌工作者的看法」；但這也只是取代了民族誌職權，仍舊證實了所有話語文本是由單一作者進行最終的精湛編排。就這個意義而言，巴赫金的複調小說顯得狹隘，成爲一種馴化的衆聲喧嘩。民族誌話語無論如何都不是虛構人物的言說。報導人是具有眞實姓名的特定個體——當然，這些姓名可以視需要透過不同形式的手法加以引用。報導人的意圖是不確定的，他們的用詞在政治上和隱喻上都是複雜的。如果我們賦予文本自主性的空間，並且充分地抄錄，原民報導人的陳述就會變得有意義，就會有別於原先民族誌作者的文本陳述。如此一來，民族誌便受到衆聲喧嘩的入侵。

這種可能性暗示了另一種文本策略，一種多重作者身分的烏托邦，它不僅給予合作者

51

獨立的陳述者地位，並且給予其作者的地位。作爲一種職權形式，基於兩項理由，它仍然必須被視爲一種烏托邦般的形式。首先，最近爲數不多的多重作者實驗作品，似乎需要以民族誌工作者的研究興趣作爲推動力，而民族誌工作者最終會擔任起執行編輯的職位；也就是賦予他人「發聲」的權威立場，但並未完全被他人超越。其次，多重作者身分這個構想挑戰了西方對於文本的順序與單一作者意圖的深度認同。如果這種認同在拉菲托寫下《美洲的野蠻習俗》時不是那麼強烈，如果最近的批評已經開始質疑這種認同，那麼它仍然是對民族誌寫作的有力限制。儘管如此，在這個領域仍出現了一些變化的跡象。人類學家將愈來愈需要與原民合作者分享他們的文本，有時甚至出現在扉頁上頭。這些原民合作者已經不再適合被稱爲**報導人**，如果曾經適合的話。

布爾默和馬尼普的《我的卡拉姆家鄉的小鳥》（一九七七）是一個重要範本。（不同的字體區分了民族誌研究者和新幾內亞人合作超過十年的同等貢獻。）更重要的是一九七四年的一本集體研究創作——《皮曼薩滿信仰和持續病症》（*Ka: cim Mumkidag*），該研究將作者群沒有區別地列在書的扉頁上（儘管可能有人注意到這些作者並非按照字母順序排列）：人類學家巴爾、薩滿巫師葛雷戈里奧、翻譯者洛佩茲、編輯艾維茲。四位中有三位是帕帕戈印地安人，該書並且有意地設計爲「盡可能賦予薩滿巫師有關作者身分的職權，包括選擇說明文體、詮釋與解釋的責任，以及判斷哪些事情重要哪些不重要的權利」（1974:7）。身爲發起者和計畫組織者，巴爾選擇了盡可能地分享權力。薩滿巫師葛雷戈里奧是「疾病理論」的主要來源，洛佩茲和艾維茲則在兩個不同的層面上抄錄和翻譯這個理論。葛雷戈里奧的在地文本包括密集的、通常是格言警句般的解釋，這些解釋交由巴爾在評論中分別提供詮釋和脈絡情境。這本書的不尋常之處在於對文本詮釋的詮釋的制定。

在《皮曼薩滿信仰和持續病症》中，從個人的發言到文化普遍性的改變，從頭到尾明顯分別由葛雷戈里奧和巴爾敘述。洛佩茲的職權則不太明顯，有點類似特納作品中的卡希納卡吉。洛佩茲流利的雙語能力引導巴爾得以了解葛雷戈里奧語言中細微之處，從而讓這位薩滿巫師「對於理論主題完全暢所欲言」。洛佩茲和艾維茲在文本中都沒有以特定聲音出現，絕大部分的人都忽略了他們對民族誌的貢獻，只有足以勝任的帕帕戈印地安人才能判斷翻譯文本的準確性，以及經過巴爾詮釋後的方言有何細微差別。艾維茲的職權在於《皮曼薩滿信仰和持續病症》是一本針對不同讀者的書。大多數專注於翻譯和解釋的讀者對《皮曼薩滿信仰和持續病症》的文本幾乎不會有什麼興趣，或者根本就不會感興趣。然而，語言學家艾維茲著眼於語言教學的使用，為此他特別發展出的一套拼寫法，更正了抄錄和翻譯內容。因此，這本書的貢獻在於帕帕戈斯人對於自己文化的文學創建。這個內建於《皮曼薩滿信仰和持續病症》的不同解讀不僅僅只是地方意義而已。

民族誌的寫作因此不再只是針對一般讀者大眾，而是對於獨白式職權的解體。這類閱

52

讀材料的增加反映了一項事實，即「民族誌書寫」的察覺，不再被看成是某些西方文化和社會階級的獨斷。即使在缺乏在地語言文本的民族誌中，原民讀者也會以不同的方式解讀文本化的詮釋和知識。複調書寫特別適合非特定目的的閱讀。初步蘭群島的原民讀者可能會對馬淩諾斯基的詮釋感到厭倦，但他的舉例和延伸的抄錄文字仍是具有啟發性的。而恩登布人並不會像歐洲讀者那般，迅速掩蓋隱藏在特納作品中各種不同的聲音。

最近的文學理論表明，文本以一致性方式表達意義的能力，與其說取決於原創作者的意圖，不如說取決於讀者的創造性活動。引用羅蘭巴特的話來說，如果文本是「一整套從無數文化核心得出的引文」，那麼「文本的整體並不是依賴它的起源，而在於它的目的地」（1977:146, 148）。民族誌寫作是一項不受控、多主體性的活動，在特定的閱讀行動中被賦予一致性。但總是存在著各式各樣可能的閱讀材料（不僅僅是個人的挪用），超越了任何單一職權的控制。人們或許可以閱讀一本經典的民族誌，從中尋求研究者在文化事實中所找到的意義。或者，正如我所建議的，人們也可以對照文本的主導聲音來加以閱讀，尋找其他半隱藏的話語職權，重新詮釋作者收集的描述、文本和引文。隨著最近對殖民表現形式的質疑，以及讀寫能力和民族誌意識的擴展，閱讀（以及寫作）文化描述正浮現出新的可能性。[15]

職權的文本表現形式是當代民族誌書寫實驗中不斷出現的問題。[16]《西太平洋的航海者》的卷首插畫那種基於作者和讀者單一有利視角建構出生動的文化場景，那種古老的現實主義模式，現在被確定只是職權的一種可能範式。如果這種（或其他的）形式中內建了像這樣的政治性和認識論假設，那麼民族誌作者便不能再忽視這些假設。經驗的、詮釋的、對話的、複調的，這裡所檢視的職權模式適用於所有民族誌文本的作者，無論是西方還是非西方的。沒有一個是過時的，也沒有一個是純粹的：每個範式中都存在創新的空間。我們已經看到，新的研究方法往往會重新發現過往被摒棄的實踐方式。複調式職權已重新理解在地語言文輯——這是一種有別於原先以參與觀察完成相關著作的表達形式。如果經驗式職權的天眞主張受到了詮釋學的質疑，那麼我們或許可以預期，人們將會重新關注民族誌研究中個人和學科專業的細緻互動。

經驗的、詮釋的、對話的和複調多音的過程，在所有民族誌中都以一種不協調的方式發揮作用，但我們卻預設了一種權威的控制模式，使其能夠被有條理地連貫陳述。我認爲，這種將一致性強加於難以控制的文本的過程，如今不可避免地是一項策略的選擇。本章試圖區分近數十年來出現的重要職權風格。如果民族誌寫作依舊是有活力的，它會繼續在這些可能性中努力並與之抗衡，如同我所相信的那樣。

54

第二章　民族誌的權力與對話：格里奧爾的初始經驗*

事實上，社會學家與他的「研究對象」構成了一對組合。其中任何一方都可經由另一方加以詮釋，並且這種**關係**本身必須解讀為歷史時刻。

——尚－保羅．沙特《辯證理性批判》

格里奧爾是一位自信且戲劇性的人物。他在第一次世界大戰結束後那幾年，以飛行員的身分開始了他的職業生涯。（一九四六年，他成爲索邦大學第一位民族學教授，會穿著空軍軍官制服授課。）身爲一名積極的田野工作推動者，格里奧爾將田野工作描述爲，透過科學手段，延續了冒險與調查的偉大傳統（1948c:119）。一九二八年，格里奧爾受到牟斯和語言學家科恩的鼓勵，在衣索比亞停留了一年。他滿懷熱情地回國進行新的調查計畫，兩年後，他的計畫在著名的法國達喀爾－吉布提探險任務中取得豐碩成果。這項探險任務耗時二十一個月，從大西洋岸沿著撒哈拉沙漠南邊橫越非洲，最終抵達紅海。該任務主要是博物館的收藏計畫，同時也在法屬蘇丹（今日的馬利）進行了長期的民族誌停留。格里奧爾在那裡與桑加的多貢人（the Dogon of Sanga）有了第一次的接觸，之後在衣索比亞（貢德爾區），又花費了五個月時間進行調查。調查任務的九名成員（有些人在不同地點間往返）包括謝夫納、利夫企茲、雷里斯，他們每個人都爲民族誌做出了重要貢獻。

達喀爾－吉布提探險任務能夠得到巴黎上流社會的資助，主要得歸功於里維埃的奔走；里維埃是位業餘的爵士樂手，人脈很廣，此次是受瑞弗之託負責整頓托卡德侯民族誌博物館。當時衆議院表決通過了一項特別授權法，而格里奧爾和里維埃很巧妙地利用戰後的非洲風潮，四處募集資金與成員。這項調查還帶有某種技術上的宣傳，讓人想起當時由雪鐵龍、東方之旅和黑色之旅贊助的幾次著名探險活動都是駕駛著汽車橫越整個非洲大陸。格里奧爾是一名早期的飛機愛好者，而他的整個職業生涯都著迷於民族誌的技術輔助：調查傳統和航空攝影、錄音設備，甚至是使用於尼日河上的研究用實驗船隻計畫。

按瑞弗和里維埃的說法，此次田野工作任務的「戰利品」包括許多照片、紀錄資料和

56

＊譯注：本章中「initiation」依據前後文脈絡，翻譯爲「初始經驗」，指涉民族誌研究者第一次接觸在地者，並且從中吸納在地知識，成爲民族誌內容的過程和模式。此外，文中「initiatory knowledge」翻譯爲「初始知識」；「initiates」則翻譯爲「初學者」。

文件，共計有三千五百件物品。這些物件被運往托卡德侯博物館，成爲日後的人類博物館的收藏品。這個想法在洛克菲勒國際非洲機構的資助下，獲得了英國和美國的認可，於是密集式田野工作自身證明了重大資助的正當性。因此，收藏成爲一項經濟上的必需品，而調查任務得以用正當方式——有時是用偷偷摸摸的手段——取得任何具有本眞性質的物件。戰後對非洲藝術（*l'art nègre*）的熱情培養了對異國情調藝術品的狂熱，而西非和赤道非洲的雕刻人物和面具，完美地滿足了以立體主義和超現實主義美學作爲滋養的歐洲戀物教（見第四章；以及Jamin 1982a）。

從一九三五到一九三九年，格里奧爾組織了前往法屬蘇丹、喀麥隆和查德的探險團隊，其中博物館收藏倒是扮演較次要的角色。在每年或每兩年參訪西非的活動中，格里奧爾愈來愈關注多貢人，他因此制定了一份特殊的民族誌「研究法」。對格里奧爾來說，文物的收集是整體文化區域密集文獻的一部分，而此區域集中在尼日河的河彎處，尤其是班巴拉族（Bambara）和多貢人的家鄉地，他在這裡總共花費了三年、進行超過十次調查工作（Lettens 1971:504）。格里奧爾的調查方法是製圖學式、考古學式與民族誌式的描述；他關注文化特徵、移民歷史，以及西方文明在西非的變化。然而，他的興趣愈來愈集中在同時性的文化模式。漸漸地，格里奧爾相當滿意自己建立了一個緊密而交錯的文化區域，日後他將其描繪爲撒哈拉以南非洲的三個主要部分之一：西蘇丹、非洲班圖，以及喀麥隆和查德的中間

57

區域。每一個區域都以傳統的**智慧**（*sophie*）或**科學**爲特徵——一種銘刻在語言、習慣、口述傳統、神話、技術和美學的知識模式。格里奧爾察覺出三個在非洲認識論中的基本共同原則，這使他能夠以多貢人和其鄰近族群，作爲「非洲」思想、文明、哲學和宗教等黑膚人種（*l'homme noir*）的特有範例。從部分到全部，再到更具包容性的整體，這種特點是格里奧爾的民族誌再現的基本模式。它反映並確認了多貢人思想方式，包括微觀與宏觀世界、身體和宇宙、日常細節以及神話模式的象徵性對應。

格里奧爾學派包含了許多不同的研究方法。[1] 整個多貢計畫長達五十年之久，大致可分成兩個階段：奧戈特姆利（Ogotemmêli）之前與之後。在今日流傳的訪談傳奇中，多貢聖人奧戈特姆利在一九四七年顯然是依照部落耆老的指示，教導格里奧爾有關多貢人的深厚智慧（Griaule 1948a）。他在桑加地區頭十年研究裡所收集的資料，本質上都是**紀錄文件**（documentary）；如今，藉由奧戈特姆利和其他足以勝任的報導人那裡所獲得的知識，這項工作便變成了**注釋**（exegetical）。奧戈特姆利透過其他來源的加強和擴展，因而愈加豐富詳盡的知識，似乎爲多貢文化提供了一把強有力的「關鍵之鑰」(Griaule 1952c:548)。它像是一則生活上的神話，開啟了多貢人整體世界的框架之門。這種內在結構（格里奧爾偏好的說法是「形上學」）爲多貢人生活中複雜的社會事實，形塑了一套純粹的在地機制。

直到一九五六年格里奧爾過世後，才出現這部對此**智慧**的完整彙編，這是一套極爲詳細的符號和敘事對應系統。格里奧爾學派的第二階段鉅著是格里奧爾與他最親密的合作者迪耶特蘭所合寫的《蒼白之狐》（一九六五），以及由他的女兒（同時也是一位傑出的民族語言學家）吉納維芙所撰寫的《民族學與語言：多貢人的談話》（一九六五）。在這些作品中，我們彷彿聽到了多貢交響曲的兩個完整和弦：對世界的神話解釋以及語言和表現的在地理論。這些極佳的綱要不僅僅是關於當地的解釋或理論，它們將自己呈現爲和諧的生活藝術、生理機能與個人特質的社會神話景觀，進而成爲象徵的網絡，體現在無窮的日常細節之中。

格里奧爾和其追隨者的作品是廿世紀民族誌的經典成就之一。在民族誌的某些領域中，這些作品理解的深度和細節的完整，是無與倫比的。但是基於其中頗不尋常的關注點，或是某些主張中的極端本質，以及多貢人本身在長期民族誌研究過程中扮演積極代理者所具有決定性或是不確定的角色，導致了格里奧爾的作品受到各種觀點的尖銳批判。有些批判指出這些作品具有理想化的偏見和缺乏動態歷史觀（Balandier 1960; Sarevskaja 1963）。英國社會人類學家對格里奧爾的田野工作也同樣提出質疑，尤其是他一生依賴翻譯者，以及少數受到他青睞、符合他研究旨趣的報導人（這些人的初始知識或許無法輕易推廣到這個社會的其他人）。相較之下，馬凌諾斯基或是伊凡普里查的追隨者，並沒有辦法如格里奧爾的作品那般，對日常或是政治生活保持持續的關注，總體來說，他們對格里奧爾的多貢現實過於完美有序的看法抱持謹慎態度（Richards 1967; Douglas 1967; Goody 1967）。

進一步地重新閱讀多貢素材，有其他批評者基於素材內部的矛盾，開始闡明多貢神話的平衡，並且質疑「絕對主體」（也就是此處稱爲「多貢」的統一結構）在民族誌詮釋中的構成過程（Lettens 1971; Michel-Jones 1978）。在殖民主義盛行之後，格里奧爾因偏愛非洲的過去而不是現代化的現在，而飽受指責。非洲人批評他將傳統文化模式予以本質化，並且在多貢神話的闡述中壓制了個人創新的作用（Hountondji 1977）。一九五〇年後，格里奧爾的作品與黑人自覺運動有著強烈的呼應，特別是桑戈爾對非洲本質的召喚。但當桑戈爾所特有的黑人文化傳統，屈從於塞澤爾較爲統合、混雜、創新的文化身分概念時，格里奧爾的非洲形上學已經開始將一個去歷史的、理想化的替代自我，視爲一個整體化的西方人文主義。

此處不太可能去評量針對格里奧爾的具體批評，特別是在缺乏對多貢人進行詳細重新研究的情況下。然而，爲了要了解如此具有爭議的作品，一些方法論上的警告仍是必要的。田野工作中的歷史學者受到有限且短缺的證據所阻礙，以至於他們想要了解民族誌遭遇到什麼事情，雖然不是不可能，但總是非常困難。（這種不確定性至少在某個程度上已經造成了一個事實，也就是人類學的歷史傾向理論的歷史，儘管此一現代學科已經藉由其特殊的「研究方式」來定義自身。）一般說來，如同格里奧爾的情況一樣，人們必須相當程度地仰賴民族誌研究者事後的解釋、敍述，從而確認他的職權。民族誌研究者可以透過他和合作者的方法論指導原則；但同樣地，這往往也是一種事後過於系統性的合理化。相關期刊

59

和回憶錄的發表或多或少有所幫助（Leiris 1934; Rouch 1978b; Paulme 1977），而已發表的民族誌研究和田野筆記的批判閱讀——如果有這類作品而且可以看得懂的話——也會有幫助。[2]然而，關於個體之間的動態關係以及研究情境上的政治關係這兩類主題的作品，很大程度上仍然相當缺乏。再者，所有田野工作的歷史都存在巨大的空白：在地者「這一方」的故事。報導人、部落權威人物，還有那些不合作的人，是如何了解和影響研究過程呢（Lewis 1973）？格里奧爾故事的優點在於讓遭逢者這部分變得無法逃避。然而，我們對於多貢人在民族誌過程中的影響力的了解，仍然是零碎的。

不過若是因此責備格里奧爾在多貢人身上投射了個人主觀看法，或是責備他發展了一套研究方法，爲的是得到他想要尋找的東西，仍是一種過於簡化的說法（Lettens 1971:397及其他各處）。即使是較可信的觀點認爲格里奧爾過於強調多貢某部分的現實，以致於犧牲了其他部分，仍假定了在民族誌的創作之外，存在一個稱爲「多貢文化」的自然實體。即使主要報導人確實受到格里奧爾的影響，或是格里奧爾本人受到多貢人的影響，奧戈特姆利的智慧僅是一位「神學家」的個別看法，從而所揭露知識的「祕密」和初始本質被系統性地誇大了，又或者其他優先順序和研究方法在某種程度上會產生不同的民族誌，但這些都並不表示格里奧爾對於多貢人的看法是錯誤的。他和他的合作者的作品表達了一種多貢的眞實性——一個複雜、協商、歷史偶然的眞實，這種眞實與文本產物有著某種特定的關係。

歷史學家會這樣提問：究竟是什麼樣的對話條件、在哪些政治限制中、處於何種歷史環境下，格里奧爾與和他一起工作的多貢人會產生**這種**眞實。

像《蒼白之狐》和《民族學與語言》這類傑作是歐洲和非洲各種學科的精心創作。這些創作並沒有呈現出「多貢」思考的方式——其中的龐雜性和缺乏女性報導人，讓我們對任何一種全面化宣稱都不免提出質疑。對於任何民族誌研究者以及少數在地「知識分子」以外的人來說，他們的「深度」知識也並非多貢現實的詮釋之鑰。然而，若說這種多貢的眞實性是一種特定的創造物（而不是「多貢文化」的部分或是扭曲的結果），那便意味著這是爲了避免頌揚或爭議，而將它們視爲文本的建構物。

格里奧爾的研究傳統提供了少數可以取代英美密集式參與觀察模式，一個完整詳盡的選項。僅僅出於此一理由，它對於廿世紀民族誌歷史來說就相當重要——特別是之於美國最近發現的「長期田野研究」(Foster et al. 1979)。格里奧爾的作品也相當重要（此處我們必須將格里奧爾與他的「學派」加以區分），因爲這些作品頗不尋常地將調查研究本身描繪爲與生俱來即具有爭議性、戲劇性，並且充滿權力。格里奧爾的作品明顯屬於殖民時期的作品。由於格里奧爾引人注目的才能和對於誇張敍述的偏好，我們才能淸楚察覺到那些在一九三〇、四〇年代賦予民族誌權力的某些關鍵假設、角色和隱喻系統。

✻

我們很難像討論英國和美國的學派那樣（這或許太容易了），談論什麼是法國的田野調查「傳統」。儘管如此，如果僅僅作爲對比，格里奧爾的民族誌確實顯得特別法國化。我們可以簡單提出兩位具有影響力的先驅來表達這種相當令人難以捉摸的性質。牟斯和德拉福斯是一九二〇年代巴黎最重要的田野工作提倡者，他們與列維-布留爾和瑞弗共同創立了民族學研究所。一九二五年之後，這裡培養了一整個世代的「非洲學」民族誌研究者。

廿世紀的頭三十年，黑人非洲（Black Africa）*脫離「東方」的馬格里布（Maghreb），而逐漸成爲焦點。到了一九三一年，《非洲學期刊》創刊，談論一個稱爲「非洲主義」（Africanism）的領域開始變得可能（此領域名稱是以較古老的東方主義綜合學科爲範本）。非洲藝術與音樂的流行時尚促成了一個文化客體的形成，指涉一種可以對其進行綜合論述的文明化表現。德拉福斯的《非洲黑人》和《黑人靈魂》，以及費羅貝尼烏斯的翻譯作品，都對這個發展做出了貢獻。格里奧爾的作品從特定人群的具體研究，到有關黑人、非洲文明化和形上學等一般現象，開展了非洲學的研究典範（Griaule 1951, 1953）。

民族學研究所定期會有一批殖民官員修習民族誌方法，作爲他們在殖民地學校接受培訓的課程之一，而德拉福斯在一九二六年去世前一直是民族學研究所受歡迎的教師。身爲

61

一名在西非長期服役的退伍軍人，德拉福斯相當了解非洲語言和文化。當他的健康狀況因經常性旅行和研究的嚴酷考驗而受到影響，他選擇退休到法國，成爲東方語言學院首位黑人非洲語言教授。德拉福斯是一位博學的學者，對非洲歷史、民族誌、地理學和語言學貢獻卓越。在殖民學校，非洲人長期以來總是被視爲是幼稚的劣等族群，而德拉福斯教授種族的基本平等（但不是種族相似性）。不同的環境產生不同的文明。如果說非洲族群在科技和物質上是落後的，那是歷史的偶然；他們的藝術、他們的道德生活、他們的宗教仍然得到充分發展並且應受尊重。德拉福斯鼓勵他的學生進行民族誌研究並掌握在地語言。他的權威來自具體的經驗，他的角色是一種「叢林者」（*Broussard*）的個人特質——來自偏遠地區、意志堅定、反傳統、具有人道精神，以及無法忍受階級制度和教養社會的矯作（Delafosse 1909；引自Deschamps 1975:97）。對於年輕一輩傾向自由主義的殖民官員來說，他提出具有本眞性的具體方式來「了解」非洲並傳遞它的魅力。

德拉福斯過世後，另一位富有魅力的教師馬塞爾．牟斯對法國第一代專業田野工作者產生了主要影響。雖然牟斯從未進行過田野調查，但牟斯始終對法國在這一領域的落後感到遺憾（Mauss 1913）。在民族學研究所中，他每年教授一門特別針對田野工作研究法的

＊　譯注：「黑人非洲」指的是撒哈拉沙漠以南的非洲地區。

62

（**民族誌描述**）課程。牟斯並不是一位抽象的、學匠氣息的學者；任何人只要看過他〈身體技巧〉（一九三四）那篇文章便可以發現他在具體事物和實驗興趣上的敏銳觀察力（引自Condominas 1972a）。牟斯鼓勵他所有的學生進行民族誌調查；在一九二五至一九四〇年間，該研究所資助超過一百次田野考察（Karady 1981:176）。里弗斯、馬淩諾斯基和後來的格里奧爾的教學都反映了自身的田野工作經驗，牟斯與他們不同，他並沒有提出獨特的研究「方法」；但正因缺乏親身的經驗，他並不覺得有必要合理化自己的做法或爲其辯護。他的課程借鑒不同國家的田野工作傳統，對各種可能方法提出創新、分類和批判。牟斯提供了「總體性社會事實」（total social facts; Mauss 1924:274）的複雜性認識，以及構成描述、記錄、文本說明和物件收集的不同方式。牟斯的《民族誌手冊》（一九四七）涵蓋範圍廣泛，是伯米在他過世前不久集結的課程彙編，書裡明確表明這項特殊的研究方法，對他來說其實是相當陌生的。

不過，牟斯仍強力支持現代學術上田野工作的普遍趨勢，鼓勵「專業的民族誌研究者」採取「密集式方法」（1974:13）。嚴肅的比較工作依賴於完整在地描述的完成。這本《民族誌手冊》的建議反映了美國和英國在技術上的詳細知識，卻沒有強調關於個人的參與觀察。牟斯支持團隊調查；整體而言，他的研究途徑是記錄性的，而非經驗的或詮釋的。

這種對紀錄文件的關注，反映在格里奧爾第一本主要田野專書的導論中：「這本著作呈現許多與多貢人面具相關的紀錄文件，而這些文件是在邦賈加拉（Bandiagara）岩窟的調查行程中收集的」（Griaule 1938:vii）。[3] 很難想像在馬凌諾斯基傳統中的敍述會以這種方式開始。雖然格里奧爾在《多貢人面具》中所做的不僅僅是是簡單展示收集到的紀錄文件，但這個隱喻卻揭露了一項特殊的實證模式（引自Leenhardt 1932; Clifford 1982a:138-141）。牟斯接受的是田野裡的工作者與在自家社會的理論者之間的舊式分工，因此對他來說，描述永遠不應該受到解釋性考量所限制（Mauss 1947:389）。爲了提供對比較社會學有幫助的資訊，民族誌研究者應該避免在建立民族誌資料的過程中，進行過多的隱涉解釋。牟斯並沒有特別重視透過個別主體研究經驗，或是依據典型或集中機制的分析，建構一個綜合性的文化描繪（對於牟斯來說，這是一種過於決定性的東西）。相反地，他對於「總體性社會事實」的偏限性見解，使得他寧可推薦各種專業觀察者所部署的多種文件紀錄方法。在更高的觀察層次上工作，社會學家或許可以「簡短瞥視、衡量、均衡掌握」（1924:279）「整體」事實的不同層次——包括技術、美學、地理、人口、經濟、司法、語言、宗教、歷史和跨文化。但無論是獨自工作或是身處研究團隊之中，民族誌研究者的任務都是需要盡可能完整地收集文本、工藝品、地圖、照片等，精確定位並涵蓋廣泛文化現象的「文件」（documents）。田野工作者應該建立「一個系列而非一整套盔甲」（1924:21）。牟斯準確地使用了這個古老術語：**盔甲**（panoply）是一整套軍事補充物，一套帶有所有軍事裝備的鎧甲。該術語表示圍繞一個具

63

一致性、有效的身體部署和展示部件的功能集成。牟斯並不這般看待社會或文化。我們應該小心謹慎，不要將他總體性社會事實此一概念（讓人聯想起佛洛伊德的「過度決定論」），簡化爲部分與部分之間相互關係的功能主義概念。

然而，牟斯晦澀難懂的概念卻闡明了廿世紀民族誌研究者的基本困境。如果每個「事實」都容易變成多元的符碼、在多樣的脈絡中具有意義，並且在其理解中暗示構成所研究社會的「整體」關係集合，那麼這個假設便可以透過關注其中一個部分來掌握整體。事實上這正是田野工作者一直在做的，透過所關注的重要元素，從而建立起社會整體（也就是美國傳統中的「文化」）。許多不同的研究途徑都已經呈現出這一點：聚焦在主要的「制度」上（馬凌諾斯基的初步蘭群島庫拉圈、伊凡普里查的阿贊德巫術）；前台的「全面性文化展現」（斯賓塞和吉倫的阿倫塔〔Arunta〕初始儀式、貝特森的伊阿姆納分儀式、葛茲的峇里島鬥雞）；識別與整個文化相關的特權結構（里弗斯的「系譜學方法」以及芮克里夫-布朗的「社會結構」）；或甚至格里奧爾晚期所提出的初始知識概念，成爲西非文化整體再現的關鍵。新世代的學術田野工作者在在以不同方式，尋找格里奧爾所提倡的看法，爲其田野工作中的團隊實踐辯護——尋找一種能夠綜合掌握過度決定的文化現實的「快速又可靠的方法」（1933:8）。因此，牟斯認爲社會整體隱含在各個部分或組織結構之中，成爲一項廣泛的田野調查策略的憑證（也就是以修辭的借喻方式表達社會的方法），少了這項憑證，短期的專業田野工作是有問題的——特別是針對整體文化描繪的研究。由於我們無法同時研究所有內容，因此必須將重點放在部分或解決特定問題，並相信它們會喚起更大範圍的脈絡。

總體性社會事實此一觀點還有另一個面向：模糊，且具有爭議。如果它賦予了部分文化描述的正當性，那麼它便不會引導人們去認爲有哪一個符碼、關鍵，或明顯例子是最好的選擇。如同尼采的無限詮釋概念，牟斯的觀點視社會現實和道德世界是以多種可能的方式所建構，沒有哪一種受到特別的偏好。現代民族誌是在一個破碎的、受到虛無主義困擾的世界中形塑而成，而牟斯在他對集體秩序的描述中，敏銳地意識到了混亂的可能性（見第四章）。《禮物》是第一次世界大戰後和解與互惠的寓言。衆所皆知，戰爭對牟斯造成了破壞性的影響；其一九四〇年接續的影響讓他喪失了工作和思考的意願。* 隨著進化論敘事的崩潰，相對主義式的文化科學重新將世界視爲一個分散的整體，由相異的、功能性的，以及相互關聯的文化所組成。它以多元的方式重構了社會和道德的整體性。事實上，如果借喻式民族誌主張「各種文化」是一體的，那麼這種觀點正是爲了回應一種現代瀰漫的感覺，「所有事物都是支離破碎的」；也正是這種感覺，將愛爾蘭的葉慈與奈及利亞的阿契貝連結了起來。

---

* 譯注：一九四〇年納粹德國入侵法國，許多猶太血統的知識分子在納粹占領時期遭受了限制和迫害。

對於像牟斯這般堅定的社會主義者來說，研究社會便是拒絕虛無主義。他對社會整體性的建構帶有服務道德、政治以及科學的目的。但牟斯的目光過於敏銳，加上淵博的知識，以致無法接受任何關於全體建構的有效方法。他滿足於一種快樂的科學；爲人慷慨，不像尼采熱衷嘲諷。他向一個世代的民族誌研究者展示了令人驚嘆的研究對象以及將世界聯繫在一起的方法：民族誌是在廣闊的海洋撒下不同的漁網，每張網都會捕獲自己的魚隻。牟斯受到庫欣作品的影響，他知道再現一個文化的任務可能是無止境的。他在福特斯的評論中提到：「你說你已經花了兩年半的時間在一個部落裡，可憐哪，接著寫出來得花你二十年的時間」（Fortes 1973:284）。

牟斯的《民族誌手冊》不是一套研究方法，而是一份巨大的清單；因此，我們不能像談論「馬凌諾斯基式」或「鮑亞士式」的民族誌那樣談論「牟斯式」的民族誌。（這個事實或許可以部分解釋爲何法國的田野工作從未擁有明確的研究方法，而且事實上，對其他的傳統人類學家來說，他們也看不出法國田野工作的方法。）他的學生間存在相當明顯的差異。梅特勞追求一種美式的參與觀察專業。雷里斯雖然對多貢和衣索比亞民族誌做出原創的貢獻，卻從未停止質疑跨文化研究本身的主體衝突和政治侷限。林哈特後來進入巴黎大學很大部分是受到牟斯的鼓勵，而他代表了一種比較古老的研究風格，這種研究職權是根基於多年的傳教工作而非學術訓練。勒科爾曾在倫敦經濟學院參加過馬凌諾斯基的研討班，

65

他住在泰達人部落裡、學習他們的語言，並且至少在形式上進行了英式（*à l'anglais*）田野工作。牟斯的其他學生裡——實際上是一九五〇年之前所有主要的法國民族誌研究者——只有格里奧爾發展出系統性的研究方法和獨特的研究傳統。

⁂

格里奧爾的田野工作概念受到兩個不確切的隱喻結構所支配：一個是**紀錄文件**系統（由收藏、觀察和詢問所組成的圖像），另一個是關於**初始經驗**的複合體（其中強調教育和注釋的對話過程）。格里奧爾本身將這兩種方法視爲互補，每種方法都需要並且建立在另一種方法的基礎上。然而，隨著他職業生涯的進展，以及他個人對多貢思想和信仰模式的深入參與，我們可以看出從紀錄文件到初始經驗的轉變。爲了清楚分析二者，我將分別思考這些研究方法。我們應該理解到兩者都是在試圖說明一種複雜的、逐漸形成的民族誌經驗——這種經驗受到歷史或交互主體影響，超出了格里奧爾隱喻所能控制的範圍。

「民族誌是一種收集過程」此一觀念主導了強調博物館學研究的法國達喀爾－吉布提探險任務。民族誌的研究對象——無論是工具、雕塑或是面具——被理解爲對異地社會眞實中一份特別可靠的「證物」。牟斯式的理論清楚地呈現在探險任務的「收集指引」當中。

66

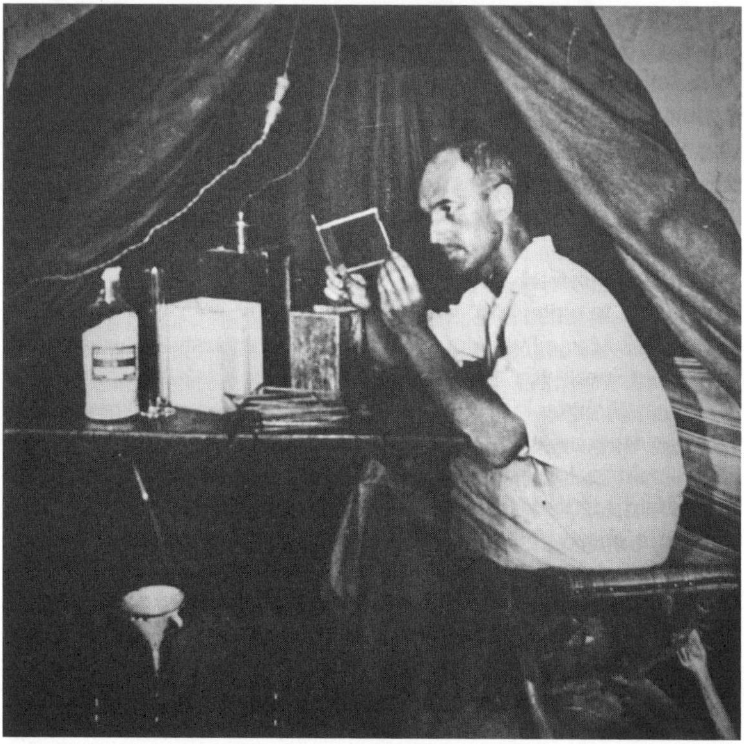

格里奧爾正在沖洗相片的感光板。桑加，1931年10月至11月。

> 由於人類一直以來都需要將自身活動的痕跡銘刻在物質上，因此幾乎所有的集體生活現象都能夠在特定的物件中被表現出來。於是，系統性的物件收集需要收集大量認可的**證物**（*pièces à conviction*）。這些收集的物件所創建的檔案比起文字檔案更具啟發性和確定性，因為這些都是真實的、自主的物件，無法因為某種**需求原因**而被捏造（*les besoins de la cause*），也因此比其他任何事物更能表現文明的類型。（Mauss 1931:6-7）

67

該手冊繼續寫道，「死去的」、脫離背景脈絡的物件，可以藉由周遭的「紀錄文件」（描述、圖畫、照片）來恢復「生命」。因此，任何物件或制度與「社會整體」的聯繫都可以被重新建構，並且可以從其中的任何一個部分，以科學的方式引出整體的眞實。

反覆出現的法律隱喻（證物、需求原因）揭露了重點；如果一個文化的所有部分，原則上都可以產生整體，那麼民族誌研究者特別選擇揭露「證物」的理由是什麼？必定有某些「證物」比其他的更可靠。將物件視爲「具本眞性質和自主的」，而非「因爲某種需求原因而被捏造」，這種價值的必然結果是假設其他形式的證據，也就是基於個人觀察、描述和詮釋所組成的「檔案」（archives），都比較不那麼純粹，受到較多偶然的民族誌遭逢、利益衝突和部分眞實所影響。對於格里奧爾而言，田野工作是**控制**（在政治和科學意義上）此一遭逢的長期努力。

格里奧爾認爲，民族誌研究者和在地者之間對立的利益永遠無法完全協調。這種關係有時在**和諧一致**（rapport）這樣的詞彙下被浪漫化了，其實一切都是協商的產物，是持續推拉（push and pull）的結果，而這決定了所研究的社會什麼是可以知道的，什麼是不能知道的。外來者總是處在失去主動位置並且默許膚淺權宜之計的危險。我們無法僅僅藉由成爲一個共同道德社群暫時的成員，來了解文化中被系統性隱藏的東西。它只能透過某種形式的暴力予以揭露：民族誌研究者必須保持壓力（Griaule 1957:14）。格里奧爾或許別無選擇：在蘇丹社會中，隨著這種初始經驗的長期過程，我們要不迫使神祕傳統現身，不然便是在現場住上數十年。

在所有通往隱藏眞相的可能管道中，最不可信的便是談話，也就是報導人回應問題時實際所說的那些內容。這不僅是有意識的說謊和抗拒詢問；這是一種戲劇性的假設，而這些假設是研究中的主題。對於格里奧爾來說，每位報導人的自我陳述（與民族誌研究者的自我陳述）都是一種戲劇化，提出了某些眞實同時隱瞞了其他眞實。爲了穿透這些有意識或無意識的僞裝，田野工作者必須利用他或她可以獲得的任何優勢、任何權力來源，或是任何不基於談話的知識（1957:92）。

格里奧爾起初認爲視覺的觀察是一種資訊的來源，它不需要依賴不確定的口述合作便能獲得，其優勢在於提供激發、控制並確認話語的準確性。格里奧爾習慣實際俯視事物（他在空軍的第一份工作是空中偵查員和導航員），因此他特別注意到概覽、精確繪製棲息地以及周圍地形的優點。格里奧爾這種視覺上的關注明顯出現在他所有的方法論作品中，以下這段關於他在查德的民族誌和考古工作的描述出自《聖者傳說》（一九四三），呈現了一種令人不安的清晰感：

> 或許這是在軍用飛機上養成的怪習慣，但我總討厭依靠雙腳去探索未知的領域。從高空俯瞰，一個地區幾乎沒有任何祕密。房屋聚落彷彿墨跡；阡陌縱橫交錯；內部中庭變得可見；雜沓居處清晰了起來。透過一張航拍照片，所有建築物的各個組成部分隨著一系列拆解而變得可見。人類是愚笨的：他懷疑鄰居，卻從不懷疑天空；他認為在封閉空間裡——四面牆、柵欄、籬笆或樹籬——一切都是被允許的。但是所有他宏大或渺小的意圖、他的聖所、他的垃圾、他漫不經心的修補、他的成長野心，都呈現在一張航拍照片了。我記得我在法屬蘇丹的一個村莊裡發現了四個重要的聖所，代價是非常辛苦的旅途跋涉，還有一堆陳腔濫調、阿諛奉承、報酬，與無法兌現的承諾。由於小米渣散落在他們的屋頂上，航拍照片上出現了十七個聖所。當下，我所有的報導人都開始敞開胸懷，逐漸坦承到讓人無法想像的程度。因著一架飛機，人們固定了

地形學和思想的基礎結構。（1943:61-62）

我們還不清楚應該將上述段落解讀爲對新的科學研究方法的熱情宣稱（關於航拍照片，見
Griaule 1937），或是對觀察力某種令人不安的幻想。格里奧爾在田野場域鮮少有飛機可供他 69
使用，但是他卻將這種全景視角作爲他的習慣與策略。

繪製地圖這個簡單事實可以概略並初步掌握這片土地上的文化。格里奧爾回憶起挖掘
古代葬禮遺跡的情況，此一舉動違背了當地居民的意願，他們認爲墳墓是屬於祖先的，而
格里奧爾提供了一種非比尋常的現象學，展現了白人外來者與當地耆老會議交涉時如何
維持優勢。由於在地者的口述傳統是挖掘地點的重要消息來源，所以必須誘導他們說話
（1943:58）。格里奧爾會注意到行爲中的各種跡象，在這個最終可能成爲進入隱祕習俗世界
入口的地點更是如此。他的問題著重於煽動和混淆，從而誘發出不加防備的回應。在費力 70
描繪出該區域的土地所屬和居住地的地圖之後，他能夠進一步針對一些不太協調的地點，
比如事實上祭壇的場所、牆上一扇奇怪的門、有著祕密痕跡的奇怪地形特徵等，提出一些
出乎意料的尖銳問題。這個繪製地圖的外來者有一種令人不安的權威：他似乎已經知道一
切的地點。接著予以曝露。然後挖掘新的地點。

對格里奧爾來說，地圖不僅僅是工作計畫，更是「戰鬥基地」，在這個基地裡，「每個

格里奧爾在桑加附近的斷崖頂端拍攝照片，1931年10月至11月。謝夫納抓住他的腳踝作爲支撐。

被標記的位置就是被征服之處」（1943:66）。他所有的說明都意識到，凝視具有侵略性和破壞性的力量。調查、窺視某物，從來都不是中立的。這些研究者會感覺到自身受到監視：「數以百計的眼睛盯著我們。我們處在村落中每一個會被看見的地方；牆上每道裂縫處、每座穀倉後面，都有隻眼睛正在注視著我們」（p. 64）。與此相反的則是他們的科學觀察：「挖洞是一項輕率之舉，是睜開回顧過去之眼」（p. 68）。每個詢問都是「一次有組織的包圍」（p. 60）。這場特殊的凝視之戰，以名義上的休戰結束，准許收集某些文物、同時保留少數特別的神聖物品作爲妥協結果（p. 76）。這場戲劇性的拉鋸戰實際上以完全有利於外來者的安排畫下句點，這些外來者最終完成了挖掘工作、移走大量遺跡，並爲日後的密集性民族誌建立了基本規則。

就格里奧爾而言，要詳盡記錄一個文化，先決條件是透過對報導人進行長期、可控制的訊問，以徹底了解其「祕密」。當然，他不相信完整的描述是可能的；但他經常會不經意地表露出追求全景視野的企圖——特別是在對抗英美兩國個別的參與觀察者模式，捍衛他的團隊工作實踐時。他最喜歡舉的例子，是描述一個涉及數百名參與者奇觀的多貢人喪禮。個別的參與觀察者或許會迷失在混戰當中，簡略地記錄若干隨意的印象，對整體的了解極爲有限。

格里奧爾以爲，充分記錄此類事件的唯一方法是部署一組觀察團隊。照他的典型作法，他會提供一張儀式現場的地圖以及一套適用這個範圍的相應策略，同時以類似現代電視攝影團隊播報美國政治代表大會的方式進行（1933:11; 1957:47-52）。編號一號的觀察員守在一個離村落廣場不遠的斷崖頂端，負責照相、注意儀式的大規模活動；編號二號的觀察員跟在一位正處於經期的婦女身旁；編號三號混入年輕火炬隊裡；編號四號觀察樂團；編號五號在屋頂上，「負責監視的任務，留意各種微妙或隱蔽的細節和活動，並且時不時與編號六號前往死者家中收集最新消息」（1957:49）。編號七號的觀察員觀察婦女和兒童對舞台中央的面具舞和戰鬥儀式的反應。所有觀察員必須記下觀察的確切時間，以便建構一個關於儀式的綜合性描繪。

這僅僅是適當紀錄文件工作的開始。先建構概要輪廓，之後會再透過「確認」和「評論」過程進行擴充與更正。民族誌研究者會要求目擊者對於一些模糊姿勢做出解釋。織物上的「洞」將一個一個被補起來，包括那些在特定表演中的偶發事件，像是特定群體或個人的缺席或出現、演出者忘記動作，或是任何從「理想和諧」的儀式岔出的枝節（1957:50）。慢慢地，經過幾年時間，如果可能的話，會在重複表演的基礎上辛苦建立出一個理想的儀式。這個巨大的「文件檔案」將會四處溢散至許多不同的方向，「每個觀察的部分都成爲各自問題的核心，遲早會提供一個龐大的資訊網絡」（p. 51）。

上述文字引自格里奧爾的《民族誌方法論》，這本書是他對自身的研究實踐所提出的合

71

理化的版本；只是不確定這些研究方法究竟是格里奧爾實際使用的方法，或是基於其自身更爲混亂的經驗所提出的理想建議。但是《民族誌方法論》的確相當清楚地說明了格里奧爾對於田野工作的整體假設和影響因素。事實上，達喀爾－吉布提探險任務曾經在桑加遇過一次多貢的喪禮，這是一套相當戲劇性且令人困惑的儀式，面具舞者壯觀的表演爲其主要特徵。格里奧爾開始著手紀錄文件，而他隨後的工作就是聚焦在神祕的面具社會，許多和他一起工作的同事都貢獻了相關研究（Leiris 1948; De Ganay 1941; Dieterlen 1941）。透過反覆的參訪和密集的合作，他們建立了一個有組織的「文件」資料庫。

格里奧爾對於面具制度的專注，並不涉及功能主義傳統中將文化視爲整體的借喻式再現（也就是將面具社會用作理想典型的「制度」，或是將儀式視爲「總體式文化展現」）。相反地，他和他的夥伴們根據此一總體性社會事實的密集資料，建構了一個「龐大的資訊網絡」，以作爲在地者談論自身文化內容的脈絡和調控。在剛開始收集「文件」的階段，格里奧爾會用報導人的解釋來評論他觀察到的行爲和所收集的物件；但是這種態度會改變，特別是在遇到奧戈特姆利之後：報導人一旦通過適當的測試，就可以獲得信任並承擔研究的任務。經由適當的管理，他們可以成爲固定的助手，並且實際上成爲團隊的成員。觀察和紀錄文件的網絡因此有了顯著的擴充（Griaule 1957:61-64）。團隊工作是處理整體社會事實、以不同方式處理多個主題並產出完整的紀錄文件，相當有效的方式。

正如格里奧爾所設想的那樣，此一團隊不僅僅是個體之間的臨時合作。它體現了所有現代問題的基本原則：專業化和勞動分工。因爲社會事實對於單一一位研究者來說實在過於複雜，他必須「依賴其他專家，並且組成一個思考團隊、一組戰鬥元素、一個策略研究單位。在其中，每個人保有個人特質，卻也明白自己是一部機器的知識齒輪，是這台機器不可或缺的一部分，但沒有這台機器他便什麼都不是」（1957:26）。格里奧爾的一些早期同事，像是雷里斯、謝夫納、伯米，並沒有持續待在這種生產機制中。雷里斯那本聲名不佳的《非洲幽靈》（一九三四）則是明顯違反了這個要求。但像是迪．嘉內、迪耶特蘭、勒伯夫，和格里奧爾這些人，即使不完全算是「知識齒輪」，也是在研究範式的發展中自在工作。格里奧爾從有機性團結和準軍事團隊精神的面向談到了他的理想團隊，而學校工作則意指一個有效率的合作事業；但作爲一種生產機制，「團隊」恐怕永遠不會受到嚴格控制。如果我們將這些人視爲積極的代理人，那麼很明顯地，格里奧爾在一九三二年開創的合作多頁報導人、翻譯者和部落權威者對於研究者所能獲得的知識內容和時刻具有重要影響，式紀錄文件經驗，在五〇年代經歷了一場變革。

格里奧爾在遇到奧戈特姆利之前，是如何「選擇」、「確認」、「訊問」和「利用」他的報導人（1952c:542-547; 1957:54-61）？他的方法論的限制特別具有啟發性，因爲隨著他對非洲口述傳統的尊敬日益增進，他愈來愈將他的研究集中在與少數原民合作者（*collaborateurs indigènes*）的密切合作。首先，他需要仔細辨識這名報導人，而且將他定位在整個社會組織脈絡中的一個或一組特定群體。透過這種方式，我們可以允許報導人誇大或遺漏有關群體忠誠度、禁忌這類的內容。他或她——事實上，格里奧爾曾遺憾地表示，他所有的報導人幾乎都是男性（1957:15）——必須合格之後才可以對一些特定主題表達諸如技術、歷史、法律或宗教方面的意見。他的「道德特質」（眞誠、善念、記憶力）是要經過評斷的。雖然他的許多報導人都嚴重受到「外部」觀點的影響（Letten 1971:520-535），但格里奧爾非常重視傳統的歸屬，因此不信任基督徒、穆斯林，以及與白人有過多接觸的個人（1957:57）。

格里奧爾認爲，每一位報導人都闡述了一種不同的眞實，民族誌研究者必須持續了解其侷限性、優點和缺點。他在《民族誌方法論》中討論了各種不同類型的「說謊者」。事實上，他在整部作品中都全神貫注於謊言這件事——雖然不只是單純的非眞實。每位報導人，即使是最眞誠的人，都會經歷到「本能上需要掩飾特定敏感的問題。哪怕是再微小機會，他們都會用來逃避這個話題，並轉移至另一個話題上」（1957:58）。在地合作者「說謊」的理由可以是在開玩笑，可以是因爲金錢、追求歡愉，也可以是出自對鄰居或神祇的恐懼（p. 56）。健忘和歐洲化是報導人中兩類特別危險的「說謊者」。在民族誌的「操作策略」中（p. 59），調查者必須突破最初的防衛和掩飾。通常，必須隔離個別報導人來進行密集的訊問，以消除社會壓力所帶來的妨礙（p. 60）。當他們的證詞與其他訪談得來的版本不同時，

73

面臨極大壓力的報導人會說出他們原先不願揭露的事實。在某些場合下，格里奧爾允許自己想像一種「理想」情境：「眾多相互分散的報導人」（1943:62）。* 然而，有時公開進行調查也可能是有好處的，尤其是在土地使用權這類敏感問題上，研究者不可避免的輕率行爲可能會引發公開的爭議（1943:66-68; 1957:60）。

格里奧爾的策略各式各樣，但共同點是都有一種主動、積極的樣態，這像是司法的詰問過程（1952:542, 547）：「找出社會事實的人，其作用通常類似於偵探或預審法官（examining magistrate）。事實就是那個犯罪，對談者便是有罪的那一方；所有社會成員都是共犯」（1957:59）。他著迷於口頭詢問的技巧，對他來說這是一種眞實和虛假之間的遊戲，引導對方進入「有組織的迷宮」當中。他就像是一位精神分析師，當他開始發現抗拒、遺忘和遺漏的形態出現時，並不會視爲障礙，而是視爲眞相的深層結構的記號：

> 報導人在初次接觸時鮮少表現出過多的抵抗。報導人在釐清情況、觀察對談者有什

* 譯注：原文是「an infinity of separated informants」。按照格里奧爾的想法，在理想情況下，研究者可以與許多彼此不相關的報導人進行調查。這意味著不同的報導人可以獨立提供他們的看法，而不受到彼此之間的影響或社會壓力。

> 麼奇怪的習慣、技巧與笨拙之處的過程中，會退回到自己可以安排的位置。這些位置的價值在於他能從中做些什麼；而他盡可能地抗拒。並且如果這些東西被強力奪走呢？在其他相似的抵抗後，他會退回到最終的位置，這個位置既非依賴於他本身，也非他的「對手」，而是他所屬的習俗和規範。（1952c:59-60）

對格里奧爾來說，抵抗的深層結構並不針對互爲主體的遭逢，而是來自於一般的來源，即「習俗」的規則。這個具體化的實體，是最後一道被攻破的防線。如同我們將看到的，它沒辦法從正面襲擊，或是有技巧地觀察過程、記錄文件，或是訊問加以攻克。必須採用一個不一樣的「初始經驗」過程。

格里奧爾的民族誌技術的著作是專爲剛入門的田野工作者所設計，因此大多仍然屬於「文件記錄」的研究典範。此外，格里奧爾或許沒有時間消化奧戈特姆利的啟示，或是《民族誌方法論》出版頭十年對殖民知識累積的批評，爲方法論所帶來的全部影響。或許，最好是將這個相當機械式的技術概要，解讀成爲了控制不規則的研究過程所產生的一次不太成功的嘗試，用德維羅的話來說，就是從焦慮到研究方法的過渡（1967）。格里奧爾最終與多貢人複雜的互惠接觸，很難被理解成像是「人類事實的發現與觀察」這樣的章節標題，或是在民族誌研究者和在地合作者的關係中被描繪爲資訊網絡的建造者、「紀錄」的收集者、「文件」的編輯者。在格里奧爾的法律用語中，民族誌仍近似於**指導**過程，也就是法國法律中在正式的**審判**前初步確定案件的事實性的過程（1957:51）。在相關利益的兩方之間工作，格里奧爾使用**判斷指導**的廣泛力量（這是格里奧爾最喜歡的隱喻之一），從而找出眞相（引自Ehrmann 1976）。一般說來，格里奧爾尊重牟斯所提出的勞力分工，以及對於抽象和系統性的跨文化比較抱持懷疑態度，在這樣的情況下，格里奧爾將理論和解釋問題留給了其他人，而不是爭論它。這種**判斷指導**，在收集足夠的可靠文件並交叉確認證人對事實的陳述後，便掌握了確定眞實所需的一切。

到了一九五〇年，這些對觀察和審訊的態度受到普遍懷疑，而格里奧爾早期的文件隱喻，已經不足以應對一種正在自我發展的研究過程。漸漸地，格里奧爾對於多貢人的理解愈來愈難以區分他們愈來愈複雜的解釋。由格里奧爾所發起的民族誌工作的獨創性在於，它揭示了——並在尚未確定的程度上激發了——一群具有影響力的多貢人對其文化進行複雜的詮釋。

✵

在討論格里奧爾工作的第二階段之前，我們需要花點時間回顧他的研究風格和策略，

75

以理解它們和殖民處境的關係。格里奧爾爲我們提供了一種一九五〇年代之前關於民族誌經驗的編劇法（dramaturgy）。在格里奧爾出色的書寫中——包括他早期和晚期關於方法論的討論——他喚起了民族誌研究者自報導人身上獲得資料時所涉及的各種充滿權力的角色。他寫道，**民族誌工作**是一項「成爲助產士和預審法官的藝術」：

> 輪流成為親近的同伴與交叉盤問者、遠方的朋友、嚴峻的陌生人、慈祥的父親、關懷的守護者；一名商人一一支付揭示的代價、一位聆聽者在最危險謎團敞開大門前假裝分心、一個樂於助人的朋友面對索然無味的家庭故事表現出濃厚的興趣——一位民族誌研究者展示在臉上的，是一張張所有博物館都有收藏的美麗面具。（1933:10; 1952c:547; 1957:59）

這段話喚起了一個貫穿格里奧爾研究工作的主題——民族誌是一項戲劇性的事業。然而，他的編劇角色並沒有包括英美傳統中流行的田野工作者角色：一名認眞學習者的角色，並且通常被塑造成一位正在獲取、被教導成人知識過程中的小孩。或許格里奧爾從來沒有想到這種角色，因爲在翻譯者和歐洲同事的支持下，他從未眞正經歷過在異國文化中有口難言且無助的處境。直到一九五〇年之後，也就是他職業生涯的後期，格里奧爾才開始採納學生關於多貢文化的觀點；但這個角色總是與傳統者、發言人和注釋者等較不易受責難的權威混在一起。至少格里奧爾在他的寫作中從未放棄一種基本的信心、一種最終可以控制研究和其產出的感受。但是，維持控制永遠是一場戰役，最多也只是一種玩笑似的關係。格里奧爾從未將田野工作視爲一種類似友誼的天眞和諧關係。他也沒有將此一過程中立化爲一段教育或成長的經驗（兒童或是青少年轉變爲成人），或是大家庭的接納（賦予民族誌工作者的親屬角色）。相反地，他的敍述預設了存在著利益的反覆衝突，一場對抗性的劇碼最終導致相互尊重，以及在權力平衡的生產過程中的共謀。

格里奧爾的作品與衆不同之處在於，它們敏銳地察覺到殖民情境下，白人和黑人之間所有關係背後的結構性權力差異和暴力基礎。例如，在《豪賭者》中，格里奧爾將冒險故事稱爲「我的第一次阿比西尼亞旅行中某些情節的客觀描述」（1934a:vi），他冷靜地描述一件殖民生活的「事實」：他行旅隊伍的成員由於不願嘗試在麻煩的尼羅河涉水渡河，「遭到白人接二連三地毆打，但他們沒有還手；因爲怎麼說白人都是政府的人，而且假如你碰到了白人，糾紛將接踵而至」（p. 7-8）。如同格里奧爾其他的田野工作敍述一般（1948a），這裡採用了一種揭露性的文體設計：使用被動語態，同時描述自己時使用一般性的詞彙——「白人」、「歐洲人」、「旅行者」、「拿撒勒人」（the Nazarite）、「外國人」。毆打的故事暗示了一系列自動發生的事件，而各方也都默許了這些事件。在非洲的歐洲人不能也不應該迴避此一爲他所保留的過去。格里奧爾並沒有想到要技巧地逃避他被賦予地位的特權和壓迫——這種地位使得格里奧爾在達喀爾-吉布提探險任務的同事雷里斯感到困擾，並且在某種程度上癱瘓了他。雷里斯的田野日誌（1934）和他後來的民族誌和文學作品，描繪了他對這種戲劇性自我概念的緩慢和解；但這種接受總是對當下的接觸和參與感到矛盾，因而產生對欲望的創造性衝突（見第六章）。相反地，格里奧爾並沒有對自身的戲劇風格懷有任何不安。一旦明白這一點，他的實踐中令人困惑的部分便變得清楚多了——例如他對多貢喪禮的理想「報導」。

格里奧爾精心設計的全景式計畫將會激怒任何受過參與觀察訓練的民族誌研究者。他所設想的工作成員必然會擾亂，甚至可能引導儀式的進行，但格里奧爾似乎並不關心這一點。難道他天眞地以爲這七位觀察員不會產生相當大的影響嗎？這問題顯然無關緊要，因爲格里奧爾從未想過成爲一位不引人注意的參與者。他的研究顯然是個侵擾；而他並不打算假裝情況並非如此。因此很大程度上，他所記錄的眞相其實是民族誌研究**所引發**的眞相。我們企圖談論的是一種眞實民族誌（*ethnographie vérité*），它類似於格里奧爾後來的夥伴胡許所提倡的眞實電影（*cinéma vérité*）——這是一種並非由鏡頭客觀記錄的眞實，而是受其積極存在所引發的眞實（Rouch 1978）。*

有人覺得，格里奧爾把文化本身視爲一種像性格一樣的展演或奇觀。在達喀爾-吉布

77

提探險任務結束後的幾年裡，格里奧爾和他的團隊幾乎每年都會前往桑加。這些日漸熟悉的外來者的到來是一次戲劇性的事件。時間至關重要；調動報導人爲了拍攝紀錄而舉行儀式，並盡可能地記錄更多多貢人的生活。事實上，格里奧爾早期的研究傾向聚焦在文化生活中容易受到展示和展演影響的面向：面具、公共儀式和遊戲。就這點來說，桑加非常適應這類民族誌調查，今日已經成爲多貢社群的旅遊中心，並且定期爲外來者表演舞蹈（Imperato 1978:7-32）。

格里奧爾將他對戲劇性的喜好融入到了他的作品之中；對歷史學家來說，這產生了關於詮釋的難題。例如，《聖者傳說》中有個明顯且具有特色的段落就是因爲突破重重關卡而感到欣喜若狂。在利用策略使原本不想洩漏某些資訊的當地對談者透露出若干訊息後，格里奧爾思考了該領域未來工作的前景：

> 我們或許能夠愚弄那些年長的遲疑者、迷惑背叛者、厭惡沉默者。我們將看到謎團像爬行動物一樣，從被巧妙抓住的說謊者嘴裡跳出來。我們會和受害者一起遊戲；我們會不斷提醒他說過的話。我們會讓他發笑、吐出真相，我們會挖空他口袋中已經存

* 譯注：在《路徑》裡，作者將會再次提出「眞實民族誌」一詞，討論胡許的鏡頭即興創作。

在幾世紀的祕密，一個讓說出它的人嚇得臉色發白的祕密。（Griaule 1943:74）

我們該如何閱讀像這樣的段落呢？格里奧爾總是喜歡煽動，他在一九四三年曾寫下一段話，當時令人震驚，至今依舊令人震驚和困擾。這在敘事中是一種高潮，當民族誌研究者欺凌、哄騙和操縱那些抵制他調查的人時，人們會感到不安，也越來越憤怒，他們並不想看見自己祖先的遺骸是爲了外國科學的興趣而被收集。但我們不該這麼快就如此評論格里奧爾。如果我們現在發現這種態度和行動著實令人尷尬，則多虧了格里奧爾讓我們得以看得如此清楚。他揭開了這道瘡疤。

格里奧爾以熱情和某種諷刺的方式扮演著殖民角色，因此不能將先前的說法原封不動地放回其歷史背景，也不能將其視爲只是不幸可能發生在殖民時期的態度。在那個時期，隱藏這樣的暴力比將其暴露出來更爲典型。然而，就某種意義而言，如果這種暴力是格里奧爾的觀點，那麼他從未對民族誌中的強迫供述提出任何批評。相反地，他的方法論著作給出了如何煽動他們的指導。格里奧爾並沒有在支配優勢、發現和利用他的在地合作者的弱點、不團結和混亂上，表達過嚴肅地重新思考。因此，我們無法單單透過解讀這些令人尷尬段落的歷史，就得以理解格里奧爾究竟是一位殖民情境中的典型參與者，還是一位有自覺的批評者。他的立場更加複雜。

我們很容易將這樣的段落歸因於格里奧爾的「風格」——他對於嘲笑、刺激人的隱喻和煽動的個人偏好；但這僅僅提出了一個問題，即風格如何在部分的研究行動中產生作用，以及它如何與意識形態環境相抗衡。格里奧爾的風格不僅僅是像某些人所認爲的那樣，是一項弱點（*faiblesse*），令人心煩意亂且不幸地偏離了眼前的科學事業（Lettens 1971:12, 491）。它更像是對民族誌困境、一系列角色和話語可能性所帶來的具有意義的回應，或許可以稱之爲「民族誌自由主義」（ethnographic liberalism）。對於人類學和帝國的複雜且有爭議的辯論，很大程度上建立在一九五〇年代之前民族誌研究者對於殖民政權的默許（Leiris 1950; Asad 1973; Copans 1974）。白人統治或是文化上的統治優勢是他們工作的既有脈絡，而他們在其中採取了一系列自由主義立場。民族誌研究者很少是直接的、工具性意義上的「殖民主義者」，儘管如此，民族誌研究者依然接受一些特定的限制，但同時又對其有不同程度的質疑。這種矛盾的困境賦予了他們特定的角色。

格里奧爾的民族誌自由主義風格既可以被理解爲一種戲劇性的展演，也可以被理解爲一種諷刺模式。像歐威爾和康拉德這種最敏銳的殖民情境觀察者就將其描繪成一個充滿權力、模糊不清、不連續的、相互衝突的現實世界。如同歐威爾筆下的年輕地方官員，勉強射殺一頭大象，只爲了不被一群緬甸人取笑，也像《黑暗之心》裡所有的角色一樣，流離失所的歐洲人必須努力維持自己的文化身分，無論這些身分看起來多麼做作。殖民處境和民族誌處境都會激起一種在舞台上的、被觀察的、格格不入的，讓人緊張又氣餒的感受。參與者在這種環境下被困在他們無法選擇的角色之中。我們已經看到格里奧爾所標明的面具意識，以田野工作的意志、智慧、虛張聲勢和策略等衝突的形式出現。他並不是唯一強調戲劇風格和印象操作在民族誌中的重要性，也就是研究關係在「許多面具背後」發展的意義的人（Berreman 1972）。大部分民族誌研究者都像他一樣，拒絕佯裝成為在地人，也拒絕擺脫基本的歐洲特徵；但只有極少數人如此清楚地描繪了民族誌工作中的策略掩飾和不可化約的暴力（Rabinow 1977:129-130）。

格里奧爾與康拉德、歐威爾或是雷里斯不同，他似乎沒有因爲自己扮演的角色而感到壓抑。他雖然不是極端批判，卻帶有諷刺意味。如果他將民族誌比作戰場或司法程序，那麼我們不須假設他在戰場上，始終一致地扮演指揮者或是預審法官的角色。如果只從表面上理解格里奧爾的隱喻，將會遺漏其中所隱藏的分析功能。這也會忽略他其他的角色特質：他的魅力、他的脾氣、他的戲謔、他對於多貢人日益增長的同情，甚至是愛。

民族誌自由主義者有很多種，他們往往是具有諷刺意味的參與者。他們一直試圖以各種方式從帝國所賦予的白人身分中脫穎而出，或是擺脫這樣的身分。在德拉福斯的「叢林者」中，有許多經常性的變化。不管如何，許多人以某種公開方式認同自己有著異國情調的生活方式和思想，或者塑造一種邊緣意象。格里奧爾的誇張表現則是另一種回應。民族誌自由主義是一系列具有諷刺意味的立場和角色，既在殖民情境之內，又在一定程度上遠離了殖民情境。其完整劇本仍有待編寫。

格里奧爾書寫中顯而易見的政治和倫理衝突直到最近才成為明確的分析主題。葛茲在一九六八年所寫的一段極為精闢的段落，反映了田野工作中純眞性終結的開始：

> 通常來說，儘管無時不刻都有更廣泛的社會現實不斷壓迫否認，但作為一名成員，即使是暫時的、不穩定或不完整，都仍然可以維持單一道德社群的感受。成功的人類學田野調查的核心在於編寫故事——編寫，而非杜撰；並且對任何參與者來說都從未完全令人信服，所以從調查形式來看，這種研究持續帶有諷刺意味。（1968:154）

到了一九六〇年代後期，田野調查裡和諧關係的浪漫神話已經開始公開瓦解。從那時起，民族誌思想和實踐中愈來愈多的反身性加深了對其反諷結構，以及即興的、歷史偶然的編寫內容依賴的體認。這種新的體認，使得對格里奧爾的解讀變得可能，這種解讀將戲劇的、諷刺的立場視為格里奧爾民族誌工作的核心。

80

雖然格里奧爾對於田野工作所涉及的道德緊張和暴力的感受異常敏銳，但他仍發展出一種與多貢人相互遭逢的編寫能力。這種編寫（而非杜撰）清楚地體現在他遇見奧戈特姆利之後的作品中。在格里奧爾持續進行的研究調查中（與迪耶特蘭的研究密切相關），我們發現民族誌的編寫內容（多貢人的初始知識），受到民族誌的編寫行動（作爲初始研究的田野工作）所覆蓋。爲了說明這種雙重性，我們需要返回葛茲對於道德社群的諷刺性故事，他認爲這至少暫時消除了深植在田野工作中的倫理緊張。葛茲破壞了民族誌和諧關係的神話，再以諷刺的方式將其恢復。如同格里奧爾，葛茲似乎也接受了田野遭逢的兩方都認可彼此不眞誠、虛僞和自我欺騙的一面。他認爲這種認可是一則生動的編寫故事（以格里奧爾的詞彙來說便是一場戲）的先決條件，而這則故事在某種程度上非常謹愼卻是眞正意義上的眞實。我們向來很難知道這種富有成效的共謀實際上如何發生；但如同葛茲所指出的，如果這種生動的編寫故事是成功的民族誌研究的重心，那麼我們或許可以預期發現它們被反映在文本之中，而這些文本組織、敍述以及一般性說明了那些在田野工作中學到的眞實。事實上，許多民族誌研究者都將一些對田野工作的部分描述，作爲它們對文化現實再現的一部分。但是，無論民族誌是否出現明確或是隱晦的田野工作敍述，其輪廓——關於主題的定義所能呈現的範圍——都是對社群進行編寫的文本，從而使得研究成爲可能。因此，民族誌既是另一個文化現實的編寫，同時也是其自身生產模式的編寫，而具有不同程度的

81

格里奧爾和雷里斯在凱梅尼（Kemeni）的克諾祭壇前準備獻奉祭祀用的雞，作爲進入聖所的條件。1931年9月6日。

明確性。這點在格里奧爾和迪耶特蘭晚期的作品中異常清楚，而初始經驗在其中提供了共同的組織隱喻。

當我們說民族誌**像是**初始經驗，並不表示研究者實際上經歷了當地人獲得群體智慧的過程。格里奧爾幾乎不認爲有這種「喜劇」（1952c:549）。相反地，初始經驗的隱喻喚起我們更深入地了解，人類學家在整個職業生涯中，反覆且長期持續拜訪的田野研究。它也喚起了在長期、持續的記錄過程中，民族誌關係裡的質性變化。初始經驗最後使人們得以通往在地理解的特權階層，格里奧爾宣稱這是「一個社會運作簡要但完整的示範」。民族誌研究者並非試圖融入其所研究的社會，而是「扮演陌生人的角色」。這位研究者被視爲一位友善而堅定的外來者，不斷對抗傳統習俗中的禁忌，而正是因爲他或她之於在地制度的外來性質，他或她不太可能僞造它們。「如果這位研究者想要獲得與初學者相同甚至更多的教導和揭露內容的話，那麼他必然要維持自己的角色。他需要小心不要爲了節省時間而簡化資訊量；相反地，他會遵守類似初始經驗的步驟，就像是那個社會的人所實踐的那樣」（p. 548）。

《蒼白之狐》和《水神：與奧戈特姆利的對話》裡可以明顯看到「相似的」（或特別是民族誌的）初始經驗敘述。在桑加進行文件工作的頭十年展示了多貢人初始經驗知識的四個最低階段。格里奧爾團隊所有早期的問題，都在老手提供給新手的指導階段得到了解答——面對面談話（*paroles de face*）。但是民族誌研究者不斷地回來。他們證明了他們的誠意，例如格里奧爾利用他的航拍照片爲多貢人就水資源管理的重要問題提出建議。堅持不懈的研究人員漸漸接觸到更深的、更祕密層次的文化知識。於是，「多貢人做了一項決定」（Griaule and Dieterlen 1965:54）。當地的耆老們聚在一起並且決定以清楚的語彙（*la parole claire*）來指導格里奧爾——這是初始經驗知識最高、最完整的階段。奧戈特姆利開始了這項任務，而他在和格里奧爾開始進行這段著名的對話之後不久過世了，但依然有其他人接手，繼續進行這項任務。

整體看來，這份敍述的確過於工整，而且很顯然有自圓其說的味道。[4] 但是，無論這個由「多貢人」所做出的「決定」是否出於這種動機，也無論奧戈特姆利話語的確切地位爲何（是個人思辯還是文化知識），整個初始經驗的研究範式確實提出了有關短期和長期民族誌的重要問題。格里奧爾的反覆造訪毫無疑問使他對多貢文化的理解在質性上與日俱增。相較於一或兩年的密集停留（加上後續爲了衡量「變化」可能進行的回訪），開放式的長期研究理所當然會產生非常不同的結果（Foster et al. 1979）。隨著田野工作者和報導人年齡逐漸增長，加上數十年合作下來所累積的經驗，至少產生了知識深化的效果。將這種經驗設想爲一項初始經驗，其優點在於將在地「老師」納入整個過程的中心主題。多貢人使用清楚的語彙對格里奧爾所做的指導，也是對他早期「文件」研究的含蓄批評；人們的確會懷疑，在相對較短的時間跨度內所進行的大多數民族誌研究，或許並不是以「面對面談話」進行。初始經驗的敍述尖銳地質疑那些並沒有致力於呈現「在地者觀點」一定程度複雜性的研究

83

途徑。我們沒有必要將奧戈特姆利的初始經驗描述爲對早期研究的完成（以格里奧爾的話來說就是「加冕禮」）；它也可以被視爲是對其評論和認識論基礎的轉變。在這裡，多貢「這一方」的故事仍然存在問題——缺乏直接證據，而且朝向盡可能完整的知識前進此一帶有假定目的論的初始敘述將不再有什麼幫助。

奧戈特姆利的介入顯然是研究過程中一個重要的轉折。它揭露了多貢人對民族誌研究者取得的資訊類型的控制程度。它宣告了一種新的研究方式，其中明確承認了報導人的權威。多貢「博士」奧戈特姆利和他的繼任者不再是接受交叉詰問、不值得信賴的證人，而是博學的對話者。在研究的「文件」階段，民族誌研究者積極地收集觀察結果、工藝品和文本。現在，他或她是其所想要闡述知識的謄寫者、翻譯者、注釋者以及評論者。在格里奧爾對他和奧戈特姆利會面的描述中，奧戈特姆利並非按照《民族誌方法論》的方式接受訊問。「白種人」、「拿撒勒人」，格里奧爾現在有時會這樣稱呼自己，而這些稱呼都已經變成了一名學生；祕密是被自由地表露，而非自白招認。

然而，紀錄文件和初始經驗的研究範式是透過重要的基本假設聯繫在一起的。要將民族誌視爲經過摘取的自白，或是正在經歷的初始經驗，便必須先假定祕密的存在和重要性。在這兩種情況下，文化眞實被組織爲某種被揭露的東西（格里奧爾經常的工作形態是一種顯露〔*décelé*〕：揭示、洩漏、發現、揭露）。再者，新的研究範式結合了田野工作的戲劇概念。在「相似」的初始經驗中，民族誌研究者扮演了初學者、報導人和指導者的角色。一個被雙方認可的戲劇性關係，成爲了雙方遭逢的可能編寫內容。當然，如果所有表現都是受到控制的揭露內容，同時預設了一個隱藏在表演準備和訪問受限的「後台」（Goffman 1959:238; Berreman 1972:xxxii），那麼一個戲劇性的關係模式必然會以祕密爲前提。因此，一個關於祕密的邏輯結合了格里奧爾職業生涯的兩個階段。[5] 無論民族誌研究者是冷酷無情的「法官」或給予幫助的「助產士」，眞實必然**浮現**，公諸於衆。作爲一位初學者，研究者接收並且詮釋了那些**揭露內容**。

此一眞實現身的觀點，或許可以和民族誌的概念形成對比。民族誌作爲一項對話事業，研究者和在地者同時都是積極的創造者，或者以這種說法再加以延伸，二者都是文化再現的作者。事實上，格里奧爾與多貢人的經驗或許可以解釋第二種觀點；但這種說法需要預設一個對於初始經驗職權的批判。對話式建構主義的研究範式傾向於解除或是共享民族誌職權，而初始經驗的敘述則證實了研究者的特殊權限。初始經驗假定了一種與日俱增、與揭露內容相關的經驗，一種看穿眞假和禁忌的經驗，一種符合本眞性質的社群成員所指導的經驗。這種深度「教育」的經驗賦予了民族誌研究者能夠以內部者身分，代表社區的眞實或現實發言。雖然所有的文化學習都包含了初始經驗的面向，但格里奧爾將這個邏輯推向了極限：「藉由對愈來愈多的社會知識階層進行連續調查，有可能大大減少一個群體的深奧知識的範圍，老實說，這是唯一重要的，因爲這構成了對思想和行動系統的在地之鑰」（1952c:545）。

對於格里奧爾和他的合作者來說，此一「在地之鑰」是從四〇年代末期到五〇年代初期開始浮現，而宣稱此一發現的代表性著作爲《水神：與奧戈特姆利的對話》（一九四八）與迪耶特蘭的《論班巴拉的宗教》（一九五一）。這兩部作品揭露了「黑人的深刻思想」和「複雜的再現網絡」（Dieterlen 1951:227）。班巴拉和多貢「無數的一致性」以「連貫的場面」、「形上學式」呈現（Griaule 1951:ix）。當奧戈特姆利在三十三天的漫談中闡述了多貢世界神話的基本概要，也就同時留下了大量闡釋的工作。如同格里奧爾的日常紀錄，他的論述漏洞百出而充滿矛盾。他所描繪的文化劇本需要詳盡的注釋，並且與其他神話版本交叉確認，同時還得留意該劇本在每個集體生活領域中的內容。

這項工作耗費了格里奧爾和他的合作者數十年之久，其中還包括一群主要報導人。這些報導人來自桑加地區約百分之五「接受過完整指導」的多貢人，以及百分之十五掌握部分祕密知識的人口（Griaule 1952a:32）。人們對於多貢人在這些合作過程中，所「揭露內容」的確切性質存在爭議。有些人視其爲個別多貢人的神學臆測，或是神話創作（Goody 1967:241; Lewis 1973:16; Copans 1973:156）。然而，格里奧爾和迪耶特蘭強烈否認這樣的看法，他們認爲他們所記錄的知識，並非是某位特定的多貢人在任何重要意義上所原創。從他們的觀點看來，習俗的一致性和深奧知識所銜接的廣泛行爲，使得任何人都只能稍微改變長久以來的神話結構，但也無法改變更多。但考量我們對主要報導人一無所知，辯論個人原創性和文化典型性這個議題（Hountondji 1977:79-101），很可能只是徒勞。同時，這種觀點根本就是基於一種錯誤的二分法，也就是所有作者，無論是非洲人還是歐洲人，只有在有限的資源和有限的文本生產關係中才會具有原創性。

以亞歷山大的話來說，這是試圖將格里奧爾學派晚期的作品，描述爲「第二級民族誌——多貢民族誌的民族誌」(1973:4)。然而，用這種「級別」的概念來描述格里奧爾的作品並不公允，因爲他對傳統習俗的看法與多貢報導人所闡述的版本，透過彼此間對話互相牽連，所以即使不是完全不可能，但實際上很難從格里奧爾的民族誌中，清楚地區分出哪些部分是多貢民族誌。因此，他們形成了一項「傳統知識體系的文本化和注釋」的共同計畫。文化「文本」並不會先於詮釋而存在；它並不完全由受過指導的報導人所主導，然後再交由歐洲的民族誌研究者在第二「級別」上進行闡述和脈絡化。格里奧爾和迪耶特蘭提供的證據認爲，事實上不會有一個完整版本的多貢「形上學」。在格里奧爾的生動比喻裡到，如果它是透過文化而被「書寫」——在習慣裡、在姿態上、在圖形符號的系統中——那麼這些痕跡是屬於記憶的順序，而不是完整的銘記。事實上，一位「完整受過指導」的多貢人，需要畢生的學習方能精通**清楚語彙**；更需要一個持續不斷的具體詩文過程，才能全

86

面掌握它的象徵對應物、記號、神話、儀式和日常姿態。神話般的「言詞」，不斷地交予具體化、交換、詮釋。穩定的秩序持續被失序的力量所干擾或破壞，化身爲神話般的蒼白之狐，於是宇宙和社會不斷地被重新銘記。

民族誌的遭逢是這個重新銘記的起因之一，但有一個顯著的差異。現在，關於多貢秩序和失序的辯證在世界舞台占有一席之地，而這導致了一種新的整體性，一種多貢本質或文化的銘記。我們可以在《蒼白之狐》中看到一種建立文化底線的嘗試，例如將報導人的「評論」與神話紀錄（和其他改編版本）加以區隔。然而我們並不清楚究竟如何嚴格地區隔這兩者，因爲正如迪耶特蘭所言，這些注解顯示了多貢人傾向「臆測創造的歷史」，這是一種持續進行的「基於神話事實的在地思想發展」（Griaule and Dieterlen 1965:56）。如同其他思想一般，神話思想的發展既是結構性也是開放式的，但是注釋的行動取決於詮釋學想像對於一組限定符號的假定。原則上必須要有一個穩定的詮釋語料庫。格里奧爾「完整」初始經驗的知識（即使其永遠無法完整地被表達）便是以這種規範的方式發揮作用。這爲文化再現過程提供了一個停靠點。以這個原創的主要劇本爲基礎，可以產生無數的注釋話語。就像任何最初的文本或權威基礎一樣，**清楚語彙**因此具備了結構並賦予了詮釋。

格里奧爾的初始經驗範式將民族誌研究者的角色，從作爲多貢人文化的觀察者和記錄者，轉化成注釋者和詮釋者。然而，它保留並重新闡述了他早期實踐的主要主題：祕密的

87

邏輯、對詳盡知識的熱愛，以及將田野工作視爲角色扮演的看法。在格里奧爾整個職業生涯中，這也展現了他作爲多貢人民族誌的重要代理人的意義——一開始是聰明的策略者和頑固的抵抗者，後來則成了他們的老師和同事。格里奧爾藉由獲得**清楚語彙**，並且像一位初學者般努力掌握「言詞」在經驗世界中的化身，他成爲了（永遠處於他相似的「民族誌」位置）有限的「博士」或「形上學家」團體的一員，這些團體的成員控制並詮釋了多貢知識。於是，格里奧爾成爲一名內部者，但又有所不同。彷彿多貢人體認到他們需要一位文化大使，一名合格的發言人，這個人可以在殖民世界以及其他地方編寫或捍衛他們的文化。無論如何，格里奧爾表現得彷彿這便是他的職責。

民族誌研究者身爲一名內部者爲他或她的部落人民發聲，這樣的立場是令人熟悉的；這是一位民族誌自由主義式的典型角色（stock role）。格里奧爾早在五〇年代初期就以自信和權威的態度採納了此一觀點。作爲桑加地區殖民政治中的積極倡導者和協調者，他達成了傳統多貢政府當局和由政府任命的新首領之間的和解（Ogono d'Arou 1956:9）。從《非洲現身》到聯合國教科文組織的國際會議，再到法國聯盟大會（他在該機構擔任文化事務委員會主席），他在各種論壇都極力提倡尊重非洲的傳統。在奧戈特姆利揭露內容的支持下，他詳盡地闡述了一種足以媲美、甚至超越希臘人西方遺產的知識模式。他以一位啟發者的口吻、如此描述著多貢人：「他們使得每件事情看起來更眞實、更高貴，也可以說是更古典。

這或許不是你從外部得到的印象，但是對我來說，我每天像是在發現某種更爲漂亮、更合形、更堅實的東西」(1952b:166)。

我們可以在格里奧爾和他的同事（特別是迪耶特蘭）作品裡，感受到一種與多貢智慧深刻的、有時是神祕的接觸（Rouch 1978b:11-17）。不過，儘管迪耶特蘭傾向於消除她自身在多貢權威背後的權威，活在「去殖民化」開端的格里奧爾，卻是以坦率的家長式口吻倡導非洲傳統文化。他晚期的通則化受到一連串熟悉的借喻法所影響。奧戈特姆利和桑加代表了多貢人、多貢人代表傳統蘇丹、蘇丹人代表黑人非洲、非洲代表黑膚人種。格里奧爾自由地從一個層面移動至另一層面，建構了一個與歐洲截然不同的基礎文明；但是差異的建立只是爲了在整體人文主義中獲得消解（1952b:24）。一旦傳統的非洲本質被描繪成一種特徵且受到同情地捍衛，它最終會被描繪爲對西方科學和哲學所從事的「同樣重要的原則、同樣偉大的人類不確定性」的回應（1951:166）。民族誌研究者作爲一位身處兩個文明的參與者發言，藉由他的啟發經驗和特殊知識，將這兩個文明在「人類」層次上結合在一起。

一九五〇年代初期，格里奧爾將他自己描繪成一位了解非洲，也知道什麼是對非洲有益的人。在不斷變化的殖民脈絡中，民族誌的理解至爲重要：它允許人們「選擇那些值得並且應該保存的道德價值」，「決定在黑人非洲保留和推廣哪些制度和思想體系」(1953:372)。傳統必須在充分了解後，才能適當地引導其改變。「這是一個將他們的豐富性移轉至我們自身處境裡的問題，或是希望我們爲他們改變處境的問題」（1951:163）。格里奧爾的「我們」是屬於一九五一年以及殖民時期的法蘭西聯盟（Union Française），而他曾是這個聯盟的顧問。

以某種方式保存或移轉的文化豐富性，永遠位於傳統或是「具本眞性質」習俗的領域——一個或多或少免於歐洲的伊斯蘭影響之地。這種民族誌自由主義代表了對抗不純正的「外部」力量的文化本質，遲早將面對所有這些抵抗或試圖站在歷史發明之外的話語所帶來的矛盾。對格里奧爾的非洲辯護最頑強的批判來自受過教育的非洲人，也就是所謂的同化者（évolués）*，他們拒絕任何對過去文化的具體化，無論帶著多大的同情。格里奧爾傾向將這些抵抗解釋爲失衡教育下的不幸結果：「你不可能同時在學校和聖林裡」（1951:164；同時見Malroux 1957:15）。** 那些反對格里奧爾生動描繪他們傳統的黑人知識分子，已經不再是眞正的非洲人，而是陷入殖民強權「誤導」下的受害者（1953:376）。

這些陳述不再具有格里奧爾在五〇年代初期所賦予它們的權威；事實上，它們甚至受到自身宣示的理由所挑戰（Griaule 1952b:147-166）。格里奧爾早期同事雷里斯在同一時期所表

* 譯注：「*évolué*」是殖民時代使用的法語詞彙，指涉透過教育或同化變得歐洲化、且接受歐洲的價值觀和行爲模式的非洲人。

** 譯注：意指一位非洲人無法同時接受歐洲文明的「洗禮」，又能保有自身固有的文化習俗。

達的觀點，在今日更加令人認同。最後一個簡短的比較將喚起在格里奧爾過世前幾年不斷變化的意識形態處境，也是一個民族誌研究仍然深陷其中的處境。

雷里斯或許是第一位直接面對殖民主義對田野工作的政治和認識論限制的民族誌研究者（Leiris 1950）。他將民族誌研究者視爲受剝削族群的天生擁護者，並對這種排除同化者和文化混雜的本眞性定義提出警告。雷里斯和格里奧爾都在一九五三年爲聯合國教科文組織一本名爲《文化的相互關係》的文集中撰寫了文章，而兩人在方法上的差異至今仍具啟發意義。格里奧爾在〈黑人文化的問題〉一文中主張，「傳統宗教以及黑人種族的社會、法律結構與工藝，都源自一個單一、僵固的思想系統——這個系統提供了對黑人世界的詮釋，以及讓部落得以延續、個人得以平衡其生活的哲學」（1953:361）。多貢和班巴拉成爲說明這個「形上學基礎」的案例，而格里奧爾在整個過程中將其呈現爲「黑人」或「黑人文化」的特徵（p. 362）。至於雷里斯則是在探討〈非洲黑人和雕塑藝術〉這個研究主題時引發了關於跨文化翻譯的歷史性難題。他首先追溯了廿世紀初期前衛藝術裡非洲藝術的發現——歐洲人爲了自己的藝術目的發明了一種非洲美學。接著，他指出一位黑人試圖在一篇短文中討論整個「歐洲雕刻」的荒謬性，進而對其自身事業提出質疑。他對「非洲」藝術的概括建立在一種偶然的視角上，而非基於任何共同本質的假設。他以一位西方人的身分，在多樣的非洲雕刻藝術中察覺出相似之處，甚至將它們視爲是一個「文明化」的表現，同時又理解到這些藝術作品在某種意義上是視覺上的錯覺。非洲藝術形式表面上的統一性，僅僅存在於它們不同於歐洲人所習慣的藝術形式這種共同看法的感知之上（見第九章，注釋三）。這是一個涉及認識論彈性的重要問題——這種拒絕呈現異國情調的本質是基於（至少部分基於）雷里斯與他在達喀爾－吉布提探險任務合作者在民族誌志業上的分歧。雷里斯從未有過任何異國情調的生活或信仰的「初始經驗」。事實上，他的作品（尤其是《非洲幽靈》）是對初始經驗範式的嚴峻批判。他的文學作品主要是一部非正統的漫長自傳，並且強化了民族誌觀點（見第六章）。當雷里斯無法呈現自己時，他如何能呈現另一文化？這種立場使得持續的田野調查變得不再可能。

格里奧爾在文化再現中的積極自信，與雷里斯那種折磨、清晰的不確定性相去甚遠。這兩個立場標誌著後殖民民族誌的困境。以葛茲的話來說，某種賦予「眞實遭逢」的編寫似乎成了密集研究的先決條件；但以一位具有知識性的內部者透過初始經驗揭露本質上的文化眞實的這種宣稱，已不再令人信服。田野工作不能僅止於呈現爲一個自主主體收集「經驗」或文化「學習」的累積過程。相反地，它必須被視爲一個歷史上偶然的、不規則的對話遭逢，並且在某種程度上涉及文本生產中的衝突和協作。民族誌研究者似乎注定要努力求取眞實遭逢，同時認識到政治、倫理和個人的交叉目的，將會破壞任何跨文化知識的傳播。在格里奧爾的制定和雷里斯對荒謬困境的拒絕之間，以及在現在民族誌自由主義模糊的邊界上工作，田野工作者奮力於卽席展現新的職權模式。

他們或許可以在格里奧爾民族誌文化創造的傳統上發現一些對過往的激勵，因爲格里奧爾的故事包含了超越初始經驗職權和新殖民脈絡的要素。迄今爲止，吉納維芙．卡萊莫－格里奧爾爲《民族學與語言》（一九六五）所撰寫的序文，是對於奥戈特姆利之後的研究工作該如何繼續進行最好的說明。她講述了自己從對談者那裡收集而來的「極端精確的觀點」，如何導致了「眞正的多貢言語『理論』」的闡述（1965:11）。吉納維芙介紹她的四位主要合作者，並且透露他們的個人風格和關注之處。我們從中知道其中一位名叫曼達，相當於多貢人中的「神學家」，他引導了民族誌研究者進入言語與多貢人之間的關係，而這成爲該書組織的要素。甚至這本書中對於日常行爲的描述和詮釋都是民族誌研究者和報導人共同工作的成果，後者中有不少人都擁有非凡的「觀察手腕」（p. 14）。雖然吉納維芙仍謹愼地宣稱這僅表現了全貌多貢的「文化取向」，但是她的序文對於特定的對話語彙如何塑造民族誌過程大有幫助。吉納維芙這本出色的語言理論文集無可避免地是一項協作的作品，並且延續了她父親與桑加居民豐富的遭逢經驗。同時，這也是一本關於「多貢思想辯證地表達自己的需求，以作爲問題和答案相互滲透和編織」（p. 17）的本眞性創作。

第三章　民族誌的自我塑造：康拉德和馬凌諾斯基

我們在這個時代縈營停留，就像迷路的旅人在一座華麗卻令人不安的旅館裡。

——約瑟夫．康拉德，《勝利》

我的整個倫理觀來自相同性格的基本本能。

——布朗尼斯勞．馬凌諾斯基，初步蘭田野日記

「個人是由文化所建構」這句話已經成爲老生常談。我們習慣聽到沓里島人或霍皮族（Hopi），或是中世紀社會的人們，與歐洲布爾喬亞階級或現代美國人，在時間、空間、親屬關係、身分上擁有不同經驗。我們幾乎毫無疑問地假設，一個自我屬於一個特定的文化世界，如同它說著一種在地的語言：一個自我、一個文化、一種語言。我並非駁斥隱含在這般枯燥公式中的重要事實；個體是銜接於集體和有限的意義世界之中，此一看法並非質疑的焦點。然而，我想透過一九〇〇年以來的歷史發展，檢視「自我是由文化所建構」此

92

一至今仍具意義的聲明。

在十九世紀中期，提及「個人與文化息息相關」與現在的意思大相逕庭。當時的「文化」指涉單一的進化過程。人們普遍認爲歐洲布爾喬亞階級的個體自主性理想是長期發展的自然結果，此一過程雖然受到各種破壞威脅，但被認爲是人類基本的進步歷程。然而，到了廿世紀，人們對於進化論者的信心開始動搖，一種新的民族誌文化概念成爲可能。此一詞彙接著被廣爲使用，並且暗指一個各自獨立、獨特，且具有同樣意義生活方式組成的世界。一個自主的、有文化教養的主體概念，可以是一項在地特性，而不是之於全人類的**目標**。[1]

這些意識形態發展的根本原因超出我此處討論的範圍。[2]我只希望喚起各位對廿世紀初期新的「民族誌主體性」發展的注意。現代人類學——一個與文化描述密切相關的人類科學——預設了參與觀察的諷刺立場。藉由專業化的田野工作，人類學將普遍的困境轉化爲科學方法。民族誌知識不能成爲任何單一話語或學科的資產：這是一個擁有不同獨特意義體系世界中的離心狀態，使得我們身處在文化之中卻同時觀察著文化，這種狀態貫穿了廿世紀藝術和寫作。尼采早已在他著名的未完遺稿〈論非道德意義上的眞理與謊言〉中清楚宣稱此一新立場，他問道：「那麼，什麼是眞理？一支關於隱喻、借喻和擬人化的機動部隊——總之，是人類關係的總和，它們在詩意和修辭上得到了強化、轉換和美化，並且在長期使用之後，對人們來說顯得堅定、權威和義務」(Kaufman 1954:46)。尼采或許比泰勒更重要，是相對主義文化概念的主要創造者，〈論**文化**意義上的眞理與謊言〉或許是此章更合適的標題。

本章標題改取自葛林布萊的《文藝復興的自我塑造》(一九八〇)，此著作追溯了一種新興、布爾喬亞階級、流動的、世界主義的自我意識。我所關切的民族誌主體性可以視爲其晚期的變體。對於葛林布萊來說，如摩爾、斯賓賽、馬爾洛、丁道爾、懷亞特和莎士比亞等十六世紀人物，展示了「一種逐漸增強的自我意識，將人類身分塑造爲一種可操控、巧妙的過程」(1980:2)。我無法充分概括書中細緻而具有說服力的分析，但我想指出葛林布萊自身的民族誌立場，他對於自我塑造(包括其自身的自我塑造)所抱持的複雜態度。他承認近期有關自由、身分和語言的問題，已經塑造了他對十六世紀文化的觀點。他就這些討論資料引入了現代批判的研究方法。然而，他在寫作上又像是個沉浸且忠於傳統的人。他在動人的結語裡表達了他對自我身分塑造可能性的堅持承諾，即使這僅僅意味著「自我是被構想爲一個編造內容」(p. 257)。他被引領至康拉德讚許的所謂「謹慎的信念」(deliberate belief)。

葛林布萊是一位參與分析者，建構並參與一個既與十六世紀逐漸脫離，同時又與現在持續辯證的文化形態。他對文藝復興時期自我塑造的「晚期」反思看法，依賴於清晰明確的民族誌觀點。此一塑造的、編造的自我，總是參照其**文化**以及**語言**表達的編碼模式。葛林布萊的研究結論是，文藝復興的自我塑造絕不是新的個體自主性不受限制地出現。他發現主體性「並非是身分自由選擇下的顯現，而是一個文化產物」(p. 256)，因爲自我是在一個制度化的集體實踐和編碼給予的約束和可能性中運作的。葛林布萊援引了象徵-詮釋人類學，特別是葛茲的作品（其他尚有波恩、道格拉斯、杜維格諾、拉比諾和特納）；此外，他了解到文化符號和表現總是在權力和支配的情境下形塑出來的。我們可以在葛林布萊的警告中聽到傅柯的回聲：「強加於自我形塑的權力，涉及控制身分的更普遍權力——至少控制他人和自己身分所擁有的權力是等同的」(p.1)。隨之而來的情況是，民族誌的論述，其中包括葛林布萊的文學變體，是在這種雙重方式下運作的。雖然它描繪了其他自我是如何交由文化所構成，但也塑造了一種身分，其有權得以再現、詮釋，甚至相信（但總帶著某種諷刺）差異世界中的眞實。

民族誌的主體性是透過對「文化產物」世界進行參與觀察所構成，這個世界與一種被視爲差異符號體系的語言（或者更恰當地說，許多語言）的新概念連結在一起（同時這也是尼采的原創性表述）。除了尼采，標誌出我的探索領域的思想家還有鮑亞士、涂爾幹、馬凌諾斯基（這些人是民族誌文化概念的創造者和普及者），以及索緒爾。他們提出了一套相互連結的假設，而這些假設在廿世紀最後四分之一時間裡才開始爲人所見。想像一位二〇

95

一〇年的思想史學家可能會回顧本世紀前三分之二時間，並且觀察到這是一個所有西方知識分子專注在他們稱之爲「文化」和「語言」的意義和身分基礎的時代（這點非常相似於我們看待十九世紀並察覺出有關進化的「歷史」和「進步」的問題）。我認爲我們看到的跡象表明了，賦予自然語言以及自然文化的特權正在瓦解之中。這些觀點與認識論基礎現在正以建構、編寫的形式出現，包納並馴化了衆聲喧嘩。在一個有太多聲音同時發言的世界裡，各種融合和嘲弄諷刺的創作正在成爲規則，而非成爲異例，在一個制度瞬息萬變、城市化的跨國世界裡，俄羅斯的年輕人穿著韓國製造的美國服飾，每個人的「根」都在某些程度上被切斷了——在這樣的世界裡，將人類身分和意義附加在前後一致的「文化」或「語言」上變得愈來愈困難。

我喚起這種融合的「後文化」情境只是爲了表明立場（儘管它無法輕易地空間化），也就是我寫作時的不確定狀況。但我關心的並不是根植於文化和語言的主觀性可能瓦解。相反地，我想探索康拉德和馬凌諾斯基作品中對這種主觀性的兩種有力表述，兩位流離失所之人都在廿世紀初期與世界主義搏鬥，並創作了他們自己版本的「文化意義上的眞理與謊言」。康拉德對這個議題或許看得更深，因爲他在自己的作品中建立起關於文化和語言建構本質的看法，一個他刻意、幾乎荒謬地擁抱的嚴肅的編寫性質。但在馬凌諾斯基的作品中也可以看見對於文化和語言有類似的搏鬥，特別是在他著名的初步蘭群島田野工作的艱難經驗和文學表現。（該田野工作已經成爲某種廿世紀人類學訓練的開創篇章。）康拉德使用英文寫作，這是他在廿歲時才開始學習的第三語言，而他完成了幾乎不可能的壯舉，成爲一名偉大的作家（福婁拜是他的榜樣）。因此不意外地，我們可以在他整個作品中發現一種同時存在於文化、語言傳統的技巧和必要性。他的寫作生涯以及持續成爲一名英語作家的生活，爲民族誌主體性提供了範式；這造成了一種持續專注在語言之間翻譯的感覺結構、深刻意識到傳統慣習的專斷性，以及新的世俗相對主義。

馬凌諾斯基評論以爲：「里弗斯是人類學的海格德；那麼我要成爲人類學的康拉德！」*（這句話出現在馬凌諾斯基寫給塞利格曼的信件中；引自Firth 1957:6）。他或許念茲在茲的是里弗斯的多元文化調查方法（收集各種特徵和系譜）與他自己對於單一團體的密集研究之間的差異。對於馬凌諾斯基來說，康拉德這個名字是深奧、複雜和精妙的象徵。（他是在這個意義上，在田野日記中提到了康拉德。）但是馬凌諾斯基並不是人類學的康拉德。他最直接的文學典範當然是弗雷澤；而在他自己大部分的作品中，他讓我們想起左拉——一位展現事實又提升「氛圍」的自然主義者，他的科學式文化描述聽從於充滿道德色彩的人文主義寓意之下。人類學仍在等待它的康拉德。

我對馬凌諾斯基和康拉德的比較主要在於他們專業創新表現上的困難。《黑暗之心》（一八九九）是康拉德將自身獻給英國和英文的艱難過程中最深入的思考。[3] 這本著作寫於

96

一八九八至一八九九年，正值他斷然決定了內陸的寫作生活；該書回顧了整個過程的開始，這是他最後一次、也是最大膽的旅程，抵達了他「航行的最遠處」。十年前，在剛果的旅途上，康拉德・科澤尼奧斯基（Konrad Korzeniowski）** 隨身帶著他第一部小說《奧爾邁耶的愚蠢》的部分章節草稿，以一種笨拙但有力的英文寫就。我讀《黑暗之心》，選的是一八九〇年代那段複雜的十年，以非洲之旅開始，以其陳述作爲結束。這個選擇涉及了職業生涯、語言和文化依附。馬凌諾斯基的平行經驗則以兩部作品作爲標誌，它們可以被視爲單一文本的擴展：《一本嚴格意義上的日記》（一九六七）是他一九一四至一九一八年在初步蘭島嶼的私密日記，*** 以及依據田野工作而寫就的經典民族誌《西太平洋的航海者》（一九二二）。

在此需要先說明一下方法論上的注意事項。將《日記》和《西太平洋的航海者》放在一起討論，並不必然表示前者便是馬凌諾斯基田野工作的眞實顯露。（這是《日記》在一九六七年出版時被普遍了解的方式。）《西太平洋的航海者》或《日記》，或是它們二者的結合，並沒有徹底說盡初步蘭田野經驗。這兩份文本只呈現了部分面貌，特別是在具體的

97

* 譯注：海格德是英國維多利亞時代的著名小說家。所以馬凌諾斯基信誓旦旦期許自己成爲另一位作家康拉德。

** 譯注：康拉德原先的「波蘭」名。

*** 譯注：繁體中文書名譯爲《寂寞田野：一本嚴格意義上的日記》（二〇一九），大塊文化出版公司發行。

寫作實驗上。《日記》主要以波蘭語記載，最初顯然無意出版，它在人類學公眾形象上引發了一個小醜聞——儘管田野工作者會發現其中不少內容相當耳熟能詳。我們會看見這個學科的創始人對他的當地報導人感到憤怒。此一田野經驗爲科學式的文化描述立下了標準，但其中充滿著衝突與矛盾。這位權威的人類學家在他的私密日記中表現得像一位自我陶醉的憂鬱症患者，經常感到沮喪、沉迷於對歐洲和初步蘭女性的持續幻想，因而陷入不斷的掙扎，試圖保持士氣，讓自己能夠振作起來。這使得他在不同的聲音與角色之間反覆多變。《日記》中的苦惱、困惑、得意和憤怒，似乎沒有留下太多空間給相對主義民族誌那種穩定而領悟的立場。此外，就《日記》中的不成熟和脆弱性、不容置疑的眞誠和不確定性而言，它似乎又傳達了另一個毫無掩飾的現實。但這都只是在複雜的交互主體情境下，其中的一個重要版本（這也是《西太平洋的航海者》以及其他民族誌作品的背景）。《日記》是個創新、複調的文本。它成爲人類學史上的重要文件，不是因爲它揭露了民族誌經驗的眞實，而是因爲它迫使我們努力處理這些遭逢的複雜性，並且將所有基於田野工作的文本紀錄，視爲民族誌建構的一部分。[4]

⁂

馬凌諾斯基和康拉德彼此認識，從馬凌諾斯基對這位年長且相當出名作家的評論中可以看出，馬凌諾斯基在兩人的困境中感受到了深刻的連結。理由在於，他們都是波蘭人，出於歷史的偶然性，被迫接受泛歐洲的身分；並且兩人都在英國追求雄心壯志的寫作生涯。援引奈傑對康拉德的出色研究，我們可以推測這兩位離鄉之人都有著特殊的波蘭文化立場，他們都出生在一個自十八世紀以來僅作爲集體身分編造存在的國度——但卻是極度篤信的重要編造。此外，由於波蘭的特殊社會結構，和其基礎廣泛的小貴族階級，使得貴族價值觀在社會各個階層中都明顯可見。這兩位受過一定教養的波蘭離鄉作家不太可能爲歐洲盛行的布爾喬亞價值所吸引；他們會與之保持一定距離。這種落在布爾喬亞社會之外的觀點（但得有一定程度技巧方得以維持——很像巴爾札克對一八三〇年代法國的看法），或許成爲一項特別具有優勢的「民族誌」立場。無論如何，馬凌諾斯基強烈喜愛康拉德這點是無庸置疑的。（就在大戰開始前，他將自己第一本作品《澳洲原住民家庭》送給了康拉德，上面還有著波蘭文題詞；但或許幸運的是，康拉德對於阿倫塔族父權觀念有何看法仍是個未知數。）雖然他們相識時間很短，但馬凌諾斯基經常使用康拉德式的詞彙來描述自己的生活，而且在他的日記裡，有時似乎會受到《黑暗之心》的影響而重寫若干主題。

幾乎每一位《日記》的評論者都會將它與康拉德的非洲故事進行看似合理的比較（例如見Stocking 1974）。《黑暗之心》和《日記》似乎都描繪了一種身分危機——在西方文明的偈

98

限下與道德崩解的威脅進行對抗。事實上，這種對抗和個人克制的需要，在殖民文學中司空見慣。因此，除了在生活上（《日記》）出現仿效「文學作品」（《黑暗之心》），二者並不顯著相似。然而，除了庫爾茲（Kurtz）的道德瓦解，康拉德引入了一個更深刻、更具顛覆性的主題：著名的「謊言」——事實上是一系列的謊言。這些謊言在《黑暗之心》裡，既破壞馬洛敍述的複雜眞實，又在某種程度上增強了它的力量。當然，在這些謊言中最突出的，是馬洛拒絕告訴庫爾茲的未婚妻他的遺言，相反地，以〈震驚〉這一章替代了她所能接受的內容。此一謊言接著與眞實並置——同樣是高度間接地——告訴了在奈利汽船甲板上一群特定的英國人。馬凌諾斯基未完成的《日記》似乎確實在重演解體的主題。但這是關於什麼的謊言？一個過於可信的說明？我認爲，經典民族誌《西太平洋的航海者》便是馬凌諾斯基的救贖式編寫內容。

《黑暗之心》是出了名的難以詮釋；但其中不可避免的主題之一是關於說實話的問題，也就是馬洛話語中眞理與謊言的**相互作用**。對於庫爾茲未婚妻的謊言已經有人徹底辯論過了。簡單地說，我自己的立場是，這個謊言是一種挽救式謊言。在沒有讓未婚妻知道庫爾茲最後遺言的情況下，馬洛承認並建構了不同的眞實範疇——男性和女性，以及都市中心和偏遠地區的眞實。這些眞實反映了按性別、文化中心和邊緣所劃分的秩序意義的基本結構。對未婚妻的這個謊言與不同的眞實並置（而且該眞實也是侷限的、脈絡的和有問題的），它被告訴了在奈利汽船甲板上的英國人，而他們只不過是被視爲社會上不同類型（律師、會計師、公司主管）的英國人。如果馬洛溝通成功，也仍是在這個有限的範疇裡。然而，身爲讀者，我們認同那位在汽船甲板上、看見馬洛的黑暗眞相和善意謊言的不明人物。第二位敍述者的故事本身並沒有受到損害或限制。我認爲，它代表了民族誌的觀點、一個主體性立場和敍述權威的歷史基點，卽眞實地並置了不同眞實。雖然馬洛起初「厭惡謊言」，但他也學會了說謊——卽在集體文化生活的部分編造下進行溝通。他說出部分的故事。第二位敍述者挽救、比較和（諷刺地）相信這些呈現出來的眞實。這是一位嚴肅詮釋者對於文化、在地、部分知識所獲得的觀點。康拉德「最外圍」敍述者的聲音是一種穩定的聲音，他的話並非沒有可信度。[5]

因此，《黑暗之心》提供了一個民族誌主體性的研究範式。在接下來的內容中，我將探討康拉德在剛果的文化侷限處境，與馬凌諾斯基在初步蘭群島的具體呼應和類比。然而，這種對應關係並不準確。或許最重要的文本差異是，康拉德對於再現的眞實採取了反諷立場，而這種立場在馬凌諾斯基作品中卻是隱而不顯的。這位《西太平洋的航海者》的作者致力於建構現實的文化創作，康拉德雖然同樣致力於此，但卻將此一敍事活動描述爲一種受到脈絡限制的實踐。[6]

在比較馬凌諾斯基和康拉德的經驗時，我們會震驚於其語言的多樣。每種情況下都會有三種語言產生持續的翻譯和干擾。康拉德的困境極其複雜。就在動身前往非洲之時，他莫名地開始撰寫日後成爲《奧爾邁耶的愚蠢》的作品。在寫了開場章節之後，康拉德遇到一些阻礙。大約在這個時候，他認識了一位姻親，帕蘿都斯嘉，並開始與她過從甚密。帕蘿都斯嘉已婚，而且還是一位重要的法國作家；他們倆大部分是文學上的牽連。康拉德曾以法文寫了一封熱情的告白信給她。帕蘿都斯嘉住在布魯塞爾，協助安排親戚去剛果工作。這使接著，就在康拉德動身前往非洲的前幾個月，他在十五年前出海後第一次回到波蘭。這使得他原先就不錯的波蘭語恢復得更好，並重現了孩童時期與地方的聯繫，以及伴隨而來的矛盾心情。他從波蘭（事實上是俄羅斯的烏克蘭）幾乎是直奔剛果工作。在那裡，他說著法語，這是他最流利且習慣的語言，但是持續用英文寫日記，或許還寫了幾章《奧爾邁耶的愚蠢》。（他在一九〇〇年的〈傳記手札〉中有過相同的說法。）在非洲，康拉德與愛爾蘭人凱塞曼建立了友誼，大體上保持著一種英國航海紳士的身姿。他一如既往地繼續用法語密集寫信給帕蘿都斯嘉。與此同時，他的母語才剛剛恢復。剛果經驗是他語言最複雜的時期。究竟康拉德一直用什麼語言思考？並不令人驚訝的是，當馬洛在黑暗中尋找意義和對話時，《黑暗之心》中的詞語和事物經常顯得沒什麼條理。

而在馬凌諾斯基這邊，他在田野裡以波蘭文書寫私人日記，以及與身處敵後的奧地利的母親通信。他用英文與在倫敦的塞利格曼教授討論人類學議題。他在澳大利亞也經常以英文寫信給他的未婚妻梅森（E. R. M.）。不過在他的心中至少還有兩位女性，她們是他的舊情人，而且其中至少有一位是波蘭人。他最親密的波蘭朋友維奇維茨（《一本嚴格意義上的日記》中的「史塔斯」〔Staś〕），很快成爲一位重要的前衛藝術家和作家，也曾在他腦中停留縈繞。他們兩人曾一同到太平洋旅行，但恰巧在馬凌諾斯基前往初步蘭群島前大吵了一架。他期望把事情做好，但現在他的朋友卻身處俄羅斯。這些英語和波蘭語的緊密聯繫，現在被一個第三語言的編碼世界，即初步蘭世界所中斷，而他必須居住其中並且從事生產。馬凌諾斯基與初步蘭群島居民的日常交易以基里維納語（Kiriwinian）進行*，在此期間的田野筆記則大多以在地語言即時記錄下來。[7]

我們可以對康拉德和馬凌諾斯基異國經驗中三種語言的使用，提出一個暫時性結構。在母語波蘭語與關乎未來志業和婚姻的英語之間，還有第三種語言介入，而這種語言與情欲和暴力有關。康拉德以法語和帕蘿都斯嘉聯繫，她是一位有點問題的愛情對象（她給人的感覺過於壓迫又過於親近）；法語還與康拉德在馬賽的血氣方剛青年時期，以及後來因爲暴力和貪婪而感到厭惡的剛果帝國有所關聯。馬凌諾斯基的介入語言是基里維納語，其與某種繁盛和玩世不恭的行徑聯繫在一起（馬凌諾斯基在他關於庫拉儀式和性習俗的敘述中，

* 譯注：基里維納（Kiriwina）是初步蘭群島裡最大的一座島嶼。

以享受且同情的口吻描繪了這一點），也與初步蘭女性的情色誘惑相關。《日記》持續掙扎於這種基里維納欲望之中。

因此，我們可以在每個情況下區分母語、過度縱情的語言（a language of excess），以及（婚姻和作者身分的）限制性語言。這種結構毫無疑問過於整齊。所有語言會以一種高度偶然的方式相互融合且相互干擾；但或許已經說得夠多了，足以指出要點。剛果的康拉德和初步蘭群島的馬凌諾斯基都陷入了複雜矛盾的主體情境之中，而這些情境同時被清楚表達在各種語言、欲望，和文化歸屬層面上。

*

在《黑暗之心》和《日記》中，我們都看到了在某個「航行的最遠處」的自我危機。兩部作品都提供了一種孤獨的經驗，但卻充滿了其他人群、其他口音，不允許集中的感受，也不允許一致性的對話或是真誠的交流。在康拉德的剛果，他的白人同胞口是心非隨意妄爲。叢林嘈雜充斥太多聲音——因此是沉默的、不和諧的。當然，馬凌諾斯基在初步蘭群島並非孤立於在地人或是當地白人之外。但《日記》是對其他聲音和世界的一種不穩定的

103

混淆：母親、情人、未婚妻、摯友、初步蘭群島居民、當地傳教士、商人，以及他永遠無

法抗拒的小說裡那個逃避現實的世界。多數田野工作者會面臨這種多聲的困境。但是馬凌諾斯基經歷了（或至少他的《日記》描繪了）某種眞實心靈和情感的危機：每種聲音都代表了一種誘惑；他被太多方向拉扯著。因此，如同《黑暗之心》裡的馬洛，馬凌諾斯基堅持他的日常工作、他的例行活動和他的日記——在這些地方，他困惑而勉強地將他不同世界和欲望集合起來。

《日記》中的一段文字說明了他的困境：

> 一九一八年七月十八日……**關於宗教的理論**。我的倫理立場是與母親、史塔斯、E. R. M.*有關的。一些良心上的不安，源於缺乏與個人相關的綜合情感和真實。我的整個倫理觀來自相同性格的基本本能。由於此原因，產生了在各種情境（與一個人自身相關的真實性）下維持相同的需要，以及真誠的需求和必要性：友誼的全部價值是基於表達自我，以及絕對自我坦誠的可能性。在謊言和傷害關係之間交替。（我對於母親、史塔斯和我所有朋友的態度都是緊張的。）愛並非源自倫理，但倫理卻是源自於愛。我的理論中無法推導出基督教倫理。但這種倫理觀——愛你的鄰人——從未在實際可行

* 譯注：如前述，這裡E. R. M.指的是馬凌諾斯基的未婚妻愛麗絲・梅森。

> 的程度上表達出真正的真實。真正的問題是：為什麼你總是必須表現得好像上帝一直在看著你？」(1967:296-297)

這段文字很混亂；但我們或許可以提取它主要闡述的議題：表現眞誠和擁有一個倫理核心之不可能。馬凌諾斯基感受到個人一致性的必要。一個會施以懲罰的上帝正在注視著他每一項（不一致的）舉動。因此，他無法自由地在不同情境中扮演不同的角色。他爲一件事實所苦，也就是這種眞誠的準則、一種要求性格一致的倫理規範，意味著他必須痛苦地對各種朋友和愛人表現眞誠。這意味著——或者早已意味著——失去朋友：「謊言或傷害關係，你只能選擇其一。」

這種處境顯得沒有出口，而這意味著必然存在出口。太多的眞實言說會破壞集體生活中的妥協。馬凌諾斯基的解決方式包含建構兩個彼此相關的編造內容——自我和文化。雖然我此處的工作既非心理學任務，也不是傳記式討論，但讓我簡單說明，馬凌諾斯基對此困境的回應，也就是他讓與他同時代的人既著迷又惱怒、一種放縱的歌劇式的個人風格。他沉浸於「斯拉夫」極端主義之中；對自身和其作品的揭露都過於誇大且模棱兩可的嘲諷。他會擺出各種姿態（他宣稱自己獨立發明了「功能主義方法」），挑戰各種字面意義，以便了解這些個人眞實在某種程度上是編造的。* 他的角色是演出來的，但也是眞實的，一個矯作的姿態，但仍然是眞實的。撰寫民族誌是馬凌諾斯基振作起來的方法之一。在這裡，自我和文化的塑造，整體似乎是彼此強化的身分寓言。潘恩的一篇論文〈馬凌諾斯基的風格〉（一九八一），暗示性地追溯《西太平洋的航海者》中，敘述形式所表現出的權威性和編造性的複雜結合：「在（其）結構的廣泛範圍內，馬凌諾斯基可以決定主題、聲調和對象的更替變化；這種循環的脈絡始終提供返回之處。但功能性治療的表現僅具啟發作用。因爲每件事物都依附著其他事物，所以我們可以遊蕩而不會完全失去連結」（1981:438）。[8] 作者此一觀點的文學問題，卽詹姆士所稱每部小說都反映出一種「控制智識」的條件，對初步蘭群島日記作者來說是一個痛苦的個人問題。《西太平洋的航海者》中豐富、多元觀點、曲折的結構，解決了此一眞誠的危機。事實上，作爲這部編寫作品的科學立場且具說服力的作者，馬凌諾斯基可以像福婁拜筆下的上帝，於文本中無所不在，安排熱情的描述、科學的解釋、從不同觀點對事件的演繹、個人的懺悔等。

馬凌諾斯基功能主義風格的文化描述力求某種一致的性格，但無法提出令人信服的整體表現。馬凌諾斯基從來沒有和初步蘭文化融爲一體；他沒有提出綜合性的描繪，只在重要的制度上做脈絡性的密集論述。此外，他對於資料的採納、「無法衡量的事物」（imponder-

* 譯注：這裡「挑戰各種字面意義」，指的是馬凌諾斯基在田野工作中會質問報導人話語字面上的意思。

abilia）以及在地語言表現的癡迷，可以被看作是一種破壞和創造整體的渴望；這種附加的、轉喻的經驗主義，破壞了功能性、借喻性再現的建構。馬凌諾斯基的民族誌研究不同於芮克里夫－布朗素樸的、分析式、功能性的描繪，而是繁雜的、寬鬆的，但在修辭上是成功的敘述形式（Payne 1981:420-421）。它們對一個文化和主體性的編造表現，提供了一個擺脫眞誠和完整性束縛的方法，也就是《日記》中所討論的康拉德具有爭議的謊言問題。

馬凌諾斯基私人的波蘭文本中有更多對《黑暗之心》的具體呼應。談到那些不願配合研究的初步蘭報導人時，他以庫爾茲的詞彙咒罵他們：「有時候我對他們實在很抓狂，特別是在我給他們菸草之後，他們全都跑光了。整體說起來，我對這群當地人的感受絕對是傾向於『根絕所有的野蠻』」（1967:69）。馬凌諾斯基考慮過不同的殖民白人角色——包括類似庫爾茲的極端行爲。在這裡，具有諷刺意味的感受，爲他提供了對田野工作的壓力和感受暴力的編寫內容。在《日記》中，如同馬洛在他與庫爾茲人的雙重矛盾中一般，馬凌諾斯基經常面臨話語和權力的不可分割性。他必須在民族誌處境中爭取控制權。

馬凌諾斯基對母親逝世消息的悲痛反應，是《黑暗之心》的另一個非諷刺性的迴響，粉碎了《日記》的最後幾頁：「可怕的謎團圍繞著某個親愛、親近之人的死亡。未說出的最後話語——本應發光卻被掩埋，而餘生只能藏匿於黑暗之中」（1967:293）。馬凌諾斯基感受到他拒絕了馬洛的護身符，一個模糊、有力的遺言在死亡時刻低聲傾訴。

105

除了《日記》中或多或少地直接引用，我們還注意到《日記》與《黑暗之心》更普遍的主題和結構相似之處。兩本書都是關於白人在邊境、處於危險和崩解之際的記錄。其中，性都是爭論的焦點：兩者都描繪一個傳統上的女性化他者，既是危險又是誘惑。兩個文本中的女性形象分爲精神（軟式）類或感官（硬式）類。關於欲望拉扯或放縱這個共同的主題，幾乎沒有受到任何重要約束所限制。對馬凌諾斯基來說，這種約束體現在他的未婚妻身上，他在心中將她連結到了英國的學術生涯、崇高的愛情，還有婚姻。「想到E. R. M.……」是《日記》對女性淫蕩思想的審查員，無論是本土女性還是白人女性：「我絕不能在精神上背叛E. R. M.，回想我先前與女性的關係，或是考慮未來的關係……在所有困難和變化中保持基本的內在人格：我絕不能犧牲道德原則或基本工作來『佯裝』歡樂的心情（*Stimmung*）。我的主要任務必須是工作。因此：工作吧！」（p. 268）。

如同康拉德筆下的主角，民族誌研究者努力持續維持基本的內在自我依賴——如同馬洛所說，他「所擁有的眞實本質」。講求方法、紀律嚴明的工作，抵抗了危險他者的影響以及邊境的瓦解。對於馬洛，對於他的汽船與航行的痴迷關注，提供了保持他的性格所需的「表面智慧」。正如《日記》中所援引的那樣，馬凌諾斯基的科學工作也有類似的目的。拘謹、有道德的人格是透過努力不懈的工作而獲得的。這種感受結構可以精確地定位在維多利亞晚期高度殖民社會的歷史困境中，這與民族誌文化的出現密切相關。

106

維多利亞時代的社會評論家發現了一項普遍存在的危機，阿諾德的《文化與失序》對此提供了基本的分析：在現代生活的分裂之中，文化提供了秩序和完整性。威廉斯（1966）對這些十九世紀中葉前所未有的技術和意識形態轉變的人文回應，提供了細緻的描述。艾略特的怪異主張是典型的特徵：她極度愼重地宣稱，「『上帝』、『不朽』、『責任』三個詞彙中，**第一個**是難以想像、**第二個**是難以置信，然而**第三個**卻是絕對必要和決定性！」（引自Houghton 1957:43）。責任已經成爲一項深思熟慮的信念，一種在意願上對各種慣習和工作的忠誠（卡萊爾的解決方案）。華特具有說服力地將康拉德與此一回應連結起來（1979:148-151）。非洲中部的馬洛堅守在汽船上，履行維護和航行的日常職責。這種結構持續存在於馬凌諾斯基的《日記》之中，不斷地勸戒自己，以避免散漫分心，並且專注於工作。在文化和無政府狀態的問題中（它在許多的人類學文化概念中持續存在，認爲秩序和系統優先於混亂和衝突），個人和集體的本質必須不斷得到**維持**。在這裡，我們關注的民族誌立場是半處於這些過程之外，同時觀察著它們當地、任意但又不可或缺的運作。

文化是一種集體編造，是個體身分和自由的基礎。自我，卽馬洛的「所擁有的眞實本質」，不管是工作的產物或是一種意識形態的建構，但仍然是一種根本性的倫理基礎。然而，一旦文化作爲一個可見的客體和基礎，卽一個他者的意義系統時，民族誌的自我便無法在未經調解的身分中扎根。薩依德曾提及康拉德反應在其寫作中的主要掙扎，是「角色的塑造」（1966:13）。事實上，康拉德很小心地將自己塑造爲一位「英國」作家的角色，他後來也將這個角色添加到每部作品中的「作者注記」（Author's Note）爲其發聲。這種自我建構既是人爲的，又極其嚴肅。（我們可以在《黑暗之心》中看見會計師嘲諷的過程，他似乎眞的被他荒謬般正式但又令人欽佩的態度結合在一起。）所有這些都使這本出版的《日記》結束在最後這句話上頭而顯得額外淒美：「我確實缺乏眞正的性格。」

*

然而，馬凌諾斯基確實將自我從崩解和抑鬱中拯救出來。如同康拉德一般，馬凌諾斯基的自我被束縛在寫作過程之中。在這樣的脈絡下，我們值得探索《日記》和《黑暗之心》之間另一個相似之處：書寫文本中的不協調。兩部作品中所體現的破碎主體性，是作者主體性與不同欲望和語言的拉扯，體現在大量差異性的銘記之中。《黑暗之心》中最著名的例子，是庫爾茲關於鎮壓未開化習俗的尖銳文章突然被自己的潦草評論「根絕所有的野蠻」所刪除。但是另一個同樣重要、散落在康拉德的叢林中的文本，是一本奇怪的書，這是馬洛在他的汽船甲板上僅有的兩次危險中離開時發現的（另一次是他將庫爾茲從野外救回來）。在河堤旁的棚屋裡，他陷入了幾近神祕的冥想：

那裡剩下一張簡陋的桌子——兩根木條上架著一塊板子；陰暗角落裡堆著垃圾，我在門邊拾起一本書。這本書的封面已經掉了，書頁也被翻閱得相當骯髒破爛；但是書背被精心重新縫上白色棉線，看起來還算乾淨。這是個不可思議的發現。書名是《對航海技術要點的調查》，作者是陶瑟或陶森——像是這樣的名字——是一位英國皇家海軍的船長。這本書讀起來相當沉悶，帶有說明的圖例和無趣的數據表格，是六十年前的作品。我盡可能小心地對待這件驚人的遺物，深怕它在我手中粉碎。書中，陶瑟或陶森積極詢問船鏈和滑車斷裂扭曲之類的問題。這並不是一本非常吸引人的著作；但乍看之下，你可以發現其中有一種單一的意圖，一種對於不起眼內容的真誠關注，這些內容出自多年前的想法，散發著不同於專業見解的光芒。這位樸實的老船員，每每談到船鏈和採買，讓我忘記叢林和朝聖者，而陷入對某種清楚真實東西的美好感覺之中。有這樣一本書的存在就夠了；但更令人吃驚的是，頁邊的空白處有用鉛筆寫下關於正文的注釋。我簡直不敢相信自己的眼睛！它們是密碼（cipher）！是的，它們看起來像是密碼。想像一下，有一個人拖著一本這般描繪的書籍來到這個不知名的地方——而且還用密碼研究它！這真的是件極其神祕的事情。（1899:38-39）[9]

這個段落帶有宗教般的弦外之音——一份奇蹟般的遺物，一個意象上的突然移動，從汙物腐朽到超越和光明再到神祕，是信仰時刻的天眞見證。我們必須小心，避免將《對航海技術要點的調查》中對馬洛的訴求，簡單地詮釋爲對於海洋的懷舊之情，儘管這是它魅力的一部分。這位俄羅斯「丑角」不但變成該書的所有者，似乎主要是以這種方式來閱讀這本著作；因爲他仔細地對書中推測的內容做筆記，彷彿他正在研讀航海技術。然而，對馬洛來說，這本書的啟發性在某種程度上直接來自寫作本身，它超越了鎖鏈、船隻和滑車，用「一種不同於專業的觀點散發光芒」。馬洛注意的不是內容而是語言。他的興趣在於老船員煞費苦心的技巧；他使這本書和他的「言談」看起來相當具體——甚至對於抽象的數據表格也是如此。

吸引馬洛的並不是眞實作者身分的可能性。「陶瑟或陶森——像是這樣的名字——是一位英國皇家海軍的船長」，從個人角度是難以理解這位老船員的；重要的不是他的存在，而是他的語言。此人似乎融入了模糊的典型之中；重要的是他的白話英文。但值得注意的是，該文本未能將其兩個同樣忠實的讀者結合起來；因爲當他們最後見面時，這位俄羅斯人欣喜若狂地迎接另一位船員伙伴，但馬洛卻對找到的不是一位英國人感到失望。讀者也是需要討論的。同一本書會引起相異或是同等景仰的反應。我無法在此更進一步探詢這種分裂情境在傳記上的重要性：康拉德才剛放棄正式的俄羅斯公民身分，加入了英國國籍，而我們可以說這個丑角與年輕的流浪者科澤尼奧斯基有關，後者後來成爲了康拉德。值得注意的是激進的相對性，也就是兩份讀本之間的距離。「密碼」以圖形方式說明了這個重點，即便後來證明頁邊的注釋是用歐洲語言寫的，也絕不會削弱其獨立的形象。（這令人想起一個人在書中發現奇怪標記，以及接下來意識到這正是自己——另一個自己——在過去閱讀時所記下的那種心神不安。）

留下來的是文本本身——僅僅是文本本身。封面翻到破損並且脫落——這或許象徵了原始出版時的脈絡——而書寫文本必須穿越時空才能抵抗腐朽。六十年之後——人類的一生——崩解的時刻已經到來。這位作者的作品面臨被遺忘的命運，但有一位讀者帶有感情地將這些書頁重新縫合。然後，這本書被遺棄在一個陌生大陸的某處，直到死亡，它的航海內容擱淺在貧乏脈絡上——但再次地，一位讀者前來拯救。拯救是康拉德作品的主要形象之一；寫作的行爲總是透過想像的閱讀行爲加以拯救。重要的是，《黑暗之心》中占有重要意義的文本，並沒有涉及眼前的處境。

馬凌諾斯基的田野工作經驗充斥著差異性的銘記：他詳盡的田野筆記是以英文和基里維納語寫就；在地語言通常記錄在國外信件的背面；他的波蘭文（事實上是多種語言）日記；多種語言的資料；以及一種値得逗留片刻的文體素材——他無法抗拒的小說。最後，這些包含某種完整敘述的世界，有時看起來比日復一日的研究工作更加眞實（無論如何

109

更令人嚮往），其中有許多不完整的、相互矛盾的筆記、印象和資料，這些都必須使它們變得有條理。馬凌諾斯基形容他自己從初步蘭群島的現實中「逃脫」出來，「來到薩克萊（Thackeray）小說裡那群倫敦勢利小人之中，並且熱切地隨著他們在大城市的街巷繞行。」（或許需要另外一篇文章來討論關於民族誌研究者在田野中的逃避性閱讀這件事。）

馬凌諾斯基的小說表現出與陶瑟《對航海技術要點的調查》的相似之處，不完美但具啟發性——這是另一部在令人困惑的經歷中引人入勝的編寫。陶瑟的著作展現了個人本眞性地敍說眞實的可能性；它將寫作（一個不在場的奇蹟呈現）作爲救贖。但是陶瑟也是一種誘惑，像是馬凌諾斯基的小說，將馬洛帶離他的工作、汽船，進入一種令人眩暈的遐想之中。這些閱讀內容是令人期待的交流，人們得以在整體聲音或世界的編造認同中恢復前後一致的主體性。陶瑟和他的小說確實提出了一條超越破碎性的可行途徑，不是爲了迷人的讀者，而是爲了勤奮、有建設性的作者。對馬凌諾斯基來說，拯救在於創造出現實主義的文化編寫，而《西太平洋的航海者》是他第一個完全實現的成功。在小說和民族誌中，作爲作者的自我呈現出多樣的話語和場景，建構了一個可信的世界。

✵

《黑暗之心》和《日記》之中的模糊文本，都是破碎的世界；如同田野筆記一般，它們是不連貫的。它們必須**被製作**爲一幅可能的圖像。爲了統整這個混亂的寫作場景，有必要選擇、結合、重寫（以及因此抹除）這些文本。馬凌諾斯基產出的眞實編寫是《西太平洋的航海者》以及整個初步蘭民族誌的系列作品，康拉德的《奧爾邁耶的愚蠢》和學習書寫英文書籍的冗長過程，最終在他的第一部傑作《黑暗之心》達到頂峰。這些顯然都是不同的寫作經驗：民族誌與小說，二者相似又不相同。但是在一個重要的普遍方式中，這兩種經驗在我稱之爲民族誌的文化和語言的相對系統中，展現了自我塑造的編寫過程。《黑暗之心》展現了這個過程並且諷刺地注意到此一過程。《西太平洋的航海者》較缺乏反思，但是它確實既展現了文化編寫內容，又宣告了一個權威性的人設出現：馬凌諾斯基，一位新形態的人類學家。這個被賦予馬凌諾斯基稱之爲「民族誌研究者的魔法」（the ethnographer's magic）的人設是一種新的覺察和經驗，但確切來說，它並非是在田野裡建構的。這個人設並不代表研究經驗，而是使研究經驗合理化。《日記》很清楚地表明了這個情形，因爲如同多數類似的研究，田野工作是錯綜複雜且難以控制的。它所記錄的混亂主體性與《西太平洋的航海者》所呈現和敘述的主體性截然不同。當《日記》於一九六七年首次出版時，這種差異令人震驚，因爲在《日記》中完全看不到權威的參與觀察者，對他人懷有同情理解的看法。相反地，我們看見的是，對初步蘭群島居民明顯的矛盾情緒、混合著欲望和厭惡的同理心，而這在理解、謹慎和慷慨主導的《西太平洋的航海者》中是不存在的。

我們試圖提出，民族誌理解（同情立場一致且有詮釋學的參與）最好被視爲民族誌**寫作**的創作，而非民族誌**經驗**一貫的品質。無論如何，馬凌諾斯基在寫作中同時達到了（一）根據大量田野筆記、文件、記憶等編寫創作出了初步蘭群島居民，以及（二）建構了一位新的公衆人物，即作爲田野工作者的人類學家，而米德或其他人將會進一步闡述此一人設。值得注意的是，參與觀察者－人類學家的人設，並不是馬凌諾斯基在《日記》中所著迷的專業形象（《日記》裡涉及了騎士身分、「皇家社會」、「新人文主義」等）。相反地，這是他在《西太平洋的航海者》中回顧性建構版本的產物。藉著結合人類學與田野工作，馬凌諾斯基迫使自己在這種處境下試圖創作出最多、最好的故事。

這些因素使得我們在討論馬凌諾斯基的民族誌時遇到了一個問題——實際上幾乎是討論所有民族誌作品都會遇到的問題。由於逐漸增多的自白和分析敍述，我們愈來愈了解田野工作經驗和它們的侷限性。但民族誌的實際寫作仍是隱晦且未經分析的。我們知道了有關馬凌諾斯基在一九一四至一九一八年所做的初步蘭研究，但對於他一九二〇至一九二一年在加那利群島所做的調查幾乎一無所知。（當時他正在撰寫《西太平洋的航海者》。）

《日記》留給我們許多懸而未決的疑問。文字中出現了一道意外的裂縫，正如我們從揭露內容中了解到他母親過世此一難以挽回的消息。接著是絕望的結束：「我確實缺乏眞正的

111

性格。」沉默。三年之後，馬凌諾斯基再次以《西太平洋的航海者》作者身分出現，開啟田野工作者－人類學家的新篇章。是什麼東西介入其中？如同康拉德在非洲冒險的失敗與《黑暗之心》的成功之間，馬凌諾斯基有了三個主要承諾：（一）寫作、（二）婚姻，以及（三）有限的聽眾、語言和文化。

加那利群島是馬凌諾斯基寫作治療的迷人場景。他到那裡是因爲健康因素，但這個選擇是有多方條件的。我們通常會將這個地方視爲歐洲外緣的一個邊緣地點，有利於一位流離失所的波蘭人從事太平洋民族誌的寫作。然而，更重要的事實是他早先曾與母親於加那利群島上度假。此刻則是重新回到此地，與他的新婚妻子完成他第一份主要工作。他完全處在一個替代、一系列妥協和取代的處境裡。對馬凌諾斯基和康拉德來說，三個這樣的替代是至關重要的：（一）家庭，母親被妻子取代；（二）語言，放棄母語改用英語；（三）寫作，用銘記和文本代替直接的口語經驗。英語此一專斷的語言編碼最終獲得了優先地位。母語退場，（此處個人和政治彼此吻合）英語統治了——再現和詮釋——基里維納語。文化依附的表現如同婚姻。對眞誠對話的渴望，讓位給了書寫替代物的展現。其中一些轉變和接替肯定與加那利群島的成功寫作息息相關。馬凌諾斯基的《日記》以母親的死亡作爲終結；《西太平洋的航海者》是一項拯救，是一份文化的銘刻。[10]

✵

關於民族誌作者現狀的最後幾項省思：當馬凌諾斯基《日記》首次出版時，它似乎是充滿誹謗性的。《西太平洋的航海者》中典型的人類學研究者，事實上並不總是對他的報導人保持理解和親和的態度；他在田野裡的心態一點也不冷靜客觀。著作中的民族誌研究故事是相當具有個人風格並且是有選擇性的。這些事實一旦進入人類學科學的公共紀錄，便動搖了文化相對主義作為一種穩定主體、一種理解和再現文化他者的自我立場的編寫。在《日記》出版之後，跨文化理解出現了一種修辭結構，其平衡的理解受到矛盾和權力所貫穿。

我們回想起庫爾茲在《黑暗之心》中粗暴潦草的命運，「根絕所有的野蠻」。當馬洛將庫爾茲對於野蠻習俗的調查報告交給比利時媒體時，他撕毀了其中有著咒罵和眞實的補充。這是一項具有說服力的舉止，它提出了一個關於馬凌諾斯基和人類學的棘手問題：為了建構一個公開、可信的話語，什麼東西總是會遭到撕毀？在《西太平洋的航海者》中，在賦予文化（初步蘭群島）和自我（科學立場的民族誌研究者）整體性的過程中，《日記》被排除在外且遭到改寫。因此，以田野工作為基礎的人類學訓練，在建構其職權的過程中，建構和重構了具備一致性的文化他者和自我詮釋。如果這種民族誌的自我塑造以遺漏和修辭的謊言為前提，那麼它也使得原先強有力的眞實成為可能。但如同馬洛在奈利號汽船上的說明，文化描述的眞實對於在侷限的歷史環境中的特定解釋性群體來說，是有意義的。因此如同尼采所提醒的，這個「撕毀」同時是一種審查**和**意義創造的行爲，是一種對不一致和矛盾的壓抑。最好的民族誌編寫，就像馬凌諾斯基的民族誌一樣，錯綜複雜地眞實；但是它們的事實，如同人文科學中的所有事實一般，都經過了分類、脈絡化、敍述，以及強化。

近年來，出現了新形式的民族誌現實主義，在敍述風格上更具對話性和開放性。自我和他者、文化和其詮釋者的形象，似乎變得不再那麼確定。在那些已經從學科訓練中修改民族誌職權和修辭的人中，我只提出三位（在葛茲一系列具有啟發性的民族誌寫作講座中被批判的對象）：拉比諾、德懷爾、克拉潘扎諾。[11]（由於他們自我展示的過失，葛茲稱他們爲「馬凌諾斯基的孩子」）。這三人可以代表許多目前在學術民族誌限制下，從事複雜的文本實驗領域的其他人。[12]我先前說過，人類學仍在等待它的康拉德。最近的實驗主義者以各種方式塡補了此一角色。他們在生產中搖擺不定，如同康拉德所做的那般，更矛盾的是，葛茲本身也在現實主義和現代主義之間尋求平衡。實驗主義者在他們作品中揭露了一種對所有文化描述（以及所有文化描述者）的塑造的、有限處境的敏銳感受。

這些自我反思的作者在民族誌主體性和文化描述的一般闡述中，占有諷刺性地位。如同我們所有人一般，他們站在一個不確定的歷史背景上，從該處我們得以開始分析產生民族誌、文化的多元定義，以及在差異性意義世界之間進行協調的自我定位的意識形態母體。（例如，指稱這個歷史背景是後殖民的或後現代的背景，便是用來指出人們希望不再必須成爲的東西。）事實上，今日大多數具有自我意識的詮釋學民族誌研究者的寫作，都與康拉德在《黑暗之心》中所做的一樣，至少在他們對敘事職權的陳述上是如此。現在，他們對著在奈利甲板上另一位有問題的敍述者示意，和馬洛一起說著：「當然，在這一點上，你們看到的比當時的我更多。因爲你們看到了一路以來所認識的我。」

哥布林大道上的商店。1920年代。尤金・阿傑拍攝。

第二部分　移轉

第四章　民族誌的超現實主義

兩個表面上不可調和的現實，在一個顯然不適合它們的平面上結合在一起……

——麥克斯・恩斯特，〈拼貼的機制是什麼？〉

布勒東常堅持超現實主義不是一套教條或是一個可被定義的想法，而是一種活動。本章試圖探索始終處於特定文化和歷史環境之中的民族誌活動。我將聚焦在兩次世界大戰之間法國的民族誌和超現實主義。將這些活動放在一起討論——事實上，有時允許它們合併——就是質疑其共同的差異性和整體性。我關心的不是繪製知識或藝術傳統，我在意的是隨著小徑前往現代文化秩序的重要方向。如果有時將一些熟悉的辭彙用得不合時宜，我的目的是爲了打破過往的既定定義，並在可能的情況下重現一種情境，在此情境中民族誌再次變得陌生，而超現實主義也尚未只限於現代藝術和文學的狹隘領域所用。

我所提出的文化秩序方向無法被清楚定義。比起稱作「現代」，稱爲「現代主義」

更爲恰當，文化價值的破碎化和並置是它的問題——並且也是它的機會。從這個醒悟（disenchanted）的觀點來看，穩定的集體意義秩序似乎是人爲建構的，而事實上通常是意識形態的，或壓抑的。那種在不經意情況下建立起帝國，或是將經常涉入世界戰爭的常態或常識，視爲一個有爭議的現實，是需要被顛覆、仿諷和逾越的。我會提出某些將民族誌活動和這些批判態度聯繫起來的原因，而這些態度通常與前衛藝術的部署有關。特別是在法國，現代人文科學並沒有失去與文學和藝術世界的聯繫，在巴黎文化生活的溫室環境中，任何社會研究或藝術研究都不可能長期對來自其學科之外的影響或挑釁保持冷漠。如同我們將看到的，在一九二〇和三〇年代，民族誌和超現實主義的發展密不可分。

我使用「超現實主義」此一詞彙，試圖在顯著的廣義上界定一種重視破碎、奇特收藏、突如其來的並置的藝術——它致力於提出一種自情色的、異國情調和無意識領域所汲取出來的獨特現實表現。當然，這些態度不能僅限於布勒東這一群人；狹義的超現實主義運動——以及它的宣言、分裂、逐出教會——並非此處討論的焦點。事實上，我要討論的人物充其量只是布勒東和他的同伴或是分裂的異議者。儘管如此，他們仍具備我稱之爲超現實主義的普遍態度，這是一種透視雜亂的部署，試圖脫離它的民族誌面向。[1] 民族誌和超現實主義並非穩定的整體；因此，我的主題並非兩個明顯不同的傳統的重疊。[2] 再者，我試著不要將主題侷限在二〇和三〇年代法國文化的交接的當口（conjuncture）。藝術和科學（尤

118

其是人文科學）的界線是意識形態的，也是流動的，而思想史本身也捲入在這些流動之中。它的文類並非牢固地錨定。持續變化的藝術或科學定義必須喚起新的過往整體、一種對歷史描述的新理想形態。在這種意義下，民族誌的超現實主義是一種烏托邦建構，同時是對於文化分析的過去和未來可能性的陳述。

119

民族誌的超現實

在〈說故事的人〉中，班雅明描述了一種由持續口語敘述和共同經驗爲基礎的傳統溝通模式，到「資訊」爆發作爲文化風格的轉變——照片、剪報、現代城市的感官衝擊。班雅明以第一次世界大戰開始他的文章：

> 曾經利用鐵軌馬車作為上學交通工具的世代*，現在站在鄉間開闊的天空下，除了天空的白雲外，沒有任何一個東西不曾改變，而在雲層之下，在毀滅性洪流和爆炸性威

* 譯注：鐵軌馬車（horse-drawn streetcar）是一種常見於十九世紀晚期的城市交通運輸工具，由馬拉動鋪設在軌道上的車輛。

力場域中，是微小而脆弱的人類身軀。（1969:84）

現實不再是一個既定、自然、熟悉的環境。擺脫現代依附的自我必須在可能的地方發現意義——一個在虛無主義中被喚起的困境，構成了超現實主義和現代民族誌的基礎。班雅明早期對現代世界的文學和藝術的見解是衆所週知的：波特萊爾的城市漫遊者（*flâneur*）、韓波的系統性官能錯亂、由塞尙開始並由立體派完成對現實的分析性解體，尤其是洛特雷阿蒙對美的著名定義，「解剖台上縫紉機和雨傘的相遇」。將文化和其規範——美麗、眞實、現實——視爲易受超然分析以及其他可能部署進行比較的人爲安排，這些都對於民族誌立場極爲重要。

納多在他的經典作品《超現實主義歷史》（一九六五）中強調了戰時經驗對超現實主義運動創始者——布勒東、艾呂雅、阿拉貢、佩雷、蘇波——的影響。在歐洲陷入野蠻主義和進步意識形態的明顯破產之後、在戰壕經驗與英雄勝利主義的官方語言之間出現深深的裂痕之後，以及在十九世紀的浪漫修辭傳統，證明了自己無法再現戰爭的現實之後，這個世界便永遠是超現實主義的了。阿波利奈爾剛從戰壕中回來，便在一九一七年的一封信中創造了這個名稱。他的《卡里葛拉姆們》（1918:341）以一種破碎形式和對感知世界的高度關注，宣告了戰後的美學：

首先，勝利將會是
在遠處清楚看見
看見每一件事物
近在咫尺
願所有事物都有一個新名字

然而，對於雷捷而言：

身為一名士兵，這場戰爭已經將我推入一個機械氣氛的核心。在這裡我發現到破碎之美。在每個機械的細節中、在普通的物體裡，我察覺到一種新的事實。我試著去發現，在我們現代生活的破碎部分中所存有的合成價值。[3]

在戰爭爆發之前，阿波利奈爾已經用非洲「迷戀」妝點他的研究，而且在他的長詩〈地帶〉裡，這些物品被援引爲「另一種形式與另一種信仰的基督」（des Christ d'une autre forme et d'une autre croyance）。對於巴黎的前衛藝術來說，非洲（以及較小程度上的大洋洲和美洲）提供了其他形式和其他信仰的寶庫。這暗示了民族誌超現實主義態度的第二個元素：認爲他者（無論是在夢境、戀物，或是列維－布留爾的《原始思維》中）是現代研究的重要對象。與十九世紀的異國情調不同，它背離了若干自信的文化秩序，以尋求暫時性震慄（*frisson*），一種怪異的受限經驗，於是現代超現實主義和民族誌開始了對現實的深刻質疑。如此一來，所有事物現在都成爲嚴肅的人類替代選項；現代文化相對主義變得可能。隨著藝術家和作家在戰後著手以新的方式將文化碎片組合在一起，他們的選擇範圍急劇擴大。地球上的「原始」社會逐漸成爲審美、世界與科學的資源。這些可能性不僅僅依賴於古老的東方主義；他們需要現代民族誌。戰後的背景是由一種基本上具有諷刺意味的文化體驗所構成。對於每一種在地習俗或眞實來說，總存有一個異國情調的選項、一個可能的並置或不協調。在普通現實（心理層次）之下和（地理意義）之外，存在著另一個現實。超現實主義與相對主義民族誌共享了這種具有諷刺意味的處境。

此處我使用的「民族誌」一詞顯然不同於人文科學的實證研究技術，後者在法國被稱爲民族學，在英國被稱爲社會人類學，在美國則被稱爲文化人類學。我所指涉的是一種更普遍的文化傾向，它貫穿了現代人類學，並且這門科學共享著廿世紀的藝術和寫作。這種民族誌標籤在去熟悉化的文化現實產物中，暗示了參與觀察的特有態度。超現實主義者對於異國情調的世界具有強烈興趣，其中包含了某部分的巴黎。他們雖然與那些企圖使不熟悉的事物變爲可以理解的田野工作者態度相當，卻常朝相反的意義上發展，使熟悉的事物變得陌生。事實上，這種對比性來自於熟悉和陌生的連續作用，民族誌和超現實主義是其中的兩個要素。這種作用構成了我的解釋基礎中所以爲的現代文化情境。

對於阿拉貢的《巴黎的農夫》或是布勒東的《娜嘉》來說，城市世界是無法預料和重要性的來源——這種重要性展現在眞實的沉悶外表下，有著完全不同分類和秩序原則的神奇世界。超現實主義者經常出入巴黎一個著名的二手市場（Marché aux Puces），人們在那裡可以重新發現被弄亂的或整修的文化產品。幸運的話，可以找到一些新奇或意想不到的物品，一件無處可去的藝術品——像是杜象的瓶架、原始物件（*objets sauvages*）、非洲或大洋洲雕塑這樣的「現成物品」。這些捨棄了原本功能性用途的物品是前衛藝術工作室必須要有的陳設。

在考量超現實主義「民族誌研究者」的實踐（和過度舉止）時，最好不要先抱持懷疑的態度。重點是理解他們嚴肅對待文化的方式，將其視爲一種受質疑的現實——包括其對現實秩序的嘲笑和重組。如果要深入了解孕育和定位法國學術傳統的環境，這一點是相當需要的。更普遍來說，如果和民族誌科學的嚴肅性相比，建議不要太快認爲超現實主義是輕率的。人類學研究與文學和藝術研究在廿世紀始終具有強大的關聯性，需要更充分地探索。在描述、分析和延伸廿世紀表達和意義的基礎上，超現實主義是民族誌的祕密分享者——無論是好是壞。

122

牟斯、巴塔耶、梅特勞

一九二五年的巴黎：繼威爾曼的南方切分音樂團之後，《黑人評論》在香榭麗舍劇院迎來了一季轟動的演出。靈魂樂和爵士樂席捲了前衛藝術布爾喬亞階級，他們經常出沒於黑人酒吧，在新式節奏的搖擺中尋找原始、野蠻……，和完全現代的東西。整個時尚的巴黎沉浸在五弦樂的脈動以及性感的約瑟芬・貝克的「放縱自己於查爾斯頓的節奏」之中（Leiris 1968:33）。

一九二五年的巴黎：瑞弗、列維-布留爾和牟斯這群大學學者創立了民族學研究所。這是法國首次出現一個主要關注專業田野工作者培訓和民族誌學術出版的組織。

一九二五年的巴黎：在《超現實主義宣言》之後，超現實主義運動引起了廣泛注意。當時法國正與摩洛哥的反殖民叛軍進行一場小規模的戰爭；布勒東和他的同伴同情叛亂分子。在一場紀念符號主義詩人聖波盧的宴會上，超現實主義者和保守的愛國主義者之間爆發了一場混戰。各種互相詆毀的語言此起彼落；「德意志萬歲」之聲響起；蘇波從吊燈上盪過來，踢翻了酒瓶和玻璃杯。雷里斯很快地在一扇敞開的窗戶邊，對著逐漸增加的群眾譴責法國。一場騷動隨之而來；雷里斯差點被私刑處死，最終遭到警察逮捕並且受到粗暴的對待（Nadeau 1965:112-114）。

這三起事件不只是單純的時間巧合。例如才剛被我引用他對貝克看法的雷里斯，他脫離了二〇年代晚期超現實主義運動，尋求更具體地運用自身顚覆性的文學才華，對他來說，與牟斯同在民族誌機構中一起做研究，並成爲一名非洲的民族誌研究者（指的是參與法國一九三一至一九三三年的達喀爾－吉布提探險任務），似乎是一件相當自然的事。在當時，科學的、或至少是學術性的民族誌尚未成熟。一九三〇年代早期的民族誌發展，透過像是廣爲人知的法國達喀爾－吉布提探險任務的成功事蹟，延續了二〇年代的超現實主義。瑞弗的組織能力和牟斯的教學都是其中的主導因素。我將在本章之後的段落討論瑞弗在建立機構上的成就，尤其是人類博物館的創立。牟斯普遍的影響力則較難確定，因爲他在法國高等研究院和民族學研究所的教學採取的是口頭啟發的形式。

除了李維史陀，一九五〇年代中期之前，幾乎所有主要法國民族誌研究者都受到牟斯的直接啟發。從今日的知識界觀點來看，出版至爲重要，任何有價值的想法都傾向於保留至未來的文章或專著中提出。因此，牟斯投注在高等研究院教學上的巨大能量著實讓人吃驚，甚至令人感動。瀏覽高等研究院年鑑中的課綱摘要，可以看出許多學生獲得不同凡響的學習和分析，年復一年沒有重複，其中有許多並未成爲正式的出版品。牟斯的課程內容從西伯利亞的薩滿主義、澳大利亞口述詩，到玻里尼西亞和西岸印地安人儀式，展現了他對東方宗教和古代經典習俗的淵博知識。牟斯的文章有一半頁數是注釋，他的讀者將會認

123

識到其參考文獻之廣博；然而，他們無法體會他口頭演說的智慧和活力、對話或概念的生動交流。

牟斯是位研究型學者。他教過一批特定學生。三〇年代有一群他的追隨者，其中一些是時尚的異國情調的業餘愛好者，另一部分則是準備前往田野的民族誌研究者（前者有部分正在變成後者的過程中），他們會從一個講堂到另一個講堂追隨著牟斯。在高等研究院、民族學研究所，以及之後的法蘭西學院，這些追隨者陶醉於他博學、健談，以及總是充滿刺激的世界文化多樣性之旅。牟斯的授課並不是理論性的論證。他以一種游移（divagating）的方式強調具體的民族誌事實；他對於重要的細節有著敏銳的眼光。儘管牟斯自己從未從事過田野工作，但卻有效地促使他的學生進行第一手研究（見Condominas 1972a, b; Mauss 1947）。

從牟斯〈身體技巧〉（一九三四）這篇文章，可以看出他若干的教學風格。以下幾行文字是世界不同地區的人們對自己身體所做的事：

> 對孩童來說蹲坐是很正常的。我們已經不知道該如何蹲坐了。我視這是我們種族、文明、社會的荒謬和劣勢。
>
> 認為睡眠是某種自然的觀念是完全不準確的。

沒有什麼比看見一位卡拜爾人（Kabylie）穿著柏柏鞋（babouches）走到樓下更令人感到困惑了。他為什麼可以站著而不弄掉他的拖鞋呢？我試著觀察並且照著做了。但我還是不知道為什麼他可以。而且我也無法明白女人如何可以穿著高跟鞋走路。

自然身體功能的衛生。這裡我可以舉出無數的事實。

最後，我們必須明白相擁跳舞是現代歐洲文明的產物。這讓我們了解到，對我們來說是相當自然的東西，其實是歷史性的產物；這或許會嚇壞世界上其他人，除了我們之外。（1934:374, 378, 381, 383）

124

法國史前史學家勒羅伊－古爾漢，回憶起他的老師是一位「受到啟發困惑」的人。他在一次訪談中被問及對老師上課的回憶：

> 他的沉默——如果我可以這麼說的話。我模仿不來；這已經是多年前的事，我已經對牟斯有了一個理想化的印象；但是他講課的方式是暗示的，而不是某種僵化的陳述。他的論點清晰而靈活。他大部分的句子是空洞的，但正是這種空洞等待你去填補。那就是為什麼我說最具特色的是他的沉默。
>
> 當他解釋那些曾在西伯利亞的基里克斯和戈地斯工作的作者寫下的文字時，他特別

> 驚訝。我記得我們在高等研究院的課程從未超過十個人！我們聚集在像現在這樣一個桌子，但長度沒有這麼長；牟斯從德文翻譯到法文，並且附上來自世界各個角落的評論進行比較。他博學多聞，我們學習到這些，但事後卻總是無法真正說出他是如何做到如此具有說服力的。（1982:32）

牟斯並沒有寫書。他的《作品集》（一九六八～六九）是由論文、學術文章、會議上的發言和許多書評組成，像是《禮物》（一九二三）和《巫術通則》（一九〇二）這種精簡的經典作品則是發表於《社會學年鑑》。他的代表作是一篇關於祈禱的論文，仍然是草稿、論文、片段資料和筆記的合集，至於其他關於金錢和國家的綜合作品也是如此。或許因爲腦中有如此多的資料，牟斯很容易在不同方向上分心，並且對於承諾和忠誠方面表現得非常慷慨（profligate）。他持續授課，並且花費數年時間完成已故同事（涂爾幹、赫茲、休伯特）的工作。他是饒勒斯傳統中的德雷菲斯派（Dreyfusard）和社會主義者，他爲《人道報》寫作並且參與罷工、選舉和當時的大學運動。[*] 不像他樸實嚴肅的叔叔涂爾幹，牟斯擅交際、放蕩不羈，甚至有點享樂主義。

有些人認爲牟斯是一位忠誠的涂爾幹主義者，其他人則視他爲結構主義的先驅。有些人主要視他爲一位人類學家，其他人則認爲他是一名歷史學者。還有一些人援引他猶太教拉比出身、梵文上的訓練以及他終其一生對於儀式的興趣，而將他與他的朋友葛蘭言、休伯特、林哈特等宗教學習者視爲同路人。一些人強調他反傳統，其他人則強調他一貫的社會人文主義理念。某些人看見了一位才華橫溢的安樂椅上的理論家，有些人則記得他是一名敏銳的實證觀察者。各種不同對於牟斯的看法並非彼此對立，但也不是完全相符。人們似乎總能從閱讀牟斯的作品或回憶中，找到他們自身的某些東西（以下引自Leroi-Gourhan 1982:32-33）：

有兩年時間我幾乎參加了他所有的課程，我和另一位同伴戴博拉・利夫企茲（蘇俄的猶太人，死於納粹的驅逐中）同意輪流做筆記，如此一來我們可以相互比較，以確定牟斯課堂上的真正內容。我們從沒打算建構任何一致性的東西，因為內容實在豐富到了無邊無際。後來，有一群以前的學生出版了他的課程記錄。當然，他們記錄的內

＊　譯注：饒勒斯（Jean Jaurès）是法國廿世紀初的國會議員，也是《人道報》的創始者。一生提倡社會民主主義，反對法國當時政商勾結。他與本書第三章曾經提及的左拉（Émile Zola）一同反對當時法國社會的反猶太勢力對德雷菲斯的迫害。他曾於一九一三年在反戰集會中公開演說。一九一四年饒勒斯被一名極端民族主義分子開槍身亡，兩天後德國侵略盧森堡、比利時，並向法國宣戰，第一次世界大戰正式爆發。見《維基百科》和臉書社團《中文馬克思主義文庫》。

容，與戴博拉和我記下的完全不同！我相信，這便是他對追隨者施展真正魔力的祕密。

偉大的田野工作者梅特勞是牟斯在二〇年代中期的學生，他提供了牟斯特有的知識啟發風格是如何傳播的一個例子（Bing 1964:20-25）。梅特勞性格謹慎、重經驗，很快便不相信早期超現實主義者使用民族誌事實的輕率方式。他畢生致力於第一手研究，以西敏司（1972:2）的話來說，他成爲了「田野工作者的田野工作者」（fieldworker's fieldworker）。但是他仍與前衛藝術維持聯繫。梅特勞在法國國家文獻學院讀書時與巴塔耶建立了持久的友誼，巴塔耶是一位具有個人氣質的學者、評論家和情色文學作家，他的影響力擴及巴黎當代激進評論家和作家。這兩位好朋友的作品截然不同：一個是嚴謹的、近乎清教徒式的語氣，但具有一種詳述細節的天賦；另一個則是挑釁的、影響廣泛的尼采哲學式的。然而，就一個奇怪且令人信服的方式來看，兩者是互補的：雖然巴塔耶受到梅特勞的博學影響而顯得沉穩，但是梅特勞也發現，自己對民族誌的熱情因爲這位朋友樂於表達兩人的共通處而得以確認，根據雷里斯的說法，「一種對生命的強烈熱情，與對生命荒謬的無情相結合」（Leiris 1996a:252；同時見Bataille 1957:14; Métraux 1963:677-684）。巴塔耶和梅特勞的畢生交往可以被視爲持續不斷鄰近性的象徵，（卽使不總是相似）而正是這種鄰近性使得法國民族誌與前衛藝術保持著良好的關係。

巴塔耶最具影響力的作品是他晚期的專著《情色史》（一九五七）。我們可以透過梅特勞一九二五年前後的一篇講稿，將此書側重的方向（以及巴塔耶其他作品通常較爲注重的部分）追溯到牟斯。在《情色史》中，巴塔耶用這句話介紹了書中關於逾越（transgression）的主要章節，「逾越不是對禁忌的否定，而是對禁忌的超越與成全」。梅特勞指出，他自己的特有公式只是改寫「一句牟斯拋出的那些深奧、往往晦澀不清（但他也並不擔心他的學生會感到困惑）的格言」。梅特勞曾聽牟斯在一次講授中說到「禁忌是被用來違反的」。這個巴塔耶經常重複的主題成爲他思考的關鍵。文化在結構上是矛盾的。一個人可以不殺人，也可以走向戰爭；對巴塔耶來說，這兩種行爲都是由禁止殺戮所引起。文化秩序同時包含了規則和逾越。這個邏輯適用於所有形式的規則和自由——例如性正常和它的性變態拍檔。用梅特勞的話來說，「牟斯的命題，在看似荒謬的形式中，體現了衝突情緒的必然聯繫：（引述巴塔耶）『在負面情緒的衝擊下，我們必須服從禁制。如果情緒是正面的，我們就會違反它』」（Métraux 1963:682-683; Bataille 1957:72-73）。

巴塔耶畢生的目標是去神祕化各種形式中逾越的「正面情緒」，並且賦予其價值，在這一點上，他忠實於他的超現實主義開端。（在二〇年代，巴塔耶先是布勒東圈子的夥伴，後來才成爲批評者。）他最早出版的作品之一是他與梅特勞和瑞弗合作的前哥倫布時期藝術文輯的一部分。他對活人獻祭的欣賞（「對於阿茲特克人來說，死亡並不算什麼」），以超現實主義的方式將美麗與醜陋、正常與令人厭惡的事物並置。因此，阿茲特克古城特諾奇提特蘭（Tenochtitlan）既是一個「人類屠殺場」，也是一個擁有水道和花卉的宏偉「威尼斯」。獻祭的受難者戴著芬芳的花冠跳舞；成群的飛蟲聚集在流動的血河之上是這般美麗（Bataille 1930:13）。另一位叛逆的超現實主義者阿爾托寫道，「所有的寫作都是垃圾。」他逃離法國，前往自己夢想中的墨西哥，在塔拉烏馬拉印地安人（Tarahumara Indians）中追求瘋狂（Artaud 1976）。異國情調是反對西方理性、美麗和常態的主要訴求。然而，巴塔耶對世界文化體系的興趣最終遠遠超出了單純的歡愉或逃避現實。與大多數超現實主義者不同，基於禁忌的雙重邏輯，他致力於建立一種更嚴格的集體秩序理論。他總是與民族誌學界保持密切聯繫，持續大量借鑒牟斯的作品——《受詛咒的部分》（一九四九）是對《禮物》和後來的李維史陀的闡述推論。我無法在此詳述巴塔耶發展出來的邏輯，但它爲法國文化分析與早期超現實主義之間的持續關係提供了重要的連續性。它將一九二〇年代的脈絡與之後的激進批判世代聯繫起來，包括傅柯、羅蘭巴特、德希達以及《原樣》團體。[4*]

值得注意的是，由梅特勞、瑞弗和羅蘭巴特耶共同合作的論文集，是法國前哥倫布時期藝術展的一部分。該展覽由音樂系學生同時也是爵士樂愛好者里維埃所策畫，他後來成爲法國最具活力的民族誌博物館學家。里維埃在社會上人脈很廣，而瑞弗則有著良好的政治關係。後者完全明白，創建人類學研究機構需要對異國情調的時尚熱情，而這種時尚熱潮可以在科學和公共教育的興趣下，獲得財務上的資助。瑞弗對於里維埃成功策畫前哥倫布時期展覽印象深刻，當場聘請他重新整頓托卡德侯博物館，該博物館的收藏品當時處於雜亂無章且年久失修的狀態。這是法國民族誌機構兩位主要先驅合作的開端，日後成就了人類博物館，以及里維埃的國立民間藝術與傳統博物館（見Riviere 1968, 1979）。

在這些機構全面部署之前，牟斯的課程在民族學研究所早期仍是新興民族誌的重要論壇之地。這種教學是一項奇特的學術工具，與超現實主義並沒有基本上的衝突，並且可以激發梅特勞和巴塔耶等人的興趣。因此，值得從這個角度思考牟斯廣爲人知的啟發：

> 在他的作品中，尤其是在他的教學中，未加思索式的對比是很普遍的。雖然他經常因為使用對立、捷徑和明顯的矛盾而變得晦澀難懂，但後來證明這是更深刻覺察的結果，他突然用敏銳的直覺滿足他的聽眾，為數月豐富的思想提供素材。在這種情況下，我們會感覺到自己已經觸及社會現象的底端，而且如同他在某處提到的，可以「擊中了根基」。這個持續往根基的努力、願意一而再、再而三篩選大量資料直到留下最純粹的物質，解釋了牟斯對於書寫文章而非書籍的偏好，也解釋了為何他的出版品極為有

128

* 譯注：*Tel Quel*直譯爲「現狀」(as if)，普遍翻譯爲《原樣》，是一本法國前衛文學雜誌，出版於一九六〇至八〇年代。

限。（Lévi-Strauss 1945:527）

李維史陀筆下的這段敘述，或許在最後一句話有將牟斯描繪成原型結構主義者的傾向。[5]抵達根基、掌握最純粹基本物質的動力，更接近李維史陀的抱負，而非牟斯的。牟斯相對較少發表作品，不是因爲他已經擷取了基本眞實，而是因爲他專注於教學、編輯、政治，同時也因爲了解太多東西，他發現眞實已經變得過於複雜。正如杜蒙的回憶，「他有太多想法，以至於無法完整表達其中任何一個」（1972:12）。然而，李維史陀對於這位偉大的導師在民族誌知識上所呈現出對立與弔詭具啟發性使用的描述，在我的討論脈絡中顯示出其眞實性。對於牟斯來說，民族誌眞實不斷顚覆表面現實。用他著名的說法，其主要的任務便是找出許多的「衰敗的月亮」（lunes mortes），卽那些在「理性星空」中的諸多蒼白月亮（1924:309）。關於民族誌超現實主義的任務沒有比這個更好的總結了，因爲其所指稱的「理性」並不是狹隘的西方理性，而是人類文化表達的全部潛力。

129

分類學

在一本前衛藝術期刊的〈向畢卡索致意〉中發現牟斯的陳述（1930）並不會令人感到驚

訝。《文獻》這本期刊是由巴塔耶所主編的一份前瞻性評論，它提供了一個具有啟發性的民族誌超現實主義合作案例。一九二九年分裂期間，巴塔耶已經與德斯諾、雷里斯、阿爾托、格諾等人一起離開了布勒東的超現實主義運動，而他的期刊在此時充當了發表異議觀點的論壇。此外，這本期刊具有明顯的民族誌志向，這將吸引未來的田野工作者，像是格里奧爾、謝夫納、雷里斯、里維埃和瑞弗等人的相互合作。格里奧爾、謝夫納和雷里斯正是在一九三〇年《文獻》剛停刊之後不久，一同前往非洲的達喀爾-吉布提探險任務。如果說《文獻》在今日看來提供了傳播民族誌知識的奇特背景，那麼在二〇年代晚期它則是一個非常適當的——也就是說，外部（outré）的——論壇。

事實上，要重新捕捉在超現實主義身處的二〇年代使用「民族誌」一詞的意義，需要發揮一點想像力。社會科學定義下明確的研究方法、經典文本以及大學教職，彼時尚未完全成形。我們可以透過檢視這個字詞在如《文獻》這類出版品中的使用，了解民族誌證據和一種民族誌的態度是如何在顛覆的文化批判中發揮作用。在《文獻》的副標——「考古學、藝術、民族誌、多樣性」之中，最讓人無法預期的是「民族誌」。它指出了對規範的激進質疑，以及對異國情調、矛盾和異常（*insolite*）的訴求。它也意味著對熟悉的類別進行調整和重新歸類。以大寫字母A拼寫的「藝術」早已臣服於達達藝術的劇烈砲火之下。「文化」在這場戰後的砲火中勉強倖存下來，現在堅決使用小寫字母，這是一種相對秩序的原則，其中高貴和庸俗都被視爲具有同等意義的象徵。因爲「文化」被《文獻》的編輯委員視爲道德和審美階層的系統，所以激進評論者的任務之一就是符號學解碼，並帶有去本眞化的目的，進而擴展或取代共同的分類項目。立體派與現實主義準則的決裂，已經爲常態的全面攻擊設定了速度。民族誌與超現實主義同樣捨棄了高雅文化和庸俗文化之間的區別，它提供了在集體生活的階層制度和意義中，非西方的選擇基礎和諷刺性參與觀察的普遍態度。

嘗試梳理《文獻》中所使用或揭露的民族誌觀點是具有啟發性的。舉例來說，一個人在明白其中的道理之前，人們會驚訝發現有一篇卡爾・愛因斯坦所寫、名爲〈安德烈・馬森，民族學研究〉的文章；他的著作《黑人雕塑》（一九一五）是一本以立體派爲基礎觀點來看待非洲雕塑的先鋒作品。在一九二九年以「民族誌方式」研究一位前衛藝術畫家，意味著什麼？從一開始，愛因斯坦就發出了立體—超現實主義戰役的呼喊：

> 有一點很重要：透過非適應性的幻覺來動搖所謂的現實，進而改變真實中的價值等級。幻覺式的力量破壞了機械化過程的秩序；它們在此真實中引入了「非因果關係」，而此真實已經荒謬地先予以假定了。此真實的連續性構造已經被破壞，而人們陷入二元主義的衝突之中。（1929:95）

根據愛因斯坦的說法，馬森繪畫中的「幻覺力量」再現了「神話創作的回歸，這是一種心理擬古主義（archaism）的回歸，以對抗各種形式上的純粹仿效擬古主義」（1929:100）。愛因斯坦將這種神話般的心理學描述爲「圖騰主義」。要理解馬森的變形和出乎意料的人獸組合的意義，「需要去回憶起那些引起與動物、祖先等有關聯的原始面具服裝」（p. 102）。愛因斯坦對於面具的不經意暗示（非洲的？大洋洲的？阿拉斯加的？他的聽眾會了解他的意思），指出異國風情或是遠古的可能性脈絡，總會在意識的層面上，隨時準備爲西方事物秩序下開啟的所有破裂提供確認。在愛因斯坦的文章裡，兩個民族誌超現實主義的關鍵要素值得注意：一是現實的破壞性分析現在被識別爲在地和人爲的；二是提供異國情調的替代選項。

在翻閱《文獻》時，這種態度尚有第三個面向引人注意。格里奧爾在一篇文章裡明確陳述了一項嘲弄原始藝術的業餘愛好者的美學假設——有人質疑包勒人（Baoule）的鼓的純粹性，因爲雕刻在上面的圖像握著一支來福槍。民族誌超現實主義者不同於當時典型的藝評家或人類學家，反而喜愛文化的雜質以及令人不安的融合。格里奧爾將歐洲人對非洲藝術的喜愛，等同於非洲人對於紡織品、瓦斯罐、酒精和槍枝的品味。如果非洲人不選擇仿效我們的高雅文化產品，那就**太可惜了！**他的結論是：

> 民族誌研究——不得不一直重複這一點實在惱人——以歐洲人對這些荒謬詞彙的理解

131

來說，是對於**美的事物**和**醜的事物**感到興趣。然而，它對於美麗事物具有猜疑傾向，這在一個文明中往往是罕見且怪異的。民族誌研究也對於自身持懷疑態度——因為它是一門白人科學，也因此帶有偏見——並且它不會因為一個物件是最新的或是大量製造而拒絕它的美學價值。（1930:46）

謝夫納在一項關於「民族誌博物館中的樂器」的學術調查中提出了類似的觀點。他的批評在今日人類學已經變得司空見慣。然而，在《文獻》的超現實主義背景下閱讀，它們重新獲得了完全的顛覆性效果。

> 任何人談到民族誌都必然承認，沒有一種物件是設計用來產生聲響或音樂，無論多麼「原始」或無定形的，任何樂器——無論其存在是偶發的還是必不可少——都不應被排除在方法上的分類之外。基於這個目的，任何在木箱或土地本身上的敲擊過程，都和小提琴或是吉他可用的旋律或多音方式同等重要。（1929:248）

謝夫納是早期關於史特勞文斯基研究的權威，他藉由爵士樂來研究多貢人的音樂，後來在人類博物館創立民族音樂學部門。

「民族誌」態度提供了一種科學有效性的文化調整形態，重新分配了像是「音樂」、「藝術」、「美感」、「精緻」、「潔淨」等具有價值的類別。民族誌方法中潛在的極端相對主義，甚至虛無主義，受到更極端的《文獻》編輯委員所不斷利用。他們的文化觀點沒有有機結構、功能整合、整體性或歷史連續性等概念。他們的文化概念可以毫不誇張地被稱爲符號學。人工符碼、意識形態認同，以及易受創造性重新結合和並置影響的物件組成了文化現實——洛特雷阿蒙的雨傘和縫紉機、小提琴，以及一雙拍打非洲泥巴的手。

謝夫納標題中強調的「民族誌博物館」概念在這裡具有不容忽視的重要性。班雅明所察覺到的現代文化碎片化，也就是文化知識解體爲同時並置的「引用」，在《文獻》中已成爲既定的前提。當然，期刊的標題是具有指示性的。文化變成某種可以收集的東西，而且《文獻》本身是某種圖像、文本、物件、標籤的民族誌展示，是一座充滿趣味，同時收集和對其標本重新分類的博物館。

該期刊的基本研究方式是將各種事物並置——一種偶然（fortuitous）或諷刺的拼貼。文化符號和人類製品的安排一直受到質疑。高雅藝術結合了可怕的大腳趾放大照片；民俗工藝品；幽靈（流行的神祕系列）封面；好萊塢場景；非洲、美拉尼西亞、前哥倫布時期和法國狂歡節的面具；音樂廳表演的曲目；巴黎屠宰場的描述。對於現代城市的文化，《文獻》提出了每一個民族誌博物館組織者都面臨的問題：什麼東西應該和什麼放在一起展示？傑

132

出的雕塑作品，是應該單獨放置，還是與做菜用的鍋子和斧頭放在相近的展示區域？（此部分見Leiris 1966b。）民族誌的立場必須持續提出這類問題，並且組織和分解文化的「自然」階層結構和各種關係。一旦文化中的一切在原則上都被認為值得收藏和展示，分類和價值的基本問題便會出現。

我們在《文獻》中觀察到使用民族誌並置的方式，目的是為了擾亂一般符號。期刊中固定的內容，是所謂的沒有預期定義的字典。人類（*homme*）這個字的詞條很有特色。它列舉研究者對於一般人類身體化學成分的分類：足夠製成一個釘子的鐵質、足夠一杯咖啡所需的糖分、足以洗出一張照片所需的鎂等——市場價值為二十五法郎。身體是秩序的特權形象，是人們最喜愛的目標，加上其他各種「自然」實體一起重新編碼，並且在過程中遭受質疑。德斯諾提供了關於眼睛修辭形式的混亂清單，他對移動符號「夜鶯」的條目是這樣開始的：「除了在特殊情況下，這不一定要與一隻鳥有關」（Desnos 1929:117）。

「唾液」（*Crachat*），由格里奧爾透過黑人非洲和伊斯蘭證據重新定義，發現唾液與靈有關，而且與善靈、惡靈都有關。當然，在歐洲，吐口水在某人臉上絕對是一項恥辱；但在西非這可能是一種祝福的模式。「唾液的作用類似靈魂：芳香或是廢物」（Griaule 1929）。民族誌研究者如同超現實主義者，被允許製造震撼。雷里斯沿用格里奧爾的定義並做更進一步發展：唾液是常駐在高尚的嘴裡，像精子般的汙物，而嘴在西方是一個與智識和語言相關的器官。因此，吐口水，象徵地重新意味一種無法避免的褻瀆（Leiris 1929）。在這個重新組建的定義中，交談或思考同樣是射出的（ejaculate）。

藉由並置或拼貼的再現方式，是一種常見的超現實主義策略（Matthews 1977）。它的目的是打破常規的「身體」——各種物體、身分——結合起來產生羅蘭巴特後來稱爲的「眞實作用」（1968）。《文獻》中各種內容的並置，特別是攝影插圖，目的就是喚起這種去熟悉化。例如在一九二九年第一期裡，一篇由雷里斯所寫的刊頭文章〈畢卡索近期的油畫作品〉，就配上了豐富的照片。（有幾年裡畢卡索幾乎是粗暴地破壞和扭曲了正常人類的外型。）這些畸形的圖像之後是巴塔耶的〈自然的遺棄者〉，這是關於對怪異者的鑑賞，由整頁的十八世紀暹羅連體嬰插圖來說明。接著是對非洲雕塑展覽的圖文回顧，進一步提供西方現實想像中，「自然」身體的視覺錯位（dislocation）。身體就像符號式想像的文化，並非連續的整體，而是構成的傳統符號和符碼的組合。

特別是在照片的使用上，《文獻》創造出一個未完成拼貼，而非一個整合有機體的秩序。圖像利用均衡的光澤和距離效果，在同一個平面呈現了夏特勒劇院廣告、好萊塢電影片段、一張畢卡索照片、一張賈科梅蒂照片、一張來自新喀里多尼亞（New Caledonia）的檔案照片、一份新聞剪報、一副愛斯基摩的面具、一位傳統藝術大師、一把樂器——作爲世界圖解和文化形式的證據和資料。但究竟是什麼東西的證據？我們只能這麼說，這是關於驚奇的證據，經過解密的文化秩序，以及一個擴充人類藝術創造範圍的證據。這個古怪的博物館僅僅是文件化、並置、相對化——一份反常態的收藏。

民族誌超現實主義博物館將得到改善，並轉化爲更穩定的常態機構。一九三〇年的《文獻》已經愈來愈不被視爲藝術評論，連其主要的財務支持者也中止贊助。三年之後，一個重新建構的範疇成爲今日被認定的現代藝術，體現在著名雜誌《米諾托》之中。在關於美麗事物的呈現上，《米諾托》大量複製畢卡索、達利、馬森的照片，其中並沒有穿插任何屠宰場、《舉步歌舞團》電影（Movietone Follies），或大腳趾的照片。《米諾托》第二期的主題爲達喀爾－吉布提探險團隊，爲他們的非洲研究提供了大量插圖報告（Griaule 1934b），在這之後，《米諾托》沒有爲民族誌證據再留下任何重要的資料。一般而言，他者的工藝品爲布勒東的超現實分類所取代——表達在神話或精神分析的無意識之中，並且過於容易爲藝術才賦和靈感的浪漫想法所占據。具體的文化製品已經不再需要扮演破壞性或是啟發性的角色。現代藝術和民族誌已經站在完全相異的立場，可以肯定的是二者仍在溝通，但是帶著距離的溝通。

我之所以仔細討論《文獻》，是因爲它異常清晰地表達了二〇年代民族誌和超現實主義主要會合之處，也因爲其中的貢獻者後來成爲具有影響力的田野工作者和博物館組織者。《文獻》也在自身顛覆的、近乎無政府狀況的紀錄態度中，揭露了廿世紀文化研究的認識論視野。如同雷里斯所回憶的，如果《文獻》是關於「不可能」，或許是太過輕率地視其為一種偏差，是巴塔耶的「不可能的」個人創造（Leiris 1963）。它吸引了太多嚴肅學者和藝術家的參與，無法被認為僅僅是自我放縱或虛無主義。相反地，它體現了在牟斯所稱的「總體性社會事實」的過度決定特徵中，一個極度敏感的例子（較一般所認知的更具有法國民族誌的傳統特徵）（1924:76-77）。在超現實主義二〇年代之後，「現實」再也無法被視為簡單的或連續的，或是可以透過經驗或歸納來加以描述。牟斯最能體現這種潛在的態度，他喜歡這樣說：「民族學就像海洋。你所需要的只是一張漁網，任何一張網；接著，如果你踏入海洋把魚網撒出去，你必定會補到一些魚」（Fortes 1973:284）。

人類博物館

兩次世界大戰之間的法國民族誌史可以說是兩座博物館的故事。不論是對研究課題或是對研究結果的理解，舊的托卡德侯博物館和新的人類博物館，同時都在實踐上和意識形態上產生了重要的影響。如果一九二〇年代的「托卡」（Troca），和其被錯誤標籤、錯誤分類的藝術物件，呼應了民族誌超現實主義的美學，那麼完全現代的夏樂宮（Palais de Chaillot）則體現了新興的民族誌人文主義的學術範式。人類學博物館所代表的科學成果是相當可觀的。它既提供所需的技術設施，也提供了同樣必要的研究領域——「人類」，包括所有體質上的、考古的和民族誌的表現形式。研究範式的結合創造了知識積累的可能性，從而創造了學術進步的現象。至少對於人文科學來說，人們較少認識到的是，鞏固一門學科專業的學術範式，便必須將其中變動的要素，排除或降格至「藝術」的地位。這些要素使得學科本身的資格受到質疑，導致這些研究實踐，如同《文獻》那般在失序的邊緣上運作。

在一九三〇年前，托卡德侯博物館充滿了混亂的異國新奇物件。盛裝的人體模型、華麗陳列、立體模型、大量標本——它的規畫強調「在地色彩」或是喚起國外的場景。曾經一名記者如此寫道，參訪就像「一次野蠻的旅行」（Diza 1985:378）。由於收藏品缺乏最新科學和教學的視野，混亂使得博物館成爲了人們可以在此發現珍奇藝品、盲目崇拜物件之地。正是在那裡，畢卡索於一九〇八年左右開始認眞研究非洲藝術。

> 當我在德蘭的敦促下第一次前往托卡德侯博物館時，濕氣和腐朽的氣味卡在我的喉嚨裡。這讓我覺得非常不適，我希望趕緊離開，不過我還是留下來研究。（Gilot 1964:266）

「托卡」，是一座奇怪的拜占庭伊斯蘭式建築（Byzanto-Moorish），沒有暖氣，也不夠明亮。它缺乏一致的科學脈絡促使了人們將其物件作爲獨立的藝術作品，而不是文化工藝品來加以欣賞。在第一次世界大戰後，隨著人們對原始事物的熱情高漲，這個有失體面的博物館暫時地變成了「藝術」博物館。

隨著里維埃在三〇年代早期的逐步改進，博物館開始展出許多非洲、大洋洲和愛斯基摩藝術的陳列品。達喀爾－吉布提探險任務收集到的物品展示在很大程度上便屬於這一類。有一批熱心的志工（包括未來成爲民族誌研究者的伯米、十六區的時尚淑女，以及異國風情的業餘愛好者）協助博物館進行翻修。博物館逐漸變得時尚起來。在新大洋洲展廳的開幕式上，來自巴黎著名時裝品牌的模特兒穿著異國情調而誘人的服裝進行了時裝秀。除了政府和洛克菲勒基金會的資助，達喀爾－吉布提探險任務還從私人藝術贊助者那裡取得資金（《非洲印象》的前衛超現實主義作家魯塞爾即爲金主之一）。在格里奧爾團隊出發進行爲期二十個月的探險勘查前夕，里維埃在冬季馬戲團（Cirque d'Hiver）籌畫了一場盛大的募款活動，這是一場以「非洲」羽量級冠軍愛爾．布朗作爲主角的拳擊比賽，爲此巴黎人盛裝出席。據傳，這位冠軍拳擊手曾經和牟斯做過拳擊練習，而這個傳說並非空穴來風（這位偉大的學者曾是一名優秀的運動員和拳擊練習生）。[6]

這些奇聞軼事讓人感受到一九三〇年左右托卡德侯的超科學氣氛。博物館對非洲藝術的熱情風潮正處於浪頭。[7] 二〇年代期間，黑人這個詞彙可以包含現代美國爵士樂、非洲部落面具、巫教儀式、大洋洲雕塑，甚至是前哥倫布時期的工藝品。這已經達到薩依德所稱的「東方主義」的程度——一個彼此交織的集體再現，並且描繪出一個地理上和歷史上模糊但象徵性鮮明的異國世界（1978a）。[8] 如果非洲「戀物主義」觀念在二〇年代有任何意義，它所描述的不只是一個非洲信仰的模式，而是歐洲狂熱者著迷異國風情工藝品的一種方式。一個面具或雕塑，或是任何黑人文化的碎片，都可以有效地喚起一個充滿夢想和可能性的完整世界——一個熱情的、有節奏的、具體的、神祕的、無拘束的「非洲」。

在達喀爾–吉布提探險任務之際，這種對於非洲的興趣已經變成一項完全開展的異國情趣（*exotisme*）。社會大眾和博物館都汲汲追尋一件更美學化的商品，正是在這種氛圍下，法國立法機關被成功地說服頒布了一項特別法案，支持一項以豐富國家收藏品爲主要官方任務的探險。達喀爾–吉布提這個法國人類學田野探險團滿足了這個需求；它帶回了可供統計和展示的資料（Jamin 1982a）。[9]

一九三一年起，民族誌研究者是帶著一種結構化的美學觀念、對非洲的憧憬，以及對「它」應該如何被收集和表現的某種（本質上是戀物教的）概念，出發前往非洲。他們並沒有像當時英美田野工作者那樣，著手體驗和詮釋一個分散式的文化整體。在雷里斯的敘述中（1934），田野工作的和諧關係僅是一種浪漫的幻想；而在格里奧爾的報告中（1933），民族誌被描述爲一個充滿角色扮演和操縱的過程，權力是其中核心問題（見本書第二章和第六章）。即使格里奧爾和其合作者晚期的作品遠遠超出了主導早期任務的博物館收藏，他們也很少試圖在其中呈現一個非洲現實的統一版本，而是充滿了文件紀錄、注解性陳述的分歧與不連續性（格里奧爾強烈主張多元角度的團體研究）。

從達喀爾-吉布提探險任務開始的研究過程，產生了有史以來對於一個部落團體（多貢人與其鄰近族群）最完整的描述紀錄。然而，如同道格拉斯所抱怨的，這幅圖像是古怪而扭曲的。例如，我們永遠無法掌握日常生活是如何進行、實際的政治決策是如何做出。[10]詳盡交互參照在地理論，反而過度地強調了事物如何或應該如何進行——這是一種神話般的宇宙秩序概念，渴望擁抱世俗世界的每一個姿態和細節。多貢智慧的卓越美感和概念力量只爲一小群年長者所了解，而且它永遠無法滿足一個令人困擾的問題：究竟什麼才是多貢人眞正的面貌？格里奧爾傳統爲我們提供了一套經過詳盡解說的文件，其中最重要的宇宙起源神話顯然是由多貢人所創作的。很少有像馬凌諾斯基《西太平洋的航海者》那樣的自然主義解釋。事實上，在超現實主義碎片化潮流之後，這樣做還有什麼意義呢？

如果說，達喀爾-吉布提探險任務帶回的大量「藝術品」在托卡德侯博物館裡展示，那麼這些物件接下來則是在另一間完全不同的博物館中找到了永久的歸宿。一九三四年，里維埃才剛完成重建修復的工作，瑞弗便宣布批准了一項宏偉的新計畫。古老的拜占庭式結構將被夷平，爲的是建造一座可以將二〇年代無政府狀況的世界主義昇華到具有「人文」

138

意義的夢想建築。人類博物館，這個名字直到最近才變得頗具諷刺意味，在一九三〇年代中期它曾是一個令人欽羨的理想，同時具有科學上和政治上的重要性。新機構合併了自然歷史博物館和原先設在索邦大學民族學研究所的技術實驗室。博物館匯集了一個自由的、綜合的「人類」形象，這是瑞弗構思的願景，這個願景在一個強大的象徵整體中，將我持續探討的許多意識形態線索編織在一起。瑞弗聚集了一群才華洋溢的民族學家，其中包括梅特勞、勒羅伊-古爾漢、林哈特、格里奧爾、雷里斯、謝夫納、迪耶特蘭、伯米、杜蒙以及索斯克。機構所提供的支持與牟斯的教學一起形成了新興田野工作傳統的中心。對其中大多數的學者而言，藝術和民族誌之間的聯繫至關重要。

牟斯和瑞弗的人文主義觀念，拓展並開放了對人類本質的在地概念。沒有任何一個時代或文化，可以宣稱自己體現了人類博物館所展示的人類。該博物館全面展現了物種的整體形貌，從生物的演化開始，經過早期文明的考古遺蹟，然後結束在一系列實際的文化選項之中。走廊的一側成功地展示了地球上不同的種族和文化經過整合安排後的樣貌，另一側則是分析。牟斯的全人（*homme total*）首次匯集以啟發大眾。此外，人類博物館還擁有大量的研究實驗室和學術收藏，以提供科學家使用。無論何時，博物館內展出的收藏品都只占其總館藏不到一成（見Rivière 1968, 1979; Rivet 1948:110-118）。

進步主義者的人文主義見解強調科學和大眾教育的結合，這相當符合瑞弗的世界觀。

瑞弗是一位具有遠見的社會主義者——並且擁有實現它所必需的政治和社會關係。人類博物館被認爲是一九三七年國際博覽會的一部分，也是人民陣線（Popular Front）理想的象徵。瑞弗的專長爲美洲考古學和史前史，傾向將人類放在一個進化的、擴散式的框架中，強調長期的生物文化發展，並透過廣泛收集和比較特徵來重建歷史序列。他早期發表在《文獻》一篇關於方法的文章裡，揭示了關於其夢想博物館的基本主題（Rivet 1929）。他寫道，在人類研究中，民族誌、考古學和史前史之間的界線「完全都是人爲的」。（在後來的版本中，他將體質人類學加入其中。）根據政治地理劃分而將人類現實加以分類，也同樣是人爲的結果。「人類在空間和時間上是一個不可分割的整體」。「關於人類科學」不再需要任意細分。「現在該是克服這些障礙的時候了。而那正是人類博物館試圖要做的事情」（Rivet 1948:113）。這番話對於一九三七年的政治風向相當明確。

人類博物館爲法國民族誌科學的發展提供了一個自由的、成果富饒的環境。它指導的價值觀是世界性的、進步的和民主的；二戰期間抵抗運動的第一批基層組織於一九四〇年在人類博物館內成立（Blumenson 1977）。人類博物館鼓勵國際理解和全球價值觀，在里維埃、瑞弗、格里奧爾、雷里斯、梅特勞，和聯合國教科文組織其他民族學家的參與下，此一定位在第二次世界大戰後持續進行。[11] 他們的世界主義傳統在許多重要方面與二〇年代的民族誌超現實主義保持一致。應該記住的是，超現實主義已經成爲一種眞正的國際現象，在各大洲都有分支。它尋求銜接的並非文化上的差異，而是人類的差異。相同情況可以適用於整個法國民族誌。[12] 但是，儘管人類博物館共享超現實主義的範圍，人類博物館的民族誌人文主義並沒有採用早先超現實主義具侵蝕性、去熟悉化的態度面對文化現實。相對地，科學的目的是在於收集民族誌的工藝品和資料，並將它們展示在一個重新建置的、容易詮釋的脈絡中。這同時造成了一些失與得。事實上，可以想像對於人類博物館的民族誌超現實主義批判，嘗試指向一種更加柔性且較少權威性的人文主義形式——或更確切地說是，人文主義活動。

人類博物館中的非洲雕刻品和相關物件放在同一區域展出，並從功能上詮釋了它們的重要性。它們並沒有被放在座落於幾條街外現代藝術博物館的畢卡索作品旁展示。正如我們所見，現代藝術和民族學的新興領域在一九三七年較十年前更加顯著。[13] 去質疑這些看似自然的分類並非僅是一種異想天開。爭議之處在於人類類別和差異的破壞性與啟發性的遺失，這些活動不僅是陳列和理解文化秩序的多樣性，更是公開期待、允許，甚至渴望自身的混亂（disorientation）。

此一活動在穩定的民族誌知識的強化和展示中消失了。在二〇年代，剛成形的民族誌與超現實主義結盟所展現的知識，顯得更加古怪、未定型，甚至願意瓦解自身文化的秩序——這種文化建立了偉大的民族誌科學和現代藝術博物館。

人類博物館於一九三八年六月正式向大眾開放。在前一年夏季，巴塔耶、雷里斯、凱洛斯，和一群自稱為「社會學院」(Collège de Sociologie)的前衛藝術知識分子（其中有些是牟斯的學生），提出一個奇怪的替代方案。雖然此一名稱暗示了涂爾幹傳統，但是該學院對於《社會學年鑑》重新燃起的興趣涉及相當大程度的創新。這個朝向社會學的興趣（不像在英國或美國那樣與民族學截然不同），表明他們拒絕接受超現實主義對文學和藝術的過度認同、過度的主觀主義，和對自由書寫、個人夢境經驗和深度心理學的興趣。社會學院定期在一家拉丁區咖啡店裡聚會了兩年，但後來由於內部分歧以及戰爭爆發而中止；這個團體嘗試在文化過程學習中將科學嚴謹性與個人經驗重新結合起來。如同《宗教生活的基本形式》的作者一般，當外在於正常生存之外的經驗可以找到集體的表達，並且當文化秩序同時被破壞和復原的時刻，這些社會學院的創立者浸淫在這些宗教儀式的時刻裡。他們採用涂爾幹的神聖概念，來定義這個令人耳目一新的領域。

如果涂爾幹在諸如原民儀式的「集體亢奮」(collective effervescence)等民族誌的移轉範例裡，發現了社會團結的根源，那麼巴塔耶則設想了當代巴黎的逾越和過度行為的集體表達。他痴迷於祭祀的力量，並且希望將協和廣場重新用作學院組織的儀式活動場所。凱洛斯則較為溫和，他從事的研究後來成為《人類與聖者》（一九三九）一書的計畫。他向學院講授「慶典」(*la fête*)，這是關於世界各種文化的導覽，並且援引他的老師牟斯、杜梅吉爾、葛蘭言，以及埃爾金、福德和林哈特等民族誌研究者的經驗。凱洛斯的各種神聖性包括對於原始混沌、過度、宇宙起源、生育、縱欲、亂倫、褻瀆，以及各種嘲弄等的儀式性表現。雖然他們和涂爾幹一樣對集體秩序的建置感興趣，但是社會學院的成員，傾向於關注混亂的再生過程和日常生活中神聖的必要干擾。從這個立場來看，前衛藝術的顛覆性批評活動可以被視爲社會生活的基本要素；「藝術」在現代文化中的侷限地位可以被超越，至少在規畫上是這樣。

142

我們很難對該學院一概而論，畢竟這是一個如此短命且成員各有特性的機構。例如，雷里斯關注的不是集體儀式，而是那些自我和社會如何銜接至意識層面的自傳式議題。爲了這個目的，他發展出一種方法上的笨拙性，一種永遠無法適應的狀態。他自身對學院的主要貢獻（在因證據標準鬆散和建立個人派系的危險而導致辭職之前）是一篇題爲〈日常生活中的神聖性〉的文章（一九三八）。在這篇連結了民族誌和自我描繪的文章中，雷里斯刻畫了許多之後在《遊戲規則》（一九四八～一九七六）中發展的主題。* 具有不尋常吸引力的物件（他父親的左輪手槍）、危險區域（賽馬跑道）、禁忌場所（父母的臥室）、祕密地點（廁所）、帶有特殊神祕性質的文字和片語——這些資料都會喚起「模稜兩可的態度，與某種既吸引人又危險、既有聲望又遭回絕的東西聯繫在一起；這種尊敬、欲望、恐懼的混雜，可以被視爲神聖的心理標誌」（Leiris 1938b:60）。

在《非洲幽靈》（一九三四）中，雷里斯尖銳地質疑了「主觀」和「客觀」實踐之間的科學區分。他想知道，爲什麼自我的反應（我的夢、身體反應等）不是田野工作「資料」中的重要部分？在社會學院裡，他瞥見了一種民族誌的可能性，分析嚴謹又富有詩意，關注的不是他者卻是自我，集中在它獨特的符號系統、儀式和社會地形學。異例是用來闡明規則而不是進一步證實它。在赫茲既有成果的基礎上，雷里斯和他的同事培養了一種神聖的笨拙感（*gauche*）。在雷里斯的例子中，這種態度產生了一項自我描繪的畢生事業、一種不熟練且永遠不完美的社會化過程，而《遊戲規則》的標題，表達了該學院關注在調查中秩序的模糊兩面性。然而，從一九三〇年代後期以來，雷里斯將文學和民族誌的作品嚴格區分了開來。他那具煽動性的田野日誌《非洲幽靈》仍是超現實主義民族誌一個孤立的範例。（見本書第六章。）[14]

包括瓦爾、克羅索斯基、柯耶夫、包蘭、莫諾羅、班雅明等形形色色的公眾人物經常出入社會學院。該學院長期以來有著各式各樣的傳說和錯誤資訊，如今可以在一定程度上帶有自信地加以討論，這主要歸功於霍里爾（1979）的努力，他幾乎匯集了所有關於該學院

---

* 譯注：《遊戲規則》（一九四八～一九七六）法文原著爲 *La règie du jeu*，是雷里斯橫跨數十年的四冊「自傳式」作品。見本書第六章。

143

存在的現存文獻。[15]這個圖像是複雜的，在許多方面仍是神祕的；這裡列舉那些學院所關注的部分便已足夠，而這些部分與我一直稱爲民族誌的超現實主義相呼應——這些關注仍占據人文科學的邊緣位置。

學院的成員以堪稱示範的方式反對個人與社會知識的對立（Duvignaud 1979:91）。儘管他們從未成功解決科學嚴謹性和激進主張之間的緊張關係，但他們仍然拒絕與任何一方輕易妥協。如同傑米指出，該學院設想了一種批判性的「日常民族學」，它可以依此同時回應社會以及一群作爲先鋒或是初始行動的激進研究人員。在傑米的總結中寫道：

> 疏離、異國情調、他者的再現和差異等概念被改變、重新製作、重新調整，其標準不再是地理的或是文化的，而是方法論甚至本質上是認識論的：使看起來熟悉的東西變得陌生；以一位「異國情調」民族誌研究者的細微注意力，並使用他的方法，研究當代機構的儀式和神聖場所；成為觀察者，觀察那些是我們自己的他者——而且在另一方面，這位他者是我們自身……社會學家在他的研究領域的介入，對其經驗投入的興趣，或許構成了學院最原始的面向。（1980:16）

社會學院在其前衛的、激進的科學概念中，致力於突破世俗的虛飾，其自身的矯飾，

144

以及有時宏大的野心，是二〇年代超現實主義的晚期產物。它提供了一個特別引人注目的例子，說明超現實主義的維度與現代藝術和科學的本質進行奮鬥，以便安排一個完全的民族誌文化批判。

如果說社會學院是不穩定的、臨時的和業餘的，那麼人類博物館則具有官方認可的、科學的、不朽的學術等所有標誌。雷里斯在一篇關於博物館（事實上也是他爾後三十年來的服務處所）開幕的矛盾報告中，詳述了博物館致力於生活藝術的弔詭。他寫道，危險之處在於「爲了服務於藝術和科學這兩個抽象概念，任何活生生的騷動」將會被「系統性地排除」。雷里斯在讚揚新民族誌博物館學的人文主義和進步目標的同時，帶有遺憾地瞥視古老的托卡德侯博物館，那裡有著獨特的氛圍和「某種熟悉的氣氛（缺乏教條式的僵化）」（1938a:344）。

在人類博物館的圍牆上，刻著由梵樂希所提的金色字體（下方矗立著一名壯碩男子征服水牛的雕像）：

> 每個人都在不知不覺中創造，就像呼吸一樣。但藝術家清楚知道他是在創造。他的行動使他整個人都投入其中。他因深愛的痛苦而變得堅強。

現在已經成爲普世本質的藝術，是藉由一種理想主義的、自信的感觸所展示和認可。一種特殊版本的人類本眞性，以個人內在性和浪漫的痛苦爲特徵，被投射到地球的其他地方。所有人都在創作、深愛、工作、崇拜。一個穩定、完整的「人性」得到確認。[16]這樣的整體預設了一個遺漏，即排除了投射來源。人類博物館中沒有展示的是現代西方，以及它的藝術、制度與技術。因此，在人類博物館中，西方秩序無處不在，但沒有在展示之中。此一重要的影響在精心分類的大廳中消失了，因爲博物館鼓勵對整個人類從遠處查看，冷靜而寬容的沉思。西方的身分和其「人文主義」從未被展示或分析過，也從未受到公開質疑。

論及「人」和「人類」是冒著將偶然的差異化約爲普遍本質系統的風險。再者，人文主義者所認定的權威往往不容質疑。正如梅洛龐蒂所指出的：「在其自身的觀點裡，西方的人文主義是一種人性的愛，但對其他人來說，卻僅僅是一群人的習俗和制度、口令，有時則是戰鬥口號」(1947:182)。這些與人文主義（或者人類學的）觀點相關的問題，最近變得顯而易見。第三世界的聲音現在開始質疑任何建造人類博物館的在地知識傳統的權利（例如見 Adotevi 1972-73），而在法國，激進的文化批判平靜地宣布人類已死。我無法在這裡詳述這種對人本西方和它的全球論述分析的歧義特質（見第十一章）。無論如何，我們都應該警惕不要過快地拋棄牟斯或瑞弗的想法——一個仍然爲反抗壓迫提供了基礎，並爲寬容、理解和慈

145

悲提供了必要建議的人文主義。

文化／拼貼

正如我所強調的，民族誌知識的弔詭本質並不必然需要放棄人類關聯性的假設，儘管它確實質疑人類相似性的穩定或根本基礎。人類學的人文主義和民族誌的超現實主義不需要被視爲相互排斥，而是可以被理解爲在短暫的歷史和文化困境中的悖論（antinomies）。兩者的對比簡單來說，人類學人文主義以差異性作爲開端，並透過命名、分類、描述、詮釋，使差異變得可以理解。它採取了熟悉化的方式。相對地，民族誌超現實主義實踐則是攻擊熟悉的事物，並且喚起他者——無法預料的事物——的闖入。這兩種態度互爲前提；兩者都是產生文化意義、自我和他者定義此一複雜過程中的元素。這個過程是相似與差異、熟悉與陌生、此處與他方的永恆諷刺活動——正如我所論證的那樣，具有全球現代性的特徵。

在探索此一困境時，我著重在民族誌超現實主義的實踐，而較少關注位於其反向的超現實主義民族誌。讓我提出一些關於後者的假設。除了雷里斯的《非洲幽靈》之外，並沒有其他純粹的例子；但我認爲，超現實主義的做法總是呈現於民族誌的作品當中，儘管很少被明確承認。（例如見本章附件。）我已經指出有某些出現在格里奧爾的文件紀錄式研究中。

更一般來說，拼貼機制可以作爲一項有用的範例。在每一門人類學導論課程和大多數民族誌研究中，都會將獨特的文化現實從它們的背景中切割出來，並且迫使它們成爲親近之物。例如，在馬凌諾斯基的初步蘭群島上，我們將經濟或貿易行爲標記爲獨木舟巫術和神話。儀式交換的貴重物品伐乙古阿（*vaygu'a*，貝殼項鍊）與英國皇冠上的珠寶並置。甚至將外來親屬制度帶進西方婚姻的概念領域，都會引起去熟悉化的效果；但是，我們必須將這一轉喻式並置時刻從一般情境中區分開來，這是一種隱喻比較的作用，使得相似性和差異性的一致基礎可以加以闡述。

民族誌中的超現實主義時刻，是在全然不符且未經協調的張力之中，存在相互比較的可能性。此一時刻在民族誌理解過程中持續產生與修飾。但是，從拼貼觀點來看這項活動，把握的是超現實主義時刻——洛特雷阿蒙解剖台上令人驚訝的共存。拼貼帶給作品（這裡指的是民族誌文本）一些元素，這些元素不斷地宣稱它們之於現身脈絡的外來性（foreignness）。這些元素——如新聞剪報或羽毛——被標記爲眞實的、收集的，而非被藝術家-作者所創造出來。當然，剪裁和拼湊的過程是任何符號訊息的基礎；它們便是訊息自身。研究過程中的剪裁和縫合痕跡清楚可見；其中，並沒有將研究的資料掩飾或混合成同質的再現。在拼貼的模式上書寫民族誌，是爲了避免將各種文化描繪成有機的整體，或是描繪爲一個屈從於連續的、解釋性的話語中，統一的、現實的世界。（我認爲貝特森的《納分

147

儀式》是一個早期無法被歸類的類型。關於《納分儀式》作爲民族誌寫作實驗，見Marcus 1980:509 and 1985。）民族誌作爲一種拼貼，將會彰顯民族誌知識的建構過程。它將成爲一個裝配物，包含了民族誌研究者以外的聲音，以及「被發掘的」證據、一份尚未完全納入研究所主導的詮釋之中的資料。最後，它不會因爲透過解釋而抹除了那些存在於異地文化中的元素，這些元素使得研究者自身擁有的文化重新變得不可理解。

現代民族誌的超現實主義元素，往往不被科學所承認，這門科學認爲自身致力於減少不協調，而不是同時參與不協調的產生。但每個民族誌研究者不都是超現實主義者、現實的重新創造者和重新混合者嗎？民族誌是一門研究文化危機的科學，預設了一種持續接受驚喜的意願，取消詮釋性整合，並且重視尚未分類的、未獲尋求的他者。

民族誌超現實主義和超現實主義民族誌皆是烏托邦式的建構；他們嘲諷並重新混合藝術與科學的制度定義。將超現實主義視爲民族誌，便是質疑創造性「藝術家」的中心角色，那是一種薩滿特質，在夢境、神話、幻覺、自由書寫等心理領域裡發現更深層次的現實。這個角色與文化分析者的角色截然不同，後者感興趣的是共同準則和慣習的制定和廢除。超現實主義與民族誌的結合重新恢復了其早先作爲批判文化政治的志業，此一志業卻在後來的發展中丟失了（恩斯特爲洛克菲勒夫婦設計了一張夢幻雙人床，爲「藝術世界」的一般「藝術」生產）。

民族誌與超現實主義的結合不再被視爲人類學——一門關於人類的普通科學——的實證、描述性面向。它也不再是各種文化的詮釋，因爲這個星球不能被區分爲各種特殊的、文本化的生活方式。民族誌與超現實主義的結合以理論和實踐並置的形式出現。它研究在文化輸入–輸出工作中，具有意義性整體的創造和障礙，並且成爲其中一部分。

現代世界體系中，並置和創造的最後兩個實例（寓言），都在尋求一種民族誌超現實主義態度。第一個例子或許過於熟悉。一九〇五年左右，畢卡索獲得了一個西非面具。這個面具相當漂亮，呈現平面和圓柱狀。由此他發現了立體主義。（這個故事的其他版本則是在古老「托卡」中找到了頓悟。）人們已經花費大量筆墨說明非洲雕塑在立體主義出現中的角色。畢卡索一開始就發覺形式上的相似性嗎？正如他曾經說過的，非洲藝術在本質上是「合理的」（raisonnable）嗎？或如他之後所暗示的，他是受到非洲藝術中的準宗教「巫術」所感動？爭論依舊持續進行（見Rubin 1984b:268-336; Foster 1985:181-208）。無論是畢卡索自己、或是爲畢卡索而回顧性地建構任何靈感或喜好，他所收集的異國風情物件，很明顯地皆是適合完成特定工作的工具：例如，格列博族（Grebo）面具上突出的圓柱形雙眼，讓人聯想到電吉他的旋鈕構造。毫無疑問地，沒有面具，立體主義仍會出現解決各種構圖問題的方法；但是，畢卡索、德蘭和其他人在這個歷史時刻注意到並且欣賞非洲工藝品，這一事實意義重大。某種新的事物以某種異國風情的樣貌呈現。這是常見的過程；例如，莫內在吉維尼的住家有許多日本繪畫作品。大約在一九二〇年，非洲藝術正蔚爲風潮，有人發起了對這個主題的調查。畢卡索以著名的俏皮方式回應：「非洲藝術？不認識！」(*L'art nègre? Connais pas!*)。確實，他對非洲本身沒什麼興趣。十五年前他發現這些具爆發力且具啟發性的面具，本質上並沒有什麼是屬於非洲的。但它們很適合用來創造差異。

我的第二個例子來自初步蘭群島。它出現在利奇和基爾迪亞與當地初步蘭政治運動合作製作的經典民族誌影片，《初步蘭板球：對殖民主義的巧妙回應》。這個由英國傳教士在馬凌諾斯基登場時所帶來的紳士比賽，早已變成另一種新的比賽。現在它成了好玩的競爭、放肆的性欲表現、政治競爭和聯盟、諷刺的模仿。人們從傳統元素中調製出某種令人驚訝的東西，建立在被「廢棄」的傳教士競賽基礎上，同時使用了從第二次世界大戰期間對島嶼的軍事占領中所提取的符號。這部影片將我們帶入了一個由色彩鮮豔、長著羽毛的身體、球和短棍所組成的舞台漩渦。在這一切過程裡，裁判坐在椅子上，利用神奇的咒語冷靜地影響比賽。他口中正嚼著檳榔，這是他從放在腿上一個小儲物袋拿出來的。那是一個亮藍色愛迪達塑膠手提袋。非常漂亮。

或許，熟悉民族誌超現實主義可以幫助我們將亮藍色愛迪達塑膠手提袋，看作創造性的文化過程裡的一部分，一如《亞維農少女》裡，那個一九〇七年突然出現在粉紅色身體上的非洲面具。

附件：達達資料

一個人可以自由地站在另一個人的影子上。

節錄自波拉斯的《西新幾內亞獵頭族：一份民族誌報告》，由荷蘭多德雷赫特奈霍夫出版社發行，一九八一年，頁六七～六九。

以下是關於人體各個部位的注記列表：

一、頭髮（*muku-rumb*）在某人生病時以及在小孩子的年齡儀式上會被注意到。在這兩種情況下，頭髮會被剃掉，但是後者會以裝飾品取代。被俘虜頭顱的頭髮被用來裝飾長矛，以及為獵頭勇士製作腰帶（*qowa*）。

二、臉會為慶典塗上色彩，使用的是蝴蝶圖案（*rur-dokák*）。藉由在眼睛周圍塗上鮮豔的顏色，眼睛看起來就像是蝴蝶翅膀上的黑點。

三、眼睛（*kind*）代表一個人，如忠告中所強調的：「婚禮的西米應該在太陽的眼睛之下給予（*tapaq-kind-kan*）。」

四、耳朵與一個人使用大腦有關。愚笨的人是沒有耳朵的（*mono-ain-mbék*）。「*mo-*

no-koame」（有一隻耳朵）的意思是「我們也可以思考」。

五、鼻子（*tamangk*）會特別用貝殼碎片和鳥爪裝飾。堅硬的鼻子（*tamangk qana*）是一張嚴肅和堅定的臉孔。

六、嘴巴（*mèm*）總是與吃相關。大嘴巴（*mèm rènggèmbak*）指的並非無禮之人，而是貪吃的人。在習俗上，嘴巴具有特殊作用，例如喝一口水噴在已經失去意識之人的臉上。伸舌頭或是在一個人面前吐口水在地上代表羞辱，並且會導致決鬥。對食人族來說，舌頭被認爲是美味的（就像拇指的肉球一樣）。

七、聳肩不代表無知，而是恐懼。在男人面前，女人會聳肩站在一起以示體面，但男人知道得更多。他們說，「如果她們單獨與一個男人在一起，這表示她們非常想和他發生性行爲。」

八、如同阿斯瑪族（Asmat）一樣，下巴或鼻子的輕碰磨擦並不是加蓋伊族（Jaqai）打招呼的習慣。他們習慣將自己的右手放在對方的左手上，然後對方會緊握第一個人的手指。男人會互相親吻對方的臉頰，但不會親吻任何女人，即使是自己的妻子也不會。女人通常不會互相親吻。

九、呼吸和靈魂的概念無關。呼吸證明的是一個人仍活著。

十、婦女在上臂和乳房之間使用疤痕裝飾。爲了擁有這些印記，女孩甘願忍受任何痛

150

苦。男人對於乳房（*abur*）和女性生殖器（*jo*）的大小非常感興趣。女人則會閒聊男人的肚子（*kandöm*）和肛門（*mo*）。這些身體部分總是會出現在我的辱罵詞彙表中。

十一、小孩子不被允許觸碰母親的大腿內側。「妻子的大腿內側」是祖先（*Kapaqait*）爲了種植植物而用來放種籽的地方。女人的陰毛和會陰部位的毛髮被熏製保存在長桿菸斗中。他們認爲，在第一次月經之前，處女膜應該要保持完整。精液和尿液都可以入藥。烏喬特（*Ujoqot*）神話是關於他如何把精液塗在椰子上創造了人類。

十二、肛門（*mo*）有一個特殊的覆蓋物，是用纖維製成的尾巴（*ék*），。當男人生病時，他總是會在意他是否臥躺合宜。觸碰一個男人的肛門，要不是表示求助其力量，否則便是非常嚴重的羞辱。放屁表示一個人吃太多了。如果在男人面前發生這種事，並無大礙，但是如果是在女人面前，特別是在妻子面前，則對他們或是該女人都是危險的。如果女人看到她們丈夫的糞便，會招致被殺害的危險。丈夫害怕她們沒完沒了責備自己吃得太多。

十三、陰莖（*paqadi*）或男人的陰毛較少受到關注。他們沒有穿任何遮羞布。*Paqadi*（陰莖）這個詞通常被當作髒話。他們認爲，一個人能做的最愚蠢的事情就是傷害自己的肛門或陰莖。

十四、從腐爛屍體滲出的液體並沒有什麼特殊用途。屍體腐爛後唯一要做的事是讓小孩子踩踏埋葬的地面。這樣做是爲了讓他們成爲死者的成功繼承人

十五、體味，特別是腋窩下的氣味，被認爲具有特殊的防禦力量來對抗靈魂。一個人的影子沒有受到太多注意。一個人可以自由地站在另一個人的影子上。

151

注記

一、我很感謝羅薩爾多提醒我波拉斯的名單。他提到，「波赫士對這份名單感到束手無策。」

二、馬凌諾斯基對他所稱的跨文化描述裡的「怪異要素」很感興趣。然而，它始終必須透過「現實要素」加以平衡。其他生活方式應該變得眞實和可以理解，同時保有一種奇特感和差異性。保有這個奇特感的一種方法是包含那些沒有被完全情境化的資料——隨機的、奇怪的事實、「無法衡量的事物」。馬凌諾斯基認爲，現實主義民族誌應該在怪異要素和現實要素之間維持有效的平衡，並且讓讀者能夠在可信度和驚喜之間、一致性和細微資料之間維持詮釋性的（愉快的）循環。但是，詮釋性的平衡往往會失衡；當發生這種狀況，對於他者的印象便會分解成部分事

實的集合和來自不同來源的並置陳述。藉由條列、揀選、分類的過程，某些看似重要的資訊變得突然明顯可見。

三、民族誌列表容易引起遐想，就像是康奈爾區分「旅館」、「棲居地」和「博物館」一樣：鳥和鐘、星座圖、滾珠軸承、菸斗、身體部位……。在分類中，或是諸如「從腐爛屍體滲出的液體並沒有什麼特殊用途」、「觸碰一個男人的肛門，要不是表示求助其力量，否則便是非常嚴重的羞辱」這類的句子中，可以發現一種無法預測的美感。

四、波拉斯是一位曾在印尼新幾內亞擔任近十年傳教士的民族誌研究者和語言學家（聖心神父）。

五、民族誌產生多重解讀。例如，初步蘭島嶼居民可以隨意地將馬凌諾斯基對他們文化的解說解讀爲嘲弄。透過從任何文化描述中挑選出單獨的句子，人們可以很容易地生產出像是波拉斯那樣的系列。

六、當「怪異要素」脫離「現實要素」時，結果便是一種新的異國風情。其所產出的奇特感並不存在於那些被再現的世界或文化。這個異國風情並不同於先前的其他類型——浪漫的、東方主義的、詩意的——因爲變得令人好奇的不再是他者，而是文化描述本身。

七、「十點，我去了特加瓦，在那裡拍攝房屋、一群女孩和瓦西（*wasi*），以及研究一間新房屋的建造」（馬凌諾斯基的初步蘭日記）。

八、接下來需要的是民族（圖形）詩學（ethno (GRAPHIC) poetics）……

第五章　移轉的詩學：維克多．謝閣蘭

……說話，並非全然透過所見，而是通過即時、持續的轉換，以他存在的回聲方式表達。

——維克多．謝閣蘭，《異國情調隨筆》

一位年輕的海軍醫師從馬克薩斯群島（Marquesas）向巴黎發送了高更最後幾週的第一份詳細報告，但這位醫師到達時已經太遲了，並沒有見到這位偉大的隱者。錯失這次會面的意味深遠，因爲謝閣蘭正要成爲所謂的後象徵主義移轉詩學（postsymbolist poetics of displacement）的重要貢獻者。這種詩學，因高更逃離歐洲而變得戲劇化，它促使了韓波前往阿比西尼亞帝國（Abyssinia）。* 這將驅使桑德拉爾走遍全球、將雷里斯推向非洲、將阿爾托推向塔拉烏馬拉族（Tarahumaras）。此一新的詩學拒絕既定的異國情調——例如洛蒂的異國風情——而且不同於克洛岱爾對深奧的「內在」《東方知識》的追求。** 這種新的詩學更關注的是與異國文化更深刻、不穩定的相遇。

謝閣蘭於一八七八年出生於法國布列塔尼，一九〇二至一九〇五年周遊於玻里尼西亞和中國，並在中國度過了將近五年，直到一九一九年去世。身爲詩人、小說家、考古學家和旅行作家，謝閣蘭參與了巴黎文學圈的晚期象徵主義——但只是從遠處觀之。他的作品很難定義。最接近的應該算是擴展式旅行文學這種文類，但仍無法包含其全部範圍。謝閣蘭應該會相當滿意自己被稱爲異國風情作家；但首先必須排除這個字詞和搖曳的棕櫚樹、海灘、擁擠的市場、西藏僧院、危險的（非洲、馬來西亞、亞馬遜）叢林、「東方智慧」、搭乘火車或輪船旅行的樂趣和諷刺等五花八門的連結。謝閣蘭將異國情調重新定義爲「多樣性美學」。這是他關於該主題一篇長文的副標題，這篇文章動筆多次，卻從未完成。其中，他攻擊了大多數旅行書寫中可預測的敘說和裝飾（洛蒂是他主要的攻擊目標）。他自己則以意想不到的遭逢、奇妙而熟悉和未成形的元素，替代爲自己的寫作風格。異國情調以一種他朋友高提耶的「包法利主義法則」（Law of Bovaryism）的延伸形式呈現：在謝閣蘭

* 譯注：阿比西尼亞帝國又稱衣索比亞帝國（一二七〇～一九七四），爲後來廿世紀東非衣索比亞共和國的前身。

** 譯注：克洛岱爾（Paul Claudel）爲法國詩人、作家和外交官。他在一八九五～一九〇九年期間派駐在中國清朝擔任領事。期間漢名有高樂待、高祿德。見《維基百科》。

153

的改述中寫道，「每個存在者在構思自身時，都將自己構想爲必然不同於他原本的樣子」（1978:23-24）。謝閣蘭筆下的異國風情充分利用了現代社會的迷亂（anomie），透過一系列持續不斷的迂迴，與「各式各樣」（le Divers）的相遇，擴展並重新發現了自己的身分。

他自身的旅行生活是一種在他者中——玻里尼西亞以及最麻煩的中國——尋找自我的不完整探索。謝閣蘭在四十一歲時死於一場未經診斷的疾病，在此之前，他已經創造出「異國風情」作品的主要元素，但其中多數並未發表。多年來，謝閣蘭一直受到尚未發表的（*inédits*）新作品支持而享有祕密聲譽。近來，隨著對跨文化寫作的認識論問題日益敏感，謝閣蘭對於自己異國風情經歷的思考，在廣泛的現代文化研究中獲得了全新共鳴。（對於其重要性的延伸討論，見Jamin 1979; Gilsenan 1986。）現已出版的廿多本著作，使人們終於可以察覺他寫作的多樣性和發展、其日益強烈的反思性，以及對異國情懷的苦惱。

*

一位旅行者的現象學「身體」有時候可以被相當準確地定位。若干寫作者喜歡從移動車廂內組織的景象和交談來感受旅行。史坦伯格喜歡從灰狗巴士（尚未有深色玻璃的舊型號）上觀察美國；他說，這給了他一個「騎士般」的視角。這與謝閣蘭的觀點很接近，特別是在中國——不論在美學和政治上都保持距離地接觸他者。謝閣蘭對於中國人並不熱情。他沒有像對大溪地人一樣，有一種直覺上的同情和性的吸引。或許對於中國的貴族還有些許好感；但在這裡他缺乏社交機會。謝閣蘭更偏好中國的歷史建築，以及那些他能自帝國傳統中予以豐富想像的部分，而這些傳統似乎在一九一〇年後受到大規模暴力、動亂和輕率的現代化所威脅（Segalen and Manceron 1985:92, 120, 137）。

在中國旅行（正如他的文字所描繪的那般），他很少像一位偷拍的攝影師去窺探人們的私密生活，或與人群互動；他甚少和人面對面地接觸。謝閣蘭似乎經常在騎馬——行進時與不平坦地面保持身體上的接觸，但有一定的高度。騎馬的旅行者可以俯瞰周圍的事物，但同時避免了地圖製作者居高臨下式的概覽。在一個由城門、穿堂和庭院所組成的世界，騎馬者騎經中國許多地方，但不需要假裝自己在「中國境內」。他拒絕了克洛岱爾式的參與，卽將東方視爲共生（co-naissance）的知識。謝閣蘭並沒有經歷或是揭示深層的、隱藏的中國事實。他騎馬移動，穿越並繞過中國的表面。這個表面既複雜又蜿蜒曲折。

***

在謝閣蘭的第一本書《時間的沉淪》（一九〇七）中，他試著寫實地喚起在地經驗，當

154

時民族誌研究者開始稱之為在地觀點。這可能是他最為人所知但最不具特色的作品。這部作品雄辯地表達了傳統玻里尼西亞——並且過於容易就陷入對於原始消失的哀悼惋惜。該小說的立場是泰瑞（Térii）觀點，他是一位系譜和神話的背誦者或口述表演者。故事以一場危機作為開端：泰瑞在一個重要的背誦過程當中遺忘了，猶豫在背誦的內容裡。這種口述傳統的中斷與歐洲船隻抵達大溪地有關，出現了一種新的、令人困惑的力量。這部小說描寫了泰瑞的失勢和逃亡、他的旅行、他與傳教士的遭逢；它以一個悲慘的結局作為結束：「毛利文明」的滅亡。《時間的沉淪》是一部相當成功的民族誌小說。謝閣蘭是一位在世紀交替之際，身處法屬玻里尼西亞文化處境的敏銳觀察者，他對於傳統儀式的描述是當時最好的學術資料。此外，謝閣蘭對於口述表達與音樂詞語的神祕象徵力量的迷戀，與玻里尼西亞人對宇宙起源論的強調間，存在恰當的對應關係。

> 這是夜行者的工作，承接擁有深厚記憶的傳統者（*haèré-po*），從一個祭壇傳到另一個祭壇、從祭司到門徒，將不可遺失的原始故事和事蹟傳承下去。因此，當夜幕降臨時，傳統者便急忙開始他們的工作了；從每個神聖的平台，從每個建在海灘圓環上的祭壇，一種單調的低語在黑暗中升起，混合著海浪呼嘯的聲音，環繞著整個島嶼，形成一條祈禱的腰帶。（1907a:11）

155

但是，如果《時間的沉淪》觸動了它的（歐洲）讀者的浪漫情懷，那麼它某些最深刻的聯繫，可能對於它的作者來說是有問題的。玻里尼西亞注定滅亡的傳統被描繪爲一個響亮的世界，一個充滿口語和聽覺上的親密環境。這些存在對於謝閣蘭來說具有強烈又危險的吸引力。他的短篇小說《在聲音的世界中》（一九〇七）想像了一個人選擇住在充滿微妙聲音的昏暗房間裡，透過聽覺來接觸和理解空間。在這個世界中，視覺似乎顯得粗糙且具侵入性。故事主人翁美麗而瘋狂。此外，《時間的沉淪》中的響亮世界與文化不可避免的死亡有關。在中國，謝閣蘭擺脫了這種文化喚起的風格，但他對聲音所帶來的感性吸收不斷有著懷舊之情。他最後的零散詩作是一系列長行的頌詩——西藏（Thibet，他堅持這種伴有氣音h的拼法），最富異國情調之處，是一個純淨的、超驗的回音室（1979）。謝閣蘭從未到達西藏，這是他所有探險中最終且被推遲的目標。

⁂

從大溪地到中國的移動，是從聲音和口述到視覺和書寫形式的轉變。謝閣蘭善於彈琴、編曲，甚至曾與德布西合作，但他發現中國是一個聽覺上的沙漠，中國的音樂和歌曲讓他感到厭惡（1985:143-144）。他的作品中鮮少描繪中國的語言，但關於銘刻——文字、姿態、建築、繪畫——卻相當豐富。這已經不再是召喚聲音的問題、不再是謝閣蘭將自己聲音與他者聲音結合在一起的問題。如同他給德布西的信中所說的，「最終，我到這裡來既不是找尋歐洲，也不是中國，而是找尋一個中國的憧憬」(Bouiller 1961:100)。謝閣蘭的他者是一個欲望的建構和明顯的編造——就像最近與其類似的，羅蘭巴特在《符號帝國》（一九七〇）裡的「日本」。

儘管謝閣蘭是中國事物的學者和鑑賞家，但他經常描繪一個不確定的現實——多種形式、持續變化、不甚穩定。他的旅行觀察集《磚與瓦》（一九七五）寫於一九一〇年，是一系列分離的遭逢、筆記和散文詩句，表達了旅行者穿越一個被布勒東形容爲「固定侵蝕」的國度。他對廢墟的迷戀是一種關於行動和過程的積極美學。中國呈現出光亮的表面和搖搖欲墜的形態，而牆壁和門後空無一物。謝閣蘭徒行（以及騎乘）穿越這個國家，爲其木質結構和深植的腐敗所接受與吸引。（一位法國的旅行者在今日難道不會發現相同毀敗的加州嗎？）他嘲笑歐洲，在那裡石造的教堂好像已經被建造了好幾個世紀：「持久不是來自於堅固；永恆不變的不在於居所，而是在你們這些緩慢的人和不斷前進的人之中！」(1975:47)。

他寫信給他的朋友曼塞隆：「我想我已經找到了關於中國建築藝術一個令人滿意的規則，藉著古老埃及人和希臘人所教導我們的，以動態取代靜態。而這種動態，不應剝奪它長久持有的流動特質。房屋和廟宇都仍是帳篷和平台，只是爲了等待長列隊伍的離開」（1985:91）。

這種對中國歷史建築的動態主義所抱持的態度，提供了旅行者一個相應的行動，揚棄任何固定的「觀察」位置。以下出自《磚與瓦》（謝閣蘭的刪節號記錄了顛簸的移動）：

> 宮殿，因為意外而成為靜止，而且不利於你的本性；輕巧的建築……無法使你回到平台支柱的搖擺……而我會向你走來；我走路的起伏，與每一個正成為停駐點的庭院，會將你曾經活過的肩膀節奏和搖擺帶回你身邊。我會走向你。（1975:32）

謝閣蘭的中國景觀是幾乎沒有停止運動的姿態。群山是「凍結的波浪」。他執著於騎馬穿越北方的「黃土異域」（他在想「這就是中國的形象嗎？」），一個充滿耕痕切割的土地，黃色塵土在風中飛揚，流水不斷；萬物皆在侵蝕。他的路徑橫跨了土地，並且繞著新的塌陷或是溪流變化而轉向。謝閣蘭寫下了關於現代的移轉經驗：自我和他者的一連串遭逢、迂迴，並且每個穩定的身分都存在著爭議。

✵

謝閣蘭的中國是一個多樣化寓言，一個逐漸增加的個人（如果謹慎地保持不確定）意義來源。他以墓誌銘風格撰寫的詩集《石碑》（一九一二），並沒有翻譯中國文化內涵，而是爲作者提供了一個非個人式的官方聲音，一種可以允許他擁有某種表達自由的僞裝。謝閣蘭並不喜歡陳述個人的情感；但他描述一系列中國繪畫作品的詩集《畫冊》（一九一六），是有關親密想像的多個面向。這些「畫作」被刻畫在絲綢、瓷器、毛織品、水，甚至是空氣中擺動的扇子。有些像長捲軸一樣展開。在女人的困惑凝視中、繡帷的觸感裡、花瓶的冰冷表面上，謝閣蘭探索了一座關於個人迷戀與恐懼的畫廊。

接下來的畫作並不是一個高高懸掛的作品，而是可以被姆指或食指輕輕碰觸便打開的作品，像是在秋天和春天時的半月扇……而且事實上，那稱為：

飛揚的扇子

別讓它停止：別試圖攤平它，或是計算象牙鑲嵌的數量；但是，永遠讓它動著吧；於空氣中揮舞，從眼角偷偷地注視著它發出的每一次溫柔的氣息，逐漸猜測那隱祕的場景：黑暗與閃亮的背景。突然地，一座城牆打開：翅膀拍動：眼球滾動：頭骨深陷：出現一座寶塔，像一座噴泉般向天空散開……

你看到了嗎?扇子，繼續搧吧。

一個身形組成：一位裸體僧侶，欣喜若狂。整個人只剩下兩顆眼珠，但它們非常有活力。(其他部分已經乾枯或腐爛了。)它讓我們了解，唯有所見，才是好的。扇子，繼續搧吧……

此刻一個完全張開的臉孔凝視著你；如此神奇而深邃，以至於它會附著在你的面容上，如果你不繼續搧動，它可能會變成**你的面容**，除非你將它變成某種較少爭議的東西：畫家的地平線曲線；浩瀚的海洋波浪；玫瑰鵝的翅膀在空中緩慢搧動；每個欲望的聚集、刪減、簡約的愛撫……扇子，繼續搧吧……

但那張彩繪的臉龐再次浮現出來，帶著傲慢，每一次都更加清晰。它從更近的距離凝視著你。這到底意味著什麼?你是在挑釁它嗎?如果在其他地方遇到如此情況：這是何等令人難以忍受的經驗啊!像是一位極度堅持的朋友、像是一個過於如實的懊悔、像是一名失聲者希望發聲提問。

但是我們並沒有居住在真實世界中。我們可以拒絕任何冒犯或是煩擾，用手輕輕一揮，比後悔更容易抹去。

所以，合攏你的手指：很快地，臉孔已消逝……(1916:34-36)

中國繪畫的順序是由一種穿透異國風情但又親密**想像**的意識所控制。正如謝閣蘭曾在一封信中提到，「從中華帝國到自我帝國的轉變，是持續不變的」(Bouiller 1961:10)。如果閱讀他晚期的作品，我們會開始懷疑爲什麼他從未完成那篇計畫已久、關於異國情調的文章，〈一種多樣的美學〉。中國混淆了異國風情者對於多樣性的追求。謝閣蘭筆下的中國比大溪地這個感官的、聽覺上的眞實世界更爲遙遠、更加神祕。但距離和神祕不會成爲「各式各樣」的路徑。它們只會激起無窮無盡的雙重建構與自我寓言。

⁂

謝閣蘭從未就他的異國遭逢寫出連貫的理論。相反地，他投入於一系列寫作實驗、自我覺察的小說旅行的撰寫，探索和質疑對多樣性的追求。就像「理論」這個字的詞源所指出的，理論與移轉、轉換和旅行密不可分。

謝閣蘭的小說《勒內・萊斯》(一九二二)或許是他最持續自我反思的作品。這個關於紫禁城的精采神祕故事，破壞了典型異國情懷者關於圍繞著「祕密」的障礙和門檻。《勒內・萊斯》是對深度眞實、眞實的揭露和持續求知欲的微妙冥想。小說的敍述者名叫謝閣蘭(該小說大體上取材自他於一九一一年清朝末期在北京目睹的眞實事件)，他著迷於紫禁城和中國隱密的核心——皇帝。他必定知道有關「內部」的一切可能。（事實上，謝閣蘭夢想撰寫一本從中國皇帝眼中的中國的巨著，《天子》）。一位年輕的比利時人萊斯在北京長大，並且精通語言，因此也（扮演）中介角色。少年進出宮牆，向熱切期盼的敘述者揭露愈來愈多令人驚奇的誘惑和陰謀故事。與洛蒂著名的阿茲亞德（Aziyadé）誘惑、玷汙了土耳其後宮的行爲相呼應，萊斯成爲了皇后的祕密情人。在禁忌之處，最終的（女性）他者被占有了。

然而，很快地，這部熟悉的東方主義式劇碼偏離了應有的發展。謝閣蘭的知識是一種感同身受。他和萊斯是共享彼此祕密的替身。過於親密的理解使他們成爲同謀——我們被引導如此猜測——於異國「內部」的創造和揭露中的作用。敘說開始變得清楚。疑問浮現；故事變得矛盾。我們開始質疑宮殿內是否存在任何祕密或核心眞實，這是一個五花八門、迷宮般的世界，沒有任何人可以知道任何事情的發展，包括皇帝自己。與此同時，我們無法將所聽到的一切視爲謊言和幻想。這個故事擁有許多歷史的特殊性，伴隨著帝國改朝換代的歷史。萊斯最後因其「內部」活動而被殺害：必定曾經有著些什麼；這一切不可能全部都是編造出來的。

《勒內．萊斯》對宮殿內是否發生任何事情保持著微妙的不確定性。我們終於看到敘說者對於知識、洞察力、揭露等欲望的誘惑，甚至是致命的力量。事實上，這個寓言引起了廣泛的共鳴：無數關於隱藏、揭露和初始的故事，都是由一個相似的欲望構成，這種欲望提出祕密是爲了揭露它們，想像一個眞實的「內部」他者。在《勒內・萊斯》的結尾，已經沒有了最終的深度：對於各種眞相呈現的追尋，顯得沒有盡頭。所剩的只是一些表面、鏡像、雙重性——一種沒有本質內容的符號民族誌。

*

謝閣蘭透過想像遊歷中國的方式變得愈來愈明顯地個人化。在他的生命即將結束之際，對於多樣性的追求持續地使他回歸自我、回歸到他所熟悉的迷戀物上。幾篇晚期的文章將「各式各樣」予以戲劇化。在《勒內・萊斯》中，謝閣蘭年輕密友的死去，意味著他生命中「穿越」至異國情調的紫禁城那部分生命的終結，在那部分的生命裡，意味著他無法再相信與其他生命分享的可能性、情愛地擁有他者的可能性、擺脫給定的身分的可能性。再也沒有任何東西留在這個異國情調的生命裡了。小說的結局充滿了清醒的悲傷，一種淒美的失落感。（也許恰如其分的是，謝閣蘭自己的生命也以不確定的方式結束。他最終莫名的疾病與精神危機有關，但仍然是不明確的。克洛岱爾曾催促他與天主教和解，但沒有成功。關於他自殺的謠言仍舊存在。）

謝閣蘭最後完成的作品是《裝備》（一九二九）；此標題顯示出介於「跋涉」和「逃離」的意思。它記錄了發生在第一次世界大戰前夕所進行的最遠的考古探險，一次接近但沒有跨入西藏的旅程。《裝備》副標題爲「眞實之地的旅程」（Voyage au pays du réel），這是謝閣蘭最直接的個人旅行寫作。第一人稱單數充斥於作品之中。但這個「我」（*je*）遠非簡單：它以兩種截然不同的方式穿越中國風景。《裝備》記錄了介於「想像」和「眞實」的持續交替——「在隱喻上所征服的山峰和靠雙足艱苦攀登的高峰之間的交替」（1929:12），是在尋求和掌握之間的交替。這並不單單是幻象與現實、「心理」對抗「生理」的問題。相反地，這是一個欲望的過程，一個永遠無法滿足的多樣性追求，構成了旅行者的身體和主體性。

在多山的南方，這個如此遠離北京的世界，謝閣蘭忘卻了許多他以前對中國的認識。但是他卻甚少描述這些地方和那些他所遇到的人，彷彿可以和他們保持一定的距離，並且加以詳細描述。《裝備》所提供的反而是一個主觀的節奏——一個身體的知覺和感觸，穿越了既眞實又想像的空間。如果有時不清楚所喚起的是外在知覺或是夢境，那麼敘事仍然保留了無法化約的具體性。這個性質深植於完美的闡述階段——旅程中的不同階段，每個階段都是與現實的協商。

對謝閣蘭來說，眞正的多樣性並不是那些已經被規範爲異國情調或是「中國」的東西，而是那些令他驚訝並尋求他的感知和欲望。在西藏附近的山區裡，精疲力竭的《裝備》敍說者偶遇到他者（*Autre*），此刻拼法以大寫A作爲開頭——爲他長篇〈眞實的啟程〉（p. 121）作結束。此一他者將他送回自身的旅程。在路上遇到一位陌生而熟悉的男子，金髮碧眼、年輕十五歲、四處遊蕩，「準備好任何事情，準備好前往其他地方、準備好生活的其他可能性……。」謝閣蘭出發前往大溪地。

⁂

謝閣蘭對於多樣性的追求，是否最終陷入了主觀欲望的場域？答案是也不是。他的寫作出發尋找多樣性，結果卻以新的僞裝來面對相同的事物。然而，每次都存在細微的差異。謝閣蘭遭遇的是重影與倒影，但是這面鏡子從未是完美的。移轉（displacement）在此發生。在他的職業生涯結束之際，自我，而非他者，已變得充滿異國情調。時間的流逝、令人驚訝的視角，無論多麼微小，正是這個主體裂縫的打開，構成了這種「各式各樣」。

謝閣蘭有時對熱帶地區的書寫帶著刻板印象。在一封來自中國的信裡，他夢想著回到玻里尼西亞，回憶起在那裡的自在感受：「整座島嶼在我面前就像是一位女性。確實，那裡的女人給了我整個國家無法提供的禮物……。我明白愛撫和約會，自由僅僅需要的是一個聲音、一個眼神、一張嘴和一段美好天眞的話語」（1985:106）。這種被女性化和天眞的他者版本，是很明顯的投射。異國情調被馴化爲男性的渴望。

即使是熟悉的東方主義幻想，在謝閣蘭的作品中也產生了奇怪的折射。他將他的欲望推向一個不可能的極限，從而達到可能的顚覆。性的占有和輕易的情愛傾向並不是他最終的目標。他「眞正的情人」（veritable amoureuse）是一位年輕的女子、一名處女：「我的《異國情調隨筆》提到：年輕女子離我們最爲遙遠，因此對所有多樣性的狂熱者而言都是無比珍貴的」（p. 106-107）。最爲遙遠、無法取得、禁忌的事物會激起他最強烈的欲望，一種不以穿透或占有爲目的的欲望。一九一二年，他在天津寫到，他的妻子很快便會產下「一個小孩，我希望會是一名女孩，這純粹出於異國情調的理由」（p. 119）。謝閣蘭充滿異國情調的「情人」，並非天眞只是有著膚色的女性、閨房裡的女人、萊斯的皇后、順從的女子、禁止進入的禁地。這個對象更爲複雜。

接下來是另一位

眼中映照

一位女孩，如此明顯——這般髮型，如此姿態！甚至這雙眼睛直視著你和我。……
或者越過我們肩膀望向後方？（別轉身。）

這張臉孔沒有任何感情。纖細平滑的額頭；眉毛是安靜的弧形；眼瞼是噘起或開啟的……再看一次：這純潔的肩膀弧線，雙手緊握在腹部，高雅並有著良好教養的姿態，彷彿她正要鞠躬或是隱藏那個即將來臨的懷孕。總地來說，極度純潔。

儘管如此，你或許仍想知道什麼樣的想像或性格，賦予了她整個年輕身體如此謹慎的舉止……

非常好！直視著她，就像是她對我們所做那般。如果畫家等同大師（如同一位牧牛者眼中完美的牛隻形象，帶有斑點、獸皮和韁繩），如果畫家技術嫻熟又聰明，那麼眼中的映照應該包含他們看到或夢想的一切。從非常近的距離，如此凝視他們……

啊——這個微不足道的幻想，奇妙而神奇地包裹在閃亮的小盾牌中！根據實際的情況，我們區分了「兩位女孩，從胸部到雙腳都赤裸著，其中一位女孩子坐在另一位養育和照顧她的女孩的膝上。」（我們甚至可以分辨指尖！）畫家的技藝多麼完美！這就是那張清淨的臉映照出的景象，端正地沉思著。

但眼睛仍然盯著我們自己。那麼，映照的來源是什麼？

是我們**自己的眼睛**？在我們身後的空間？（1916:41-43）

〈眼中映照〉的最後一行，暗示了一個重要的不確定性。謝閣蘭是否在面具般的臉孔中

162

看到某種屬於他自己的心理投射、一個「深層」的願望、一個反常無意識的揭露？或者，他辨認出某種**轉向**那張特殊臉孔的姿勢所隱藏的部分，一種將自我和他者相對的位置？自我是否包含內在的深度，或是與那個產生盲區和潛在眼光的改變所做的特殊接觸？從心理上來理解，想像的繪畫反映出對於性的壓抑感受。旁觀者只看到自己眼中已經存在的東西，而他者變成了自己欲望投射的屏幕。謝閣蘭對兩位裸體女孩的想像，是一種情色偷窺的陳腔濫調。

然而，留給我們的是問題而非啟示。該場景可能的移轉，暗示了畫作所表示的並非心理投射，而是想像一位神祕女性的特定行爲中，那個隱藏在自我「背後」的東西。當異性戀男性**轉向**女性化的他者時，會**遠離**女同性戀的愛欲。被神祕化的不是幻影或隱藏的欲望，而是一位獨立於男性的女性性欲的眞實可能性。作爲對方眼中的映照，這一想像的現實混淆了原先主導的歷史類別：女人作爲異性、神祕和男人的欲望對象。異性異國情調的徘徊。

因此謝閣蘭異國情調的計畫失敗了。並不存在逃離；也不存在安定的家。在謝閣蘭移轉的詩學中所呈現的失敗，是對白人不懈追求自我的縮影與批判。

163

後記

幾年前，當我在對民族誌照片歷史進行檔案研究時，在一份檔案中發現了一張臉孔，「像是一位極度堅持的朋友、像是一個過於如實的懊悔、像是一名失聲者希望發聲提問」。無論翻閱多少其他文件——無數關於印地安人、非洲人、美拉尼西亞人、愛斯基摩人的面容——都無法將這張臉孔搧開。我也無法看穿它固定的、雄辯的沉默。

這份檔案標題紀錄爲一位「伊哥洛特男子」（Igorot Man）（從菲律賓高地被帶來，於一九〇四年在聖路易世界博覽會展出）。如果我們更加仔細觀察這張臉孔，背後會出現什麼擾動呢？（別轉身。）

菲律賓伊哥洛特族男子照片，於1904年聖路易世界博覽會展出

第六章 述說你的旅行：米歇爾・雷里斯

幾內亞，從你的哭泣、從你的手裡、從你的耐心中
我們仍擁有一些隨心所欲的土地

——艾梅・塞澤爾

《非洲幽靈》是一本厚重的怪物級著作：五百五十三頁的民族誌、旅行日誌、自我探尋、夢境紀錄（oneirography）。以書中的插頁（*prière d'insérer*）來說，就是一張宣傳單夾在完成作品的頁面之間。雷里斯在他整個職業生涯裡培養出這種微觀文類：用一篇文筆冷靜的文章描述一本既與其緊密、又無甚關聯的書，引導或是誤導讀者，好讓作者得以掩飾自己的蹤跡。最近，這種插頁版面開始直接印在書籍的書背或封套上——雷里斯對這種固定方式感到遺憾。在第一版《非洲幽靈》（一九三四）中，插頁是一張散頁：

165

作者厭倦了他在巴黎的生活，他將旅行視為詩意的冒險，一種獲取具體知識的方法、一種考驗，以及一種阻止逐漸變老的象徵性方式，透過空間的穿越來否認時間。作者因為對民族誌的興趣而加入了穿越非洲的科學考察隊；民族誌賦予科學在釐清人類關係分類上的價值。

他發現了什麼？

冒險經歷少之又少，研究剛開始令他興奮，但很快因為其太缺乏人性而無法令人滿意。對情欲的癡迷逐漸增加、情感上的空虛愈加嚴重。儘管他厭惡文明人和大都會的城市生活，但在旅程結束時，他渴望回去。

他嘗試的逃離已經徹底失敗，並且無論如何，他不再相信逃避的價值。即使資本主義逐漸傾向於讓人類所有真實的接觸變得不可能，這難道不是在他所擁有的文明中，一個西方人在情感層次上找到自我實現的機會嗎？無論如何，他會再次了解到，在這裡或是他處，人類無法逃避孤獨：於是，他會再次啟程，陷入新的幻象——但這一次沒有幻想。如果作者首先關心的是盡可能客觀和真誠地提供文件，而不是堅持他的旅行筆記，按原樣出版，那麼這就是作者可能會寫出的作品架構。

這個輪廓是可以察覺的，它至少會以潛在的形式存在於日記中，在日記裡，所有的混亂、事件、觀察、感受、夢想和想法，都記錄下來了。

166

讀者會發現只有在返回很久之後才能獲得意識的萌生，同時跟隨作者在族群、場合、變遷之中，從大西洋到紅海。（Leiris 1966a:54-55）

這張插頁並沒有裝訂，既不是序言，也不是結論，主要是寫給那些沒有時間閱讀的讀者——期刊編輯、書商、經銷商、評論人。（這些人就像是文類的海關人員，需要決定把這本麻煩的《非洲幽靈》擺在哪裡。）對好奇的讀者來說，這是一張飄進廢紙簍中的小紙片。作者爲不具名的讀者描述了幾頁內容：讓他們一開始便可以走在正確思路上，告訴他們這本書是關於什麼（關於誰），最終賦予這些頁面一個主題。這是最後的機會加以說明正在敘述的內容、喚起一個他將要寫的故事概要。（但這位作者卻描述了他不打算以及他拒絕寫的故事。）這是一個重新開始寫作的機會……

五十年後，雖然有新的導論和另一篇〈序文〉，但這六百三十八個條目仍然令人難以理解，沒有任何一項是根據以下原則所產生：「讀者會發現只有在返回很久之後才能獲得意識的萌生，同時跟隨作者在族群、場合、變遷之中……。」這是一種不可能的雙重閱讀：如果我們牢記（總是）後見之明提供的敘事形式，我們便無法跟隨日記的多向結局；倘若我們果真讓自己沉浸在這些臨時的漫遊中，那麼創造任何故事來解釋它們便會成爲問題。作者拒絕講述任何零散的經驗，而是按照時間順序將現狀（*tel quel*）發表出來——彷彿如此一

167

來便可以解決了公開個人經驗形式的最終兩難，而不需要背叛其特殊的生活本眞性。雷里斯對讀者說：「警告——這本書是無法閱讀的。」

「……盡可能客觀和眞誠地提供文件。」《非洲幽靈》並不會將物件收集起來，彷彿這些東西是被設定爲博物館陳列櫃的工藝品那樣。該書的民族誌收集品並沒有清楚的美學或是科學性的指導方針。它的內容也不是反映權威的觀點或是採取冷靜的筆調：它們必定會互相矛盾的。並且它們會顯得出奇地細緻：「我的靴子上滿是爛泥、我的頭髮過長、我的指甲骯髒。但我享受這種汙穢，我所喜愛的一切，都變得如此純淨而遙遠」（1934:287）。透過過度的主觀性，保證了一種客觀性——這種（弔詭的）客觀性是一種個人民族誌。現實主義的想像力，拒絕製造出**逼真的**假象，轉而採用極爲眞誠的現實記錄：知覺、情緒、事實。

在非洲，雷里斯開始記錄有關自身的田野筆記，或者更精確地說，對一個不確定的存在進行記錄。這些紀錄被精心整理成卡片上的筆記，是組成《男性》（*L’age d’homme*）（霍華翻譯爲*Manhood*）和四冊《遊戲規則》的資料：這並非自傳，而是「那些我拒絕使用我對它們的想像的收集；換句話說，這是對小說的否定。拒絕所有的寓言……只有這些事實，除此之外沒有其他內容」（1946:156）。

「只有這些事實」（Rien que ces faits）。然而，一次航行旅程必須加以述說。它不能像是一堆觀察、筆記，或是紀念品的堆積——這些碎片需要按照順序展示。旅程**作為**「覺醒」是有意義的：它的故事在於強化一個身分。（告訴我們關於你的旅行！）但如果有人拒絕述說呢？（像每個孩子一樣，雷里斯學會如何述說一個恰當的故事。你在學校做些什麼？不，如果只是說出發生了什麼事情、你去了學校、上課又熱又無聊、有蒼蠅、你削了鉛筆、走到黑板等，這些並不重要。你也不需要回想所有細微的事件，不管是美好的或是令你不悅的：透過窗戶的玻璃，看到小鳥的翅膀、在廁所中的骯髒糞便。）「從一開始寫下這本日記，我一直在抗拒想要將它出版的有毒念頭」（1934:215）。

像康拉德筆下的馬洛那般，從非洲只帶回一個有力的詞彙便足夠了嗎？需要哪些刪除和謊言，才足夠去編織一個可以接受的故事？或者，一個人是否可以勝過敘述並以某種方式說出所有內容，以同樣嚴謹的方式記錄無聊、熱情、有趣、意想不到，或是平庸的故事？另一種述說方式是：彷彿一千張快照以它們自身的方式證明眞實：原來如此。還有這個（*Ça a été. Et ça, ça, ça.*）。「像孩子一樣活在事實中。那是我想要達到的境界」（1934:234）。這是回歸到需要整理自己、交代事物和自己生命之前的存在的渴望。

《非洲幽靈》描繪了這位超現實主義民族誌研究者，沉浸在透過他者來書寫自己的情境之中。在其關於衣索比亞扎爾（*zâr*）的密集研究接近結束之際，* 他們特別爲他獻上一項祭品。他的日記記錄了他嚐到了動物的血，但沒有跳一種被附身的舞蹈，谷里舞（*gourri*）。我們看到他坐在扎爾儀式之中，房間裡充斥著濃厚的菸香、汗水和香味。他的頭上塗滿了奶

168

油，並且——根據儀式的要求——他得將死掉動物的內臟纏繞在他的額頭上。然而，他並沒有中斷他的筆記。

⁂

雷里斯享有法國達喀爾－吉布提探險任務「檔案管理長」（secretary-archivist）的崇高頭銜。因此，他預計寫出這次探險的歷史，以及橫越黑暗大陸的歷史性經歷；但事實上，早在他從探險中獲得三千六百個物件的第一張紀錄卡之前，這個故事便已經被寫下。這項任務的名稱隱含了一段敘述：達喀爾－吉布提探險任務。對於任何殖民地救贖使命來說——無論是軍事、宗教、教育、醫藥，或是民族誌——**任務**是一個包含各種目的的名詞（見Barthes 1979）。這也暗示了在數百次其他旅行中，一種堅毅主體的英勇自信姿態，對其他人群和他們的世界進行征服、指導、改信宗教、描述、欽佩，和展現。

「不要去參觀殖民地博覽會！」（一九三一年超現實主義的口號）

就在達喀爾－吉布提探險任務正準備出發之際，萬森公園（bois de Vincennes）正展出一

* 譯注：扎爾（*zâr*）指涉一種特別在衣索比亞地區的惡魔或惡靈。

場異國情調世界的盛大博覽會。來自所有殖民地的服飾、雕塑、面具、各式各樣的奇特物件，「野蠻舞蹈」讓旅行者可以在受到妥善安排的迷人土地上盡情享受。官方標記的路徑引導遊客從這一站前進到下一站——印度支那、法屬西非、馬達加斯加、新喀里多尼亞、幾內亞、馬丁尼克島、留尼旺島。雷里斯預計撰寫的達喀爾-吉布提探險任務史，探險隊穿越了十三個非洲國家，其中十個國家處於法國統治之下，便屬於這樣的系列。

在這之後，從未受到殖民控制的衣索比亞打斷了該探險隊的順利進展，而且成了檔案管理長筆下篇幅最長、最麻煩的一頁。探險任務的權威在這裡遭遇到了第一個嚴重阻礙；它必須改變路線，並且盡可能應對緊張的政治局勢。在貢德爾（Gondar），雷里斯面對的是不斷變化的角色和欺騙；以及他工作中與扎爾精通者未經馴化的情欲；以及，他永遠失去了塑造關於非洲的權威故事所需的任何一絲信心。任務名稱中隱含的敘事在他每日的短暫日記中得到解釋。

那麼，究竟要用什麼來取代？有若干時間裡，雷里斯一直掙扎於某些敘述性的位置，這是牢牢附加在殖民地白人身上的立場，無論其個人的政治或美學的傾向。旅程初期，在一次鼓樂和舞蹈的表演裡，他寫道：「我在人群中停留了一會兒，迷失了方向，接著，我看到行政官員旁邊有個保留給我的位置，我猶豫了很久，終於決定坐下」（1934:32）。

如果殖民立場可以得到認可，並且在一定程度上保持某種距離，那麼其他立場便不那麼容易被察覺了。直到旅程的晚期，雷里斯才與科學民族誌所提供的另一種自由主義立場決裂——如果可能的話，這是一種以非洲人自己的說法來「理解」非洲、非洲人民和非洲文化的話語立場。民族誌以一種系統的、同情的方式研究它的對象。「我要求自己勤勉地密集工作，但卻沒有一絲熱情。我寧願受到控制，也不願意去研究這些受到控制的人們，寧願與一位在地女性（zarine）建立肉體關係，而不是透過科學調查知道關於她的一切。對我來說，抽象知識永遠不會是最好的內容」（1934:324）。

此外，旅行者提供了另一種述說故事的自信立場，他們可以融入在地然後返回，從而喚起初始經驗、自我迷失、恐懼和啟蒙。在前往非洲之前，西布魯克的海地巫毒冒險故事《魔幻島》（一九二九年譯成法文）留給雷里斯深刻的印象。在一張相片裡，西布魯克出現在一個巫毒的祭壇旁，額頭上戴著血跡斑斑的十字，這是他入會儀式的標誌。在等待進入英－埃蘇丹邊境的漫長延遲期間，雷里斯重讀了旅行者奇妙的非洲故事《叢林的祕密》（一九三一）。他再次為這種「非常出色的幻想」所吸引（1934:202）。但是，某種拘謹（*pudeur*）似乎總是限制著雷里斯，無論如何，他似乎從《人類學的記錄與詢問》（雷里斯閱讀里弗斯關於佛洛伊德和榮格夢的理論，為他正在進行的自我民族誌獲得了指點），以及從偶然在旅館發現的《匹克威克外傳》一書得到靈感。

雷里斯被困在衣索比亞邊境的此刻，他讀了任何可以閱讀的東西，並且潦草書寫些什麼來打發時間，他變得全神貫注於他所收集到的敍述形式。在所有可能的表述立場中，哪一種是這位不情願的歷史學家應該採取的，而哪一種又應該避免？如何不只是撰寫旅遊紀錄、冒險故事、宏大的報導、烏托邦、朝聖、獲得智慧的狂喜（或諷刺）、和諧關係的民族誌寓言、人文儀式、發現事物的科學神話、（關於女性、奇異、痛苦、藝術、復興、本真性聲音）的探求？我們看見一系列「想像的非洲」（即將被遺忘）的名單——祭司王約翰、李文斯頓之死、法紹達、韓波、基奇納、魯塞爾的《非洲印象》、〈貝漢津的亞馬遜女戰士〉……（p. 294）。

雷里斯度過這些無聊的日子，並且撰寫了序言（其中兩篇出現在《非洲幽靈》中）。除了文類和敍說形式的問題，他還憂心包容（inclusion）與排除（exclusion）的原則。他捍衛嚴謹的主體性，堅持記錄夢境或排便過程的權利（和義務）——連同對現場的觀察、任務的事件和科學調查。他釋放他的文本給各種可能的客觀機會，記錄下任何自己無法控制的想法、問題或幻想。

⁂

然而，雷里斯持續在收集和展示中，尋找一種滿意地述說自身存在的方式。《非洲幽靈》

的最後幾頁包含以另一個獨創自我爲核心的小說草稿，這個角色以康拉德《勝利》中的海斯特命名。海斯特具體表現了雷里斯對各種情欲的迷戀和恐懼——他擔心即將返回歐洲、重新與他妻子的團聚，也擔心對於衡量一個模糊而苛刻的男性標準所產生的永久叩問。儘管缺乏結論，情節的轉折令人著迷（p. 499-504）。更重要的是作品隱含的敘事模式，預示了雷里斯後來的文學作品。

這部小說的投射形式與其說是來自康拉德的《勝利》，不如歸功於《黑暗之心》，這是一部備受推崇的傳奇故事（p. 196）。像康拉德一樣，他描繪了一位神祕殖民人物（海斯特／庫爾茲）的死亡，次要角色（一位醫生／馬洛）則從信件、文件、傳聞，還有難以理解的個人接觸等碎片中，拼湊出他的故事。一旦建立起主角死亡的合理說明，次要角色便可以編造出一個虛假的想像，於可信的特定背景中使用。收集和述說個人故事的具體過程自身就成爲敘述的焦點。雷里斯的小說大綱包括對人生故事的艱苦**紀錄**、任何單一版本的**謊言**、以及角色、作家和觀眾在場景設置（*mise en scène*）中的互動。

這個主題的戲劇概念後來出現在雷里斯對其扎爾研究的學術反思中，表達了一個模糊又令人不安的角色：《關於貢德爾裡衣索比亞人的財產與戲劇》（一九五八）。事實上，他的文學作品始終表現出其「戲劇性的一面」，經常讓人們瞥見寫作幕後的場景。雷里斯的實踐像是一位嚴謹的演員，同時結合了僞裝和眞誠，追求一種無法完全實現的存在。

171

這種紀律在《非洲幽靈》的續集《男性》（一九四六）裡清楚可見。它採取的敘事形式成功借鑑了私人日誌以及小說，但又不屬於任何一種文類。在該書的首篇介紹插頁裡（後來收入序文〈鬥牛式文學〉），作者仍在尋找一種「以最大程度的清晰和眞誠談論自己」的方式。然而，他弔詭地藉由避免呈現爲自我揭露的主體**表達形式**，反諷地將我們的注意力從眞實的聲音，帶入「編造的客體」（l'objet fabriqué），這是他不動聲色地提供給大衆的一個公開的自我創造。作爲一部教育小說，《男性》的結尾不是身分的出現，而是人物的出現。但其匆促結束顯得尙未完成，還引用了一句夢中的話：「我向我的情婦解釋，藉由穿著的衣裝在自己周圍築起一堵牆是多麼必要。」

雷里斯所尋求的「眞誠」，與浪漫的懺悔概念（一種未經調解的眞實言論）幾乎沒有關係，正如他培養的「客觀性」與科學式超然無關一樣。在每個例子中，作者似乎接受一種公衆態度的規則，並且藉由詳盡的調查將其推向極致，將程序暴露爲過程中主觀性的另一種詭計，不斷述說進而重新述說自身。（說「詭計」〔ruse〕並不完全正確，因爲總是有另一個轉折，雷里斯藉此以某種方式讓我們相信這是一件簡單的事情。）「毫不掩飾地使用修辭」，雷里斯在《故事和諺語》（一九八一）序文中這句話適用於格諾，也同樣描繪了他自己和其周圍的敍述建構——這正是他所穿著的衣裝。*

《非洲幽靈》頑固地拒絕合適的敍說形式，但同時又暗示這些形式的必要性（在說明該

172

書的插頁裡）。《男性》超出了日記的反敘事性，不僅僅按照時間順序收集引文和快照。雷里斯告訴我們，這是以蒙太奇模式建造自己的故事（1946:15）。這些受到編排的自我選集仍然發展出一種攝影的觀點——一種記錄式的、近乎科學的，但也帶有超現實主義的基調。如同浪漫主義的反修辭那般，雷里斯並未嘗試毫不矯揉造作或發自內心地說話。雷里斯「客觀」、「真誠」的立場，完全表現出一種風格效果，主要透過系統化地粗陋又複雜的文本呈現，而各種詳盡的解釋、補充的注記、隱藏的序言和介紹該書的插頁，都作為此一文本的道具。

然而，關於《非洲幽靈》最令人費解的不是它的笨拙、達達概念式的資料、它的各種拒絕，或甚至是它無聊枯燥的部分（一種可用性的形式〔*disponibilité*〕）。也不是由日記所造成的持續失望。（如果某種清楚明瞭的東西發生，它往往很快就會成為破舊的景象、商業交易，進而引起矛盾、沮喪之類的。）在康拉德之後，我們已經習慣了帶有醒悟寓言性質的**憂鬱熱帶**。最令人費解的是每次經歷之後都會以某種方式出現的，一種奇怪且童稚的純真。

* 譯注：在前一段落雷里斯的夢中話語，暗示了一個人的穿著可以顯著影響或定義他人對自己的印象，以及他被對待和看待的方式。在這個語境中，作者的玩味說法指認了雷里斯建構關於自己的敘述和故事，形塑了他的身分和形象。

不可置信的是，雷里斯持續在寫作，而且我們還繼續在閱讀、來回鑽研這些書頁。然而，每天日記都會出現詳盡的細目——長的、短的、用心的、精簡的——每一項都斷定了會以某種方式發生**某些事情**，我們很快便會看到這個永無止盡的系列將會帶領我們至何處。但是從未發生。沒有眞實的時刻：《非洲幽靈》只是一支每天重新開始記錄的筆。

事後我們回想起那些緊張、內心的糾結、自我懷疑的事件、對殖民主義和民族誌的謾罵，彷彿它們標示出一條有關故事進展的線索。我們遺忘了所有微小的開始，條目：「戲劇變化上的戲劇變化」（Coup de théâtre sur coup de théâtre）……「睡眠不佳」……「我要求自己勤勉地密集工作」……「我們所有人都覺得無聊」……「面具的母親曾經被當作人類獻祭；這是泰比翁的故事」……「下午五點五十分從波爾多（Bordeaux）出發」……「在梅肯・阿亞烏（Malkam Ayahou）的另一個夜晚」……「我們正接近馬拉卡（Malakal）。綠色青草。黃色青草。」

雷里斯的寫作生涯結合了對存在無意義的敏銳感覺，和拯救其有意義的細節部分——引述、感知、記憶——的固執渴望。他又回到了他的田野筆記。他一九八一年的作品《奧莉匹亞的頸部緞帶》，再次採用了碎片化的形式——收集存在的文本證據。介紹該書的插頁記錄了一個雙重目標：「在某個片刻，讓懺悔的主角時而公開時而掩飾，感受到第二次生命的陶醉感；在提及一位演員和他的表演（*son jeu*）時，讓這個接收者感知到稱之爲『存在』。」

插頁——散落在書本和渴求的讀者之間的某處。開始運作。下一個雷里斯……

《非洲幽靈》開始了一個寫作過程，它將持續展現和重組身分。它的詩學是一種不完整和過程的詩學，爲無關緊要的事物留下空間。這種詩學打斷了順利進入非洲的民族誌故事，破壞了自我和他者可以在穩定的敘述連貫性中相處的假設。雷里斯怪異、開放式的「著作」，或許位於一個新的、異質的歷史情境中。在第二次世界大戰後的關鍵十年，雷里斯成了塞澤爾的朋友，當時超現實主義作爲文化政治批評回到了它的故鄉巴黎，但現在卻開始帶有黑人的口音。（雷里斯或許是第一位在一九五〇年將殖民主義以一個無法避免的意識形態基礎加以命名和分析的專業民族誌研究者。）區分兩種黑性的特色變得愈來愈普遍。桑戈爾回顧傳統，雄辯地聚集了一個集體的「非洲」本質。塞澤爾則是較爲融合的、現代主義的，以及嘲諷性的——一種接受破碎並在文化生活中欣賞拼貼機制的加勒比特色。

現在，我們都成了都市群島中的加勒比海人。「幾內亞」（塞澤爾所寫的古老非洲）「從你的哭泣從你的手中從你的耐心中／我們仍擁有一些隨心所欲的土地」（1983:207）。或許，任何人都無法回返家園——只有對其重新創造的田野筆記。身爲蓋亞那小說家和批評家的哈里斯，建議採用一種「並置原則」（principle of juxtaposition），以作爲對「傳統的形成……眞實共同體的異質基礎」的說明方式。他對於某種他稱爲「自然拼圖與現實對話」感到興趣

174

（1973:7, 9, 81）。在這般願景中，我們可以認識到現代民族誌和民族詩學中的崎嶇背景。從塞澤爾擾人的諷刺開始（1983:51）：

而且你知道其餘的部分

二加二等於五
森林發出喵喵聲
樹木將孤立無援的人從火災中採摘
天空撫摸自己的鬍鬚
等等，等等……

我們是誰和我們是什麼？
這是一個非常值得思考的問題！

第七章　新詞政治學：艾梅・塞澤爾

兩種文化似乎以一種迷人而曖昧的擁抱交織在一起，因為這樣彼此才得以更明顯地否定對方。

——米歇爾・雷里斯，《脆弱的噪音》

「轉向」（*veerition*）？艾梅・塞澤爾在〈重返家園的筆記〉中的最後一個字，將整首不可置信的詩變成了一個不可能的辭彙——或是轉變。〈重返家園的筆記〉是一個比喻景觀，句法、語義以及意識形態都在其中發生了轉變。塞澤爾的詩提出了一些要求。從事這項寫作（至今最佳的英文譯本是由艾希爾曼和史密斯所翻譯的版本），是一項積極重新思考的工作。[1] 我們如何可以掌握、翻譯一種明顯編造的語言？艾希爾曼和史密斯在準確性和挑戰上竭盡全力；但塞澤爾仍然讓讀者必須查閱多種語言的字典、百科全書、植物學參考書、歷史學和地圖集。他偏好生僻、精確，以及新的詞彙。他使得讀者們面臨自身語言或是任何一種語言的極限。他迫使讀者們從歷史和未來可能性的殘骸中**建構**閱讀。他的世界是加勒比式的——混雜且眾聲喧嘩。

塞澤爾的詩作經常轉向（*veer*）。這需要一個特別的頁面；而他的詩句本身是對此頁面的質疑。沒有任何地方對於「書」的大小和格式像法國如此標準化。在早先的版本裡，頁面狹窄，塞澤爾的詩句因超出頁面邊界遭到截斷。冗長的延續部分被分開成不連接的單元。這些印刷錯誤的地方，艾希爾曼和史密斯在塞澤爾的協助下修正了詩體（prosody）。他們的版本提供了不尋常的巨大版頁，爲詩作提供了在垂直和水平向量之間隨意切換所需的空間。例如，〈重返家園的筆記〉裡的著名結尾：

然後，用你的星星套索勒住我吧
上升
鴿子
上升
上升
上升
我追隨在祖先白色角膜上留下記號的你

上升天空閃亮
一個月之前我想淹死的那個巨大黑洞
就在那裡我現在將要捕釣黑夜的惡意之舌
趁它轉向靜止的時候！

沒有一個頁面能夠眞正容納從「那個巨大」到「轉向」最終的平面排版。* 艾希爾曼和史密斯將其排版爲一個接續的單元，僅有一次（在「惡意」之前）是不夠頁面的。相對地，「最終版」《非洲現身》的法文版本，將這一長串分成語句構造上和空間上相異的兩行詩句。史奈德的著名譯本選擇了三行獨立的詩句，但是柏格的企鵝出版社版本則分割成四行，甚至在壓縮意象的錯誤方向上走得更遠。在連續「上升」的垂直排版後，艾希爾曼和史密斯跟著塞澤爾最後狂喜的跨行詩句。在單行容納一百個字母的頁面上（《非洲現身》的史奈德版本有四十五個字母，柏格版有五十五個字母），「詩句」不斷延伸或切斷——持續如此。

這首詩「停」在一個新詞，本身便是一個新的轉折。塞澤爾關於尋找聲音、重返家園的偉大抒情詩，最終讓我們陷入了一個編造的、拉丁語的、聽起來抽象的問號中。因此，

* 譯注：原文詩句中，「那個巨大」（and the great）是該句的第一個字，「轉向」（veerition）是最後一個字。

原先對於語言「本眞性」直接而立即的期待就此破滅。跟著塞澤爾一起，我們涉入了文化**創造**的詩學。

艾希爾曼和史密斯對於詩中的各種新詞（例如*rhizulate*、*effarade*、*desencastration*）處理得很好——盡可能地好；但是，如同他們在序言中所寫的：「只有塞澤爾本人（在私下對 177
話裡）能夠揭露先前譯者和研究者詮釋『彈跳』和『旋轉』的『verrition』，『verri』在拉丁字源的意思是『掃蕩』、『刮去表面』和最後是『掃掠』。我們的譯文（『轉向』）希望保留轉動的動作（以不同於它的矛盾修飾語），以及原初的拉丁音調——從而恢復一段重要句子中長久遺失的意義」(p. 26)。這兩位譯者宣稱恢復「長久遺失的意義」，或許是可以受到原諒的。事實上，激進的不確定性是新詞的本質。沒有字典或是字源學可以確定其意義，甚至它的創造者（記憶中的）意圖也不能確定。塞澤爾最後一個字的眞正力量在於，它迫使〈重返家園的筆記〉的語義世界再次開放——就在它即將關閉之際。塞澤爾並沒有恢復語言、文化和身分的「意義」；他賦予它們一個轉向。

✻

塞澤爾最著名的新詞，黑性（*négritude*），現在已經失去了它的新意。它作爲一場文學運動和一系列關於黑人身分、本質主義和對立意識持續辯論中的「立場」，已經爲人所熟知。從各種意義上來說，黑性已經變成了塞澤爾從未希望它成爲的那樣：一個抽象的概念、一種意識形態。當這個詞彙第一次在〈重返家園的筆記〉中出現時，它純粹是政治的和詩意的創作。任何被這樣認爲的新詞，都宣稱自身是**被創造**出來的。黑性與其說是一個有待發現和命名的持久事實或條件，不如說是一種歷史創造，一種語言過程。在接受德佩斯特的訪談時（1980），塞澤爾拒絕用任何方法（除了以歷史和偶然情境的方式）來定義此一創造的新詞：「已經有許多關於黑性的理論。就個人來說，我已經置身事外。但如果你問我如何理解黑性，我會回答就我看來，黑性主要是一種具體的，而非抽象的意識。」他接著回憶他的世代在三〇和四〇年代，對於主流的「同化氛圍」的回應。塞澤爾在和凱斯陸特的交談裡，處理此一詞彙顯得更加謹慎：

> 這是一個顯而易見的事實：黑性已經帶來危險。它試圖成為一個學派、一種信仰、理論、意識形態。我偏好將黑性視為一種文學的現象和一項個人倫理（personal ethic），但是我反對建立一種關於黑性的意識形態……如果黑性意味著一項預言，那麼並非如此。因為我堅信存在階級鬥爭，並且尚有其他哲學要素，這些要素的確在決定著我們。我堅決拒絕任何混亂、田園詩般的泛非洲主義（pan-Africanism）……因此，我並不排斥

178

> 黑性，但我以一種極度批判的眼光看待它。批判性基本上正是我的意思：清晰和辨別力，而非混淆一切。此外，我對黑性的概念並不是生物性的，而是文化的和歷史的。我認為，將某種東西根基於我們血管中的黑人血液，三滴黑人血液，永遠都會存在某種危險。（Depestre 1980:144-145）

這兩位都參與了黑人自覺運動早期的創建（他們都從馬克思式主義人文主義的立場尖銳地批評它），現在則出版重要書籍反省回顧此一現象。德佩斯特文集標題爲《黑性你好，再見》，表明了他所採取的明確距離。同樣地，曼尼爾的《追溯》（一九八一）反映了將黑人置於歷史脈絡中，並視爲新世界普遍困境的一部分。

曼尼爾是塞澤爾在三〇年代接觸超現實主義的主要對象，他參與了「合法防衛」（*Légitime défense*）和「熱帶」（*Tropiques*）兩個團體的發展。他重新出版了他漫長職業生涯中的文章選輯，包括對塞澤爾〈重返家園的筆記〉的細微重讀。此處桑戈爾的黑性，和塞澤爾有著明顯區別。前者提出一種「向後看的理想主義」（backward-looking idealism），這是一種虛妄的自然化、一貫的非洲心智，試圖重新銘記浪漫的，有時是種族主義式歐洲民族誌的範疇。相較之下，塞澤爾的加勒比黑性拒絕任何本質主義的召喚。相反地，根據曼尼爾的說法，在〈重返家園的筆記〉中「詞義的反用和省略不斷被用於詩的濃縮。爲了產生**嘲弄的**

文學效果，詩人始終讓他自己與他是什麼和他所說的東西，保持著某種距離」（p. 80，粗體爲原文強調）。諷刺是西印度群島困境的固有特徵：

> 可以這麼說，我們的西印度意識必然是戲弄性的，因為面對體現在統治機構和大眾媒體中的法國殖民意識，它陷入了雙重和再次雙重化、鏡像和分離的遊戲中。對於這種分裂的、憂慮的意識，藝術上的天真是被禁止的。這是那些在我們藝術中不和諧音的來源，如同波特萊爾在十九世紀所提到的，那些不和諧對於現代人的耳朵來說是令人愉快的。（p. 223-224）

德佩斯特也在他對黑性的「告別」中，將它與更廣泛的現代性、「加勒比和拉丁美洲的本質性克里奧（*créolité*）」融合在一起（p. 151）。成爲「美國的」意味著變成混雜的（*métis*）；而且在德佩斯特的想法中，眞正的黑性繼承者是卡彭鐵爾、吉蘭、阿瑪多、瓦列霍、科塔薩爾、馬爾克斯這類的作家。黑性再次被改變了；它不再是關於根源，而是與多聲現實中的呈現過程有關。

考慮到這一點，最好回到〈重返家園的筆記〉中這個詞彙的原始用詞（p. 67），在那裡我們看到的不是廣泛的黑人身分的詳細說明，而是非常具體的確認與否定。「**我的**黑性不

179

是……」

我的黑性不是一塊石頭，它的失聰是被擲向白天的喧囂
我的黑性不是地球死眼裡死去液體的白內障
我的黑性既不是高塔也不是教堂
它根植於土壤的紅肉上
它根植於天空熾熱的血肉中
它以其挺直的毅力，打破了沉暗的蕭條

＊

塞澤爾是在法文「裡頭」寫作，但是……「讓我們逃離他們德佩斯特讓我們逃離他們？」(Marronnerons-nous Depestre marronnerons-nous?」)該行文字出現在一九五五年一首標題爲〈動詞「Marronner」／給德佩斯特，海地詩人〉的詩中。此處，新詞擊敗了最優秀的翻譯者，因爲唯一可能和這個創造出來的「*marronner*」相對應的是「逃離的黑奴」(maroon)，雖然是來自於同樣的字源，但是該字主要是海難和遺棄的意象。* 名詞「逃離的黑奴社會」

（*marronage*）已被圭亞那、巴西和加勒比地區，研究前奴隸社會、以英語爲母語的學者所採用；但是塞澤爾所創造的這個動詞仍然無法翻譯。該字源是古老的西班牙文「*cima*」：「山頂」（因此是孤立或是逃離的處所），導致後來的「*cimarrón*」一字具有「野生」、「逃跑」之意（因此是逃離的黑奴或是逃亡的奴隸）。塞澤爾的「*marronner*」具有逃離或其他這類的意思。

最近關於前奴隸社會的研究，透過原始方式以極爲複雜要素組合，形成了具彈性、靈活的文化。這種文化與非洲的聯繫是眞實的，但「集體記憶」或文化「倖存」的概念無法完全解釋那些不同部落傳統、新「奴隸文化」、各種克里奧爾化過程，以及來自當地的、恰當的歷史經驗等，所建構出特定的美國黑人形式。（見Price 1973, 1983。）

塞澤爾的新動詞「*marronner*」本身在對德佩斯特的詩作的連續修訂中有了顯著改變。一九五五年第一版，該作品被稱爲〈對海地詩人德佩斯特的回應：藝術詩作的要素〉。德佩斯特隨後流亡巴西，而在最近於《非洲現身》中，開始支持法國共產黨關於詩歌實驗的新興保守路線。在超現實主義之後，阿拉貢極力推動回返更傳統的詩體論、更簡單的形式和

＊譯注：「maroon」原意爲「放逐到孤島的人」。下一句中「marronage」，指的是這群受奴役的黑人和他們的後代，逃離種植園至偏遠山區而獲得自由。

訊息，並且將這些與革命工人的利益聯繫在一起。許多自由詩歌和激進的創新現在被視爲「形式的個人主義」。塞澤爾對德佩斯特的回應也發表在《非洲現身》中，他拒絕了保守主義趨勢，並在他一年後《給多列士的信》中，爲自己與法國共產主義的決裂做好了準備。「在這時節，他們是眞的正在改善十四行詩嗎？」他問德佩斯特，而且立刻將此一新的限制加諸在海地的殖民地糖廠（1983:369）：

當瘦骨如柴的牛隻在蚊子的騷擾下不停打轉地緩慢移動時

呸！德佩斯特這首詩不是一座磨坊
絕不是碾碎蔗糖
而且如果韻腳是池塘上的蒼蠅
　　　　沒有韻腳
　　整個季節
遠離池塘
　　　在我的勸說下
讓我們大笑暢飲，並像是奴隸一般逃跑

（rions buvons et marronnons）

在〈對德佩斯特的回應〉的第一版和第二版中包含對阿拉貢的具體引用：「去死吧德佩斯特去死吧讓阿拉貢講去吧。」此一引用在塞澤爾的《全集》（一九七六）中已被刪除，這裡使用的是來自艾希爾曼和史密斯的資料來源。這種遠離特定爭議的舉動，反映在更重要的文本變化中。一九五五年，塞澤爾曾經告誡德佩斯特：「Marronnons-les Depestre marronnons-les / comme jadis nous marronnions nos maîtres à fouet」（讓我們逃離他們德佩斯特讓我們逃離他們／如同在過去我們逃離我們擅長揮舞鞭子的主人一般）。在之後的版本，曾經以及物動詞形式出現的勸告，「讓我們逃離**他們**」（奴隸司機，政黨政策），已經改成了疑問的未來式，其中聲音變成了*n's*和*r's*的輕聲。「Marronnerons-nous Depestre marronnerons-nous?」對於「擅長揮舞鞭子的主人」的引用已經刪除，並且「*marronage*」現在是一個比較不受侷限且持續的逃離行動。詩作具體呈現爲聲音和意義的混合，並帶著語言的逃離。因此，「*marronage*」不再只是簡單地逃離（**他們**）。它也與可能性和詩學的反思有關。塞澤爾將反叛和文化的重塑——歷史的逃離經驗——變成一個動詞。一個必要的新動詞，指認了持續的踰越和合作的文化行爲的新世界詩學（「Marronnerons-*nous* Depestre」）。流亡的奴隸，創造出圭亞那沼澤地的文化，也代表了各種不同的非洲傳統。

181

他們一起生活，繼承、使用並改變了彼此的習俗、語言和過去經歷。因此，出生在法屬馬丁尼克島的塞澤爾，在寫給德佩斯特的信件中援引了海地歷史事件，同時也要求一個源於韓波和超現實主義的詩學激進主義。〈動詞「Marronner」〉的最後幾行詩句散布著來自西非、法國、西班牙美洲、巴西、海地的詞彙和地名。塞澤爾改變了歷史賦予加勒比身分並強加在身分上的傳統。他的存在和他的詩學是〈遷移自由〉（該詩集的最後一首詩）的要素：

> 受到鳥兒如此多的幫助
> 牠們的任務是透過花粉作為手段

我們仍然需要一個動詞「*marronner*」。

第八章　巴黎植物園：明信片

生長（*vegetate*）〔從拉丁字*vegetare*而來，使有生氣、加快……〕

——韋伯新世界字典

巴黎，一九八四年九月二日

親愛的A：

在植物園附近：在老舊的羅馬空間裡有滾球遊戲……記得嗎？呂特斯競技場（Arènes de Lutèce）隱藏在蒙日街的建築物之後；蒙塔和其（更新後的）市場；或是清眞寺，你仍然可以在那裡做蒸汽浴，品嘗金色托盤上的薄荷茶。今年，花園裡到處都是蒼翠繁茂的盛開花朵。人們散坐在綠色椅子上觀賞這些植物和雕像：貝納丁．戴．聖佩雷的藍色青銅雕像對著神奇小童保羅和維吉妮亞微笑。布馮轉身向著所有人，一隻鴿子猛扯他的金屬頭。在動物園和塞納河附近，塞納．拉馬克擺出思考的姿態，頭頂上方恰好是升起的太陽（科學？

182

自然？）。月底見……

親愛的P：

一九八四年九月三日

自然／文化；自然／文化；自然／文化：這仍然是巴黎最美、最強烈、最有趣的展覽之一：「最漂亮的昆蟲世界」（昆蟲學研究所，布馮路，下午開放）。一個明亮的房間……釘住的煙火具、臉孔、面具、眼睛、骨頭、皮膚……然後突然出現四片完全撕裂的葉片（帶有觸角）、一束三**色**、塵灰色飛蛾的敏銳（布拉克、克利）、修飾過的、噴塗過的、日光燈、漆器、陶器的、微晶片……分類的笑聲。布干維爾島（Bougainville）、婆羅洲、蘇門達臘、爪哇；帶有翅膀的，不具翅膀的：「希臘海克力斯」、金屬黃色、黑藍色、霓虹綠色……李維史陀不是在某處寫過，現代藝術應該自蝴蝶獲取靈感，而非畢卡索嗎？

183

親愛的S：

一九八四年九月四日

一棵高大的日本槐樹，是朱西厄於一七四七年在國王植物園（Jardin du Roy）種下，而種子是由殷卡畢勒從中國寄來，……或是另一位從「黎凡特」（The Levant）帶來的。奇妙的東西，**活生生的和歷史的**（一點也不像那些帶有年代的紅杉年輪，一四九二、一七七六、一九一四；或是「拿破崙睡過的床」）。他們生活在地球-人類的時間和空間中……大航海時代被移植過來。比我們活得更久。順便一提，有一家新的書店，詩歌區相當不錯，蒙塔和迪福：〈旅行的樹〉。你今年冬天會路過加州嗎？

一九八四年九月五日

親愛的T：

非人類的魯賓遜式故事（Robinsonade）——

魯賓的刺槐（魯賓納冒充的林奈刺槐）*

---

*譯注：括弧裡原文爲「Robina pseudo acacia Linné」。原先刺槐的學名爲「Robinia pseudoacacia Linné」，直譯爲「黑刺槐林奈」。該物種學名是由瑞士植物學家和分類學家卡爾·林奈（Carl Linnaeus）所命名。此處學名中「pseudoacacia」一字被拆解成「pseudo acacia」，有了「假冒的刺槐」的玩味性質。

一六〇一年，第一批是由尚・魯賓將他在多芬花園中來自北美的種子引入歐洲。一六三六年，再由魯賓的兒子維斯帕西爾移植到皇家公園裡。

一九八四年九月六日

親愛的B：

你尚未忘記這奇妙、漫長、斑駁的菩提小徑吧。但或許你沒有看到一個小小的岩石花園，那裡種植著來自中國、高加索山脈、科西嘉島、紐西蘭、摩洛哥、喜馬拉雅山脈、庇里牛斯山脈、巴爾幹半島、北極圈、日本等地的灌木、花卉、仙人掌和草藥……在數百個苗床上，世界各大洲比鄰。在一棵由鐵柱支撐的樹幹上：

開心果（學名爲Pistacia Vera L.）

約在一七〇〇年種植於苗圃。

（現在的阿爾卑斯花園）。

一七一六年，由莎貝聖・瓦朗特發現樹木的性徵。

那麼瓦朗特先生去了哪裡？或者樹木的性徵？那棵開心果樹依然存在。帶著愛……

184

一九八四年九月七日

親愛的N：

「原始」的海地畫作是最近的嗜好（但你對此已經很熟悉了）。他們如此「自然」地接受了它。一位朋友告訴我，他曾經看到一位海地藝術家，用盧梭的複製畫描繪幾內亞複雜的森林（根源之地）。海地沒有非洲的叢林，海關人員也沒有見過它們，但他在巴黎的植物園從熱帶標本上複製了它們。現在，我正在看著其中一個夢幻般老舊溫室的入口。一隻老虎？在高高的玻璃後面……神奇而鮮明，下垂的葉子。這是我們「加勒比」自我意識的寓言嗎？

一九八四年九月七日

親愛的L：

關於從你的飯店所看出的景象，麗娜路……我可以想像植物園爬滿了常春藤的大門，以及裡面「迷宮般」的黑牆。（它的圓形坡道、指示牌、陌生人……）這不是就在黎巴嫩雪松樹附近嗎？大約在一八六〇年（根據一張舊版畫），人們戴著高帽穿著長衣，漫步欣賞著美麗的樹形並驚嘆於這聚集的帝國宇宙。就像現在一樣，他們必定聽到了從動物園傳來的噪音，幾年後，那些動物會被圍攻的公社市民吃掉。請保持聯繫。

親愛的C：

一九八四年九月九日

謝謝你寄給我奧提茲的新書《布宜諾斯艾利斯》。旅行的奇蹟之一，是一種水平式的暈眩。來自摩爾多瓦的猶太人與阿根廷人（移民：西班牙人、義大利人、阿爾巴尼亞人等）結婚，生下一個女兒，一位布宜諾斯艾利斯的女孩（Porteña）*，在巴黎以法文寫作，回憶往事。我喜歡她對波赫士和探戈的曖昧看法。此外，她特別喜愛這座城市的植物園——受到貓和帶著幾袋肝臟的老太太造訪的這些巨大植物。動物園中的「印度宮殿棲息著一隻滿是灰塵的大象……。」移植的文明。「但如果我沒有根，爲什麼我的根總傷我至此？」

親愛的J：

一九八四年九月十日

秋天的巴黎：街道再次擁擠，節奏加快。低照的陽光有著人造的光澤。在植物園中，他們正在地下建造一座新的「動物標本館」。整修已經開始，沉思著冬天的來臨。我再次迷戀於盧森堡花園的棕櫚樹（環繞在同樣地方／棕櫚樹群展現熱情），對稱、完美地置於帶有鐵腳的箱子中。它們是植物界的外星生物……在通道和它們……棕櫚樹和地面間只有六英寸的距離。

＊ 譯注：在西班牙語中，「Porteña」（陰性）和「Porteño」（陽性）意指「港口城市的居民」。此處用來指稱這位女孩。

印地安婦女一邊紡紗，一邊利用綁在腳上的繩子搖晃搖籃。鮑亞士和杭特協助拍照背景的構圖。

第三部分　收藏

第九章　部落和現代歷史

你不會老站在同個地方觀看一場扮裝慶典。

——伊博族諺語

一九八四年和八五年的冬天，人們可以在紐約市許多地方看見部落文物。本章調查了紐約現代藝術博物館一次重要的展覽「廿世紀藝術的『原始主義』：部落和現代的相似性」，其中最具爭議性的六項主題。本章的「民族誌當下」時間是一九八四年十二月底。

聚集在西五十三街的「部落」文物已經四處可見。它們是旅行者——有些來自歐洲的民俗和民族誌博物館，有些則來自藝廊和私人收藏。它們被仔細裝箱並且投保了巨額保險，搭乘頭等艙來到了現代藝術博物館。過往的處理方式並沒有如此豪華：有些是被偷走的，有些則是被殖民地行政官員、旅行者、學者、傳教士、非洲港口的水手等「買走」的。這

189

些非西方文物時而成爲奇珍異寶、民族誌標本，時而成爲重要的藝術作品。* 一九〇〇年後，它們開始出現在歐洲的跳蚤市場，之後則在前衛藝術工作室和收藏家住處之間流傳。有些會被擺在人類學博物館內沒有暖氣設備的地下室或「實驗室」裡，周圍是同樣出自這個地區的物件。有些會遇到古怪的同行者，把它們打光、貼上標籤，放在怪異的展示櫃裡。現在，在西五十三街，它們與歐洲大師畢卡索、賈科梅蒂、布朗庫西等人的作品相互輝映。一個帶有十二隻手臂和許多孔眼的愛斯基摩立體面具，懸掛在畫家米羅繽紛圖樣的畫布旁。紐約人看著這兩件物件，而且看出它們的相似。

旅行者在不同地方講述不同故事，而在西五十三街講的則是有關現代性的起源故事。一九一〇年左右，畢卡索和他的同伴突然直覺地發現，原來「原始」文物才是具有威力的「藝術」。他們收集、模仿，而且受到這些文物的影響。這使得他們自身的作品即使沒有直接受到影響，也會讓我們古怪地聯想起非西方形式。現代和原始的對話跨越了幾個世紀和各個大陸。在現代藝術博物館，藝術家和物件講述了一個具體的歷史，以及他們在特定時刻、特定工作室裡的遭逢。照片記錄下非西方文物對現代主義先驅的重要影響。這個聚焦的故事被另一個故事所圍繞且受到鼓舞——這是一則以**相似性**（affinity）爲核心且不嚴謹的關係寓言。相似性此一字詞是一種親屬關係語彙，表達了比單純的類似或並置更深入或更自然的關係。它暗示了一種將部落與現代聯繫在一起的共同特質或本質。一個藝術的家族

190

匯聚在一起，透過全球性、多樣化、豐富的創造力，奇蹟般地結合起來，每一個展示在西五十三街的物件看起來都如此現代。

紐約現代藝術博物館的展覽同時具有歷史意義和教育意義。它備有一份全面且學術性的目錄，內容包括對展覽主題的不同觀點，展覽的策展人魯賓和瓦恩多也在其中詳加說明了展覽的基本前提（Rubin 1984）。這種公然闡述案例或講述故事的展覽，其中一項優點，是它能促進辯論並使其他故事具有啟發性。因此接下來，本章將提出關於部落和現代的不同歷史，以回應紐約現代藝術博物館展出的這檔重點明確的歷史。但是，在看見歷史的眞正面貌之前——一個排除其他故事的特定故事——必須先排除普遍化的相似性寓言。

此一現代主義藝術家族故事的寓言，並沒有在現代藝術博物館裡獲得有力論證。（這需要某種明確的原型或結構分析形式。）相反地，此一寓言被融入展覽的形式裡，在宣傳中交予暗示，並且不具爭議性地被反覆宣稱——「部落和現代之間的相似性」。在這個寓言中有一位主角，透過展覽標題告訴我們，他的藝術作品比其他現代主義先驅者的作品更貼近

191

* 譯注：就本章在「部落和現代的相似性」主題上，原文「objects」依據上下文脈絡，當作者強調「部落」屬性時，多數翻譯爲「文物」；若是談及博物館收藏或是批判西方現代主義藝術時，則會翻譯爲「物件」。本章中「crafts」和「artifacts」則依據文脈多數時候翻譯爲「工藝品」。

部落。這些相似性「衡量了畢卡索對部落雕塑核心原則（informing principles）的掌握，並且反映了他與部落族群深刻的精神特性」。因此，現代主義呈現出對一種超越文化、政治和歷史的「核心原則」的追求。在這個認識框架下，部落是現代的，而現代則是有關更豐富、更為多樣的人類。

⁂

這種相似性想法的力量如此之大（它在現代藝術博物館的並置中幾乎變得不證自明），值得讓我們檢視對它的主要反對看法。長久以來，熟悉於「文化傳播論 vs. 獨立創造論」的人類學家，並沒有辦法在選定的部落文物和現代物件之間，發現任何特別相似之處。過往的人類學比較法指出，文化範圍愈大便愈有可能發現相似的特徵。紐約現代藝術博物館的樣本數非常龐大，包含非洲、大洋洲、北美洲和北極圈的「部落」群體。[1] 第二個原則是「各種可能性的限制」，認為創造有可能高度多樣，但並非是無限的。例如，人類身體有一對眼睛、四肢、對稱的特徵、正面和背面等，只能以有限的方式呈現或加以風格化。[2] 因此在先驗上並沒有理由去宣稱其具有相似性的證據（而不僅僅是貌似或巧合），因為我們可以收集到一組看起來令人印象深刻的「現代」風格的部落作品；但同樣令人印象深刻的收藏品，也可以證明部落文物和現代物件之間的明顯差異。

　　這些物件的「概念主義」和「抽象性」，是它們最常被認爲可以加以連結的特質。（但是諸如「巫術」、「儀式主義」、「環境主義」、「自然」物質的使用等，我們可以從展覽，特別是它的目錄手冊，獲得一份冗長、且最終並不一致的共同特徵清單）。實際上，部落文物和現代藝術品的相似之處，主要是因爲它們**不具有**文藝復興之後主導西歐藝術的繪畫擬眞（pictorial illusionism）或雕塑自然主義的特徵。抽象性和概念主義當然普遍存在於非西方世界的藝術中，說它們和現代主義同樣拒絕某些自然主義項目，並不能表明二者的相似性。[3]事實上，將策展主題決定爲類似於現代主義的「部落主義」，本身便是爲了完成建構設計的任務。風格上屬於高度自然主義的伊費和貝寧（Ife and Benin）雕塑，被排除於「部落」之外，並且擺置在若干武斷的「宮廷」社會的類別中（然而此社會並不包括大型的酋長制度）。再者，前哥倫布時期的作品雖然有被收入目錄手冊，但在展覽中基本上被忽略了。我們可以質疑這些選擇和排除，爲何僅僅包括一系列看起來「現代」的部落文物收藏。譬如，爲什麼很少有由殖民文化接觸的殘骸中建構起來的「不純粹」文物？這難道不是因爲相較於粗糙或粗陋的作品，實際上偏好乾淨、抽象形式的整體偏見嗎？

　　這個展覽中以「相似性」爲主題的展間是一個精心策畫卻大有問題的混搭（mix-and-match）。簡短的介紹文字是相當好的開場：「**相似性**展示了一組以迎合現代品味著稱的部落物件。」事實上，這就是唯一可以用來嚴格描述這個展間內物件的全部內容了。然而，該介紹繼續表示，「現代和部落物件的選定配對，展示了獨立而不受影響的藝術共同基礎（common denominator）。」**共同基礎**這個說法，暗示了某種比策畫的類似性更有系統的東西。這究竟意味著什麼？在此悉數引述的介紹文字，標誌了整個現代藝術博物館。這些謹慎且限定範圍的聲明（僅限於關注現代主義的原始主義，而非部落生活），事實上具有更頻繁的暗示。相似性此一想法本身是廣泛且雜亂的，同時暗示在現代與部落的遭逢中，或是在開闊的人類心靈中，企圖恢復普世的人類能力。這些都表達了現代主義意識能夠質疑自身的侷限性並且可以接納他者的積極能力。[4]

然而，不論是展覽或目錄都沒有表達出現代主義更令人憂慮的特質：也就是其對於挪用或救贖他者的偏好、按照自己的形象建構非西方藝術、探索普同性、非歷史的「人類」能力等的興趣。尋找類似性本身便需要正當理由，因爲即使接受了「現代原始主義」（modernist primitivism）此一侷限的探索任務，爲什麼不能藉由分析畢卡索和恩斯特作品中**有別於**部落模式的相異性，或是藉由追溯他們的藝術如何遠離非西方形式，並且給予這些非西方形式新的扭轉，而學到更多關於畢卡索和恩斯特的創造性過程呢？[5] 展覽中並未探索此一面向。這種對相似性的普遍觀點在目錄手冊的封面上清楚呈現——將畢卡索《鏡前的女孩》（一九三二）與一個瓜基烏圖族半面具並置，後者卻是西北岸創作中一個非常罕見的類型。

相似性的形成

1. 畢卡索，《鏡前的女孩》，1932年（局部）
2. 瓜基烏圖族面具
3. 畢卡索，《鏡前的女孩》

畢卡索畫作的細節部分和瓜基烏圖族面具，並置在展覽目錄手冊《廿世紀藝術的「原始主義」：部落和現代的相似性》第一冊的封面上。

它在此處的任務只爲了給出一種類似的效果（實際上這是由相機角度所產生的效果）。這個展覽透過仔細挑選且維持特定的視角，給出了一個「部落和現代的相似性」的普遍訊息。

相似性的概念帶著親屬關係的寓言，具有擴張與歌頌的任務。紐約現代藝術博物館中所展現的相似性都是現代主義詞彙。這些偉大的現代主義「先驅」（以及他們的博物館）將過往受到鄙視的部落「戀物癖」（fetishes），或僅僅只是民族誌「標本」（specimens）一類的物件，提升到高雅藝術的地位，並在這個過程中發掘它們（「我們的」）創意潛力的新面向。藝術超越了自身文化和歷史脈絡的能力被重複強調（Rubin 1984:x, 73）。在目錄手冊中，魯賓的興趣傾向恢復基本的表達模式，而瓦恩多則強調理性、前瞻性的思維能力（他同時反對糟糕的原始主義、非理性和逃避主義）。兩人都讚揚全球範圍下現代主義的寬厚精神，但卻排除了——如同我們將看到的——第三世界的現代主義。

在西五十三街，現代原始主義持續受到西方的關注。瓦恩多在目錄手冊第二卷的最後一句話中總結：「一個在現代文化中開始和結束的革命過程，正因如此——儘管如此——可以不斷擴大並深化我們對遙遠不同文化的接觸過程，並且持續威脅、挑戰和改進我們的自我意識」（Rubin 1984:682）。懷疑論者或許會質疑現代藝術博物館展示的現代原始主義，是否有能力威脅或挑戰目前已經完全制度化的美學（和市場）價值；但這個大規模、橫跨全球的收藏，應該以「自我」這個字詞作爲結束，這是適當的，在某種意義上也是嚴格的。

195

事實上，展覽目錄手冊有個意外的效果是在最後呈現出現代「原始」羅夏克（Rorschach）的不一致性。從戈德沃特的形式主義，到畢卡索的轉變「巫術」（根據魯賓所言）；從列維-布留爾的神祕原始思維（影響了一個世代的現代藝術家和作家）到李維史陀的野性思維（*pensée sauvage*）（與「系統藝術」和極簡主義的自動化二元論相呼應）；從杜布菲對瘋狂和幼稚的迷戀，到高更的啟發式理性、畢卡索玩世不恭的實驗主義，或是特瑞爾的新「科學」精神（後三者得到瓦恩多的認可，卻被克勞斯所質疑。克勞斯較偏向巴塔耶的斬首、卑賤〔*bassesse*〕以及身體變形）[6]；從戀物癖到偶像崇拜，然後又回到戀物癖；從原始的樹皮繪畫（克利），到巨大的前哥倫布紀念遺址（摩爾）；從輕巧的愛斯基摩人面具，到英國巨大石柱群——目錄手冊成功地呈現出部落和現代之間沒有任何本質上的相似性，甚至對於原始也沒有呈現出一致的現代主義態度，相反地，它呈現出現代西方對於收藏世界的持續欲望與力量。

*

如果我們暫時擱置相似性寓言，所剩的只是「事實」的、狹隘的歷史——也就是畢卡索和他那一代「發掘」原始藝術的歷史。這麼說吧，展覽的「歷史」部分整體上是嚴謹的，

196

但其餘部分就僅僅是暗示性的聯想。不可否認地，在藝術史（*Kunstgeschichte*）傳統中，已有大量學術研究對此一特定歷史產生了影響。許多神話受到了有效的質疑；重要事實獲得明確說明（哪種面具何時在誰的工作室）；以及，部落較以往任何時候都更加充分地展現了對於歐洲、英國和美國早期現代藝術的廣泛影響。目錄手冊的優點是收錄許多削弱展覽歌頌氣氛的文章，特別是克勞斯的文章，以及由費斯特、貝蒂埃、波德拉詳細介紹了非西方文物抵達歐洲此一貢獻。這些歷史文章闡明了殖民主義盛行期間，現代主義藝術家「發現」了部落文物，但認爲其啟發性不高的帝國主義背景。

然而，如果我們忽略了現代藝術博物館的「相似性」展間，只注意展覽中「嚴肅」歷史部分，便會出現新的關鍵問題。特定的歷史焦點排除了什麼？難道不正是因爲對部落作品偉大故事的認可、發掘出共同的藝術「核心原則」塑造出這樣的事實敍述，才導致充滿了相似性寓言嗎？或者，這種跨文化遭逢的故事可否用不同的方式述說？我認爲有必要從展覽中的素材提取另一個故事——不是救贖或發掘出的歷史，而是一段重新分類的歷史。這段歷史假設「藝術」不是普世的，而是一個不斷變化的西方文化脈絡。事實上，在過去幾十年裡，大量非西方文物突然被重新定義爲藝術，這是一種分類學上的轉變，需要批判性的歷史討論，而非慶祝。此一在全球範圍內建立起大量的藝術類別，與地球上的部落族群恰好受到歐洲政治、經濟和福音的大規模統治不無關聯。但在現代藝術博物館中並沒有空

197

間展示這些複雜性。顯然，現代主義將部落文物挪用爲藝術品不僅僅是帝國主義的。該項目涉及對殖民主義、進化論假說的太多強烈批評。然而，正如我們所看見的，「發現」部落藝術的範圍和基本邏輯，再現了深植於殖民和新殖民時代的西方霸權假設。

畢卡索、雷捷、阿波利奈爾等許多人都開始認識到，非洲雕塑在戀黑癖（*négrophilie*）日益盛行的時期所具有的原始的「巫術」力量，而諸如爵士樂手、拳擊手布朗、狂野的約瑟芬．貝克等黑人形象，也在這般背景下闖入了歐洲場景。在此一更廣泛的脈絡下講述關於現代主義認可非洲「藝術」的歷史，可能會引起非西方他者的美學挪用、種族、性別、權力等議題上的模糊和困擾。有鑑於這檔展覽的重點有其侷限性，這種他者故事在現代藝術博物館上基本上是看不到的。它只能在雷捷、桑德拉爾和米堯一九二三年所策畫的非洲宇宙進化論中，一個設計爲「世界起源」（La création du monde）的小區域，以及洛辛斯托所寫的一篇內容廣泛但基本上仍不具批判的文章中瞥見。整體來說，我們很難從展覽中推論出對黑人事物，或是對非洲藝術「巫術」的所有熱情都和種族有關。在這段聚焦的歷史中，藝術與由白人所見的黑人身體的編碼感知——他們的生命力、節奏、巫術、性感等——沒有任何本質上的關聯。這裡所呈現的現代主義只關注於藝術創作，這是一個具正面意義的類別，有別於非理性、野蠻、卑劣、逃離文明化的負面原始主義。

不同的歷史焦點可能會將貝克的照片放在非洲雕像附近，這些雕像在一九一〇至

紐約現代藝術博物館「原始主義」展覽中「未包含的相似性」

一、身體

1. 約瑟芬・貝克的著名身姿，巴黎，約1929年

2. 木雕人形（安哥拉，紹奎族）

3. 雷捷爲《創世紀》所做的服裝設計，1922-23年

一九二〇年代曾讓巴黎前衛派興奮不已；但如此的並置在紐約現代藝術博物館的歷史上是無法想像的，因爲它喚起了不同於那些爲偉大藝術做出分類貢獻的相似性。二〇年代巴黎的黑人身體是一種意識形態的產物。古老的非洲（這個非洲藉由未來的方式來到巴黎——也就是美國）被性欲化、性別化，並以特定的方式被賦予了「巫術」。一如雷捷的設計和服裝，貝克式（La Bakaire）的標準身姿表現出一種獨特的「非洲特性」（Africanity）——強調骨盆和臀部的裸露形式，分切式風格暗示著一種怪異的機械活力。包括如此具備意識形態的貝克身體形式在內，西五十三街那些被歸類爲藝術的人像形式，顯示對現代原始主義的不同解釋、對黑人藝術中的黑性分類的不同分析，以及對「品味」的探索，這些都不僅僅是本世紀初發現部落藝術的背景。[7]

這種焦點會將藝術視爲在特定歷史背景和權力關係中，定義和重新定義的類別。從這個角度來看，並且用某種程度上有違常理的說法，紐約現代藝術博物館的展覽記錄了一個**分類**時刻：非西方文物的地位和「高雅」藝術得到了重要的重新定義，但危險的是，這些類別並不存在任何永恆或超越性。對部落文物的欣賞和詮釋，發生在現代「物件系統」中，而這個系統賦予了某些事物的價值，並且使它有別於其他價值（Baudrillard 1968）。現代原始主義聲稱具有更深入的人文關懷和更廣泛的美學意識，與發達的部落藝術市場以及如今廣受爭議的藝術和文化本眞性的定義齊頭並進。

198

自一九〇〇年以來，非西方文物普遍被分類爲原始藝術**或**民族誌標本。在與畢卡索相關的現代主義革命，以及與鮑亞士、馬凌諾斯基相關的文化人類學興起之前，這些物件受到諸如古物、異國珍品、東方物件、早期人類遺物等，不同類別的區分。隨著廿世紀現代主義和人類學的出現，早先被稱爲「戀物癖」的對象（僅舉一個物件類別）要不成爲了「雕塑」作品，要不變成「物質文化」的一部分。美學和人類學的區分很快便在制度上得到強化。在藝術畫廊中，非西方文物因其形式和美學特質而被展示；在民族誌博物館中，它們則在「文化」脈絡下被呈現。在後者中，非洲雕像屬於獨特群體的儀式對象；它被展示的方式闡明了它的用途、象徵意義和功能。美學和人類學論述的制度性差異，在現代藝術博物館記錄的那幾年間形成，見證了原始「藝術」和人類學「文化」概念的互補性發現（Williams 1966）。[8] 這兩個範疇之間雖然從一開始（並且持續如此）就有規律的交流，但這種區別在展覽中並沒有受到質疑。在現代藝術博物館，將部落文物視爲藝術意味著排除原本的文化脈絡。展覽入口處以堅定的口吻告訴我們，人類學家的工作便是對脈絡的探究。文化背景對於正確的美學賞析並非必要：好的藝術、傑出的作品，是會受到普遍認可的。[9] 這些現代主義先驅本身對於這些物件的民族誌意義所知甚少，甚至一無所知。對畢卡索來說是好的東西，對現代藝術博物館來說也會是好的。事實上，對於文化脈絡的忽略似乎成爲藝術欣賞的先決條件。在這個物件系統中，一件部落文物從一個環境中脫離出來，以便

199 *200*

在另一個環境中自由流通——也就是博物館、市場和鑑賞的藝術世界。

自現代主義和文化人類學初期以來，非西方文物要不在藝術的話語和機構中，要不在人類學的話語和機構中，找到了「歸宿」。這兩個範疇相互排除又相互確認，彼此辯駁予以脈絡化或是再現這些物件的權利。如同我們會看到的，美學與人類學的對立是系統性的，並且預設了一套對「部落」的基本態度。兩種話語都假定了一個需要保存、救贖和再現的原始世界。不論是眞實的「傳統」世界，或是在永恆「藝術」類別中欣賞物件的過程，部落文化和藝術創作的具體存在都是受到壓制的。

⁕

沒有任何跡象表明一九八〇年代的紐約西五十三街正在創作優秀的部落藝術。展覽中的非西方文物若不是擺放在模糊的過去（讓人想起大都會博物館洛克菲勒展廳中，非洲和大洋洲物件那個「十九至廿世紀」的分類），便是位於由「原始」特徵所定義的純粹概念性空間之中：巫術、儀式主義、與自然的親近性、神話，或是宇宙論的目標（見Rubin 1984:10, 661-689）。這種將部落或原始降級爲消失的過去、或不具歷史也不具概念性當下的過程中，現代主義的欣賞角度再現了普遍的民族誌類別。

201

在美國自然史博物館獻給米德的太平洋民族廳中也可以看到相同的結構。這個新的永久性展廳經過精心翻新，成爲非西方文物的人類學落腳處。在博物館出版的刊物《圓形廳》（一九八四年十二月）中，其中一篇宣告展廳落成的文章有如下的段落：

> 瑪格麗特．米德曾經將太平洋民族的文化稱為「一個曾經但現今已不復存在的世界」。在米德一九七八年去世前，她批准了這個新的**太平洋民族廳的**基本計畫。（p. 1）

我們從毀壞的歷史、一個消失世界的殘骸中，獲得拯救下來的珍貴寶藏。參觀者（特別是當今的太平洋文化成員）或許會發現，大廳外兩個迷人的陳列櫃更適切地喚起了一個「不復存在的世界」。這是一個過時的人類學世界。此處，我們可以從米德備受爭議的薩摩亞研究中，找到一頁打字工整的筆記。一張田野工作者與美拉尼西亞人「密切」互動的照片（她背著一位小孩）、一盒用做心理測驗的鮮豔圓盤和三角物、米德在《紅皮書》雜誌專欄的複本。在太平洋民族廳中，展示了變化與融合的文物，陳列在名爲「文化接觸」的小型展覽中。需要留意的是，自十八世紀以來，西方的影響和本土的反應一直活躍在太平洋地區。但是，這些參與的資訊很少出現在大廳的其他地方，儘管事實上許多物件在過去一百五十年中是在接觸的情境下製作出來的；即使博物館的民族誌解釋反映了相當近期的太平洋文化研究。作爲民族誌工作一部分的歷史接觸和異質——或許顯示了社會的生存而非死亡——都被系統性地排除了。

展廳說明文字的時態透露了訊息。一張最近的薩摩亞卡瓦（*kava*）慶典的彩色照片附有以下文字：「**地位**和**階級**曾經是薩摩亞社會的重要特徵」，這段陳述對任何了解地位和階級目前仍持續存在於薩摩亞的人來說，是相當奇怪的。在展廳的另一處，有一張由民族誌研究先驅斯賓塞和吉倫大約在一九〇〇年拍攝的黑白照片，照片內容是澳大利亞阿倫塔婦女和小孩，標題的時態爲**現在式**。原住民顯然必須始終居住在神話時代。其他時態上不一致的尚有——古老的新幾內亞塞皮克河流域（Sepik）物件以現在式來描述，而最近的初步蘭群島照片被標示爲過去等，諸如此類的例子。

問題不僅僅在於此處呈現的薩摩亞卡瓦酒宴和階級社會形象是扭曲的，或者太平洋民族廳中的大部分歷史已被抹除。（不會有任何一位薩摩亞男性在卡瓦慶典上戴著手錶；初步蘭島人的臉部彩繪也未注明只有在進行板球競賽時才有。）除了這些準確性問題之外，還有意識形態的系統性編碼問題。將「部落」族群置於非歷史時期，而將我們自己放在不同的歷史時期，明顯具有偏見且不再可信（Fabian 1983）。無論是作爲民族誌「文化」或原始／現代「藝術」，這種認識使得人們對於一個正在消失而獲得拯救的部落世界因而賦予的價值和意義產生了懷疑。因爲在這種時間順序中，部落作品所表達的眞實或純粹的生活，永遠處在收藏之前，這是一種在熟悉故事裡重複死亡與救贖的拯救行爲。在這個無處不在的寓言裡，非西方世界總是在消失和經歷現代化——正如班雅明的現代性寓言中，部落世界被設想爲一片廢墟（Benjamin 1977）。在太平洋民族廳或是洛克菲勒展廳中，部落民族實際正在進行的生活和「不純粹」的創造，都在文化或藝術「本眞性」的名義下遭到抹除。同樣地，在現代藝術博物館中，部落「藝術」的生產徹底成爲了過去。這些文物出現在十九世紀晚期歐洲的跳蚤市場和博物館中，注定要在美學上得到救贖，在慷慨的現代主義物件系統中被賦予新的價值。

⁂

在曼哈頓另一個部落旅行者的落腳處，東六十八街的非洲藝術中心重述了現代藝術博物館努力獲得部落藝術的認同，因爲它具有「像所有偉大藝術一般……超越創造者特定生活和時代的人類形象」的能力（Rubin 1984:73）。執行長佛格爾，在其開幕展「來自法國人類博物館的非洲傑作」的目錄介紹中宣稱，「美學與人類學的論辯」已經獲得解決。現在人們普遍認爲，「民族誌標本」可以和「藝術作品」有所區分，並且在後者的分類中可以找到數量有限的「傑作」。佛格爾正確地指出，部落文物的美學認可取決於西方品味的轉變。例如，培根、薩馬拉斯等人的作品，讓「粗製且令人恐懼的（非洲）作品，以及精緻而抒情的作品」，得以成爲藝術加以展示（Vogel 1985:11）。然而，一旦獲得認可，藝術顯然便是藝術。因此，藝術中心只以美學作爲選取標準。一個明顯的標語宣稱這些物件具備能力「超越時間和地方的限制、跨越時間和文化地與我們對話……將它們置於人類成就的最高點。我們此處將其視爲藝術作品作爲創造者偉大的證明。」

對於美學人類學「論辯」（或者更好的說法，**系統**）的一方，沒有比這更清楚的陳述了。在另一個（人類學的）面向，穿過市區，太平洋民族廳呈現了集體而非個人的產品——「各種文化」的作品。但在制度化的兩端，話語的相互滲透成爲可能。科學可以被美學化，藝術則可以被人類學化。在美國自然史博物館中，民族誌展覽愈來愈像藝術展了。事實上，太平洋民族廳代表了美學化科學主義的最新發展。物件的陳列方式強調其形式上的特性。它們懸掛於光線之間、透過壓克力巧妙地固定在空間中。（人們會突然對一根三英尺高的透明柱上有個小海洋雕像那種純粹的怪異感到驚訝。）雖然這些藝術性陳列的工藝品獲得了科學的解釋，但人們不再嚴肅地追求一種古老、功能主義的企圖，藉以呈現特定社會或文化區域的綜合圖景。八個澳洲原住民社會展示上的標題幾乎都帶有達達主義的特質（以下依序列出所有標題）：「慶典、神像、巫師和術士、神聖藝術、投矛器、石斧和刀、婦女、迴力鏢」。在其他地方，該展廳的文化物件被重新定位在新的控制論（cybernetic）和人類學

紐約現代藝術博物館「原始主義」展覽中「未包含的相似性」
二、收藏品
1. 首領夏克家屋內部，1909年，阿拉斯加蘭格爾市。
2. 太平洋民族廳中瑪格麗特．米德館一景的話語框架之中。例如，管樂器和弦樂器的標題是：「**音樂**，是人類聽覺環境中有組織的聲音系統」，或附近一個標題寫著：「**交流**，是有組織的聲音的重要功能」。204

在太平洋民族廳的人類學館中，非西方文物仍然具有主要的科學價值。此外，它們也是美麗的。[10] 相反地，在非洲藝術中心，工藝品主要都被定義爲「傑作」，這些工藝品的製作者則被定義爲偉大的藝術家。在此，鑑賞力的話語占有主導地位。然而，一旦現代藝術博物館述說的藝術故事成爲教條，便有可能重新引入和吸收民族誌的話語。在藝術中心，205 部落的背景脈絡和它的功能，與展覽上個別的物件歷史一起被描述。如今，非洲文物被牢牢歸類爲傑作（masterpieces），擺脫了「部落」或「原始」這種模糊且非歷史性的定位。該目錄手冊具有某種目錄理性（*catalogue raisonné*），深入討論了每件作品。傑作類別是個性化的：展出的物件都不典型；有些是獨一無二的。著名的戰爭峰神（Fon god of war）或是阿波美的鯊魚人（Abomey shark-man），都在明顯的殖民情境中，有著確切的個別創造和挪用的歷史。圖片標題具體標示出格里奧爾在一九三〇年代的**哪一次**西非遠征中獲得多貢的雕像（見 Leiris 1934，以及本書第二章）。我們從目錄中得知，一位名爲克瓦耶（Kwayep）的藝術家雕刻了一幅巴米雷克人（Bamileke）母子雕像，然後殖民地行政官員和人類學者雷伯瑞又從恩吉克（N'Jike）國王那兒買到了它。雖然紐約現代藝術博物館、洛克菲勒展廳和美國自然史博物館 206 仍是以部落名稱爲主，但此處，個人的名字出現了。

在〈來自法國人類博物館的非洲傑作〉的目錄中，我們了解到一位民族誌研究者在發現多貢雌雄同體雕像（後來成爲名作）時那股難掩的興奮之情。伯米在一九三五年的一封信中記錄了這份興奮，而此足以作爲許多早期民族誌收藏家關注美學的證據（Vogel and N'diaye 1985:122）。他們表示自己可以憑直覺區分出一個作品是傑作，還是單純的藝術或民族誌標本。（實際上，人類博物館館藏品背後許多民族誌研究者，如伯米、雷里斯、格里奧爾、謝夫納等人，個個都是「現代主義先驅」藝術家的朋友和合作者。在現代藝術博物館講述的故事中，這些藝術家建構了原始藝術的類別。因此，所謂直覺美感的感受是特殊情境下的歷史產物。見第四章。）〈來自法國人類博物館的非洲傑作〉目錄堅決認爲，人類博物館的創建者都是藝術鑑賞家，這座偉大的人類博物館從未將其收藏視爲「民族誌標本」。人類博物館在過去和現在都是一座祕密的藝術博物館（Vogel 1985:11）。因此，至少對不證自明的「傑作」而言，藝術和工藝品之間的分類裂痕在美學編碼上完全地得到了癒合。藝術在任何博物館中都是藝術。

相對於紐約的其他展覽，〈來自法國人類博物館的非洲傑作〉展覽提供有關每件傑出作品歷史的資訊。我們了解到，某一面鑲有鏡子的基瓦拉尼（Kiwarani）羚羊面具是在一九三一年巴士底日（Bastille Day）爲馬里（Mali）殖民官員所舉辦的一場舞會上取得。而一張野兔面具則是該年殖民地博覽會期間，於巴黎的慶典晚會上從多貢舞者那兒買到的。這些不再是在紐約現代藝術博物館中所看到的那些日期不詳的「眞實」部落形式。在非洲藝術中心，一段不同的歷史既記錄了藝術作品的獨特性，也記錄了具有鑑賞力的收藏家的成就。透過稀有性、創造力和鑑賞力這些特徵，藝術中心證實了藝術品的自主存在，能夠像畢卡索或賈科梅蒂的作品一樣流通、買賣。藝術中心的歷史可以上溯到洛克菲勒原始藝術博物館前身，和收藏家、藝術市場有著密切關係。

在開幕展中，藝術中心表達了部落藝術的主流美學民族誌觀點，認爲它是過去的東西，有利於收藏並賦予美學價值。第二場展示（一九八五年三月十二日至六月十六日）則設定爲「伊博藝術：社群和宇宙」。它講述了另一個故事，將藝術形式、儀式生活和宇宙觀置於一個特定的、改變中的非洲社會——一個過去**和**現在的遺產。照片展示了一九八三年左右在面具舞蹈上戴著的「傳統」面具。（其中包括了諷刺的白人殖民者形象。）其呈現的是一個關乎文化改變、奮鬥和復興的，更爲詳盡的歷史。在目錄中，伊博學者安尼亞克和共同編輯柯爾撰寫了〈持續發展的伊博美學〉一文：「那些被我們輕鬆貼上『傳統』的藝術標籤的東西，如果認爲它們在早期不受風格和形式變化的影響，這是一種錯覺；因此，哀悼當前現實的變化是徒勞無益的。我們總是會發現與早期形式的連續性；當今家庭和社群價值的堅持，確保了藝術的蓬勃發展。一如既往，伊博人會從他們創造的精神中開創出新的藝術形式、反映他們與環境和鄰人間的動態互動，並表達文化理想」（Cole and Aniakor 1984:14）。

柯爾和安尼亞克講述了一個有別於現代藝術博物館所提供的，關於「部落」和「現代」的歷史——一個關於創造，而非救贖的故事。阿契貝在目錄的序言中提出了對於文化和物件的願景，並且對藝術收藏和傑作的意識形態提出了尖銳的挑戰。他告訴我們，伊博人並不喜歡收藏。

> 他們一旦完成了創作的主要任務，便會刻意忽略那些煞費苦心和虔誠完成的姆巴利（*mbari*）神殿以及神殿內所有的藝術品。這提供了我們將伊博美學價值視為**過程**而非**產品**的重要理解。過程是一種運轉，而產品則是靜止的。當產品受到維護或崇敬時，就會影響到試圖去重複該過程的衝動。因此，伊博人選擇刪除產品，保留過程，這樣才能在每個場合、每個世代都能擁有屬於自己的創作衝動和經驗。有趣的是，這種美學傾向得到熱帶氣候的有力支持，熱帶氣候提供了藝術創作豐富的材料，例如木材，以及強大的溶解機制，例如濕度和白蟻。來到伊博地區參觀的遊客會非常驚訝地看到，工藝品甚少會僅僅依據年代就被賦予特定價值。（Achebe 1984:ix）

阿契貝對於「毀壞」的意象，顯示了並非如現代主義者的救贖寓言（渴望使事物完整、以考古學的方式思考），而是接受無盡的連續性，希望事物保持分離、動態和歷史性。

土地統治神阿剌（Ala）和她的「孩子們」在她的姆巴利神殿裡。1966年奈及利亞東南部，歐布柏烏拉括區域（Obube Ulakwo）。

西方的美學－人類學物件系統此刻正受到挑戰，收藏和展覽的政治偶爾變得顯而易見。即使在紐約現代藝術博物館，也沒有完全排除現存部落族群的證據。一小段文字打破了這個魔咒。一個特別的標示解釋了目前存放在柏林民族學博物館中的蘇尼（Zuni）戰神雕像，卻在紐約現代藝術博物館缺席的原因。我們了解到，在籌備展覽的後期，現代藝術博物館「從一些學識淵博的權威人士那裡得知，蘇尼人認爲任何公開展示他們戰神的行爲都是在褻瀆神明」。該標示繼續寫道，因此這些雕像雖然仍定期在其他地方展出，但美術館決定不將這些戰爭神祇從柏林帶來這裡展覽（此一存放於柏林民族學博物館的蘇尼戰神後來影響了克利的創作）*。這個簡短的注釋引發的問題比它回答的更多，但是它至少說明了展示的物件事實上可能「屬於」藝術博物館或民族誌博物館之外的其他地方。現存的傳統對它們提出要求，並且對於它們在現代西方制度體系中的所在地提出質疑（以一種遙遠卻逐漸明顯的力量）。[11]

在紐約的其他地方，這種力量變得更爲醒目。紐約大都會博物館一場「毛利人」（Te Maori）的展覽清楚表明展出的「藝術」仍是神聖的，不僅是從某些紐西蘭的博物館借來的，也是從毛利人那裡借來的。事實上，部落藝術始終帶有政治性。毛利人爲了提高自己的國際聲望，從而有助於他們目前在紐西蘭社會的復興，允許西方主要的文化機構和其贊助商將他們的傳統當作「藝術」來加以利用（Mead 1984）。[12] 部落當局准許展覽巡迴展出，並以引 210 人注目、與眾不同的方式參加了展覽的開幕式。阿桑特（Asante）的部落領導者也是以這種方式參與自然史博物館所舉辦的藝術和文化展覽（一九八四年十月十六日至一九八五年三月十七日）。儘管阿桑特展覽著重在十八、十九世紀工藝品，但也包含了廿世紀殖民壓迫和近期阿桑特文化復興的證據，連同現代慶典的彩色照片，以及新製作的「傳統」物件帶至 211 紐約，作爲給博物館的賀禮。在這次展覽中，藝術品的展示**位置**——有關它屬於何處、屬於誰以及歸屬何時——完全不同它在紐約現代藝術博物館或洛克菲勒展廳中展示的位置。部落完全是歷史性的。

IBM藝廊的西北岸收藏展（一九八四年十月十日至十二月二十九日）還展示了部落生活和藝術的另一種表現形式，其展示物件是從美洲印地安人博物館運送至市中心。它們展示在強烈燈光之下（這種受到美化的「精品店」裝飾方式，似乎是現代主義送給博物館展示的禮物，無論是民族誌的還是藝術的）。但這場傳統傑作展覽以尚在世的西北岸藝術家

* 譯注：例如，紐約現代藝術博物館對於克利的畫作《恐懼面具》（一九三二），指出克利的這幅作品受到了柏林民族學博物館中的蘇尼戰神雕像的啟發。

紐約現代藝術博物館「原始主義」展覽中「未包含的相似性」
三、挪用
1. 皮爾・洛普太太在她收藏有現代和部落作品的公寓裡。1929年，巴黎，德博爾德-瓦爾莫路
2. 新幾內亞女孩與攝影師的閃光燈泡

的作品作爲結束。IBM藝廊外的中庭立了兩座大型圖騰柱。一件是來自美洲印地安人博物館的風化樣品，另一件則是瓜基烏圖族的卡爾文·杭特爲展覽雕刻的。藝術家在中庭對其作品進行了最後的修飾——他將新鮮的木屑撒落在基座周圍。這種事在西五十三街是不可能的，甚至是無法想像的。

紐約現代藝術博物館展覽的策展人員早已清楚它的侷限性，多次強調他們不聲稱要展示什麼。因此，從某種意義上說，質問他們爲什麼沒有在「部落」和「現代」之間的關係裡，建立一個不同焦點的歷史，是不公平的。然而，任何收藏或敍述中所建立的排除都是合理的批判對象，而紐約現代藝術博物館展覽堅定、說教式的基調，只會讓它的焦點更具爭議性罷了。如果西五十三街上的非西方文物從未受到眞正質疑，而是持續確認既有的美學價值，那麼便會引起對「現代原始主義」據稱具有革命潛力的質疑。沒有任何第三世界現代主義或最近部落作品的例子，得以反映一種普遍的「不證自明」的救贖寓言。

紐約現代藝術博物館展覽的最後一個展廳「當代探索」，本來可以用來重新聚焦現代主義和部落的歷史故事，但事實上卻竭力尋找作品具有「原始感覺」的當代西方藝術家。[13] 展覽提出了多種標準：粗糙或「自然」素材的使用、儀式性態度、生態關懷、考古學啟發、某種裝置技術、藝術家作爲巫師的概念，或是對「原始人的科學和神話學思維」有一定的熟悉度（這或許來自於閱讀李維史陀所得到的觀點）。這些標準，加上展覽和目錄中引用的

212

其他「原始主義」特質，徹底解開了原始的範疇，將其暴露爲一組不連貫的特質，而這些特質在不同時期被用來建構一個來源、起源或者改變自我，以確認某種存在於西方自身領域中的新「發現」。這個展覽充其量只是對此一持續過程中某個特定時刻的歷史紀錄。到頭來產生的感覺僅是一種幽閉恐懼症。

那些令畢卡索、德蘭和雷捷傾心的非西方文物，突然從外部闖入官方的西方藝術領域。它們很快被整合、被公認爲傑作、被納入一個人類學－美學物件系統之中。如今這個過程已經受到充分的讚揚。我們需要一個可以質疑藝術和藝術世界邊界的展覽，一種眞正難以消化的「外部」工藝品的湧現。這種將人類某一部分予以挑選、評價和收集他者的純粹產物的權力關係，需要受到批判與轉換。這是一項不小的任務。與此同時，我們至少可以想像一些展覽，它們可以展示昔日和現在部落生活的不純粹、「不夠本眞」的產品；全球混合風格下的極端異質性展覽；將自己定位於特定多元文化交匯點的展覽；自然仍舊是「不自然」的展覽；以及這些展示品的融合原則可以受到公開質疑的展覽。以下是我提出對「部落與後現代的相似性」的不同展現。我僅提供泰德洛克對蘇尼撒拉克（Shalako）慶典的精彩描述的第一段，而這個慶祝活動僅僅只是一個複雜、現存傳統的一小部分而已（1984:246）：

想像新墨西哥州西部的一個小村莊，被白雪覆蓋的街道兩旁停滿了白色的賓士車、四分之一噸皮卡和道奇貨車。當地村民們裹著黑色毯子和花色披肩，站在身穿排扣的藍色天鵝絨襯衫、寬大緞面裙子的遊客旁邊。男人們戴著鑲有銀邊的寬帽、穿著熨燙整齊的牛仔褲、東尼拉瑪的靴子、五彩的彭得頓毛毯。陌生人們身著日橙色、粉紅色和綠色滑雪夾克，穿戴著絨線帽、登山靴以及連指手套。所有人都擠在一起，看著新建好的屋子，這些房屋由懸掛在未經處理的橫樑上的裸露燈泡所照亮，橫樑邊緣鋪掛著紅色的伍爾沃夫紡織品和藍色印花棉布。煤渣磚和石膏板的白牆上，掛滿了條紋毯、切瑪由毛毯（Chimayó blanket）、納瓦霍毯子、帶花邊的刺繡披肩、來自墨西哥的黑色絲綢，以及來自捷克斯拉夫的紫色、紅色和藍色人造絲。天花板的柱子上掛著幾排霍皮族棉製舞蹈用的摺裙和雨披；伊斯雷特（Isleta）編織的紅綠色腰帶；納瓦霍和蘇尼的銀製圓形扣腰帶和黑色的粗棉織品，上面覆蓋了鑲嵌著雕刻寶石的銀胸針、彩虹馬賽克、內嵌的紋路、藍綠色的織景畫、粉紅色瑪瑙、條紋大理石、黑色煙煤，以及來自一九七八年代的老膠木、珊瑚、鮑魚殼、珍珠母以及角牡蠣。騾和白尾鹿頭做成的戰利品，戴有南瓜花、大塊綠松石項鍊，在房間的上方用錘子釘在翻開的鹿皮和阿拉伯織毯上，上面繪有馬丁路德和甘迺迪兄弟、最後的晚餐、一群帶有光環的羊和牧羊人、馬、孔雀等圖案。

214

第十章　藝術和文化收藏

在任何第一世界中，總有一個第三世界，反之亦然。

——鄭明河，《話語八》〈差異〉

本章由四個彼此關係鬆散的部分組成，每個部分分別安置在西方博物館、交換系統、學科檔案和話語傳統（discursive traditions）等主題中，並且都和部落文物與文化實踐的命運相關。第一部分對於收藏的主體性、分類和政治過程，提出了批判性和歷史性的收藏方法。它描繪了上個世紀異國情調的物件透過「藝術－文化系統」，在西方被脈絡化並賦予其價值。第二部分則進一步探討這種意識形態和制度體系，文化描述在其中成爲一種收藏的形式。人類群體和藝術作品的「本眞性」，源自時間性、整體性和延續性的特定假設。第三部分著重於現代挪用非西方「藝術」和「文化」作品的啟發時刻，這是李維史陀於二戰期間在紐約寫下的回憶錄中所描繪的時刻。批判性的閱讀明確指出了這些回憶錄預設的救贖式後設歷史。這種敍述所支持的一般性藝術－文化系統在整章中皆受到質疑，特別是在第四部分，其中提出了對於「部落」歷史和背景的不同認識。

216

收藏我們自己

進來吧
你將會發現自己在一個響板的氣氛中
一種音樂的鞭促
來自托列斯海峽，來自密扎浦的西斯特爾叉鈴（sistrum）
稱為瓊卡（Jumka），「原住民用來
在部落裡吸引小獵物
在暗夜之中」，苦力工點起香菸
戴上瘟疫醫生的鳥嘴（Saagga）面具
用細繩操控著眼瞼。

這一小段引自芬頓的詩作，〈牛津皮特河博物館〉（1984:81-84），讓我們重新發現了民族誌收藏中一個令人著迷之處。對這位訪客來說，即使是博物館中的作品說明卡，似乎仍舊加深了驚奇（「……吸引小獵物／在暗夜之中」），和恐懼。芬頓是一位探索危險和欲望領域的成年兒童（adult-child），因爲在此類收藏中，作爲一個孩子（「請問先生，哪裡是枯萎的部分／是手嗎？」），就是無視張貼在入口大廳對於人類演化與文化多樣性的嚴正訓誡。取而代之會感到興趣的是兀鷹的爪子、海豚的下顎、巫師的頭髮，或者「將松鴉羽毛穿戴作爲符咒／在白金漢宮」。芬頓的民族誌博物館是一個與物品接觸的世界，無以名狀卻又親密迷人：個人戀物癖。此處，收藏不可避免地與依戀和回憶有關。參觀者「找到了他們童年時期地景／在這些混亂的紀念品堆中……在已經遺忘或是難以尋獲的儲藏間。」

去吧
作為一名思想歷史家，或是一位性犯罪者，
對於原始藝術，
身為一個滿是塵埃的符號學家，能夠解開
巫師咒語中的七個要素
或是不完整牙齒的構造。去吧
成群結隊地對稀奇的發現發出竊笑

但不要踏進你所允諾的王國
你正像是個進入禁地的孩子
在他孤獨玩耍的森林中。

不要踏進這個禁忌之地，因爲那裡「充滿著隱私和編造的陷阱謊言的圈套／以及危險的第三個願望」。不要遇到這些物件，除非是爲了咯咯笑的**好奇**、爲了值得崇拜的**藝術**，或是爲了科學理解的**證據**。芬頓的這條禁忌之路是一條過於私密幻想之路，讓人想起一個孤單小孩「爲了羽毛而與老鷹搏鬥」的夢想，或是一個年輕女孩的可怕景象，她瘋狂的情人像一隻帶有「怪異的、不正常眼睛」的獵犬。這條通過皮特河博物館的路徑，最終抵達看似自傳的片段、個人式「禁忌之林」的想像——異國情調的、欲望的、野性的，以及受（家長式）立法的掌控：

他早知道那個野人已經準備好折磨
當他平靜地推開柵門，已等候多時，
森林附近的進入標示牌寫著：「**注意**
人類所設下的陷阱和射擊槍都在這些

承諾上。」

因為他的父親已經保護了他的珍貴財產。

芬頓這趟他者之旅通往了自我的禁地。他與異國情調收藏品親密接觸的方式，找到了一個設有範圍且受到監督的欲望之地。法律關乎**財產**。

麥佛遜對於西方「占有式個人主義」的經典分析（1962）上溯到十七世紀理想自我作爲擁有者的出現：個體被累積的財產以及物品所包圍。相同的概念也適用於製作和再製集體的文化「自我」。例如，漢德勒（1985）分析魁北克（Québécois）文化「父系遺產」的形成，他引用了麥佛遜的看法，揭露「擁有某種文化」、選擇和珍愛本眞性的集體「財產」所涉及的假設和弔詭。他的分析指出，無論是文化身分或是個人身分，都以收藏行爲爲前提，在任意的價值和意義體系中收集財產。這樣的系統總是強大且受規範約束，隨著歷史的變化而變化。我們無法逃避它們。芬頓建議，充其量我們只能違反規則（「侵入」那些禁忌區），或者讓那些不言自明的秩序顯得奇怪。在漢德勒微妙而不循常理的分析中，歷史遺跡委員會所挑選的十種「文化財產」揭示了一種回溯系統——這種系統相似於波赫士「中國百科全書」中的分類系統：「（一）紀念遺跡；（二）教堂與小禮拜堂；（三）法國政體的要塞；（四）風車；（五）路邊的十字架；（六）紀念的碑文和牌匾；（七）祈禱的遺跡；（八）老房子和莊園；（九）舊家具；（十）消失的事物（les choses disparues）」（1985:199）。在漢德勒的討論中，本眞領域的收藏和保存不可能是自然的，也不可能是單純的。它與國族政治、限制性法律，以及過去和未來的爭議性編碼緊密相連。

＊

在自我和團體周圍的某種「聚集」——對於一個物質「世界」的集合，而不是「他者」主觀領域的畫分——或許是普世的。所有這些收藏品都具體表現了價值、排他性、受規範管轄的自我領地。但是這種聚集涉及財產積累的觀念，以及認爲身分是一種財富的觀念（物品、知識、記憶、經驗），肯定不是普世的。美拉尼西亞「大人物」（big men）的個人累積並非麥佛遜意義上的占有，因爲在美拉尼西亞，一個人的積累並不是將物品作爲私人持有，而是爲了贈送與重新分配。然而在西方，收藏長久以來一直是一種部署占有欲、文化和本眞性的策略。

孩子們的收藏品恰好可以在這樣的脈絡下用以說明：男孩收集的小汽車模型、女孩的洋娃娃、暑假的「自然博物館」（貼了標籤的石頭和貝殼、瓶子裡的蜂鳥）、裝滿顏色鮮明蠟筆屑的貴重收納盒。在這些小小的儀式中，我們觀察到對於迷戀的幾種疏導，一種如何讓世界變成自己的世界，如何高雅地、恰當地收集自己周圍事物的練習。所有收藏品的內容都反映了更廣泛的文化規範——理性分類、性別和美學。一種過度地、有時甚至是貪婪地對於**擁有**（have）的需要，被轉化至受規則支配的、有意義的欲望之中。因此，必須擁有但卻無法擁有一切的自我，學會了選擇、排序、按等級分類——以得到「好的」收藏品。[1]

無論孩子所收集的是恐龍模型或是洋娃娃，她或他遲早會被鼓勵將自己所擁有的物品放在架子上或是特別的盒子裡，或是建好一棟洋娃娃屋。個人的寶藏將被公開。人們會期待熱愛埃及雕像的收藏者給它們貼上標籤，知道它們的朝代更迭（僅僅散發出力量與神祕感是不夠的），講述它們「有趣」的事情，並且區分複製品和原件。優秀的收藏者（相對於執著的吝嗇之人）是具有鑑賞力且善於反思的。[2] 積累（accumulation）以一種具教育意義的、啟發性的方式開展。收藏本身——它的分類學、美學結構——是受到重視的，任何對單一物品的私人擁有都被負面地認爲是戀物癖。事實上，一個與物件的「適當」關係（受規則支配的財產），預設了一種「野蠻」或是異常的關係（偶像崇拜或情色迷戀）。[3] 在史都華的評注中寫道，「收藏和戀物之間的界線，是透過分類和展示以及積累和保密的緊張關係加以調節的」（1984:163）。

史都華在她範圍廣泛的研究《渴望》之中追溯了一種「欲望結構」，此一結構試圖彌合語言與其符碼化的經驗之間的鴻溝，這是一項重複且不可能的任務。她探索自十六世紀以來，西方人所奉行的某種反覆出現的策略。在她的分析中，無論一幅畫像或洋娃娃房子的實體模型，都體現了布爾喬亞階級對「內在」經驗的渴望。她同時也探索關於巨大性（從拉柏雷和格列佛，到土木工程和廣告看板）、紀念品和收藏品的策略。她展示了收藏品，尤其是博物館收藏品，如何先是透過將物體從特定的脈絡中（無論是文化的、歷史的或是互爲主體性的）分離出來，並使它們「代表」抽象的整體，從而創造出得以代表一個世界的幻覺——例如，班巴拉族面具（Bambara mask）變成了對於班巴拉族文化的民族誌轉喻。接著，進一步精心策畫一個用於儲存或展示物品的分類計畫，收藏本身的連貫秩序因而取代了物品生產和占用的特定歷史（p. 162-165）。借用馬克思對於商品具象化的解釋，史都華認爲，在現代西方博物館中「對於事物之間關係的幻覺取代了社會關係」（p. 165）。收藏者發現、獲取、搶救物品。客觀世界是給定的，而不是產生的，因此獲取工作中的歷史權力關係被掩蓋了。博物館分類和展示中意義的**塑造**，被神祕化爲充分的**再現**。收藏的時間和順序抹去了塑造它的具體社會勞動。

史都華的研究，以及費希爾（1975）、鮑米安（1978）、布恩（1980）、德菲（1982）、費邊（1983），和薩希林（1984）等人的研究，對收藏和展示作爲西方身分形成的關鍵過程進行了敏銳的觀察。交予收藏的工藝品——無論它們是進入古董櫃、私人的客廳、民族誌博物館、民俗博物館還是美術館——在發展中的資本主義「物品系統」中發揮作用（Baudrillard

1968）。藉由這個系統，創造了一個**有價值**的世界，並維護了一個具有意義的部署和工藝品的流通。對於布希亞而言，被收藏的物品創造出一個結構性的環境，用它自己的時間性代替了歷史和生產過程的「眞實時間」：「私人物品和它們擁有的環境——其中，收藏是極端的表現形式——是我們生活的一個面向，既是本質的又是想像的。像夢一樣的本質」（1968:135）。

✳

人類學和現代藝術的歷史，必須從西方主體性的形式以及強大機構運作所做出的改變中才得以看見。要理解社會群體在創造出人類學和現代藝術之後，如何**挪用**異國情調的事物、事實和意義，收藏品（不僅限於博物館）的歷史變得至關重要。（挪用：「變成自身所有的」，來自拉丁文*proprius*，「專有的」、「財產」）。重點是分析在特定時刻產生的強大區分如何建構一般物品系統，並且賦予其具有價值的工藝品和意義。這種考量因而突顯了更進一步的問題。

用什麼標準來檢驗眞正的文化或藝術產品？什麼是新舊創作不同的價值觀？什麼樣的道德和政治標準可以證明「良好的」、負責的、系統化的收藏運作是合理的？例如，爲什

221

麼費羅貝尼烏斯在廿世紀初所獲得的大規模非洲物品，現在看來卻顯得有些超過？（同時見Cole 1985, Pye 1987。）「完整」的收藏如何定義？什麼才是科學分析和公開展示之間的適當平衡？（在新墨西哥州的聖塔菲，美洲原住民藝術的絕佳收藏品被安置在美國研究學院，正確來說，是一棟地窖似的建築物，並且嚴格限制出入。法國人類博物館中所展示的物件，還不到它的十分之一；其餘的則存放在鐵櫃中或堆放在寬敞的地下室角落。）非西方文物應該保存在歐洲博物館內這一點爲什麼直到最近才似乎變得明顯，即使這意味著在原來的國家便看不到這些精美的標本？在不同的歷史時刻和特定的市場條件下，如何區分「古董」、「珍奇異品」、「藝術品」、「紀念品」、「紀念遺址」或「民族誌文物」？爲何近幾年來，許多人類學博物館開始將某些物件作爲「傑作」來展示？爲何觀光藝術在最近才引起人類學家的重視？（見Graburn 1976, Jules-Rosette 1984。）自然史收藏與人類學工藝品用於展示和分析之間的互動發生了什麼變化？這份問題清單還可以繼續列下去。

收藏的批判史涉及特定群體和個人選擇保存、評價和交換的物質世界。儘管這段至少開始於大航海時代的複雜歷史仍有待書寫，但布希亞對最近西方資本主義中的物品部署提供了一個初步框架。在他的解釋中，所有具有意義的物品分類——包括那些被標記爲科學證據和偉大的藝術——在一個複雜的符號與價值系統中運作，成爲不言自明的事實。

在此僅舉一例：一九八四年十二月八日，《紐約時報》報導了在美國西南方阿納薩齊族

（Anasazi）考古遺址普遍遭到非法掠奪的情況。出土狀況良好的彩繪罐甕在市場上的售價可高達三萬美元。同期另一篇文章刊登了一張考古學家從土耳其海岸附近的腓尼基沉船殘骸中打撈出青銅器時代壺甕的照片。一方是爲了盈利所做的祕密收集，另一方則是爲了知識所做的科學收集。兩次打撈行動的道德評價截然相反，但打撈上來的壺器都具備意義、漂亮，而且古老。在這兩個例子中，商業、美學和科學價值都預設了一個既定的價值系統。這個系統發現了過去物品的內在利益和美感，並且假設收集來自古代（最好是消失的）文明中的日常物品，會比收集現代中國帶有裝飾的保溫瓶，或者從大洋洲所訂做的T恤，來得更有**價值**。具有歷史意識的收藏者賦予古老的物件一種「深度」感。時間性被具體化並且受到拯救，成爲起源、美感和知識。

這種仿古系統並不總是主導著西方的收藏行爲。十六世紀所收藏和欣賞的新世界珍品不一定會被視爲古物，也就是原始或「昔日」文明的產物。它們經常被歸類至一個奇妙的類別，一個屬於當前「黃金時代」的類別（Honour 1975; Mullaney 1983; Rabasa 1985）。最近，西方對於世界文化的挪用，所產生的懷舊偏好已經受到仔細的監督（Fabian 1983; Clifford 1986b）。文化或藝術的「本眞性」與創造性當下的關係，就如同它與過去、物品化、保存或復興的關係一樣重要。

✵

自廿世紀初以來，從非西方所收集的物品主要被歸爲兩類：（科學上）文化工藝品與（美學上）藝術品。[4] 其他大量生產的商品、「觀光藝術品」、古董等收藏品，並沒有得到系統上的重視，充其量只能在「技術」或「民俗」的展覽中找到一席之地。這些稱爲「現代藝術－文化系統」可以藉由（某種強求一致性的）圖表，予以具體呈現。

格雷馬斯的「符號矩陣」（semiotic square, Greimas and Rastier 1968）向我們展示了「任何初始的二元對立都可以藉由否定和適當的綜合操作，產生更巨大的辭彙領域，然而，所有這些詞彙必然會持續被鎖在初始系統之中」（Jameson 1981:62）。詹明信基於文化批判的目的改寫了格雷馬斯的符號矩陣，用以揭示「一個特定意識形態的侷限性，（使其具備）這種意識所無法超越的概念，並且在這些概念之間搖擺不定」（1981:47）。借助詹明信的方式，我提供以下圖示，來描述歷史上特定的、具有爭議的意義和制度領域（見下頁圖表）。

透過一開始的對立設置，這種否定過程可以產生四個詞彙，建立了水平軸和垂直軸之間的四個語義區域：區域一爲具本眞性的傑作區；區域二爲具本眞性的工藝品區；區域三是不具本眞性的傑作區；區域四是不具本眞性的工藝品區。大部分物件，不論是舊的或新的、稀少的或常見的、熟悉的或具異國情調的，都可以放進這四個區域中的一個，或模糊

223

藝術－文化系統

形塑本真性的機制

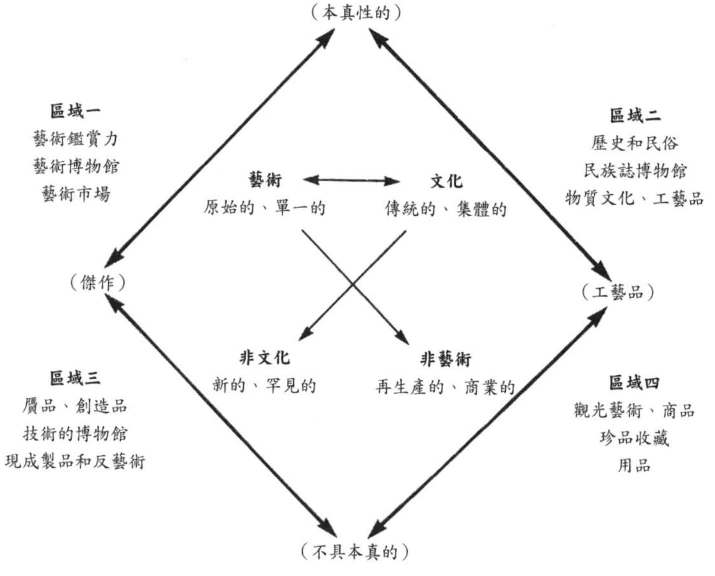

置於兩區域之間。

此一系統將物件分類並賦予它們相對價值。它建立了物件能夠適切所屬同時流通於其間的「脈絡」。從下到上，從右到左，有規律地朝著正面價值的規則移動。這些移動挑選出具有持久價值或稀有性的工藝品，「消失」的文化地位或藝術市場的選擇和定價機制，通常保證了它們的價值。手作工藝（Shaker crafts）的價值反映了工匠社會已不復存在的事實：存貨有限。在藝術界，鑑賞家和收藏家不會光憑審美標準認定一件作品是否「重要」（見Becker 1982）。事實上，對於「美麗」和「興趣」的普遍定義有時變化得相當迅速。

在這個系統中交流頻繁的是連結區域一和區域二的範圍。物件沿著這個路徑分別往兩 224
個方向移動。具有文化或是歷史價值的事物會被提升至藝術的地位。從民族誌「文化」朝向純「藝術」移動的例子非常豐富。位於藝廊（紐約大都會博物館的洛克菲勒展廳），或是任何根據「形式主義」而非「脈絡主義」展示（Ame 1986:39-42）的部落物件，都是以這種方式移動。工藝品（一九八六年收藏於惠特尼美術館的手作工藝）、「民間藝術」、某些古董、「素人」藝術，都會定期受到提昇。每當藝術傑作在文化上和歷史上被「脈絡化」，反方向的運動便會隨之產生，這種情況變得愈來愈明顯。最戲劇性的案例也許就是法國偉大的印象主義收藏品從法國國立網球場現代美術館，被移到奧塞美術館站的新十九世紀美術館。在這裡，藝術傑作在歷史文化「時期」的全貌中占有一席之地。這種全貌包括新興的工業 225

都市主義與其成功的技術，以及「好的」藝術和「糟糕的」藝術。同時我們可以在藝廊的常規過程中發現從區域一移動到區域二不那麼戲劇性的部分，在此過程中，物件變得「過時」，人們對這些物件的興趣不再是立即強大的天才作品，而是視其爲時代風格的典範。

這種移動也發生在系統的上半部和下半部之間，通常是向上的移動。區域四的商品會定期進入區域二，變成稀有的時代物件，從而成爲收藏品（例如以前可口可樂的綠色玻璃瓶）。許多現今的非西方作品會在「觀光藝術」和創造性的文化藝術策略之間移動。第三世界人群的作品目前有些已經完全擺脫了現代商業不具本眞性的汙名。例如，海地「原始」商業繪畫以及相對近期、不純粹的來源，已經完全進入藝術－文化循環。重點是，這件作品藉由與區域二的連結進入藝術市場，其不僅被視爲個別藝術家的作品，也被視爲**海地人**的作品。海地繪畫藝術與巫毒教、巫術和黑性有著特殊的連結。雖然特定的藝術家已經變得廣爲人知且受到重視，不過「文化」產物的光環對他們的影響遠遠超過對畢卡索的影響，畢卡索在任何本質意義上都沒有被視爲「西班牙藝術家」。如同我們將會看到，最近許多的部落藝術也是如此，無論其來自塞皮克河流域或是美國西北岸。這些作品在很大程度上已經擺脫了觀光或商品的類別，而且因爲這些作品的現代性，純粹派的藝術家也通常將它們歸入這樣的類別；它們若沒有保留本眞性（傳統）文化的痕跡，是無法直接進入區域一，也就是藝術市場。這表示區域四無法直接移動到區域一。

區域四和區域三之間的物件偶爾會移動，例如當商業製品或技術性工藝品被認爲是特殊的創新創作時。物件從商業或大衆文化中被挑選出來，或許送至技術性質的美術館展出。有時這類物件完全進入藝術領域：「技術的」創新或商業製品可能會被脈絡化爲現代的「設計」，從而通過區域三進入區域一（例如展示在紐約現代藝術博物館的家具、家用電器、汽車等）。

區域一和區域三之間也有經常性的流通。藝術贗品遭踢爆後會被降級（儘管如此仍保留了若干原始光環）。相反地，各種「反藝術」和標榜其非原創或「不夠本眞」的藝術形式受到收藏和重視（如安迪．沃荷的康寶濃湯罐頭、勒文的埃文斯照片，還有杜象的尿壺、瓶架、鏟子）。區域三的物件在一般藝術領域內具有潛在的收藏價值：它們不常見，並與文化截然不同，或是公然從文化中被剔除。而其一旦受到藝術界挪用，像是杜象的現成製品，便會在區域一內流通。

我繪製的這個藝術-文化系統，排除並邊緣化了各種殘留的、新興的脈絡。僅舉一例：藝術和文化、技術和商業製品的類別是相當世俗的。「宗教」物品可以被評價爲偉大的藝術（喬托的祭壇畫）、民俗藝術（拉丁美洲流行的聖殿裝飾），或是文化工藝品（印地安人的嘎響器）。這些物品在現代系統中被重新歸類爲原始藝術或文化工藝品之前，並沒有受到「戀物癖」擁有的個人「力量」或神祕特質的加持。然而，當祭壇畫離開了一座運作中的教堂時（或

226

者當教堂開始充當博物館時），會被剝除什麼「價值」？它的特殊力量或神聖性被重新定位到一個普遍的美學領域。（見第九章注釋十一，關於蘇尼部落當局最近對這種世俗背景的挑戰。）

✵

強調此一「藝術–文化系統」的歷史性是很重要的。它尚未達到最終形式，這是因爲分配給收藏品的位置與價值已經發生了改變，並且會持續變化下去。再者，共時性圖表只能呈現兩點之間的移動或模糊性，並無法表達爭議和越區。如同我們在本章結束時會看到，許多當前的「部落藝術」參與了常規的藝術–文化交流，**以及**此一系統並沒有考量的傳統精神背景（Coe 1986）。然而，無論這些具有爭議的領域爲何，一般而言，此一系統在面對異國情調的收藏物件時，民族誌或美學環境中的收藏位置會有截然不同的選擇。現代民族誌博物館與藝術博物館或私人藝術收藏，已經發展出獨立的、互補的分類模式。在前者中，一件「雕塑」作品與其他具有相同功能的物件，或鄰近同一文化群體的物件一起展示，包括像是勺子、碗或矛這類具有實用性的工藝品。一副面具或一座雕塑可能與形式上相異的物件歸爲一類，並且被解釋爲儀式或制度複合體的一部分。個別雕塑家的名字不爲人知或是加以隱藏。在藝術博物館中，雕塑被認爲是個人的創作：羅丹、賈科梅蒂、赫普沃斯。它

227

在日常文化實踐（包括市場）中的地位與其本質意義無關。反而在民族誌博物館中，物件在文化或人文方面是「有趣的」，在藝術博物館中卻主要是「美的」或是「原始的」。但也並非總是如此。

伊麗莎白・威廉斯（1985）追溯這段區分的變化歷史中具有啟發性的時期。在十九世紀的巴黎，很難想像前哥倫布時期的工藝品會被看作是完全「美的」。一種普遍流行的自然主義美學將美洲藝術視爲怪誕或粗俗的。前哥倫布時期的作品充其量可以被歸入古董的類別，並且透過維奧雷勒杜克的中世紀主義濾鏡加以欣賞。* 威廉斯展示了馬雅和印加工藝品如何在其地位不明確的情況下，在羅浮宮、國立圖書館、居美美術館和（一八七八年之後的）托卡德侯博物館之間遷移。這些工藝品最終在一個視它們爲科學證據的機構中，找到了它們的民族誌歸宿。托卡德侯博物館的第一任主管漢彌和維諾對於它們的美學特質並不太感興趣。

許多非西方「藝術」的「美」是最近才發現的。在廿世紀之前，許多相同的物品被收集和估價，但是出於不同的理由。在現代早期，它們的稀有性和奇異性受到重視。「奇品

* 譯注：維奧雷勒杜克（Eugène Emmanuel Viollet-le-Duc）爲十九世紀法國建築師，他最爲知名的專業是修復中世紀建築。

櫥櫃」（cabinet of curiosities）將所有東西兜放一起，每個單獨的物件都被轉喻爲整個區域或人口。收藏是一張縮圖、一份「宇宙的摘要」（Pomian 1978）。十八世紀對分類法和完整系列的詳細闡述，提出了更嚴肅的關懷。收藏行爲逐漸成爲科學自然主義者的關注目標（Feest 1984:90），物件之所以具有價值，是因爲它們體現了一系列系統類別：食物、衣服、建築材料、農產工具、（戰爭、打獵）武器等。約馬爾的民族誌分類和里弗斯的類型學，成爲十九世紀中期這種分類學形態的最高點（Chapman 1985:24-25）。里弗斯的類型學是以發展順序爲特徵。在廿世紀末，進化論已經主導了關於異國情調工藝品的安排設置。無論物品被呈現爲古物、根據地理位置或社會加以安排、成套展示，或是排列於實際的「生活群組」和景觀箱（dioramas）中，都講述了一個關於人類發展的故事。物品不再主要是一種異國情調的「好奇」，如今完全整合在西方人類領域中的資訊來源（Dias 1985:378-379）。異國情調物品的價值在於它們見證了人類文化早期階段的具體現實，共同的過去證明了歐洲勝利的現在。

隨著鮑亞士和相對主義人類學的興起，這種強調將物品置於特定生活環境中的看法獲得鞏固。如此再現的「諸多文化」可以被安排在一個修正的進化序列之中，或者分散在同時性的「民族誌當下」。後者既不是古代的，也不是廿世紀，而是再現了收藏物件的「本眞性」脈絡，通常是在它們被收藏或展示之前。收藏家和搶救民族誌研究者同時宣稱自己是最後拯救「眞實物品」的人。如同我們將看到，本眞性是藉由將物件和習俗，從它們目前的歷史情境搬移開來而產生的——一種「當下成爲未來」（present-becoming-future）。*

伴隨著廿世紀人類學的鞏固，交予民族誌脈絡化的工藝品受到重視，因爲它們成了整個多面向文化生活的客觀「見證」（Jamin 1982a:89-95; 1985）。同時，隨著藝術和文學的新發展，諸如畢卡索等人開始參觀「托卡」（Troca）並且給予部落文物非民族誌式的讚賞，非西方物品的適當位置再次受到討論。以現代主義的勝利之眼看來，這些工藝品有些至少可以被看作是普世的傑作。「原始藝術」的類別在此出現了。

此一發展在不斷變化的分類系統中引入了新的模糊性和可能性。在十九世紀中期，前哥倫布時期或部落的物品要不是怪異的，不然就是古董。直到一九二〇年，它們成爲文化見證和美學傑作。自那時起，在這兩個制度性領域之間發生了受到控制的遷移。藝術和科學、美學和人類學的界線並非永遠固定不變。事實上，人類學和美術館最近顯示出相互滲透的跡象。例如，在紐約自然史博物館的亞洲族群展廳反映了「精品店」（boutique）的陳列風格，這種風格下的物件與掛在布爾喬亞階級客廳的牆上或擺在咖啡桌上的藝術品，不至

* 譯注：此處指的是這種同時性並置的不同收藏品，使得物件的「本眞性」脫離了原先的歷史（時序上從過去到現在）脈絡，從而創造出自身的特殊價值。這種特殊價值使得「本眞性」不再是過往追求的固定史觀，而是「正在進行之中」，使得現在成爲未來（的過去）。

於顯得格格不入。在一項市中心的配套發展下，紐約現代藝術博物館擴大了其典藏的文化物件展覽：家具、汽車、家用電器及器皿——甚至包括一架備受讚賞的鮮綠色直升機，當它被懸掛在天花板上，看起來就像是一艘西北岸的戰時獨木舟。

✵

雖然藝術和人類學的物件系統是制度化且強大的，但它們並非一成不變。關於美、文化和本眞性的範疇已經改變，而且正在改變。因此，重要的是要抗拒收藏品自給自足的趨勢，壓制它們自身的歷史、經濟和政治生產過程（見Haacke 1975; Hiller 1979）。理想上，收藏和展示的歷史應該是任何展覽陳列的明顯面向。據傳，美國自然史博物館西北岸文物的鮑亞士展廳曾經打算翻新，預計將陳列風格進行現代化的改造。顯然地（或者說是我們希望）該計畫已經予以放棄，因爲一間過時的展廳在這種氛圍裡不僅展示了一流的收藏品，而且展示了收藏史上的某個時刻。一九八四年廣爲人知的現代藝術博物館展覽「廿世紀藝術的『原始主義』：部落和現代的相似性」（見第九章）清楚地表明了（正如它所慶祝的那般）某些民族誌物件突然變成普世的藝術作品的確切情況。在展示和觀看非西方文物時，更多的歷史自我意識至少可以貼近或推動人類學家、藝術家和大眾收藏他們自身和世界的方式。

在更親密的層面上，我們可以像芬頓所做的那般，回到它們作爲戀物癖的丟失狀態，而不是僅僅將物件理解爲文化符號和藝術圖像（Guidieri and Pellizzi 1981），不是異常或異國情調的「戀物癖」的標本，而是**我們自身**的戀物。[5] 這種策略必然是個人的，使得收藏事物具有注視的能力，而不僅僅是啟發或告知的能力。非洲和大洋洲工藝品可以再次成爲野蠻之物（*objets sauvages*），成爲具有令人不安力量的迷戀來源。從它們對分類的抵抗來看，它們會提醒我們所**缺乏**的自我擁有，提醒我們用來收集周遭世界的技巧。

文化收藏

《美國人類學家》，一九三二年，卅四期，頁七四〇：

新幾內亞筆記
新幾內亞威威喀區艾里亞托亞
一九三二年四月二十一日

我們才剛在托里切勒斯下方，完成山區族群文化的調查。他們沒有名字，而且我們也尚未決定要如何稱呼他們。他們有時披露無遺，提供關於母親的兄弟的詛咒和父親的姊妹的詛咒等最終基本概念，這點銜接了雷・福廷在他百科全書中對亂倫的基本態度。他們採取了我們對多布和馬努斯所建議的治療措施——除了鄰近的巫師外尚有惡魔，並且指認死者在村落外的安葬地點。但在其他方面，他們顯得惱人：他們有一些雜亂零碎的太平洋巫術和鬼靈信仰，也具備一些奇怪想法的感受性。一位在地者閱讀《金枝》的索引，只為了查看是否遺漏任何東西，這樣的畫面是可以理解的。他們非常辛苦工作，住在六個農莊的各處，並且一次從不停留超過一個星期。當然，這在方法上面臨有趣的新挑戰。這兩天克服了穿越這些艱難的山脈所遭遇的困難之後，我們接下來要去調查一個沿海族群。

瑪格麗特・米德敬啟

「文化」是民族誌的收藏品。自泰勒於一八七一年首次定義以來，此一詞彙設定了一個相當模糊「複雜整體」，包括從身體技術到符號秩序所有學習到的群體行爲。人們不斷試圖更準確地定義文化（見 Kroeber and Kluckhohn 1952），或例如將文化與「社會結構」加以區分。但包容性地使用持續存在。因爲有時我們仍需要用全面性的方式提及日本、初步蘭群島或者摩洛哥文化，並確信我們可以指出某些眞實的連貫性且能區分彼此的差異性。然而，愈來愈明顯的是，再現一個文化、次文化或任何集體一致的具體行動，總是具有策略性和選擇性的。世界上的社會過於系統性地相互連結，以至於不可能輕易地將各自獨立運作的系統隔離開來（Marcus 1986）。歷史變遷的步伐加快，研究系統中的壓力普遍持續出現，迫使人們對文化整體邊界的建構和翻譯方式產生新的自我意識。米德在新幾內亞高地的開創熱情（*élan*）使得她「完成一個文化」、收集散落的人口、發現主要的習俗、將結果命名爲「山區阿拉佩斯人」（Mountain Arapesh）的案例已不再可能。*

將民族誌視爲一種文化收藏的形式（當然，不是**唯**一的方式），強調各種多樣的經驗和事實的選擇和收集，它們從原先的時間中分離出來，並在新的環境中被賦予持久的價值安排。至少在西方，時間通常被認爲是線性和不可逆的——收藏意味著從不可避免的歷史衰退或遺失中的拯救現象。收藏包含的是那些「值得」保存、記憶和珍視的東西。工藝品和習俗從時間中被保全下來。[6] 人類學文化收藏者習慣於收集那些看起來「傳統」的東西——

* 譯注：今日的山區阿拉佩斯人指的是住在新幾內亞東塞皮克省山區的族群，特別是在亞歷山大王子山脈周圍地區。米德在《三個原始社會的性別與性情》（一九三五）認爲山區阿拉佩斯人是一個溫和善良的族群，幾乎不了解什麼叫作戰爭。但福廷在一九三九年的〈阿拉佩斯戰爭〉文章以及其他人類學家的論文中皆認爲戰爭是阿拉佩斯人的傳統習俗，並且山區阿拉佩斯人曾經有過固定的戰爭行爲。此外，在米德的《新幾內亞的阿拉佩斯人》（一九三七）一書中指出，其他尚有住在低地的阿拉佩斯人和海岸阿拉佩斯人，後者住在大村莊中，受到具有獵頭習俗的阿貝倫族（Abelem）影響甚大。米德與福廷於一九二八年結婚，一九三一至三三年自紐約共同前往新幾內亞進行人類學調查；兩人於一九三六年離婚。

從定義上來說，這些東西是與現代性相對立的。他們從複雜的歷史現實（包括目前的民族誌遭逢）中，挑選並賦予世界形式、結構和持續性的東西。就新興意義上而言，混雜或「歷史」的東西，較少被收集並呈現爲本眞性系統。例如在新幾內亞，米德和福廷選擇不研究那些如米德在信中所寫的「嚴重受到傳教影響」的群體（1977:123）；這對馬凌諾斯基來說是不言自明的，初步蘭群島最值得科學關心的，是受到許多現代「外部」影響所威脅的侷限「文化」。美拉尼西亞人出於自身原因成爲基督徒的經驗——學習去玩、玩外來者的遊戲——看起來並不值得拯救。

232

無論是對內部者或外部者來說，每一次對文化的挪用，都暗示著特定時間位置和形式的歷史敍事。收集、擁有、分類和價值評估當然不僅限於西方；但在其他地方，這些活動不必然會與積累（而非分配）或保存（而非自然或歷史衰退）相關聯。西方的文化收藏實踐有其自身的地方系譜，融入了歐洲獨特的時間性和秩序概念。在此需要討論此一系譜，因爲它組織了那些爲新的實踐、過程、歷史性等理論難以學習的假設（Bourdieu 1977, Giddens 1979, Ortner 1984, Sahlins 1985）。

文化與「藝術」的結合（和分工）是文化概念在近代史上的一個重要面向。文化，即使不是以英文大寫的C開頭，也會傾向美學的形式和自主性。我已經說過，現代文化觀念和藝術觀念是在「藝術-文化系統」中共同發揮作用。包容性的廿世紀文化類別——一個並沒有特別偏好「高級」或「低等」文化——僅在這個系統內貌似可信，這是因爲原則上雖然承認所有習得的人類行爲，但是這個英文小寫c的文化，卻偏好共享生活的一致、平衡的，和「本眞性」的面向。從十九世紀中期以來，文化的觀念已經聚集了那些賦予集體存在持續性和深度的元素，並視它們爲整體，而非爭議、撕裂、互爲文本（intertextual）或彙集。米德對於「一位在地者閱讀《金枝》的索引，只爲了查看是否遺漏任何東西」這種近乎後現代的形象，並非本眞性的願景。

米德發現阿拉佩斯人對外界影響的接受能力是「惱人的」。**他們**自身的文化堆積導致米德的收藏變得複雜。歷史發展後來迫使她提供這些難相處的美拉尼西亞人的修正圖像。在米德的三卷民族誌《山區阿拉佩斯人》一九七一年的再版序言中，有數頁納羅科比的信件內容，他是一位阿拉佩斯人，後來在澳洲雪梨攻讀法律。這位人類學家毫不遲疑地承認，她聽到他的消息時是感到驚訝的：「難道阿拉佩斯人不是個對任何形式的集體風格都不是很堅持的族群嗎？身爲這個族群的一分子，怎麼會比馬努斯人（Manus）移動得更遠？但爲何從我們一九二八年第一次研究他們，到一九五三年重新開始研究他們，幾年之間，這些阿拉佩斯人以一種群體形式進入到現代世界？」（Mead 1971:ix）。米德繼續解釋，納羅科比和其他在澳洲學習的阿拉佩斯人一樣，作爲一個「個體」，「從人類文化的一個時期進入了另一個時期」。與馬努斯人相比，阿拉佩斯人「較少被文化一致性束縛」（pp. ix-x）。然而，納羅科比以其「部落」成員的身分寫作，帶著驕傲口氣談及他的「族人」（clansfolk）的價值和成就。（他很少使用阿拉佩斯這個名稱。）他闡述了一個有著多重版圖的新「文化」身分的可能性：「我現在覺得，我可以爲我的部落感到驕傲，同時感覺到自己不僅屬於巴布亞新幾內亞這個未來的國家，而是屬於一個更大的世界社群」（p. xiii）。這種現代的成爲「阿拉佩斯人」的方式，不正是米德早先描述足智多謀的在地者翻閱《金枝》時的預兆嗎？爲什麼這種行爲會遭到人類學文化收集者的邊緣化或歸類爲「個體」？

對於整體性、持續性和本質的期待，早已建立在相互連結的西方文化和藝術概念中。在此只能稍加說明最近的背景，因爲眞要描繪這些概念歷史的形貌，至少得追溯至希臘人的起源。雷蒙．威廉斯提供了一個十九世紀初的起點——一個史無前例的歷史和社會崩解的時刻。在《文化與社會》（一九六六）、《關鍵字》（一九七六）和其他論述中，威廉斯追蹤了使用**藝術**和**文化**這兩個字詞的平行發展。這些變化反映了對工業主義、「集體社會」的幽靈、社會衝突的加劇與改變等複雜回應。[7]

按威廉斯的說法，**藝術**這個詞彙在十八世紀主要表示「技能」。家具工匠、犯罪者和畫家各有所長。**文化**指定了一種自然生長的趨勢，主要用於農業和個人：植物和人類個體都可以「培養」（cultured）。其他在十八世紀出現的意義直到十九世紀才成爲主流。到了一八二〇年代，藝術逐漸成爲創造力、自發性和純粹性的特殊領域，一個精微的感性和富有表現力的「天賦」領域。「藝術家」脫離了社會，並且通常是對立於社會——無論是「大眾」還是「布爾喬亞」階級。文化此一詞彙也循著平行的路徑發展，逐漸意味著社會中最崇高、最敏感、最重要、最珍貴——最不尋常的東西。如同藝術，文化變成了一個普遍的類別；威廉斯稱之爲對抗粗俗和社會道德標準威脅，「最終的上訴法院」。它的存在本質上與所謂的「混亂狀態」（anarchy）是相對立的。

藝術和文化在一八〇〇年之後出現，作爲人類**價值**相互加強的領域，是收集、標記、保護「人類」最好和最有趣的創造的策略。[8] 在廿世紀，其類別經歷了一系列進一步的發展。文化的人類學式多重定義（小寫英文字母 c 以及複數 s 的可能性），作爲人類多樣性的種族主義分類的一種自由選擇。在一個前所未有的全球相互聯繫的高度殖民脈絡下，它是一項理解不同和分散的「所有生活方式」的敏銳手段。文化在它完整進化的豐富性以及本眞性中，早先爲現代歐洲最佳的創造所保留，而現在可以延伸到世界上所有的人口。在鮑亞士那一代的人類學視野中，「文化」具有平等的價值。然而，在新的多重性（plurality）中，十九世紀的定義並沒有完全改變。雖然它們變得不那麼菁英主義（抹除了「高級」和「低等」文化間的區別），以及不那麼歐洲中心主義（每個人類社會都是完全「文化的」），即使如此，某些假設還是繼續從舊定義中繼承下來。史托金（1968:69-90）展示了十九世紀人文主義和新興人類學對文化的定義之間複雜的相互關係。他認爲，阿諾德對於人類學的貢獻，和這門學科的創始始祖泰勒是一樣多的。事實上《文化與失序》中體現的許多願景已直接轉移到相對主義人類學中。一個強而有力的感受結構持續將文化視爲一個存在或消失的一致性**主體**，無論它存在於何處。文化是持久的、傳統的、結構性的（而非偶然的、彙集的、歷史的）。文化是一個整理的過程，而非崩解的過程。它像是生物或有機體一樣變化和發展，並且通常不會「倖免」於各種突然的改變。

廿世紀初，隨著**文化**擴展到世界上所有運作中的社會，愈來愈多的異國情懷、原始或古老的物品開始被視爲「藝術」。它們和西方最偉大的傑作一般，都具備相同的美學和道德價值。直到本世紀中期，大部分受過教育的歐洲人和美國人已經接受對「原始藝術」的新態度。事實上，從廿世紀晚期的觀點來看，藝術和文化的平行概念確實成功地（儘管是暫時的）理解且融合了相當多的非西方工藝品和習俗。這是透過兩個策略達成的。首先，重新歸類爲「原始藝術」的物件被允許進入想像中的人類創造性的博物館，同時儘管速度較慢，也進入西方實際的美術館中。其次，現代人類學的話語和機構，從世界上的眞實生活方式中，建立起人類的比較與綜合面貌，即使這些生活方式在形貌上是怪異的、在根源上是模糊的。藝術和文化，作爲西方人文主義最佳的創造類別，原則上已經延伸到世界上所有的族群。

或許需要強調的是，此處提及這些文化或藝術類別的歷史性，並不意味著我們需要支持許多聲稱它們是錯誤的或否認它們的價值。像是任何成功的話語安排一般，藝術文化的本眞性系統闡述了相當多關於眞實和科學過程的進展，以及無知和爭議之處。在此強調系統的短暫性，是出自於一種信念（這比較是關於歷史基礎的私下感受），我認爲西方藝術和文化類別的分類和挪用，此刻比起過去更不穩定。這種不穩定性似乎是與世界人口日益相互聯繫，以及自一九五〇年代以來的殖民主義和歐洲中心主義的爭論有關。藝術收藏和文化收藏，現在在一個不斷變化的反話語（counterdiscourses）、融合和重新挪用的領域中進行，這些起源既來自「西方」外部，也來自內部。我無法討論關於這些發展的地緣政治原因。我只能指出它們轉變的結果，以及強調我所描繪的文化和藝術的現代系譜，正逐漸成爲一個在地故事。「文化」和「藝術」不再能夠簡單地**延伸**到非西方族群和事物。它們最多只能**被運用**，或者充其量**被翻譯**——無論是在歷史上還是政治上的偶然操作。

在我探討西方收藏和確認模式所面臨的當前挑戰之前，需要描繪一個在更有限、更具體的環境中，仍然占有主導性的藝術和文化收藏形式。如此一來，系統中的基本歷史假設，會變得不可避免。這是因爲如果西方的收藏是從不可重複的時間中拯救事物，那麼這個時間的假定方向是什麼？它如何在各種人類技能的物品上賦予稀有性和本眞性？收藏預設了一個故事；一個發生在「特定時空」（chronotope）中的故事。

收藏的特定時空

在努力了解世界的過程中，人類總是在處理過剩的意義。

——李維史陀

特定時空（*chronotope*）這個詞彙，是巴赫金用來表示在編造的環境中某種時空特徵的結構，在其中（以及在該時間中）**發生**某些活動和故事。[9] 我們無法實際定位歷史細節——將某種東西放在「它的時間中」——而不求諸明確或隱含的特定時空。李維史陀指出，二次大戰期間，紐約的懷舊記憶可以作爲現代藝術和文化收藏的特定時空。一篇標題爲〈紐約的前後面貌〉（一九八三）的法文文章詳盡闡述了此一場景，而其英文譯本〈一九四一年的紐約〉（一九八五）更強烈地表達了其潛在的時空困境。這篇文章屬於李維史陀寫作的微體裁（microgenre），他在《憂鬱的熱帶》中以精湛的寫作發展了這種文學體裁。特定地點——里約熱內盧、紐約火島（Fire Island）、巴西新興城市、印度聖地——圍繞在全球歷史的破壞性熵增的變化趨勢（entropic currents）下，似乎是人類秩序和轉變的可理解時刻。

在接下來內容裡，我使用李維史陀在二戰期間以及後來對它們的記憶所寫的其他文本，來補充這篇關於紐約的文章。我們在將它們閱讀爲一個統一的特定時空時需要謹記，這些不是歷史紀錄，而是複雜的文學紀念。以下這段時空是由李維史陀追溯創作，並由我出於其他目的重新創作。

＊

這位人類學家身爲二次大戰期間的紐約難民，對於這個無法預期的並置景象，感到困擾和欣喜。他在這些年裡發展出結構人類學，回憶沐浴在神奇的光芒中。紐約充滿了令人欣喜的不協調。有誰可以抗拒——

我們在布魯克林大橋下觀賞了數小時的中國京劇表演，這家許久之前從中國來的劇團擁有許多愛好者。每天從午後到半夜延續著中國古典戲劇傳統。我發現當我每天早晨到紐約公共圖書館的美國廳工作時，都感覺自己回到了過去。在新古典主義的拱廊和鑲嵌著老橡木的牆壁之間，我坐在那裡，在我身旁是一位戴有羽毛頭飾和穿著串珠鹿皮坎肩的印地安人——他正拿著派克鋼筆在寫筆記。（1985:266）

如同李維史陀所說，一九四一年的紐約是人類學家的夢想，是人類文化和歷史的開闊選擇。[10]步行或搭乘地鐵會讓人從巴爾扎克回憶起紐約格林威治村的巴黎往事，到達眼前華爾街高聳的摩天大樓。在這雜亂的移民和族群中轉過一個彎，遊蕩者突然進入一個有著自身語言、習俗、美食的不同世界。每一件事物都可以被消費。在紐約，我們幾乎可以取得任何寶藏。這位人類學家和他的藝術朋友布勒東、恩斯特、馬松、杜圖伊特、坦吉和瑪塔，在商人的櫥櫃或公寓裡發現了前哥倫布時期、印度、大洋洲或日本的藝術傑作。每一樣東西都在這裡找到自己的出路。對於李維史陀來說，一九四〇年代的紐約是一座意外開啟其他時空，以及有著不相稱的文化事件的奇幻地：

> 紐約是一座充滿任何可能性的城市（而這正是它魅力的來源與獨特引人迷戀之處）。如同都市的構造一般，社會和文化的構造充滿著許多孔洞。如果你像愛麗絲一樣，想到達鏡子另一邊的世界，一個過於迷人以至於看起來頗不真實的世界，那麼你要做的便是選擇其中一個孔洞溜進去。（p. 261）

這位人類學漫遊者（*flâneur*），爲同時發生各種可能性的混亂感到欣喜、驚訝與困擾。這時期的紐約與本世紀早期達達超現實主義的跳蚤市場具有某些相似性——但又有所不同。它的發現之物（*objets trouvés*）不僅僅是讓人陶醉的時機。當然，它們確實如此，但它們

238

也是正在消失的世界的跡象。有些是寶藏、偉大藝術的作品。

李維史陀和流亡的超現實主義者都是狂熱的收藏者。他們時常拜訪第三大道藝術品經銷商卡勒巴哈並且提供建議，卡勒巴哈手邊總有一些西北岸、美拉尼西亞，或愛斯基摩的作品。根據卡本特的說法，超現實主義者對這些物品，在「視覺上意有所指」（visual puns）的偏愛有著直接的親和力；他們挑選的幾乎總是品質相當好的物件。除了藝術品經銷商之外，這群原始藝術鑑賞家的另一來源是美洲印地安人博物館。如同卡本特所指出：「這些超現實主義者，開始參觀這座博物館的布朗克斯倉庫，爲自己挑選，並且專注在精美的愛斯基摩面具。這些巨大的視覺意指，由克斯科溫愛斯基摩人（Kuskokwim Eskimo）在一個多世紀前所製作，構成了在世界上同類作品中最偉大收藏。但博物館館長海伊稱它們是個「笑話」，並以每件美金三十八元和五十四元的價格賣掉了一半。這些超現實主義者買到了最好的作品。他們開心地從海伊的西北岸收藏品中，一個接著一個購買了傑作」（Carpenter 1975:10）。一九四六年，恩斯特、紐曼和其他人在貝蒂帕森斯畫廊舉辦了西北海岸印地安展覽。他們匯集了私人收藏品和美國自然史博物館的文物。藉著將博物館的物件搬移到畫廊裡，「超現實主義者取消了它們原先作爲科學標本的分類，並且將它們重新歸類爲藝術」（Carpenter 1975:11）。

原始藝術的類別開始出現，伴隨著市場、鑑賞力以及它與現代主義美學的緊密關係。

二〇年代蔚爲風潮的非洲藝術，在五〇年代和六〇年代開始變得制度化；但在戰時的紐約，爭取讓部落文物獲得廣泛認同的戰鬥尚未取得勝利。李維史陀回憶起，身爲法國大使館的文化參事，他在一九四六年曾安排一項交易，試圖以幾件馬諦斯和畢卡索的作品換取大量的美國印地安人藝術收藏品，最終沒有成功。但是，「法國當局對我的請求充耳不聞，而印地安人的作品最終進了美國博物館」（1985:262）。李維史陀和四〇年代的超現實主義者的收藏，是爲這些逐漸稀少的傑作爭取美學地位努力的一部分。

⁂

紐約對每個人來說似乎都有種不尋常、珍貴和美麗的吸引力。鮑亞士喜歡向他的歐洲訪客講述一位與他在城市裡一起工作的瓜基烏圖族報導人。如同雅各布森的回憶：

> 鮑亞士喜歡描繪這個從溫哥華島來的人，對於曼哈頓摩天大樓（「我們把房子建在一起，你卻把它們疊在一起」）和水族館（「我們把這樣的魚扔回湖中」）的冷漠，或是那些乏味和毫無意義的電影。另一方面，這位外地者足足在時代廣場怪誕表演中站了幾個小時，著迷於巨人和侏儒、長著鬍子的女士和狐狸尾巴的女孩，或是販賣機裡

看似神奇的飲料與三明治，他覺得自己進入了瓜基烏圖族童話故事的世界。（Jakobson 1959:142）

在李維史陀的記憶中，樓梯欄杆上的黃銅球也被列入迷人現象的收藏品中（1960:27）。 240

❋

對於一位歐洲人而言，紐約陡峭的空間令人暈眩：

> 我在曼哈頓大道上步行了數英里，隱約看見摩天大樓之間的裂縫形成嘆為觀止的峭壁。我隨意漫遊於街道中，從一個街區到下一個街區，四週面容產生了劇烈的變化：有時貧困不堪，有時是布爾喬亞階級或外地人，多數時候都顯得混亂無序。紐約顯然並非我所預期的、極度現代化的大都市，而是一個巨大的、水平和垂直的失序，這種混亂可以歸諸於都市地殼某種自發性劇變，而非建築者深思熟慮的計畫。（Lévi-Strauss 1985:258）

李維史陀的紐約是一個對於古代和現代「岩層」的並置，是「劇變」的混亂殘餘。如同在《憂鬱的熱帶》中，地質學的隱喻將經驗上表面的不協調或缺陷轉化爲清晰的歷史。對李維史陀來說，曼哈頓的雜亂無章是過去和未來的疊加，成爲一則文化發展的清楚故事。新舊並陳。這位歐洲難民遇到他過去的碎片以及共同命運的憂慮預兆。

紐約是一個旅行與遐想之處，但不像是布勒東的《娜嘉》或者阿拉貢的《巴黎的農夫》中的夢幻城市。對於在街道上安適落腳的巴黎移民來說，它從來都不是一個熟悉的地方，某種超現實主義和民族誌的關注讓它變得陌生。事實上，他們受到熟悉事物的伏擊——在格林威治村裡的舊巴黎區、移民區中歐洲世界的短暫一瞥、修道院中重新組裝的中世紀建築。但是這些觸發回憶的東西只是面具、殘存物，只不過是收藏品。在紐約，無論是在空間上還是在時間上，人們總是生活他方的，總是流離失所的（*dépaysé*）。紐約的前後面貌（post- and prefigurative）神奇地懸置在雜亂的過去和一致性的未來之間。

> 任何想去冒險的人只需要一點文化和才能，便能打開工業文明牆上的大門，揭露其他世界和時代。毫無疑問，當時的紐約有著最多這樣的逃脫設施。當我們不再敢於夢想時，這些可能性看起來似乎像是神話一般：充其量，我們或許只能尋找哪裡有壁龕可以躲藏起來。儘管人們不願意生活在沒有友善陰影的世界裡，或是只有少數內部成

241

員才知道的祕密捷徑，這裡都成為了一場競爭激烈的賭注。這個世界一個接一個地失去了它老舊的面向，終究剩下一個面向：人們只能徒勞地探索這個世界，找不到任何祕密的洞孔。（1985:262）

那位在《憂鬱的熱帶》中氣餒的「熵類學家」（entropologist），尚且記得紐約是所有眞實文化差異性的最後光輝以及預言性解體。很快地，連洞孔都會消失。千禧年來的人類多樣性與創造似乎已在這裡遭到毀滅，成爲殘餘和碎片，卻可以喚起逃避現實的幻想，很適合作爲藝術品（或一件古董）收藏，並且在挽救跨越歷史的人類精神（*esprit humain*）的文化結構時「加以思考」。紐約的特定時空，預先暗示了人類學。

結構主義人類學至少是在這裡構思和書寫的。很難想像是否還有比這個更好的環境。在紐約混雜的文化、藝術和傳統中，李維史陀身爲「自由高等研究院」（Ecole Libre des Hautes Études）的教授，參加了雅各布森關於聲音和意義的著名講座。* 在許多場合中，他已經證

* 譯注：「Ecole Libre des Hautes Études」直譯爲「Free School for Advanced Studies」，在此翻譯爲「自由高等研究院」，是二戰期間由自由法國和比利時流亡政府所成立，位於紐約新社會研究學院（The New School for Social Research）之內。

實了這些講座的革命性影響。雅各布森示範了透過音素分析（phonemic analysis）的應用，可以將人類有意義聲音的繚亂多樣性，簡化爲各自的獨特系統，爲研究人類親屬關係模式提供了一個直接的模型。簡單來說，雅各布森的方法提供了一項研究——發現人類文化中許多「類語言」（language-like）產物的基本認知結構。在戰時紐約的文化-歷史混亂中——太多的東西匯集在同一個地點、同一個時間——李維史陀瞥見了一種潛在的秩序。

《親屬關係的基本結構》是李維史陀在紐約公共圖書館閱覽室時所做的研究，在那個似乎是戲弄的場景裡，在一位使用派克鋼筆、有著羽毛裝飾的印地安人旁邊，李維史陀專研著部落婚姻規則的說明。而結構人類學的創始文本是在格林威治村一間破舊的小工作室起草的，就在坦基住的那條街，離夏農住處才幾碼的距離，他的鄰居並不知道當時他「正在研究控制系統」（1985:260）。*

※

在紐約上城的美國自然史博物館裡，李維史陀可以在相似的、超眞實的非洲動物物種的立體標本中漫步和思考。或者，他可以在西北岸印地安人展廳中驚嘆不已，裝在玻璃櫃中的瓜基烏圖族和特林吉特族的面具，以波特萊爾的方式向他低語（Lévi-Strauss 1943:180）。

事實上，在一九四〇年代，前衛藝術圈裡普遍認爲原始藝術與現代藝術之間存在深刻的對應關係。這位超現實主義的人類學友人，將這些神奇的、老舊的物件視爲是人類創造天賦的光輝典範。他於一九四三年爲《美術雜誌》寫道：

> 這些物件——轉換為事物、人類動物、生動的箱子——看起來似乎與我們自希臘時代以來所擁有的藝術概念相距甚遠。然而，即使在這裡，我們可能仍會誤認為，西北海岸的先知和藝術大師已經忽略了美學生活的一種可能性。其中有一些面具和雕像都是深具思考性的肖像，證明了其不只注重外型上的相似，而且是靈魂中最為細微的精神本質。阿拉斯加和英屬哥倫比亞的雕刻家不只施予超自然可見形式的巫師，也是一位創造者、詮釋者，將人類易逝的情感翻譯為永恆的**重要作品**（*chefs d'oeuvre*）。（1943:181）

人類的藝術創作超越了地點和時間的限制。李維史陀爲了表達他在西北岸展廳中所看

---

* 譯注：夏農爲美國著名數學家與密碼學家。「二戰期間，夏農加入貝爾實驗室，研究火力控制系統和密碼學」（維基百科）。更早之前，他在麻省理工學院的碩士論文，將布爾代數（Boolean algebra）轉換爲0與1的組合，被喻爲是現代電腦或資訊理論的創始人。

到的不可置信的創造力，他找到了一種具有啟發性的比較：「這種持續不斷的創新、這種確保絕對的和壓倒性成功的堅定信念、這種對乏力的研究路徑的輕蔑，以及這種不斷追求新的壯舉而最終獲得耀眼結果的新事蹟——要明白這一點，我們的文明必須等待那樣一位畢卡索的非凡命運。因此，要強調的是，畢卡索那讓我們三十年來屏息以待的大膽冒險，卻早已被原民文化知曉並實踐了一百五十年之久」(1943:175)。毫無疑問地，這段話有其目的：向藝術大衆推動部落作品的需要。(在其他地方，李維史陀則會強調這些系統會限制並使任何在地群體或者個別創造者的創新成爲可能。)在這裡他僅僅堅持認爲，部落作品和現代創造力的典範畢卡索一樣，是具有創造性的。這種自負的說法中隱含著一種將人類文化與創造性藝術家相提並論的願景。如同我已經指出的，廿世紀的藝術和文化類別是相互支持的。

然而，這些類別在制度上卻是相互獨立的。如果超現實主義者可以將部落文物從人類學博物館移到藝廊並且加以重新分類的話，那麼這個移動的終點並不會因此受到削弱。人類學和藝術的話語在各自道路上發展卻彼此互補。我們可以在一九四二到四三年一份著名的超現實主義期刊《VVV》中看到它們不斷發展的關係，這個期刊由海爾擔任編輯，「編輯顧問」則包括了布勒東、恩斯特和杜象。從《VVV》的副標題可以看出，這份刊物希望涵蓋「詩、造型藝術、人類學、社會學、心理學」等領域，實際上它只做到了前兩點，偶爾會零星注意到人類學(《VVV》兩年內只有四期提到人類學)。第一期刊登了李維史陀的兩篇短文，一篇是關於卡督威（Kaduveo）印地安人的臉部彩繪，另一篇則是馬凌諾斯基的訃告。接下來的刊號，包括由梅特勞對於復活節島兩座祖先雕像的文章。而最後一期中，派克以〈食人族計畫〉爲標題，一廂情願地闡釋新赫布里底群島（New Hebrides）的複雜線條（摘錄自迪亞康的民族誌）。一般來說，來自非西方文化的物質被視爲異國情懷或素人藝術。偶爾會有阿拉斯加面具或卡奇納（kachina）面具的照片。

在《VVV》中，人類學是前衛藝術和書寫的一部分裝飾。嚴肅的文化分析並沒有真正深入到有關天賦、靈感、非理性、神奇、異國情調和原始的超現實主義經典概念。布勒東周圍的人對於民族誌科學幾乎沒有任何系統性的興趣（恩斯特可能是個例外）。李維史陀對《VVV》並沒有太多的貢獻。《VVV》本質上是一份關於藝術和文學的期刊，充滿了夢想、原型、天資和末世革命。它幾乎沒有參與早期《文獻》的異議者所實踐的那種令人不安的、反思性的民族誌（見第四章）。「主流」的超現實主義，通常不會將文化分析用在自己身上。

超現實主義藝術和結構人類學都關注人類精神「深層」的共同創造之泉。它們的共同目標是超越——而不是像在《文獻》裡那樣，批判性描述或顛覆——在地的文化和歷史秩序。超現實主義的主題範圍是一種國際的和基本的人文「人類學」。它的目標是人類，某種與新興的結構主義所共享的人類。但一種傳統的分工正在鞏固中。在探索和擴展人類創造性精神的項目中，兩種研究方法發生了分歧，一種走入藝術，另一種則是朝向科學。

＊

藝術和文化收藏的現代實踐，或是科學的和前衛的現代實踐，已經將自身置於全球歷史的盡頭。它們占據了一個位置——末世論的、進步的、革新的或是悲劇性的位置——從中收藏人類寶貴的遺產。將這種時間設置予以具體化，李維史陀的〈紐約的前後面貌〉，預見了人類的熵增未來（entropic future），並以去脈絡化的、可收藏的形式收集了多樣化的過去。族群社區、地方性特色、中國京劇表演、圖書館裡戴著羽毛的印地安人、來自其他大陸或區域並且出現在商人櫥櫃中的藝術作品：所有這些都是倖存物，都是受到威脅或消失的傳統剩餘物。世界的文化在此一特定時空中，以人類的碎片、降級的商品，或高尚的偉大藝術等形式呈現，但始終是消逝的「洞孔」或「逃脫」，讓人類得以逃避單一面向的命運。

在紐約，人性的雜亂聚集在漩渦般的時空中，同時以其珍貴的多樣性和浮現的統一形式予以捕獲。在此一特定時空中，人性過去的純粹產物被現代美學拯救並昇華爲藝術。它們被現代人類學拯救成爲可以諮詢的檔案，以思考人類創造性的範圍。在李維史陀的設定中，這種「當下成爲未來」的產物是膚淺的、不純粹的、逃避現實的和「回溯的」，而非眞正的不同——這種產物是「古董」，而非純正的古代遺物。文化創新被歸入商品化的「大衆文化」（1985:264-267）。

紐約的特定時空支撐起一個關於碎片化和廢墟的全球寓言。現代人類學家哀嘆人類多樣性的流逝，收藏並珍視其倖存、經久不衰的藝術作品。李維史陀在紐約這座似乎能獲取一切的非凡城市裡最珍貴的財產，是美國民族學局第一卷至第四十八卷幾乎完整的《年報》。他在戰爭期間另一個回憶裡告訴我們，這些「極爲神聖的卷冊，再現了我們對於美洲印地安人的大部分知識……。在這些文化明確滅絕之前所寫下和出版的書籍，在我和他們的時代之間，就像是美洲印地安人文化突然活了起來，透過這些書籍的肢體接觸而變得可以觸知」（Lévi-Strauss 1976:50）。這些關於人類多樣性的珍貴紀錄由民族學所記錄，仍然處於他所謂的「純粹」而非「稀釋」（diluted）的狀態（Lévi-Strauss 1960:26）。它們會形成具有本眞性的民族誌材料，而結構主義的形上文化秩序（metacultural orders）將以此爲基礎建構。

然而，人類學收藏和分類學不斷受到時間偶然性的威脅。李維史陀明白這個道理。這是他總是需要控制的失序。例如在《憂鬱的熱帶》中，他清楚了解到，強調部落的過去必然會使他對於一個突現的當下變得難以察覺。漫步在紐約的現代景觀中，這位人類學家所面臨的並非需要了解的事物愈來愈少，反而是愈來愈多人類可能的各種任意混搭組合。他努力維持統一的觀點；他在深層的「地質」結構中尋覓秩序。但在李維史陀的作品中，圍繞著「熵增論」敍述幾乎很少觸及當前有關遺失、轉變、創新和出現的歷史。

李維史陀在其法蘭西學院著名就職演講〈人類學的範圍〉結尾時，提起他所稱的「人類學困惑」（anthropological doubt），這是對民族誌冒險無可避免的結果，這種結果是「交由其他思想和習慣，加以反駁對自己所珍視的思想和習慣的一種打擊與否定」（1960:26）。他深刻地回想起鮑亞士那個被時代廣場上的怪異表演者和自動販賣機所著迷的瓜基烏圖族參訪者，他想知道，人類學在遙遠社會和歷史裡試圖捕獲同樣的怪異感知，是否也會遭受責難。紐約或許是李維史陀唯一眞正的「田野工作」：這一次他在那兒待得夠久，並且掌握了當地語言。一如鮑亞士的瓜基烏圖族人，紐約在各個面向上持續吸引並且困擾著他的人類學文化收藏。

然而，在一九四一年的特定時空中，一位紐約的原住民卻極度使人不適——那位在公共圖書館裡有著羽毛裝飾的印地安人，手裡拿著派克鋼筆。對李維史陀來說，印地安人主要與過去聯繫在一起，與珍貴的美國民族學《年報》中記錄的「滅絕」社會聯繫在一起。這位人類學家覺得自己「回到了過去」（1985:266）。在現代紐約，印地安人只能作爲一位倖存者或是以一種不相稱的戲弄出現。

另一種歷史視角可能會對這兩位學者在圖書館中的定位有著不同的看法。就在李維史陀到達紐約之前的十年裡，聯邦政策經歷了戲劇性的改變。在印地安事務局科利爾的帶領下，「新印地安政策」積極鼓勵全國各地的部落整頓。當李維史陀研究和收集他們的過去時，許多「滅絕」的美國原住民群體正在文化和政治上重建自己。從這樣的脈絡中看來，那位拿著派克鋼筆的印地安人，是再現了「回到過去」，還是對於另一個未來的一瞥？那是一個不同的故事了。（見第十二章。）

其他挪用

在述說這些有關其他文化生存和在地歷史的故事時，我們需要抵抗內心根深蒂固的思維習慣和本眞性系統。我們需要對一種幾乎自動將非西方族群和物件逐漸同質化的人類過去的趨勢採取懷疑的態度。當前一些創新和爭論的例子，或許可以對藝術和文化收藏，提出不同的特定空間。

法國人類博物館策展人維塔爾－法多麗曾發表過一篇關於博物館藏品的審美、歷史和文化話語的敏銳紀錄。她討論了一件著名的複雜彩繪動物皮革（現名：M.H. 34.33.5），可能起源於北美的法克斯印地安人（Fox Indians）。這件皮革物件不久之前出現在西方收藏系統的「奇品櫥櫃」，作爲用以教育貴族子弟的教具，並且因爲它美學上的特質而備受推崇。維塔爾－法多麗告訴我們，現在這件皮革物件可以根據「男性」和「女性」的圖畫形式組合進行民族誌解碼，並且可以在特定儀式中所可能扮演的角色背景下進行理解。但是，這些有意義的脈絡並沒有完全結束。這個故事有了新的轉折：

> 一位印地安人的孫子，隨著野牛比爾（Buffalo Bill）*的表演來到巴黎，找尋一件他祖父的（塗有顏色的毛皮）束腰上衣，那是他祖父當年在馬戲團表演結束時為了支付回美國的旅費被迫賣掉的。我向他展示了我們收藏的所有動物皮革，他在某一件毛皮前停住。他在控制好情緒之後才開口說話。他述說這縷毛髮的意義、那個設計的含義、為什麼使用某種顏色、羽毛所代表的重要性……這件衣服早先是漂亮且有趣的，同時也是消極而冷漠的，此刻卻透過曾經生活在此物件中並為此物件而活的人的介入，而非僅是觀察或分析，逐漸變得具有意義，成為了現存時刻的積極見證。至於這件毛皮物件是否真的是他祖父之前所擁有的，幾乎已經無關緊要了。（Vitart-Fardoulis 1986:12）

無論這次遭逢發生了什麼，有兩件事情顯然並**沒有**發生。這位孫子並沒有將這個物件重新放回原來的或是「本真性」的文化脈絡當中。那個脈絡已經消失很久了。他與這件彩繪毛皮的遭逢是現代記憶的一部分。並且，這件彩繪束腰上衣並沒有被當作藝術形式或美學物件加以欣賞。這次遭逢太過於特定、太過於沉浸在家族歷史和族群記憶。[11] 某些「文化」和「美學」挪用的面向，無疑正在進行當中，但是它們發生在**當前的部落歷史**之中，與我之前圖示的支配主導系統的時間性不同。在這種「當下成爲未來」的脈絡下，這件老

247

舊的彩繪束腰上衣變得具有新的傳統意義。

「部落」工藝品的流通，對於非印地安人來說變得愈來愈明顯。許多新的部落的正名承認申請案，仍在內政部中懸而未決。無論它們是否被正式承認，比起被承認的形式，它們所彰顯的歷史和政治現實更爲重要：印地安人生存和復甦的歷史與政治現實，已經成爲一股影響西方藝術和文化收藏的力量。許多博物館文物的「適當」地點，如今已經面臨爭議。阻止將他們的戰爭神祇出借給現代藝術博物館的蘇尼人（見第九章），正是挑戰了主流的藝術-文化系統，因爲在傳統蘇尼信仰中，神祇的雕像是神聖且危險的。它們並不是民族誌工藝品，當然也不會是「藝術品」。蘇尼人對於這些物件的宣稱明確拒絕將它們「提升」（在所有意義層面上）到美學或科學寶藏的地位。

我並不會宣稱這些物件的唯一真正歸宿就應該在「部落」裡——在許多情況下，這個定位遠非顯而易見。我的重點在於，這個主流的、相互連結的藝術和人類學脈絡，已經不再是不言自明的或是無可爭議的。非西方的文物和文化紀錄或許「適用」於其他脈絡、歷史和未來。一九八四至八五年，美國博物館巡迴展出罕見的毛利人工藝品，按照慣例它們

* 譯注：野牛比爾原是美國南北戰爭時的軍人，是一位善於獵殺野牛的印地安人。他後來最爲人所知的身分是「蠻荒西部秀」（Wild West）的表演者。

248

應該存放於紐西蘭的博物館。這些物件受到傳統毛利管理機構的掌轄，需要獲得他們的許可才能離開這個國家。此處以及其他地方的博物館的藏品流通受到復興中的原住民社群的顯著影響。

攸關利害的不僅僅是傳統的博物館社區教育和「外展」計畫（Alexander 1979:215）。當前的發展正在質疑博物館作爲歷史–文化記憶場所的地位。這是誰的記憶？目的又是什麼？英屬哥倫比亞博物館有某段時間鼓勵瓜基烏圖族雕刻家使用博物館的收藏品進行創作。它出借若干舊物件並捐贈新物件，這項舉動成了現代的誇富宴。英屬哥倫比亞大學博物館館長亞米斯，對這些發展進行了調查，他觀察到「傳統上，博物館只將印地安人視爲物品和客戶，現在增加了贊助者的角色。」他繼續指出：「下一個步驟也已經發生了。印地安社群建立起他們自己的博物館、尋求他們自己國家博物館的撥款、任命自己的館長、僱用他們自己簽約的人類學家，並呼籲歸還自己的藏品」（Ames 1986:57）。座落在英屬哥倫比亞夸斯拉斯基灣的夸爪島瓜基烏圖族博物館，展示了許多從渥太華的國家收藏品所歸還的部落作品。這些物件被陳列在玻璃櫃中，並且根據它們原來的家族所有權加以排列。在英屬哥倫比亞的阿勒特灣的烏米斯塔文化中心，在傳統的瓜基烏圖族「大房子」中展示了許多歸還的工藝品，並且按照它們在誇富宴儀式上出現的順序排列。這些新機構的功能既是公開的展示，也是與現行部落傳統相關的文化中心。夏洛特皇后島上也建立了兩座海達博物館，相似的行動正陸續在加拿大和美國其他地方進行中。

這些具有策略的美國原住民群體或許也挪用了西方博物館——因爲他們已經建立起自身的另一個歐洲機構，「部落」。老舊的物件可能再次參與部落的「當下成爲未來」。再者，值得注意的是，同樣由搶救民族誌所收集的書寫文物也是可能的。這些老舊文本（神話、語言樣本、各種知識），其中有些現在已經再利用爲在地的歷史和部落「文學」[12]。藝術和文化收藏的物件都很容易受到其他挪用的影響。

科伊最近出版的《傳統的遺失與復得：美洲原住民藝術，一九六五年至一九八五年》（一九八六），反映了這種對西方物件系統的干擾。（關於原創性的部落作品，見Macnair, Monthan and Neary 1984; Steinbright 1986; Babcock, Monthan and Monthan 1986。）科伊的作品是收藏者的精心傑作。白人權威再次「發現」了眞正的部落藝術——但有顯著差異。數百張的照片證實了每件近期的作品，有些是爲了在地使用而製作的，有些則是爲了出售給印地安人或外來的白人。美麗的物件——很多之前都被歸類爲古董、民俗藝術或觀光藝術——被定位在不斷發展的創造性傳統中。科伊有效質疑了關於精緻部落藝術正在消失的普遍假設，並且對評判純粹性和本眞性的共同標準提出了質疑。在他的收藏品中，包括可辨認的傳統卡其納（kachinas）、圖騰柱、毛毯和辮織簍子，我們還發現了技巧嫺熟的珠繡網球鞋和棒球帽、作爲古董交易所開發的商品、拼布毯子以及帶有裝飾的皮箱（以舊式工具箱爲模型的串珠套

249

件）。

由於美洲原住民教堂在十九世紀的儀式中並沒有使用串珠工具（peyote kits），因此他們並不能依據年代來宣稱其傳統地位。事實上，許多古董交易的產品可以提出更爲強烈的歷史主張，例如由圖斯卡羅拉人伊爾所製作，並在尼加拉瀑布販售的串珠「花俏小飾品」（懸掛的小鳥、鏡框等）：

一篇未發表論文的作者，莫霍克人瑞克・希爾對於該主題提到，「只想試圖告訴伊爾，她的『花俏小飾品』（目錄編號四十六）是觀光裝飾品。」「自從一八一二戰爭結束以來，這位圖斯卡羅拉人被賦予獨家的權利，可以在尼加拉交易這類鳥或是串珠框架（目錄編號四十七）的物件，並且她不會容忍任何人輕視她的文化！」

「當然，」科伊補充說，「一八一六年在尼加拉瀑布所建立的貿易特權，現在應該被接受爲傳統」（1986:17）。他再次強調了此一普遍觀點[13]：「另一種誤解源自於我們沒有認識到印地安人總是同時在他們文化內外進行貿易；這是他們處理所有事物方式的第二天性。在印地安世界裡，許多物品是（而且一直都是）被創造出來的，沒有特定的終點。印地安貿易歷史早於任何白人影響之前，並且時至今日貿易仍在持續，有增無減。這是一個驚人的社會

250

持續性手段，而且在現代時間裡，它的範圍已大大擴充了」（p. 16）。

科依毫不猶豫地委託製作新的「傳統」作品，並且花費大量時間來闡明物品作為個人財產和部落藝術的具體意義。我們看到和聽到特定的藝術家；心靈的、美學的和商業力量的共存始終清晰可見。整體來說，科伊的收藏計畫表現並且支持持續進行的藝術形式，而這些藝術形式和主流的美學－民族誌價值觀系統既相關又分離。在《傳統的遺失與復得》中，本眞性是被生產出來的，而不是被拯救出來的。科伊的收藏品表現出對昔日的熱愛，也同時聚集著未來。

這篇關於「傳統」的長文不容易簡短概括，因為從實際的、年長的和年輕的藝術家引述來的多樣陳述，並沒有複製西方主流的定義。一位學生在團體中討論此一主題時說到，「白人認為我們的經歷是過去」，「但我們知道它就在我們身邊」（p. 49）。

> 「我們總是以一首只重複四個字的歌曲開啟我們的夏日舞蹈，一遍又一遍地唱著。它們在英語中沒有什麼意義，『年輕的酋長站起來』。對我們來說，這些文字表明我們對自身的血統感到自豪，並且我們永遠記得它的幸福。這是一首快樂的歌曲。傳統不是某種你空談的東西……傳統正在進行」（p. 46）。

251

「你的傳統一直『在那裡』。你有足夠的變通性來創造你所期望的它。它總是伴隨著你。我向殘骸中老舊的陶器祈禱，並且夢想著製作陶器。我告訴它們我想學習它。我們活在當下，但從未遺忘過去」(p. 47)。

「身為藝術家，我們的工作就是超越傳統，這意味著對改變的熱愛，(總是實現了)心中的傳統，並且藉著與部落耆老的交談並與你們的祖父母在一起。他們講述的故事真是太棒了。當你接觸它們時，每一件事都變成了這些事件的反思。成為一位傳統藝術家是令人感到相當滿足的」(p. 47)。

「我們總是具有魅力的：一切新的事物對我們來說都是舊的」(p. 79)。

霍皮族的基瓦（kiva）洞穴

第四部分　諸多歷史

第十一章　論東方主義

巴勒斯坦人的經驗不一，不能全部歸為一類。因此，我們必須書寫黎巴嫩社群、被占領土地等的平行歷史。這是核心問題。我們幾乎無法想像存在一種單一的敘述：它是某種出現在《午夜之子》中那樣的瘋狂歷史，伴隨著所有這些時有時無的瑣碎線索。

——愛德華．薩依德，〈關於巴勒斯坦人的身分，與薩爾曼．魯西迪的對話〉

一九三九年，塞澤爾發表了一首激昂的長詩〈重返家園的筆記〉。他在詩裡談到他的家鄉馬丁尼克島、殖民的壓迫、重新發現的非洲根源；他創造了「黑性」（*négritude*）這個辭彙。他的詩是用洛特雷阿蒙和韓波的語言寫成，但卻充滿新詞的法語，並以新的韻律加以斷句。對塞澤爾來說，「家鄉故土」是錯綜而混雜的，它是從遺失的根源中搶救出來的、從一個惡劣的當下（squalid present）建造出來的，並且以殖民統治的語言作爲銜接與抵制。

一九五〇年代早期，黑人自覺運動如火如荼地進行，並且將另一種人文主義反推回去

255

歐洲。在這種新的背景下，以激進的方式質疑歐洲意識形態實踐成爲可能。雷里斯身爲塞澤爾的朋友和合作者，撰寫了一篇關於人類學知識和殖民主義之間關係的長篇分析（Leiris 1950）。他的觀點開啟了一場論辯，並且在往後數十年間以不同程度的強度持續進行著。西方的權力意志如何形塑歐洲對世界各地的了解？西方的作者，無論是富有想像力的還是秉持科學態度，是如何捲入殖民和新殖民處境？具體而言，他們如何忽視、抵抗或默許這些持續不平等的情況？雷里斯指出了一項根本上的不平衡。幾個世紀以來，西方人持續在非西方世界各處進行研究並爲它們發聲；但反過來的情況卻從未發生。他聲稱一種新情況：觀察的「對象」將開始以書寫反擊（write back）。西方凝視將會受到反擊並被打散。自一九五〇年以來，亞洲人、非洲人、阿拉伯人、太平洋島民和美洲原住民，已經利用各種方式宣稱他們擺脫了西方文化和政治霸權，並且建立起一個多聲跨文化論述的新領域。如果這種情況一直持續下去，將會產生什麼長期結果？它如何改變我們對他者的認識，以及這種知識的闡述方式？要判斷這些仍在進行的認識論的變化深度和範圍，現在仍爲時過早。（關於人類學和殖民主義的文獻相當龐大。一些重要作品包括Maquet 1964; Hymes 1969; Asad 1973; Firth 1977; Copans 1974, 1975; Leclerc 1972; Nash 1975；關於東方和伊斯蘭研究領域，見Tibawi 1963; Abdel-Malek 1963; Hourani 1967; Khatibi 1976。）

256

✵

薩依德的《東方主義》（一九七八）是一項針對西方知識關於異國知識的批判性研究，在這個不確定的歷史處境中占有一席之地。如果它將自己呈現爲雷里斯所宣稱的，對抗西方的普遍「書寫反擊」的一部分，那麼《東方主義》的困境會是一個模糊的困境，不應視爲簡單的反帝國主義，而應被視爲一種新全球情境下所產生的不確定徵候。將薩依德的書置於此一廣泛的視野中是相當重要的，否則可能過於容易將《東方主義》視爲在中東鬥爭中，由一種立即性的意識形態目標所主導的狹隘論戰。或者被視爲僅僅是一位巴勒斯坦人的個人抗議，他因「獨特的懲罰性命運」被剝奪了家園，以及遭受外部強加的「東方人」抽象身分的壓迫，面臨著「一致認爲他的政治身分並不存在」的困境（1978a:26-27）。確實，薩依德直率並且傳神地寫下了自身此一處境；但他的書寫同樣出於一種信念，即「純粹」的學術並不存在。在他看來，知識與權力糾纏難解。當知識變得制度化、文化積累、定義過於嚴格時，必定會受到反知識力量的激烈反抗。《東方主義》是有爭議的，其分析具有腐蝕性；但薩依德的著作在許多方面都具有影響力，我們不應侷限它的重要性。《東方主義》同時是嚴肅的文本批判，以及最根本地，是對文化話語的一般風格和步驟，一系列重要的嘗試性認識論反思。

257

薩依德的主題經常被視爲一門與十九世紀語言學（philology）相關的舊式學術訓練，專注於東方語言文本的收集和分析。斯瓦普百科全書式的《東方文藝復興》（一九五〇）是這個領域無庸置疑的經典歷史，其中包括漢學家、伊斯蘭主義者、印歐主義者、人文學者、旅行者以及不拘一格的愛好者。薩依德並沒有試圖修正或延伸斯瓦普的工作，因爲他的研究途徑並不是歷史主義或實證主義的，而是推論主義和建構主義的。他的研究同時進行了這個領域的擴展和形式化，將東方主義轉喻爲更複雜且交錯綜橫的整體。薩依德承襲傅柯，將這種整體稱爲「話語」（discourse）。* 我將討論薩依德採取傅柯式方法學及其危險性。不過，就目前而言，我們足以說東方主義「話語」的特點是一種壓迫性的系統，一種薩依德透過再現文本的閱讀與經驗，所揭露的「純粹的編織力量」（sheer knitted-together strength, p. 6）。

雖然薩依德在荷馬、艾斯奇勒斯、《羅蘭之歌》、但丁中發現了「東方主義」，但是他卻將它的現代根源追溯到德埃貝洛的《東方圖書館》。薩依德批判這部東方知識總成的宇宙論範圍，以及其所建構的「系統性」和「理性」的東方全貌。重要的是，薩依德對於德埃貝洛十七世紀作品的閱讀，並沒有打算像傅柯在《詞與物》中所做的分析方式那樣——也就是「考古學式」——一種共時性的認識論領域。** 因此，《東方主義》的研究方式清楚表現爲系譜學的。它的主要任務是回溯並且持續描述在十九世紀和廿世紀初達到古典形式的東方主義結構。薩依德對於德埃貝洛的兩項批判制定了他的目標：東方主義總是過於廣泛和抽象，並且總是過於系統化。

薩依德接著以不同程度的合理性，將這些批評應用在不同範圍的作者、制度和典型經驗上。其中他分析了德薩西、勒南以及拿破崙遠征埃及的學術作品《埃及記述》。貝爾福和克羅默（與季辛吉並列）等政治人物的演說，印度馬克思主義新聞學，夏多布里昂、拉馬丁、內瓦爾、福婁拜的東方遊歷，波頓和羅倫斯的冒險，吉布和馬西尼翁的學術等，全被編織到一個交互文本的整體之中。這個整體——儘管它為歷史變異、不同的民族傳統、個人氣質和「偉大」作家的天才留下了若干空間——旨在強調東方主義話語的系統性和不變本質。組合式的、時而精彩、時而被迫，最終麻木地重複，沒有任何方式可以概括薩依德複雜交織的批判方法。它至少成功地阻隔和喝止了一系列「東方」刻板印象：永恆不變的東方、性欲旺盛的阿拉伯人、「女性化」的異國情懷、擁擠的市集、腐敗的專制政治，或是神祕的宗教虔誠等。薩依德在對東方主義「職權」的批判性分析中特別有效，諸如西方

* 譯注：國內學者對於「discourse」有不同的翻譯，如「論述」、「言說」、「言論」、「言談」等。此處，依照本書的基調和敘說內容翻譯為「話語」。同時，本章中關於「discursive formation」則翻譯為「論述形構」。

** 譯注：在《詞與物》中，傅柯以這種「考古學式」分析方法，旨在了解「知識體系」(epistemes)中知識和話語的歷史結構。這種歷史結構因此可以視為一種共時性認識論。

258

作家毫不猶豫地承擔起家長式特權，爲沉默的東方「發聲」，或爲其重建腐朽或支離破碎的「眞實」，哀嘆本眞性的消逝，並且認爲他們比當地人能夠知道的更多。這種對書寫他人的重建程序的合理懷疑，可以有效地從東方主義延伸到普遍的人類學實踐。

正如薩依德所描述的，東方主義的結構特性傾向於將人類整體二分爲「我們－他們」的對比，以及由此產生的「他者」**本質化**——例如，提及東方的心靈，或是將「伊斯蘭教」或者「阿拉伯人」加以概括化。如同薩依德所宣稱的，所有這些東方主義「想像」和「文本化」，都具備了壓迫本眞的「人類」現實的作用。薩依德暗示，此一現實深植於口述交流與相互言語，而非書寫或視覺想像的過程。薩依德有限的論證目標相當符合這種分析。「本眞」的人類遭逢可以被描繪成屈從於沒有生命的書。（例如，福婁拜從未眞正經驗到埃及，他只是從早期〈東方旅程〉中重新複製了一段旅行。）然而，《東方主義》作爲文化話語的案例研究所提出的理論問題，並無法藉由經驗和文本性之間的簡單比較加以處理。

薩依德並不是一位簡單的論戰者。他的批判方法擾人且尖銳，不斷地將他的分析推向認識論的極限。薩依德受到傅柯的直接影響，背後則隱藏著對尼采的矛盾讚賞。薩依德在書中許多時刻受到引導、進而主張所有文化定義都必須是受到約束的、所有的知識同時具有力量和編造性、所有語言都會扭曲。他認爲「本眞性」、「經驗」、「眞實」、「存在」僅僅是修辭上的約定俗成。薩依德在法國理論上的普遍影響已經爲美國讀者做出的許多詮釋，在這裡尤其明顯（特別參見〈學院文化〉這篇文章，Said 1975:277-344）。當他引述李維史陀、羅蘭巴特和傅柯的同時，卻經常訴諸老式的存在現實主義。在我所概述的多聲世界情境中，這種不確定性至關重要。批判觀點是否應該努力對抗像東方主義這種文化圖像，而採用更「本眞」或更「人文」的表現？或者，批評觀點必須與表現本身的過程相抗衡，那麼它該如何開始？例如，東方主義的反對性批判該如何避免陷入「西方主義」？這些都是薩依德作品中所提出的基本問題——政治上和認識論上不可分割的問題。

＊

薩依德從未定義東方主義，而是從各種截然不同但並不總是相容的立場對其進行限制和表明。這本書以東方主義三個鬆散「意義」作爲開始，「歷史概括」構成了他接續分析的「架構」。首先，東方主義是東方主義者所從事或已經從事的工作。* 東方主義者指的是「任何教授、撰寫或研究東方的人……無論是在其具體或是一般的面向」。這個群體包括學者和政府專家：語言學家、社會學家、歷史學家和人類學家。其次，東方主義是一種「基於對

* 譯注：「Orientalists」一般翻譯爲「東方學家」；此處悉數翻譯爲「東方主義者」以符合全篇章節內容的連貫陳述。

『東方』和（大多數時候）『西方』進行本體論和認識論區分的思想風格」（1978a:2）。薩依德繼續指出，在西方歷史中任何時期的寫作，只要接受以東西方基本二分法爲出發點，以及賦予「東方、它的人民、習俗、『心靈』、命運等」本質陳述，都是東方主義者。最後，東方主義是一個「用來處理東方的共同制度」，約略在十八世紀末的殖民時期，這個制度行使「支配、重建，以及對東方擁有權威」的權力（p. 3）。不同於其他兩者，第三種指稱定位在嚴格的跨個體文化層面上，並且暗示「一種極具系統化」的機制，能夠組織以及決定絕大部分關於東方的任何言論或書寫。

我們可以立即注意到，在薩依德第一和第三個「意義」之中，東方主義與被稱爲東方的東西有關，而在第二個「意義」中，東方只是作爲一項受質疑的心理活動結構而存在。這種有時會令人困惑的猶豫不定，透露出薩依德的大部分論點。他經常暗示某個文本或傳統扭曲、支配或者忽略了東方某些眞實的或本眞特徵。然而在其他地方，他卻否認任何「眞實東方」的存在，在這一點上，他更嚴格忠實於傅柯和他所引用的其他激進批評者。事實上，除了簡短提及「處於東方的文化和民族……他們的生活、歷史和習俗」的「殘酷現實」外，沒有其他內容呈現他在方法論方面的重要選擇。東方主義者的不本眞性，完全無法用本眞性加以回答。然而，薩依德的「話語」概念仍舊搖擺在兩種情境之間，一方面是作爲一種生活和文化的意識形態扭曲的狀態，這些生活和文化從未具體化；另一方面是作爲持續的符號結構狀態，像是某種極端實驗性寫作，只能獨自且不斷自我參照。薩依德因此被迫依賴近乎「反覆同義」(tautological)的陳述，包括他屢次評論東方主義話語「使東方變得東方化」，或是端賴相當無益的詳述，例如：「東方主義可以因此被視爲規則化（或者東方化）的寫作、觀點和研究方式，其研究則是受到各種規則、觀點和表面上適合東方的意識形態偏見所控制」(p. 202)。

如果在薩依德的說明之中經常出現冗語，我認爲這不只是詮釋學修辭迴路的問題，其中有評論者在薩依德的主題中發現了他原先便已經做過的陳述。這也不純粹是他堅持文本整體的編織結構的結果，這種文本整體一直處於分解爲不連續的功能、作者、制度、歷史和認識論上不同時代的危險之中。除了這些問題之外（任何處理建構的、複雜的文化整體的詮釋者都會面臨這些問題），尚有一系列實質性的、擾人的問題，這些問題涉及不同的人類群體（無論如何定義）如何想像、描述和理解彼此。這些話語最終是否注定變成冗語，成爲他們自己的權威形象和語言協定的囚徒？東方主義——「極具系統性的」、在範圍上是宇宙論的、過度近親地自我指涉——不僅僅呈現一套知識傳統，甚至是一套意識形態傳統。薩依德稱此一傳統爲「現代政治－知識文化的重要面向」。因此，它「與東方的關係，不如與『我們的』世界的關係」(p. 12)。

我們可以將薩依德的**我們的**陳述理解爲他整個研究的產出。對於這種情況的理由，並

261

非僅僅是個人的，而是將我們帶到薩依德確切指出的「由東方主義所引起的主要知識議題。我們能否將人類現實劃分為明顯不同的文化、歷史、傳統、社會，甚至種族，如同人類現實似乎眞正被如此劃分，並在人類的各種後果中倖存下來？」(p. 45)。他認爲，這種區別的結果是創造了有害卻對帝國主義有用的對抗，這些對抗有助於「限制不同文化、傳統和社會之間人類的遭逢」(p. 46)。(需要一提的是，薩依德所譴責的那種「我們-他們」的區分，也同樣適用於反帝國主義和民族解放運動。)《東方主義》所提出的主要理論議題，涉及所有思想形式和再現狀態如何處理異地事物。在對外來文化和傳統的詮釋陳述中，我們最終能否擺脫二分法、重組和文本化的過程？如果可以，該如何擺脫？薩依德坦承，東方主義的其他選擇性並不是他要處理的主題。他僅僅是從各種不同的觀點位置來攻擊此一論述，因此他自己的立場並沒有明確的定義或邏輯基礎。有時他的分析對於再現批判顯得不夠嚴謹；但他最持續用來攻擊東方主義的立場，是與西方人類學的人文科學相關的一套熟悉價值觀——「人類遭逢」的存在標準以及「個人、本眞的、富有同情心、人文知識」的模糊建議（p. 197）。

但這些假設在薩依德將東方主義作爲人文主義的討論中獲得清楚闡述。當然，薩依德低估了關於同情的、不可化約的東方主義傳統。然而，他確實曾設法解決這種「好的」東方主義，其中最具代表人物是馬西尼翁。馬西尼翁必須代表那些東方主義者——人們會想到像是萊維、牟斯、柯賓這些人——他們對於外來傳統的研究參與，發展成爲一種非常個人式和對話式的探索。這些作者的特點是將自己描述爲東方或原始「智慧」的代言人，同時也是民主改革者和帝國主義的人文主義批評者。

薩依德對於馬西尼翁的討論是書中最精采的部分，它是東方主義理論作爲普遍和強制的文化話語的關鍵案例。在這裡，薩依德不能再對「東方主義者」和「東方主義」做出概括性的分類和評論。（事實上，他的批評方式有時似乎模仿了它所批判的本質化話語。）薩依德在馬西尼翁對伊斯蘭神祕主義的深刻共感、對其表達的細微和範圍，以及他在支持被剝削的東方人的政治承諾上，給予了充分並且慷慨的承認；但他表示這位偉大學者的作品，最終仍被定義在有限的「話語一致性」之中。他運用了他最尼采式的論述，表達了任何再現必定是「與許多其他『眞實』之外的事物相互牽連、糾纏、深植、混雜在一起，而眞實本身便是再現」（p. 272）。

薩依德相當程度地呈現馬西尼翁知識世界的侷限性。其中最重要的是，這位學者企圖將當前中東的現實透過傳統定義下的文化和精神價值加以理解。馬西尼翁透過閃族本質的「去人性化鏡頭」準形上學概念，看到這片土地上的殖民主義經驗、經濟壓迫、愛、死亡等。例如，他將巴勒斯坦衝突理解爲以薩（Isaac）和以實瑪利（Ishmael）之間的不和。和在其他地方一樣，此處薩依德從一個腐敗現狀到本眞傳統，所採取的僅僅是簡短的訴求。如

262

此的訴求，令人同情，也總是令人懷疑，因爲其貶低了當前的文化和政治創新過程。最終，馬西尼翁無法避免參與「對整個東方和代表它的知識意志」（p. 272）。

如果連馬西尼翁這樣的「天才」也會如此受到限制，那麼其他人也勢必難以逃脫這兩個嚴格且嚴峻的結論——所有人類的表達最終都將由文化「檔案」所決定；全球的眞實必定是最強者在「話語形式」戰役中獲勝的結果。薩依德對如此傅柯式的結論感到不安。他繼續重申超驗的人文主義標準，將馬西尼翁從制度決定中拯救出來，肯定馬西尼翁是「一位非常人性化的人」，制度決定只是他「生產能力」其中一個「面向」。馬西尼翁最終確實超越了他的文化，進入了「更廣泛的歷史和人類學」。根據薩依德的說法，馬西尼翁的陳述「我們都是閃族人」（nous sommes tous des Sémites），表現出「他關於東方的想法，可以超越法國人和法國社會的在地軼事」（p. 274）。一位非常人性化的人成爲了一名人文主義者。但是處於文化排他主義之上的特權、嚮往獲得代表人類、愛、工作、死亡等普遍經驗的普世主義特權，都是整體化的西方自由主義所創造的特權。這種對僅由「在地軼事情況」所產生的仁慈觀點，是在逃避薩依德批判的權威。

薩依德有時候將他的批判立場呈現爲「對抗性」（p. 326），這是一種公開攻擊帝國權力和知識的姿態（見Said 1976, 1979）。不過，更常見的是，他積極稱呼自己爲人文主義者。這樣的立場似乎預設了一種排他主義（甚至是個人主義）的態度與世界主義和對創作過程普遍評價的結合。例如，羅倫斯的任務是（在一個相當令人欽佩、自我意識的段落中）撰寫「阿拉伯人」，而不是「一位可以講述生命歷史的個別阿拉伯人」（p. 229）。薩依德指出，這種概述「必然從屬於」阿拉伯人在面對暴政時的喜悅、悲傷、面臨不正義等具體感受。薩依德譴責的是東方主義對於靜態想像的建構，而非歷史的或個人的「敍事」。無論在個別的東方主義者或是他或她的研究客體的經驗之中，「人類經驗」都已經被扁平化爲一種堅稱（另一方則是通則化）的權威性。薩依德借用葉慈的引文描繪這種被省略的人類眞實性——「『在殘忍地面上所無法控制的神祕』，所有人類都活在其中」以及「心中骯髒不堪之處」（p. 230, 110）。

當然，一位非洲遊牧者是否與一位愛爾蘭詩人和他的讀者，共享同樣存在的「殘忍地面」，這一點仍然懸而未決。人文主義共同點的普遍特徵是，這些共同起源是無意義的，因爲它們避開了讓個人經驗得以闡述的在地文化符碼。薩依德在他的書中針對這些概念的訴求，強調任何文化理論都是作爲一個差異化和表現力的整體而發展，而非簡單的霸權和訓練。他的基本價值觀是世界主義的。他贊同以奧爾巴哈、庫爾提烏斯、葛茲的文化詮釋學作爲東方主義的另一選項。他似乎認同這種人類學的普遍共識：「一個人愈能離開自己的文化家園，便愈具備精神上的公正**和**寬大，用這種眞正的視野來評價他的家園及整個世界」（p. 259）。人類學家作爲外部者和參與觀察者（詮釋循環的存有速寫）是一項熟悉的現代常規論

264 述（*topos*）。它的智慧——以及權威——是由聖維克多的休格（Hugh of St. Victor）以一種擾人的美感表達出來（薩依德引述奧爾巴哈）：「一個覺得家鄉甜美的人，仍只是一位溫柔的初學者；將每片土地都當成故鄉的人，則已經變得強壯；但是，完美的人卻把整個世界視爲異鄉」（p. 259）。

✷

薩依德的人文主義觀點與他採用傅柯的方法並不一致，而傅柯毫無疑問是一位激進的人文主義批判者。但無論其訴求多麼謹慎或不一致，《東方主義》都是試圖系統性地運用傅柯的方法進行延伸文化分析的開創性嘗試。因此，《東方主義》的困難和成功都會引起歷史學家、評論家和人類學家的興趣。

於是，我們遭遇到話語的核心概念。對薩依德來說，話語是「文本態度」的文化-政治配置（p. 92-94）。關於這種態度最極端的例子是《唐吉訶德》；它的現代濃縮版本是福婁拜的《庸見詞典》。人們喜愛秩序甚於失序；他們掌握慣例而非實體；他們喜愛指導手冊，而不是眼前的混亂。薩依德帶著明顯的矛盾性來使用人類這個字詞，並且寫道：「這似乎是人類一項普遍的弱點，更偏好概要的文本權威，甚於與人類直接接觸後的迷惘」（p. 93）。在某些情況中，這個文本態度強化成爲一個嚴格的文化定義主體，得以決定任何個體可以表達關於某種實際性的內容。這個「現實」接合爲一個由話語產生的再現領域。薩依德沒有明確定義話語強化的條件，但它們似乎與持續的權力失衡有關，這種失衡允許——或者說是迫使——政治和技術上更強大的文化或群體來定義較弱的群體。因此，在薩依德的分析中，西方文化透過東方主義的話語「充實」了東方人的活動，使之被賦予了「意義、可理解性和現實感」。根據薩依德的說法，東方主義的話語在十八世紀晚期之後並沒有顯著的改變，它創造出一齣關於東方意象的默劇。「介於東方人和西方人之間的實際人類交流」(p. 95)，受到系統性地壓抑。東方人在「東方主義的舞台上」並沒有發言權。

薩依德將傅柯的話語概念，延伸到異國情調的異文化建構領域，這是一項大有可爲的企圖。當然，傅柯整個研究工作是一絲不苟的民族中心主義。爲了試圖分離歐洲思想的認識論層次，他避免了所有對於其他意義世界的比較訴求。沒有野性思維或是霍皮族語言類別之類的召喚。傅柯或許料想如此的訴求在方法論上是可疑的，他只是在《詞與物》的一開始，奇想般地將西方文明與波赫士的「中國百科全書」相互比較。傅柯感興趣的是一種特定的文化秩序透過話語定義建構自身的方式：理智-瘋狂、健康-疾病、合法-犯罪、正常-反常。對於傅柯來說，這些禁止的類別不是以褫奪自由權利的範圍而存在，而是文化產生的、安排的經驗。

薩依德將傅柯的分析，延伸到包括從外部定義文化秩序的方式，也就是一個文化秩序是交由外部所定義，並與異國情調的「他者」相關。在帝國主義的脈絡下，對主體族群和地方的各種定義、再現與文本化，與「內在」再現（例如十九世紀歐洲的犯罪階層）具有相同的建構角色，並且具有相同的結果——紀律和監禁，同時是身體上的和意識形態上的。因此，在薩依德的分析中，「東方」是獨特地**為**西方而存在的。他在《東方主義》中的任務便是去拆解這種話語、揭露其壓迫性的系統，以及「清理這些檔案」中已經接受的思想和靜態意象。

要模仿傅柯的寫作並不容易。他的寫作是一系列實驗和戰術干預，而非一個井然有序的計畫。薩依德對於傅柯的挪用，顯現出一種允諾的、道德的態度。薩依德將傅柯與德希達加以比較（而且偏好傅柯），指出後者從「內部」權威的西方文本中，表達了「對再現持續的擔憂」，並沒有超越書寫（無論多麼「無法決定的」）的社會和政治層面，以及以帝國主義和霸權「西方思想」基礎的**各種制度**。傅柯的批判方式不同於德希達，它「解讀」的是監獄或醫院、法律制度，或是——如同薩依德在《東方主義》所做的那樣——地緣政治的加工品，解讀德拉賽斯的運河（其被視爲東方主義者的銘刻）。「藉由傅柯的批判，我們能夠將文化理解爲具備有效知識力量的規訓主體，系統性地但並非直接與權力連結在一起。」如同薩依德所設想的那般，文化只不過是「一群自鳴得意的群體」以及「規訓」的主體，以至於評論家必須揭露並反對它們，而不是藉著系統或主權方式，聲稱其處於「歷史、主體性或情勢」之外。「批判意識……最初脫離了主流文化」，然後採取「一種特定的和負責的敵對立場」(Said 1978b:709, 690, 713)。

然而，我們很難將傅柯代表被排除者對抗**所有**總體化、定義化和本質化的知識和權力聯盟無止盡的游擊行動，視爲「特定的和負責的」。薩依德本身所部署的是一個源自傅柯、葛蘭西、盧卡奇、法農等人，相當鬆散的「敵對理論模式」(1976:16)。薩依德的關鍵政治詞彙是**對抗的**(oppositional)，在像是《東方主義》這樣一本書的有限脈絡中，所代表的意義是相當清楚的，這本著作從一個被扭曲和否定的東方觀點，以「書寫反擊」了帝國話語。然而，更普遍來說，許多西方人文主義所假設的範圍，顯然逃脫了薩依德的對抗分析，反殖民和特別是國族主義運動所產生的知識和權力的話語聯盟也是如此。

＊

除了作爲「對抗的」文化批判的整體立場之外，薩依德還使用了其他傅柯式的研究途徑，這點需要簡要討論一下。最重要的是，他對於批判的回顧立場採取了尼采所稱的系譜學。薩依德在這一點上是忠於傅柯之後的發展，從《詞與物》和《知識考古學》中分層的

「考古學」不連續性的方法論，轉向當前系譜學的方法，如同在《規訓與懲罰》以及特別是在《性史》第一卷所呈現的那樣。*

東方主義的範疇在系譜學上以兩種方式開展：共時性的（在整體系統中建構有關東方的所有西方文本版本），以及歷時性的（繪製關於東方的單一系譜，從艾斯奇勒斯、勒南到現代政治社會學以及「區域研究」）。就像所有的系譜學那般，薩依德的系譜學在朝向當下的解釋和影響時變得更加具體。因此，他論述的大部分都描述了東方主義在十九世紀和廿世紀早期的全盛情況。接著試圖參照此一古典傳統，在當前的中東局勢中產生意義。當然，這裡的目標不是系譜學中常見的目標——賦予當下新的正當性——而是如同在傅柯的《性史》與《瘋癲與文明》中那樣，進行激進的**去**正當性。某種程度的時代錯誤（anachronism）是公開被接受的。[1] 如同所有歷史描述和分析一般，系譜學是建構的。透過選擇性地**理解**過去，它在現在才具有了意義。它的包容和排除、它的敍述連續性、它對核心和邊陲的評斷，最終透過慣例或是交由系譜學家所授予或歸屬的權威，而予以正當化。系譜學或許是最具政治性的歷史模式；但要產生作用，它便不能顯得過於公開的傾向性，而薩依德的系譜學在這點上受到其影響。值得讚揚的是，他毫不掩飾自己的選擇受到了哪些限制。

首先，薩依德幾乎把他的注意力完全集中在關於阿拉伯中東的陳述上，令人遺憾而斷然地遺漏了對遠東、印度、太平洋和北非等地區的討論。馬格里布的遺漏至關重要，因爲這確保薩依德不必討論現代法國東方主義潮流。在法國脈絡中，薩依德所提出的各種批判問題自阿爾及利亞獨立戰爭以來便已相當普遍，並且早在一九五〇年之前就已得到相當強烈的表達。以他作爲現代美國中東「專家」話語的批判方式，去譴責最近的法國「東方主義」是不可能的，這種話語仍然受到冷戰模式和兩極化的阿以衝突所影響。

薩依德在系譜學上的第二個限制，是將其討論中的民族傳統限定爲英國和法國的血統，並增加了最近的美國後裔。他不得不排除義大利、西班牙、蘇俄，特別是德國的東方主義。對於法國和英國開拓者來說，高度發展的十九世紀德國傳統是邊陲的，但是更重要的是，它不像這兩個國家在殖民占領和東方支配上有著緊密的關係（p. 16-19）。實際上，德國的東方主義過於無私，因此不像典型系譜學將話語**定義為**本質上的殖民主義。如果薩依德的主要目標是書寫一部關於東方主義的思想史，或者關於東方的西方思想史，那麼他對這個領域狹隘並且相當明顯的傾向性塑造，可被視爲一項致命的缺陷。但他的研究工作則被認爲是在公開對抗的系譜學。如果薩依德的系譜學，有時看起來是笨拙的配置（最後完全

268

* 譯注：這裡《規訓與懲罰》採作者原文中 *Discipline and Punish* 的翻譯；法文原著爲 *Surveiller et punir*，國內自原著書名翻譯爲《監視與懲罰》，由王紹中翻譯，時報文化出版（二〇二〇）。下一段落裡《瘋癲與文明》採原文中英譯本 *Madness and Civilization* 的譯法；國內出版有《古典時代瘋狂史》，採自法文原著副標題（*Folie et déraison: histoire de la folie à l'âge classique*），由林志明翻譯，時報文化出版（二〇一六）。

可預測地全部集中在中東，以及突然從歐洲大陸跳到美國的「東方主義」是「持續性」中最不具說服力的部分），那麼我們並不需要完全否定整個批判範式。

薩依德相當正確地回顧指認了某種「話語」，這種話語將對他者的描繪進行二分法和本質化，並且以一種複雜但系統性的方式作爲殖民支配的一個要素。重要的是，只要存在這種話語，便必須承認它；但話語不應與東方主義的特定傳統緊密聯繫在一起。它的應用範疇廣泛多了。至少從理論的觀點來看，這本書的問題在於它的標題。薩依德試圖直接從「傳統」中推導出「話語」，揚棄了傅柯所提出的文化批判層次，退回傳統的思想史之中。再者，薩依德將話語描繪爲本質上是十九世紀的思想模式，他選擇了一個過於容易的目標。他並不質疑以一個田野工作所遭逢的神話學和詮釋學思維的文化理論作爲基礎的人類學正統——他似乎經常共享這些正統。

顯然，「話語」分析並不能安全地建立在重新定義的「傳統」之上。它也不能從對「作者們」的研究中推導出來。現代文本研究的普遍趨勢，是將個別主體的文本創造降低至僅僅是文本生產或潛在意義脈絡的一部分。在認識到文本與作品分離的重要性（羅蘭巴特：「作品掌握在手中，而文本是在語言裡」）的同時，薩依德抗拒了結構主義對現象學和作者意圖的基本（起始和持續）功能的激烈攻擊。《東方主義》之前的《開端》（一九七五）是對這些議題的詳盡而清楚的思考。它主要涉及的是由許多現代主義作者所經驗到的問題，也就是如何成爲「作者」。一方是個人主義對於創造性的概念，與另一方將「生命和行爲的推動力、訊息形成（*forma informans*）、意圖」（p. 319）降低爲外部系統，無論是文化的或批評的，薩依德提出一個他稱之爲「職業」的協調分析的常規論述。現代作者的意圖與其說是創作作品，不如說是開始（並持續開始）書寫。職業是這些複雜的歷史和文化意圖的總成。它總是在過程中，開始於特定的情境，並且從未擁有穩定的本質或是成形的傳記結局。這位作者重新構思，並且在面對結構主義者的崩解時獲得拯救。

因此，薩依德在討論作爲一種話語和傳統的東方主義時，採用了他所謂的「混雜觀點」（hybrid perspective）也就不足爲奇了。「傳柯相信，一般而言，個別的文本或者作者並不重要；實證上來說，在東方主義的情況中（或許只有在這種情況下），我發現並非如此」（1978a:23）。這種頑固的經驗和奇特的有限宣稱，將薩依德和傳柯截然分開。就理論上而言，重要的並不是傳柯所論及的作者被視爲不重要，而是「話語的形式」——相對於概念、引述、影響力、參考資料、慣習等——並非由作者的主體、或甚至不是被安排成爲「傳統」的一群作者所產生。這種方法論（而非實證經驗）上的觀點，對於任何涉入薩依德正在嘗試的任務的人來說都是相當重要的。我們不能在同一個分析整體中，將個人陳述和話語陳述結合起來，即使它們在詞彙上可能是相同的。薩依德的實驗似乎表明，當對作者和傳統的分析與對論述形構的分析混合在一起時，其效果是相互削弱的。

269

《東方主義》中討論到的作者都沒有被賦予《開端》所設置的複雜意義上的「職業」，但所有人都被描繪成東方主義話語的立場。然而，與傅柯不同的是，作者的名字對傅柯來說僅僅是話語陳述的標誌，薩依德所討論的作者或許會被賦予精神歷史的典型，而且通常是透過這些作者的文本，塑造爲具有代表性的東方主義經驗。其中一個例子是薩依德讀了馬克思的文章〈英國的印度統治〉結尾的一段話，這是因爲他對該主題的熟悉而選擇了這段話（Said 1978a:153-157）。

在文章中，馬克思譴責對「人類感受」的侮辱——印度社會生活的場景殘酷地受到帝國主義瓦解而「陷入災難」；但是他很快提醒他的讀者，「這些田園詩般的村落社區」一直是「東方專制」的基礎。它們已經「將人類心靈限制於最小的可能範圍內，使它成爲不可抗拒的盲目崇拜工具，將它奴役在傳統規則之下，剝奪它所有的宏偉和歷史力量」。馬克思繼續指出，英國是歷史的代理人；它的任務是「在亞洲奠定西方社會的物質基礎」。薩依德對於東方主義的感覺，是與專制以及哥德的《東西詩集》相關聯的。他指出一個「浪漫的救贖計畫」，預設了東方——停滯的、支離破碎的、腐敗的——下的普遍西方特權。馬克思也犯了同樣的錯誤，將「個人」和「存在的人類身分」置於「人爲的實體」之下，像是「東方人」、「亞洲人」、「閃族人」，或者置於共同體之內，例如「種族」、「心智狀態」和「民族」。

此處，有效的閱讀開始變得失去控制。我們並不清楚爲何薩依德沒有同時指責馬克思將個人置於「人造實體」、「階級」和「歷史」之下是一種錯誤。再者，如果馬克思在東方主義上的參與，是源於他對存在的個別案例的忽視，那麼我們不禁要懷疑，其社會或文化理論是如何被「人性地」建立起來。除此之外，眾所周知的是，無論是其在何處的發現，馬克思對於「農村生活的愚蠢性」充滿了「東方主義」的輕蔑和高傲態度，並且相信這種停滯的、壓抑的情況，必須經過猛烈的改造方能改善。在這裡，薩依德避開了對馬克思的「不公平」指責。雖然他合理地隔離了文本的東方主義面向，但他也很快地略過這種修辭的意圖。此外，薩依德很快地放棄任何關於東方主義**陳述**的討論，轉而在文本中發掘典型的東方主義**經驗**。據我們所知，馬克思在一開始對於東方人所承受的痛苦表達出「人類本能的厭惡」；他懷有「人類的同情」、一種「同胞的感受」。這種「個人的人類經驗」隨後被東方主義標籤化和抽象化的過程加以「審查」，「情緒洗滌」(a wash of sentiment)受到「無法撼動的定義」所壓抑。(薩依德以過去式的時態書寫，彷彿這就是馬克思內心眞正發生的事情。)「情緒的詞彙在它服從於東方主義科學，甚至是東方主義藝術的辭彙編纂的控制行動時，便已經消失了。經驗被字典定義所取代」(p. 155)。直到目前爲止，薩依德無法從傅柯艱澀的頁數中再更進一步，而在那些頁數中，所有心理學推論都是被禁止的，所有作者至少都逃離了這類具有啟發性的「經驗」。薩依德對於東方主義話語的描述，經常受到壓抑的人文主義的本眞性寓言所轉變。

話語分析在某種意義上總是對作者不甚公平。它對他們作爲主體必須說什麼或感受什麼不感興趣，而只關心與某個領域中其他陳述相關的陳述。[2]要如何在這種分析中擺脫不公平和簡化主義的印象，是方法論嚴謹性和文體技巧的問題。至少在這方面，傅柯並沒有表現出對於各個作者的不公平，因爲他很少訴諸任何個人的意圖性或主觀性。薩依德這類的「混雜觀點」在避免簡化主義方面反而是更加困難的。[3]

事實上，薩依德在方法論上的普遍性不斷模糊了他的分析。如果他是要推動人類學的論點，那麼東方主義便呈現出對秩序的文化追求。當他採取文學批判的立場時，它則表現爲書寫、文本化和詮釋的過程。作爲一名思想史學家，薩依德將東方主義描繪爲一系列特殊的影響和思想學派。對於心理史學家來說，東方主義話語則成爲一系列具有代表性的個人-歷史經驗。對於馬克思主義的意識形態和文化批評家來說，這是明確的政治和經濟權力利益的表現。東方主義有時也與西方實證主義、原始族群的一般定義、進化論、種族主義合併談論。這份清單可以繼續列下去。薩依德的話語分析作爲東方主義的替代選項，本身並沒有逃脫他所明確拒絕的、那個涵括一切的「西方主義」(p. 328)。

✵

儘管薩依德的作品，屢次地陷入他所攻擊的本質化模式，並且矛盾地落入西方人文主義的整體化習慣之中，但它仍然成功地質疑了許多重要的人類學範疇，其中最重要的或許是關於文化的概念。在最後小節裡，我會概略描述這些議題其中某些部分，這些是《東方主義》所提出影響深遠的問題。

薩依德的主要論證，與其說是破壞了東方的實質概念，不如說是使「西方」變得複雜。和過往相比，現今已經不那麼常論及「東方」，但是我們仍然會不經意提到「西方」、「西方文化」等。即使像傅柯和德希達這類強調不連續性和解構的理論家，也繼續將他們的分析置於一個西方整體性之內來加以反對。薩依德同意他們的假設，因爲他將這種以東方主義爲範例的西方文化，描繪爲一個分離的實體，可以產生知識和制度權力遍及世界其他各處。用這種方式來看，西方秩序是帝國的、不對等的、侵略性的，以及具有潛在的霸權。然而有些時候，薩依德讓我們看到一個更爲複雜的辯證運作方式，經由此一辯證法，現代文化持續透過自身對異國情調的意識形態建構來建構其自身。就此看來，「西方」本身變成了一個複雜且不斷變化的他者，其投射、雙重性、理想化和否定的運作方式。「東方」則永遠扮演著根源或另一個自我的角色。例如，勒南在他的「語言學實驗室」工作時，並非僅僅編造閃族東方學術上的常規論述，而是在同樣的過程中，產生了歐洲和現代意義爲何的概念（p. 132, 146）。

272

此處，薩依德的論點強化了戴蒙德（1974）的主張，即西方文化只有在指涉到原初想像時，才會對自身進行批判性思考。對於此一辯證觀點，我們可以充分運用哈濟生歷史作品的整體視角，此部作品將「歐洲」描繪成直到十八世紀晚期，僅僅是「非洲－歐亞區域的農業都市生活中的邊陲地帶」（特別見Hodgson 1974, 1963，以及對於哈濟生複雜作品的傑出研究Burke 1979）。如果我們在這些觀點的基礎上，對所有根源（西方起源於希臘或基督教）採取一般結構主義式的懷疑，那麼我們就會留下一個在不斷變化的外部關係中進行組合和重組的整體。

今日當我們談論西方時，通常指涉一種技術的、經濟的、政治的力量，不再以任何簡單的方式從一個分離的地理或文化中心發散出去。如果可以用單數來表達的話，這種力量是從多個中心以多樣的形式傳播——這個中心現在包含日本、澳洲、蘇聯和中國——並且銜接於「微觀社會學」脈絡之中（見Duvignaud 1973）。現在討論這些改變的過程是否會導致全球文化同質化或新的多樣性秩序仍言之過早。對舊的事物來說，新的事物看起來總像是一個整體。不管怎麼說，目前所有二分法的概念或許都應該受到懷疑，無論它們是西方－非西方（「第三世界」）的劃分，或者已開發－未開發、現代－前現代等。正是在這個層次上，薩依德對他稱之爲東方主義話語的批判變得至關重要。此外，如果所有對於思維的本質化模式都必須加以懸置，那麼我們應該試圖將文化視爲協商的當前過程，而不是有機式的整體或傳統上的連續。從這個立場來看，薩依德成爲一種典範，他拒絕訴諸任何本眞的，特別是傳統東方現實，藉以對抗虛假的東方主義刻板印象。他主要關心的不是過去是什麼，甚至不是現在是什麼，而是正在成爲什麼。雖然他對於這個過程的提及並不多，但至少提出了一項基本問題：在何種基礎上，可以準確地（並且必須加上道德上）區分人類群體？

當然，人類學家使用的文化概念是由歐洲理論家發明的，用於解釋人類多樣性的集體銜接。在同時拒絕了進化論和過度空泛的種族和文明實體，文化構想假定了在地的、在功能上整合的社群的存在。然而，對於所有假定的相對主義而言，此一概念的整體模式基本上是有機的結構，和它所取代的十九世紀概念並沒有不同。只有它的多重性是新的（見第十章第二節）。即使接下來有許多新的定義，但此概念的有機主義假設仍舊存在。各種文化體系緊密相連；它們或多或少持續改變著，但主要受語言和地點所錨定。最近將文化視爲溝通的符號學或象徵模型，在這個意義上也是具有這種功能主義的特徵（見Leach 1976:1, Geertz 1973, Schneider 1968）。[4]

薩依德研究中有一個被忽略但關鍵的重點，是他對於整體性的不斷懷疑。他對於東方主義者封閉和特徵化「東方」等做法的批判，可以應用於可能更精確的甚至「自然的」文化實體。我已經透過馬西尼翁的例子，說明了薩依德對於傳統的同情訴求的厭惡。儘管他已經徹底強調東方是一個建構的實體，但他隨後指出，「在地理空間中，存在著在地且極端

274

『不同』的居民，並且他們可以根據某些宗教、文化或種族本質加以定義此一地理空間，關於這樣的概念，仍是一個高度爭議的想法」(1978a:332)。他在書的最後幾頁提出關於他研究中最重要的理論問題。「我們如何**再現**其他文化？區分不同獨特的文化（或是種族、宗教、文明）概念有用嗎？」(p. 325)。

這些問題需要被提出，並且需要被突顯出來。提出這些問題之後，我們最好避免過快求助於其他整體。（正如我們所見，薩依德自己求助於人文世界主義和個人完整性的概念，以及一種本眞發展的概念，交互地爲「敍事」和模糊的馬克思主義「歷史」做掩飾。）現在是時候讓文化和社會整體性進行徹底的質問了，如同文本整體在先前批判實踐中所經歷那般（例如Derrida 1970; Barthes 1977; Said 1978b and 1975）。薩依德對於本質和對抗性區分的攻擊，在這裡相當切中要害；但是集體建構的**差異性**，並不必然像其所描繪的東方主義那樣，是靜態的或是位置上的二分法。不需要在理論上丟棄所有「文化」差異的概念，特別是當它不只是簡單地從傳統、語言或環境中獲得，而且也是在全球關係的新政治－文化條件下**產生**的。

如果東方的「沉默」已經被打破，那麼這些新的條件是如何被構想出來；如果民族誌像是雷里斯所指出，是可以多重方向的；如果個人的和文化的本眞性都被視爲某種相對於他者所建構的東西？在這些情況下，我們對於關係性的想法，是否應該如馬西尼翁、列維和牟斯等人文主義者所敦促的那般，取自對話、接受力和交流的隱喻？或者我們必須偏好有時由傅柯所喚起的軍事謀略。文化概念可能確實已經過時了。用傅柯的觀點，或許它應該被全球和戰略部署的強大論述形構的視野所取代。至少這些實體將不再與有機整體、傳統連續性和語言地點的持續基礎等概念密切相關。但是，無論文化概念最終如何被超越，我認爲它應該被某些關係所取代，這些關係保留了概念上的差異性和相對性功能，並且避免了世界主義本質和人類共同基礎的假設。

必須指出的是，這些規則具有康拉德在《黑暗之心》中所主張的性質——一種「謹慎的信仰」。地球文化的未來，可能確實處於李維史陀在《憂鬱的熱帶》中悲嘆的熵增論，或是薩依德冷酷段落裡所描繪的意識形態霸權之中（1978a:323-325）。就像薩依德對人類的允諾一般，任何對文化的殘餘信念——也就是群體持續帶來眞正改變的能力——本質上是一種理想主義的選擇，是對現階段的政治回應，正如康拉德所寫的，「我們就像迷路的旅人紮營在一座華麗卻令人不安的旅館裡」(1911:1)。《東方主義》的優點在於它迫使讀者立即從個人、理論和政治上面對這些議題。對於其中所提到的各個作者，如同對於康拉德一樣，並不會有自然的解決方案。巴勒斯坦或許是廿世紀的波蘭，一個崩解的民族需要被重新創造。如同薩依德所景仰並時常引述的波蘭裔英國作家一樣，他認識到個人和文化身分從來都不是給定的，而是必須經由協商的。這是薩依德第一本著作中的重要重點，這是一本對康拉德的深入研究（1966）。將這種情況視爲異常，視爲流放者的狀態是一項錯誤。《東方主義》中動盪不安的困境，它的方法論上的矛盾，是日益普遍的全球經驗的特徵。

這位作者複雜批判的立場，或許在這個意義上可以被視爲是具有代表性的。薩依德身爲一名在埃及和美國受教育的巴勒斯坦國族主義者，一位深受歐洲人文學科影響的學者，目前是哥倫比亞大學英語和比較文學的教授，以身爲「東方人」的身分寫作只是爲了要消解此一類別。* 他以巴勒斯坦人的身分寫作，但卻沒有受到特定巴勒斯坦文化或身分的支持，而是轉向歐洲詩人，以表達他的基本價值觀，轉向法國哲學，作爲他的分析工具。薩依德身爲西方文化傳統主要構成要素的激進批判者，他的大部分標準都來自這個傳統。這麼說的目的是在指出，諸如《東方主義》之類的著作，不可避免地要在這種狀況下被書寫。薩依德在其他地方（討論艾略特和猶太復國主義根源時）將這種背景稱之爲「無家可歸的普遍狀態」（1978:18）。這種情況會產生一些棘手的問題。

在廿世紀結束之際，像塞澤爾那樣談論「家鄉故土」意味著什麼？當前文化身分的經驗涉及哪些過程而不是本質？以一位巴勒斯坦人的身分寫作，意味著什麼？作爲美國人呢？那作爲巴布亞新幾內亞人呢？又或者是作爲歐洲人？現代作家從哪些不相關聯的文化資源中建構他或她的話語？這些話語傳達給哪個世界的聽眾（以及使用哪種語言）？在全球的讀寫處境中，知識分子是否至少必須像塞澤爾那樣藉由回返的紀錄，來建構家鄉故土？

第十一章　論東方主義

On Orientalism

* 譯注：薩依德出生於一九三五年，一九五七年畢業於普林斯頓大學，接著在哈佛大學陸續獲得碩士學位（一九六〇）和博士學位（一九六四）。一九六三年起，薩依德便在哥倫比亞大學執教直到二〇〇三年病逝紐約。

第十二章　梅斯皮身分

這是獨居的民，不列在萬民中。

——《舊約聖經》〈民數記〉二十三章九節

一九七六年的八月，梅斯皮萬帕諾格部落委員會向聯邦法院提出一萬六千英畝土地所有權的訴訟，其中包括梅斯皮鎮四分之三的土地，即「鱈魚角的印地安城鎮」。（梅斯皮鎮是從該岬南岸延伸至內陸，面對著瑪莎葡萄園島，介於法爾茅斯和巴恩斯特布爾之間。）隨後進行了前所未有的審判，審判的目的並不是解決有關土地所有權的問題，而是決定這個自稱為梅斯皮部落的群體，實際上是否為印地安部落，並且是否與十九世紀中，那個在一系列競奪的法律行動中失去土地的印地安部落是同一個。

梅斯皮的訴訟是一九六〇年代晚期至一九七〇年代一系列土地返還運動其中之一。這是當時法院對美洲原住民族在訴願補償上相當有利的時期。其他土地訴訟案包括由瑪莎葡萄園島上的歡愉角萬帕諾格部落所發起的土地訴訟；羅德島查爾斯頓的納拉甘西特人；康乃狄克的西佩科特人（Western Pequots）、史修提克人（Schaghticokes）和莫西干人；以及在紐約的奧奈達人（Oneidas），聖里吉斯的莫霍克人（St. Regis Mohawks）和卡尤加人（Cayugas）。梅斯皮的土地訴訟案在概念上和帕薩瑪奎迪（Passamaquoddy）和佩諾斯科特（Penobscot）部落宣稱擁有緬因州大部分土地的訴訟案相似。後者的訴訟案在聯邦地方法院最初取得勝利，並且在卡特總統的直接干預與五年的努力交涉後，獲得有利的庭外和解。這些部落獲得八千一百五十萬美金，取得三十萬英畝土地，以及保有印地安保留區的地位。

佩諾斯科特–帕薩瑪奎迪訴訟案的法律基礎如同該案律師圖倫所設想，是一七九〇年的《禁止買賣印地安土地法》（Non-Intercourse Act）。這項立法宣布的法案旨在保護部落群體免受不道德的白人強奪，宣稱唯有在國會許可的情況下，印地安土地的轉讓才能合法完成。這項法案從未被撤銷，儘管在整個十九世紀仍然經常出現違背該法案的情事。一九七〇年代，當印地安團體訴求《禁止買賣印地安土地法》時，實際上他們是在試圖扭轉一個多世紀以來對印地安土地的襲奪。土地轉讓的問題對於東岸的族群部落來說尤其嚴重，他們對於集體土地的宣稱往往是不清楚的。當法院判決確認《禁止買賣印地安土地法》適用於非保留區印地安人時，無疑開啟了訴訟之門，如同緬因州的部落土地訴訟案一樣，他們聲稱近兩個世紀的印地安土地轉讓，包括一般買賣，都是無效的，因爲這些轉讓從來沒有經過

278

國會的許可。

雖然梅斯皮地區的主張與緬因州印地安人相似，但仍然存在著許多重要差異。帕薩瑪奎迪和佩諾斯科特是公認的印地安部落，在該區域擁有獨特的社群和明確的原住民根源。而梅斯皮的原告，所代表的是鱈魚角三個世紀以來被稱爲「印地安城鎮」中的大部分非白人居民；但他們的部落治理制度長期以來一直難以捉摸，尤其是在訴訟發生前的一個半世紀。再者，大約自一八〇〇年以來，麻薩諸塞州的語言就已不再是梅斯皮的共同語言了。鎮上的普遍信仰剛開始主要是長老教派，後來則是浸信會。幾個世紀以來，當地居民已經與其他印地安族群、白人、黑人、美國獨立戰爭時英國軍隊僱用的赫斯傭兵中的逃兵（Hessian deserters）、佛得角居民等通婚。梅斯皮的居民相當活躍於現代麻薩諸塞州的經濟和社會。他們是商人、學校教師、漁夫、家務工、小承包商。這些有著印地安祖先的居民，能否聲稱他們是在十九世紀中葉被剝奪了集體擁有土地的梅斯皮部落的後代，並因此提起訴訟？這是聯邦法官向波士頓陪審團所提出的問題。只有當陪審團回覆的答案爲「是」，此一案件才能進入土地權的審判。

一九七七年秋末，聯邦地方法院展開爲期四十一天的證詞攻防，名爲《梅斯皮部落訴新西伯里等地案》，這是對一場複雜的多方爭議簡略的表達方式。梅斯皮部落指的是原告梅斯皮萬帕諾格部落委員會，成員將自己描述爲梅斯皮部落的一個分支。非營利倡議團體美洲原住民權利基金會聘請了律師團協助準備這場訴訟，圖倫與馬格林是律師團的首席律師。在法庭上，圖倫、馬格林、吉爾摩和吉諾爾，協助出庭律師謝布，對原告的案件進行辯論。訴訟案中的新西伯里等地指的是新西伯里公司（一家大型開發公司）、梅斯皮市鎮（代表一百多名個別的土地所有人），以及其他各種類型的被告（保險公司、企業、房地產所有人）。案件的辯護方則交由波士頓大型律師事務所海爾和多兒（Hale and Dorr）的聖克萊爾（他是尼克森水門案的律師），以及古德溫、波克德和豪爾律師事務所的馮・蓋士托律師負責。這兩位律師與其他八位律師組成了被告的律師團。

梅斯皮鎮出現在被告這一點需要進一步解釋。直到一八六九年，住在梅斯皮的社群才被正式賦予城鎮地位。從一八六九到一九六四年，鎮政府大多數掌握在印地安人手中。在這段期間內，除了一位市政委員之外，其餘都是印地安人或是與印地安人結婚的人。在審判上出示的系譜證據顯示，城鎮官員彼此的家庭關係相當密切。沒有人會質疑一九六〇年代之前梅斯皮是由印地安人所管理的這項事實。不同的意見只在於他們是否以「印地安部落」的身分來管理。

這種基本的人口和政治情況三個多世紀以來都沒有發生劇烈變化，但在一九六〇年代初期發生了革命性的改變。在此之前，人口普查數據顯示梅斯皮的人口波動介於三百五十名印地安人與「黑人」、「有色人種」或「混血者」（官方的類別經過調整變更），以及不到一百名白人之間。有一項用作審判基準的統計資料顯示，一八五九年的人口計算中只列舉了一位白人居民。一九六〇年之後，白人第一次在紀錄上呈現爲多數，到了一九七〇年，白人的人數以九百八十二人比三百零六人，超越印地安人與其他有色人種的總和。一九六八年，三名城鎮市政委員中有兩名爲白人，第三位則是印地安人。這個比例是在訴訟期間產生的。梅斯皮的白人市政委員投票決定，該城鎮應在法律上代表那些占多數且受到土地索賠威脅的非印地安裔的財產擁有者所有。

「鱈魚角印地安城鎮」終於被發現了。幾個世紀以來，梅斯皮一直作爲一個讓人好奇的落後地區，但在一九五〇至一九六〇年代成了令人嚮往的退休和度假之地、公寓和豪華開發區。快速道路現在使得梅斯皮成爲波士頓近郊，以及城市居民週末出遊的過夜地點。新的資金和工作機會湧入梅斯皮，受到不少住在這裡的印地安人歡迎，其中包括一些帶頭發起土地索賠訴訟案的人。他們在新情況下獲得好處。仍然由印地安人管理的城鎮政府則是獲得稅賦增加的紅利。但是，當地方政府脫離了印地安人的控制（也許是永久性的），隨著開發規模的擴大，許多印地安人開始感到不安。他們原先視爲理所當然的想法——這是他們的城鎮——如今不再是事實了。早先開放用來打獵和捕魚的大片未開發土地，突然掛上了「禁止擅自進入」的標誌。某段海岸線居然被選爲兩座高爾夫球場興建和開發計畫地點，新西伯里的發展看起來有點太令人驚訝了。傳統居民和新來者之間的緊張關係加劇，最終導致這次的訴訟，它獲得大多數（但並非全部）梅斯皮印地安人的支持。這次土地索賠雖然重點放在十九世紀的財產損失，但實際上是企圖重新取回最近才從印地安人手中失去的城鎮控制權。

埃爾・米爾斯

埃爾・米爾斯（Earl Mills）已經在法爾茅斯公立學校系統的高中任職超過二十五年。[1] 一九五二至一九六七年，他住在距離梅斯皮十英里的法爾茅斯。米爾斯教授體育、健康和社會科學。他是學生會的指導老師，同時督導其他各種課外活動。他與前妻雪莉擁有梅斯皮鎮上最好的餐廳。他是那家餐廳的主廚。

自五〇年代中葉以來，米爾斯一直擁有梅斯皮萬帕諾格部落翔鷹酋長（Chief Flying Eagle）的頭銜。*

* 譯注：本文中所描述梅斯皮訴訟案的「民族誌當下」時間爲一九七七年秋天。文中針對「Chief」一字，依據歷史時空經驗、法庭上證人認知的「部落」社會，以及作者針對訴訟案當時「部落」形態的客觀描述等，有以下兩種翻譯用詞：(一)「酋長」稱謂指涉歷史上印地安部落的傳統領導者，以及部落認可的正式頭銜如梅斯皮萬帕諾格部落「翔鷹酋長」；(二)「首領」指的是現代梅斯皮印地安居民在部落傳統下的領導者，以及鄰區其他印地安部落的領導者。「最高領袖」(Supreme Sachem）指稱一個部落或部落聯盟的最高首領，通常負責領導、協調和代表整個部落社群。文章中「leader」翻譯爲「領袖」，泛指梅斯皮社群組織的領導幹部，其中若干文脈裡也包含首領。

在法院證人席上，他表現得認真又有魅力，非常像運動教練或童子軍領袖。他四十八歲，身材修長，一副運動員的樣子，繫著條紋領帶、身穿藍色西裝外套和樂福鞋。

米爾斯回想起一九三〇和一九四〇年代，他在梅斯皮的那段青春時期。他從來沒有像他的兄弟艾爾伍德（Elwood）那樣擅長打獵，所以通常會跳過例行的狩獵行程。早些時候，他提出問題並且讀書。他詢問他的祖母，關於他叔父背後的「堅強臂膀」（叔父曾經擁有酋長的正式頭銜「流浪者」），也問過他那作為鎮上出納和稅務員的母親，「我背後的堅強臂膀。」

米爾斯回憶，三〇年代，有些鎮民偶爾會穿著盛裝，少數的人會講一些印地安語。他記得鎮上聚會銷售穀物的活動、每年的海灘旅遊、一年一度的鯡魚節等這些與社群緊密相關的節慶氣氛。

當米爾斯還是個孩子時，曾有人指給他「印地安小酒館」的位置。根據米爾斯的說法，這些地方並不是喝酒的地方，而僅僅是個小路交叉之處。你會拾起一根枝條，對它吐口水，然後丟在一堆枝條上，為的是安撫該地區的靈魂。

米爾斯說他仍然可以辨認出兩處「印地安小酒館」，但大部分早就都被清掉了，因為堆高的樹枝容易引起火災。

米爾斯描述的是印地安人儀式的內容。他由浸信會教徒扶養長大，不過現在並不會認為自己是個基督徒；但他相信有一位造物者，「比我更偉大。」

米爾斯說，當他問起印地安人的工藝品，尤其是傳統梅斯皮辮狀簍子的時候，他父親告訴他，「劍橋附近的那些人肯定早就把它們拿走了。」（可能指的是哈佛人類學系。）他的父親示範如何編織樹皮簍子給他看，這個技能是他父親年少時從梅斯皮製簍師傅奎普什（Eben Queppish）那裡學到的。

米爾斯回憶說，他還是個小男孩的時候曾捉弄過老人家，包括那時候的巫醫威廉・詹姆士（William James）。

在法爾茅斯高中，米爾斯擅長田徑運動。（「你必須成為一名鬥士才能做到這一點。」）體育是在充滿威脅的環境中獲得自信的途徑。在學校之外，他像他的父親和其他梅斯皮印地安人一樣，在該地區擔任狩獵和捕魚團體的嚮導。

問：「你的童年與小鎮上其他年輕人有何不同？」

答：「我們是不同的。我們知道我們是不同的。我們被告知我們是不同的。」

直到四〇年代晚期，米爾斯才在軍隊學到印地安舞蹈。在迪克斯堡（Fort Dix）進行基本訓練期間，一個寂寞的夜晚，他的兩位同僚，一位是蒙大拿的契帕瓦（Chippewa）印地安人，另一位是紐約的易洛魁印地安人，兩人都表演了各自的舞蹈。米爾斯很懊惱地承認，他對自己一無所知。

米爾斯談到他的五個小孩——四個小孩是和第一任妻子生的，這位妻子有部分納瓦霍印地安人的血統；一個是第二任妻子所生，這位妻子是高加索白人。他最大的孩子洛葛仙妮嫁給一位喬克托（Choctaw）印地安人。小埃爾（暱稱為「小酋長」）住在法爾茅斯，近幾年已經成為各種印地安人聚會和帕瓦（powwows）集會慶典上的冠軍鼓手。雪莉也是一位傑出的鼓手，參加東北部所有的美洲原住民慶典。羅伯特住在波士頓的市民大道上。「他從事羽毛筆製作、皮革毛皮等工作。」米爾斯第二次婚姻的孩子南茜，現在已經六歲了。她會跳印地安舞蹈。她的父母認為她是萬帕諾格人。

米爾斯解釋他作為部落首領的責任。他在梅斯皮教導珠飾細工、皮革製品、編製簍子的技藝。總地來說，他的工作是充當調停者，讓他的族人「保持平衡」。

接受詢問時，他沒有辦法或不願給出任何具體的調解例子。米爾斯提到他在五〇年代晚期和六〇年代早期，是如何和三位白人組成一個委員會，以修復梅斯皮的舊式印地安聚會所。這個年久失修的聚會所，多年來一直是鎮上印地安人生活最顯著的象徵。

五〇年代曾經有一份部落章程（該文件被提交成為證據），但是米爾斯作證指出，部落並沒有遵照這份書面章程。部落集會不定期舉行，而且是以口耳相傳的方式通知。（聖克萊爾在交叉詢問中問到，這些所謂的部落會議的會議紀錄在哪裡？）

282

米爾斯說，七〇年代早期，他和州政府雇員賓海姆（Amelia Bingham）（她是巫醫約翰・彼特斯和部落委員會主席羅素・彼特斯的姊姊），一同參與了達特茅斯學院的經費申請案寫作研討會。米爾斯說他原本與土地訴訟沒有什麼關係。作為首領，他只是代表部落批准部落法人組織的行動。這是在他餐廳的廚房裡討論的。

米爾斯作證時說，他尊敬約翰・彼特斯。他們兩人代表梅斯皮的傳統派。他說現代主義者，像是羅素・彼特斯這類人物，是部落的法律力量，他們代表了部落與政府、法院和基金會往來時的利益。

聖克萊爾的問題將翔鷹酋長描繪為一位機會主義者，他跟隨他的族人，而非帶領他們。這些問題指出，米爾斯的傳統權威最近受到羅素・彼特斯和其他希望在一年一度梅斯皮帕瓦集會活動上販售啤酒的人的挑戰，這個節日是一個有許多遊客和外來者參加的慶典。結果是，儘管首領反對，還是有人在賣啤酒。聖克萊爾反覆強調其缺乏領導能力的證據。隨後是關於不同部落責任和角色的抗辯。有人指出卡特總統無法控制他兄弟比利的（與啤酒有關的）行為。

在法院證人席上，翔鷹酋長聽起來經常像是一位社會科學老師；他的演講充滿了趣聞軼事和說教。

只有一次，在接近作證尾聲時，他做了一件出乎意料的事。在問及他是否經常穿著

283

印地安盛裝時，米爾斯回答沒有，只有在帕瓦集會慶典時才會穿著。然後他突然拉著領帶，從襯衫下拉出兩串細珠。他說，一串是來自西南部的綠松石，另一串比較小的則是他父親給的禮物。

法庭上許多人對於這個顯然是自發性的揭露感到既驚訝又尷尬——當米爾斯將串珠塞回襯衫裡，並且笨拙地重新調整他的領帶時。

形象

審判幾近尾聲之際，聯邦法官史金納對陪審團提出一些關於梅斯皮歷史中某些時期的部落地位等特定問題；但在整個訴訟程序中，法庭上充斥的卻是有關印地安身分和權力等更廣泛的問題。儘管土地所有權在形式上沒有爭議，但在新西伯里等地區的辯護律師看來，這似乎像是一場新的夢魘。你郊區房子門口出現了一位穿著西裝的陌生人。他說他是美洲原住民。你的土地在幾個世代之前被非法取得，現在你必須交出你的家園。接著這位陌生人將你交給他的律師。

這種「贈送」私人土地的威脅所造成的恐懼，在帕薩瑪奎迪和佩諾斯科特的協商過程中被政客和媒體充分利用。實際上，私人持有的小規模土地從未面臨這種危險；只有木材公司和州政府所持有的大片未開發土地才是討論中的重點。在梅斯皮訴訟案裡，原告將他們的索賠面積減少到一萬一千英畝，正式排除所有私人住宅和面積不超過一英畝的土地。訴訟案的目標很顯然是大規模的開發，而非小規模的所有權；但他們的對手拒絕審前妥協和某種協商，這導致了緬因州新拓土地的爭議。

根據圖倫律師的說法，緬因州、梅斯皮、歡愉角和查爾斯敦提出的各種土地所有權的宣稱，是受到嚴格限制的。在那個歷史時刻，法院對美國原住民的主張相對開放，但這種情況不太可能一直持續下去。在一九八五年奧奈達、莫霍克和卡尤加族人的《禁止買賣印地安土地法》判決中，以圖倫的話來說，最高法院清楚表示「印地安人面對的是一個富有而強大國家的寬宏大量，這個國家不會以法律之名剝奪印地安或非印地安公民的大片土地。簡言之，美國將透過法律措施允許印地安人獲得一定的補償——事實上，相較之下，美國在這方面所做遠多於任何其他國家——但是它最終制定了規範並且仲裁了這種情況」（Tureen 1985:147; Barsh and Henderson 1980:289-293）。

以這個觀點來看，梅斯皮審判僅僅是在權力極不對等團體的持續爭鬥中，對於規範所做的澄清。但是，基於白人公民可能因爲昔日模糊的不公正行爲而失去家園的明確恐懼之下，一個令人不安的不確定性成了美國印地安人的主要形象。《禁止買賣印地安土地法》訴訟中的原告握有權力。緬因州政客在這個問題上失去了職位，而梅斯皮案則已經持續數月成爲全國頭條新聞。令人震驚的是，此刻成爲印地安人是有利可圖的。原住民族群體積極行動，進行複雜的「非傳統」事務。全國各地部落涉足各種業務，其中一些聲稱可以免除州政府的監管。對許多白人來說，他們可以理解西北沿海部落要求保留傳統的捕鮭魚特權，但卻無法理解部落經營違反州法律的高額賭博遊戲。

長期以來，印地安人爲主流文化塡補了一個憐憫的想像空間。他們總是倖存者，無論是高貴的或是不幸的。他們的文化持續受到侵害，充其量只能像保留地一樣留在博物館裡。根據定義，美洲原住民族不是動態的、創造性的或擴展的。在柯蒂斯深褐色的照片中，印地安人被鍾愛地銘記爲自豪的、美麗的以及「消逝的」。但我們現在知道，柯蒂斯經常帶著道具、服裝和假髮裝扮他的拍攝對象。他所記錄的形象是經過精心安排的（Lyman 1982）。在波士頓的聯邦法院，由白人公民所組成的陪審團會面臨這些高度模糊歧義的形象。由四位女性和八位男性（其中沒有少數族群）組成的陪審團，是否會相信梅斯皮原告在沒有服裝和道具的情況下，仍然存在著「印地安人」？這個問題圍繞並且充斥在審判的技術焦點上，也就是自十六世紀以來，梅斯皮是否持續存在一種稱爲部落的特殊政治和文化組織形式。

梅斯皮印地安人的形象，與像是盧比族（Lumbee）和拉馬普族（Ramapough）這類東部族群的形象一樣，因種族議題而變得複雜（Blu 1980; Cohen 1974）。自十八世紀中葉以來，梅斯皮與黑人通婚便已經發生，有時被廣泛認爲是「有色人種」。在法庭上，辯方偶爾會暗示他們其實是黑人而不是美洲原住民。與盧比族（以及不太成功的拉馬普族）一樣，梅斯皮原告一直努力將他們自身與其他少數族群和族裔群體區分開來，並且堅持其部落的地位是基於特有的政治－文化歷史。在法庭上，他們之中很少有人看起來特別像「印地安人」，而因此得到任何助益。有些可能被認爲是黑人，有些則被認爲是白人。

黑索．歐克雷、漢娜．艾弗瑞

歐克雷女士（Hazel Oakley）是部落的成員主席；艾弗瑞女士（Hannah Averett）則是梅斯皮浸信會教堂的活躍成員，在招收印地安兒童的公立學校裡工作。

這些女士們沒有佩戴印地安首飾。她們用新英格蘭口音簡單地談論她們的童年經歷、她們的價值觀、她們的父母和祖父母。

她們看起來就像她們應該有的樣子：一般的社群支柱、教會婦女。

她們代表部落描述她們的活動。歐克雷女士最近在建立一份會員名單。其中包括住在城外的人，以及反對訴訟並且將在法庭上為辯方作證的印地安人。

艾弗瑞女士看起來五十多歲。她說，她最早對於梅斯皮社群生活的記憶是帕瓦集會活動。她同時回想起在丹尼爾島舉行的主日學校野餐，梅斯皮萬帕諾格族人和他們的孩子都會參加。他們一起玩遊戲和唱讚美詩。她的母親、祖父和鎮上的親戚告訴她印地安人的傳說和故事——關於史奎尼特（Granny Squanett）和莫索普（Mausop），以及一個有關「印地安少女與鱒魚在湖中游泳」的故事。

艾弗瑞女士在家庭中是講英文的，但是她記得，她一些較年長的親戚懂得「萬帕諾格語言」。她唯一一次聽到祖父使用這個古老語言，是在她母親生病的時候，她的祖父在她母親房間裡有一段很長的對話。艾弗瑞的母親問她的父親，「爸，為什麼你以前從未告訴我，你會說印地安語？」見他沒有回答，漢娜問，「爺爺，為什麼你以前沒有告訴我們你會說印地安語？為什麼你沒有教我們？」他說道，「我只是希望我的小孩可以學英語，而且盡可能地學好它。」

艾弗瑞女士回憶起她母親那些草藥療法，有藥草茶和止咳藥，還有用臭鼬油治胸口感冒，其中有些她現在還在用。

艾弗瑞女士從小就以做家務為生。不過她在戰時到新貝福的固特異工廠從事國防工作，然後去了波士頓海軍造船廠負責繩索的製造。從那裡，她又去了胡德橡膠公司，在波士頓鞋廠待了幾年，然後再回到家務工作。一九五二年，她嫁給了她的先生威廉·艾弗瑞。威廉死於一九五八年，而艾弗瑞女士則回到了梅斯皮。「我有兩個兒子要撫養。我感覺我在那裡可以做得更好。我覺得萬一自己發生什麼事情，我的族人在那裡。

如果我需要幫助，我的族人會在那裡幫助我。」

三年前，艾弗瑞女士加入了梅斯皮萬帕諾格部落委員會，而且積極參與由聯邦政府資助的印地安教育計畫。她表示自己參與這個計畫的直接動機來自她最小的兒子。他以前經常下課後到森林裡散步——但她並不知道他去那裡。「有一天他回來並且問我，『為什麼你不做點像這樣的事情？』他解釋，他經常到一個他喜愛的地方，那裡可以看見鹿吃草。他說，『那裡是你見過最漂亮的景色。現在，他們要在那兒建造高爾夫球場，而我再也看不到那美麗的景色了。』」

艾弗瑞女士自一九七四年以來一直擔任印地安教育家長委員會主席，這是一個由聯邦政府資助的印地安教育計畫，以幫助在一般體制學校中的梅斯皮萬帕諾格兒童。該委員會組織家教輔導、藝術和手工藝計畫、當地和一般的印地安歷史課程、與首領米爾斯和巫醫彼特斯的講習會、其他在地族群的參訪、到聯合國的紐約總部實地考察、前往美洲印地安博物館、到歡愉角的歷史遺址等。「這是為了擴展我們人民的文化，去了解其他部落、其他人民的生活方式。」

艾弗瑞女士也是梅斯皮浸信會的董事會主席。

在交叉詢問中，她被問到有關她所聲稱的印地安身分可能存在的矛盾之處：你吃的印地安食物不多，對吧？只有某些時候。你看的是一般醫療體系的醫生，不是嗎？喔對，還有藥草。

你怎麼知道你的祖先？我的母親、祖父母，還有口耳相傳。你追溯過你的祖先嗎？你曾經使用過一八五九年的人口普查數據嗎？（該數據被提交為審判證據。）同時身為一名虔誠的浸信教徒和印地安人，你有什麼感覺？

艾弗瑞女士作證時指出，她尊敬巫醫約翰．彼特斯（她稱他為「諮詢者」）。她尊重印地安人的信仰：大神（Great Spirit）、土地、「月亮祖母和大地以及所有這些事物……它們對我來說非常珍貴，我尊重它們。但我也透過我的基督教信仰尊重上帝。對我來說，上帝和大神是一樣的。」

最近，她從巫醫那裡得到了一個印地安名字，「明亮之星」。她不確定是否可以詳細介紹她的命名儀式：有一位祈禱者、形成一個圓圈。「一切都是圓的，就像我們的生活一樣。」

她喜歡看到現代的孩子們學習打鼓和舞蹈。他們就跟那些玩跳繩的小孩是一樣的。

休庭期間，有一些梅斯皮婦女在法庭外興致勃勃地談論她們孩子的印地安活動。「但他得把頭髮剪掉！」「如果他們能好好照顧，但你知道……」「他看起來就像個野人一樣！」

海洋

拉蒙娜・彼特斯（Ramona Peters）是一位二十多歲受過大學教育的女性。在參加了波士頓兒童博物館的培訓計畫後，她最近回到梅斯皮教授印地安語言和知識的課程。在她的證詞中，她講述了一個神話，一個巨人游泳橫渡瑪莎葡萄園島上歡愉角的萬帕諾格部落。在他的返回途中，巨人變成了大白鯨莫比・迪克（Moby Dick）。

（我突然意識到，法庭上這位印地安人是塔斯德戈（Tashtego）的後代，塔斯德戈是梅爾維爾的捕鯨船皮廓號（Pequod）在歡愉角使用魚叉捕魚的那個族群。這種聯繫不知何故賦予了一切奇怪的現實和深度，現在嫁接到我自身的文學神話之中。）

許多在審判中的證詞是關於鱈魚角印地安人與十九世紀的海上貝類捕撈和捕鯨船工作傳統的密切關係。費南・帕克奈特（Vernon Pocknett），是一位行動主義者，他同時也是該鎮在四〇和五〇年代主要傳統主義者和歷史學家梅布爾・艾凡特（Mabel Avant）的侄子。他提到一項聯邦政府的綜合就業暨培訓計畫的第三補助款，旨在鼓勵梅斯皮印地安人從事現代水產養殖。

陪審團會將水產養殖視為一項「傳統」活動嗎？

界線

梅斯皮印地安人遭受到的是許多留在原來十三州的小型美洲原住民部落的命運。他們沒有得到密西西比河以西部落所擁有的保留地和主權地位（這些權利不斷被削弱）。某些東部社群，像是塞尼卡（Seneca）和塞米諾爾人（Seminoles），占據了一般認爲屬於部落的土地。其他一些部落，例如盧比族，沒有擁有集體的土地，而是聚集在不同地區來維持著親屬關係、傳統和分散的部落制度。在所有情況下，社群的界線都是可以穿透的。在部落之中和之外，有通婚和例行的遷徙——有時是季節性的，有時是長期的。原住民語言愈來愈式微，常常是完全消失的。宗教生活則是相當多樣——有時是基督教（帶有區別性的改變），有時是經過改造的傳統，像是易洛魁族（Iroquois）長屋信仰。道德和精神價值經常融合了當地傳統和泛印地安來源的美洲原住民混合體。例如，現在新英格蘭帕瓦集會慶典上的儀式和服飾，反映出蘇族（Sioux）和其他西部部落的影響；一九二〇年代，由羽毛裝飾的「酋長戰爭頭冠」會在萬帕諾格領袖中出現。東部印地安人則通常與白人（或黑人）社會生活更爲密切，也比他們西部保留地的族群同胞生活在更小的社群中。在面對強大壓力的情況下，一些東部社群已經成功獲得聯邦政府正式承認爲部落，而其他一些則未獲承認。申請承認的速度在過去的二十年裡急劇上升。

在地歷史和制度安排的多樣性中，梅斯皮的長期居民一直處於灰色地帶，至少從周圍社會和法律觀點看來是如此。佩諾斯科特和帕薩瑪奎迪的印地安身分並沒有受到嚴重質疑，即使他們從未受到聯邦政府的承認，而且已經失去或適應了許多他們的傳統。梅斯皮的問題更大。土地宣稱主張的支持者，例如布羅德（1985）傾向毫無疑問地接受，由一九七四年成立的部落委員會，代表在十九世紀中葉失去土地的群體進行訴訟的權利。他們將部落地位問題視爲法律上轉移注意力（red herring）的問題，或者更糟——這是一種企圖否定部落與生俱來權利的精心策略。無論部落的法律定位如何具有強迫性和殖民性，但審判中仍然存在一個眞正的問題。儘管部落的地位和印地安人的身分長期以來一直是模糊的，而且是政治上所構成的，但並非所有具有原住民血統，或聲稱被收養或共享其傳統的人都可以成爲印地安人；同樣地，並非所有美洲原住民群體都可以決定成爲一個部落，並爲失去的集體土地提起訴訟。

在梅斯皮的印地安人沒有擁有任何部落土地（除了正好在審判之前所獲得的五十五英畝土地）。他們沒有保留下來的語言、沒有清楚區分的宗教信仰，也沒有明顯的政治結構。他們的親屬關係是相當稀薄的。但是他們的確擁有一個地區和名聲。數個世紀以來，梅斯皮一直被認爲是一個印地安城鎮。一六六五年，他們所居住的土地正式由鄰區領袖圖卡切遜（Tookonchasun）和威普奎什（Weepquish）立契轉讓給一個稱爲南海印地安人（South Sea Indians）的群體，它的邊界自此便沒有改變過。一九七七年的梅斯皮原告可以提供倖存的美國原住民傳統和政治結構的片段作爲證據，這些片段似乎來來去去。他們還可以指認一段零散的印地安復興歷史，至今仍持續存在。

梅斯皮是一個關於界線的例子。在他們特殊的訴訟過程中，某些決定身分和差異認同的基本結構，變得顯而易見。從一個面向來看，他們是印地安人；從另一個方向看來則不是。強有力的**觀看方式**因此變成了無法逃避的問題。這場審判與其說是尋找梅斯皮印地安文化和歷史事實，不如說是一項翻譯的實驗，是「印地安」身分和「美國」身分長期歷史衝突與協商的一部分。

⁂

（以下是我如何看待梅斯皮案例的方式，而我給出的說明反映出自身觀點。身爲一名歷史學家和人類學批判者，我傾向關注歷史故事被講述的方式，以及應用於人類群體的不同文化模式。誰能代表文化本眞性？集體身分和差異是如何被表達的？人們如何在與他人的關係中定義自己？在什麼樣的地方和世界歷史條件下影響著這些過程？

在梅斯皮審判上，這些是引發我興趣的問題，並且在現在組織了我的說明。我並非編造或創造任何事情，也沒有呈現全部的圖像。呈現在這裡的現實，是特定興趣和視野的現實。

我出席了絕大部分的審判過程，我的法庭筆記則作爲引導的思路。我同時已經閱讀過有關梅斯皮歷史和訴訟的出版品，特別是賀欽斯的《梅斯皮：鱈魚角印地安城鎮的故事》（一九七九）、布羅德的《歸還：新英格蘭梅斯皮、帕薩瑪奎迪和佩諾斯科特印地安人的土地索賠案》（一九八五）、西蒙斯的《新英格蘭部落的神靈》（一九八六）。我有幸在哥倫比亞大學的人類學系看到馬佐的博士論文《衝突中的城鎮和部落：麻薩諸塞州梅斯皮的在地政治研究》（一九八〇）。我也參考了庭審紀錄。但是我尚未系統性地訪談過當事人，也沒有針對檔案或是在梅斯皮地區進行第一手研究。

接下來的內容應該可以清楚地顯示，我主要描繪的是審判，而非梅斯皮的印地安人和其他族群團夥的複雜生活。然而，在這個過程中，我對法庭主流類別和故事所遺漏的眞相，表達了強烈的看法。因此，我提及梅斯皮尤其是它的印地安生活作爲一種缺席。我這樣做是爲了維持歷史和民族誌解釋中的嚴肅性，一個我希望同時主張和限制的嚴肅性。

本文中我對於部落、證人和故事等的描述，可能會在議題的不同角度上冒犯到這些人。

許多個人的立場比我所呈現的內容更加複雜。對於那些認爲文化和傳統是持續性而非發明的美洲原住民而言，我的解釋可能會引起他們的反感。並且，比起我的分析解釋，他們與原住民資源的聯繫在感受上是更加牢固、更不妥協的。對於他們來說，這種「梅斯皮身分」的說法，或許是之於像我這樣沒有根基的人，而不是他們。

就是這樣，但並非只是這樣。

當我就審判中證詞加以說明時，完全是出於我自己的印象。其他與我交談的人，看待事情可能完全不同。庭審紀錄藉由一種精確但並非萬無一失的技術，用速記方式保存了審判中有意義的口語聲音，爲我的印象提供了檢驗。當然，它並不能提供太多關於證人或事件在法庭產生的**影響**。它省略了姿勢、猶豫、服裝、語氣、笑聲、嘲諷⋯⋯以及有時具有破壞性的沉默。

我提供了法庭上的人物和事件的簡潔描寫（vignettes），這些描寫顯然是經過組合和濃縮的。在法庭上，有些證人的證詞可能在謄本中多達數百頁，但在我的紀錄裡卻被縮短到一、兩頁。有些證人可能需要在證人席上作證好幾天。此外，眞實的證詞幾乎從未像我的簡短描寫那樣結束；它在直接和交叉詢問的詭辯和修正中慢慢地淡出。雖然我從筆錄中逐字逐句摘錄以供比較，但我通常會遵循我的法庭筆記，核對紀錄並且毫不猶豫地重新安排、挑選和強調。引號出現之處，該陳述是相當精確的引述；其餘部分則是釋義後的改述。

整體來說，如果證詞讓人感覺平淡無味並且有些逃避，這是我有意製造的效果。使用一般的修辭技巧，我本可以更深入地了解人們的個性或他們眞正想表達的意思；但我寧願保持距離。法庭更像是一間劇院，而非懺悔室。

我不信任透明的描述，我希望我的描述可以展現它的架構和視角，呈現它的波長。*

約翰．彼特斯

彼特斯大約五十歲年紀。他穿著一件運動夾克搭高領毛衣。他的頭髮花白，看起來相當莊重，顯得有些沉默寡言。他說話時帶有一般的新英格蘭口音。

彼特斯是梅斯皮萬帕諾格部落的巫醫。

他作證說，雖然他和翔鷹酋長米爾斯是部落的領袖，但不僅僅是他們而已。所有的耆老都是領袖。婦女們都是領袖：羅佩茲（Mary Lopez）、漢娜．艾弗瑞（「在教育領域」）、米爾斯女士（埃爾．米爾斯的母親）、歐克雷。

* 譯注：「波長」此一隱喻暗示了這些描述呈現出不同角度和觀點，如同不同波長的光線揭示了場景的不同顏色，顯示出敍述內容的複雜性。

他描述人們對美洲原住民宗教的興趣日益濃厚。當被問及有關梅斯皮的傳統儀式時，他回憶起曾參加向大神致意的和平煙斗慶典，「這是我能記得的最久遠的事情。」一九三六年的報紙記載被提交作為證據。其中報導了在傳統印地安聚會所舉行的部落會議和「印地安人日」的活動。彼特斯記得這些活動。他和他的父親在唱詩班裡。雷德菲爾德牧師（浸信會牧師）和詹姆士（巫醫）也都參加了。唱起了基督教讚美詩。接著點燃和平煙斗。

彼特斯談及他年輕時期成為巫醫的訓練。這個過程並沒有特定的慶典或儀式。一位名為明格（Russell Mingo）的耆老，在週六晚宴上談到有關印地安人的事務。「我們這些小孩子不懂這是什麼。」在他十多歲時，他找詹姆士討論問題，學到了「有關大地之母的事情」。詹姆士和他的父母親都沒有詳加說明。「巫醫不會強迫你。」

彼特斯表現堅定而保守。他也是一位機智的證人。在交叉詢問時，他會在帶有敵意或誘導性問題之後停頓很長時間。他經常在回答問題之前會緩慢地重複問題，在公眾面前思考再思考。

彼特斯回想起他在學校的時光。梅斯皮人被稱為「印地安小偷」或者「萬帕」（從萬帕諾格而來）。他補充，後者並不總是貶抑的意思。學校的籃球隊稱為萬帕（Womps），而啦啦隊則稱為萬帕悌（Wompettes）。

292

在交叉詢問時，他被提醒傳統「印地安人日」慶典是由麻薩諸塞州州長頒布的，而州長並不是印地安人。雷德菲爾德牧師也不是印地安人。抽和平煙斗的也不侷限於印地安人。梅斯皮教區和傳統梅斯皮聚會所協會都仰賴非印地安人的參與。他如何可以宣稱，就像他所做的，他們都是「梅斯皮部落的徽章」？

問：成為梅斯皮部落的一員需要什麼條件？答：往回追溯到曾祖父或曾祖母那一代。你如何知道？我們彼此認識。你的曾祖母是誰？（彼特斯不記得她的名字）。她是印地安人嗎？是的。你是否特別追溯過這件事？沒有。你的曾祖父是誰？查理．彼特斯。他是從瑪莎葡萄園島來的布道印地安人嗎？是的。不是梅斯皮萬帕諾格印地安人？不是。

彼特斯被問及他離開梅斯皮但仍從事巫醫的那幾年生活。一九六四年，他在夏威夷擔任私家偵探大約一年多的時間。一九七三到一九七六年，他主要住在楠塔基特島。* 他作證說，後者的居住地點讓他得以和梅斯皮保持聯絡。他在他各種商業投資中僱用梅斯皮人作為員工。

他和一位兄弟和侄子目前是彼特斯石油燃料的部分持有人。這家公司擁有兩輛卡車，

* 譯注：楠塔基特島（Nantucket）是一座位於麻薩諸塞州鱈魚角南方約三十英里的小島。

業務規模適中。問：這是私人的，而非公共的部落事業，是嗎？答：是的。

彼特斯作證指出，關於幾年前由他與家族成員創立的亞瑟道路發展公司，提出過一項土地開發計畫案。他面臨的是提交到該鎮但從未完成的發展藍圖。這些藍圖顯示了一個細分有三十七塊土地的大規模開發案。

彼特斯想起他作為總承包商從事商業活動的那幾年時光，以及為新西伯里公司進行的投標計畫（現在對許多印地安人來說，西伯里公司是一個過度發展的象徵）。他並不清楚自己是否從那時候起就離開了承包商與房地產事業。

當被追問商業活動與他作為巫醫角色之間的衝突時，他評論說賺錢的技藝可能與身為一名印地安人的角色是不一致的；但所有梅斯皮印地安人都賺錢。這取決於你怎麼做。

他被問到，身為開發商，你所從事的是對地球的破壞嗎？你的業務中哪一部分與印地安人的價值觀是一致的？彼特斯並沒有提供明確的答案。但他補充說，「如果我執行了那個計畫，我會違背我的原則。」

彼特斯作證指出，直到最近，他身為一名巫醫並沒有花足夠的時間為民眾提供諮詢。在他職業生涯的早期，他遠沒有現在這麼認真。在過去五年裡，他「完全」改變了。

彼特斯被問及目前梅斯皮的印地安人宗教活動。他無法具體指出在出生或青春期是否有什麼傳統上的儀式。他自己結婚又離婚兩次，沒有舉行任何特殊的印地安人儀式。他是在一座浸信會教堂由一名白人牧師主持婚禮。被問到那是否是典型的浸信會儀式，彼特斯回答，他無法確定，因為所有基督教婚禮對他而言看起來都是相同的。

梅斯皮現在有多少「傳統宗教的信徒」？彼特斯不想猜測，並且質疑信徒這個說法。他說到，這不是有關領袖權威和信徒權威的問題。一個人可以非常虔誠，即使不在建築物中禮拜或參加正式聚會。

誰是梅斯皮地區中的「傳統主義者」？很難確定。或許有一百位左右。他的兄弟羅素（部落委員會主席）並不是傳統主義者。至於其他的兄弟姊妹，他沒有任何看法。

彼特斯作證表示，梅斯皮的最高領袖歐克雷（Elsworth Oakley），最近任命他為萬帕諾格民族中最高階巫醫。他已經將他的在地職責傳給一位年輕人白瑞克（Skip Black）。「他在我心中有一段時間了。」

彼特斯表示，他和歐克雷目前正在幫忙新貝福和布勞克登（Brockton）的萬帕諾格團體成立部落組織。

問：「你在那裡所創的新部落，是否有任何提出訴訟的計畫？」

答：「你的意思是，接管新貝福和布勞克登？」

歷史一

294

對原告的指控很明確：在梅斯皮從未存在過印地安部落。這個社群是殖民遭逢的產物，是一個由不同的印地安人和其他少數族群組成的集合體，多年來一直努力成爲麻薩諸塞州和聯邦的合格公民。在疾病的摧殘、改信基督教、渴望擺脫國家的家長式指導之下，梅斯皮的混合印地安血統人民逐漸被吸納進美國社會。自十七世紀中葉以來，他們的印地安身分一再流失。[2]

瘟疫。當英國清教徒於一六二〇年抵達普利茅斯時，他們發現一處遭受到白人水手帶來的疾病摧毀的地區。這些開拓者走入空無一人的印地安村莊，並且在已經清理過的土地上種植。這個地區的人口嚴重不足。在隨後的幾年裡，清教徒領袖史坦迪許逐漸限制印地安人的土地，並爲人數日漸增長的新移民建立起明確的「財產」。誤解無可避免地隨之發生：白人聲稱擁有已被割讓給他們暫時使用的未占用土地的所有權。

來自桑威奇的伯恩是一位梅斯皮湖附近的農民，他是印地安土地上的租戶。他學習了當地印地安人的語言，並且很快成爲了兩個社會之間有效的調停者。他對這個地區的居民相當友善，他們是早期移民的殘餘部落，被北方的殖民者稱爲南海印地安人。他相信他們需要得到保護，因此成爲他們的支持者，爲他們談判獲得一塊大面積土地的正式擁有權，這塊土地毗鄰他的農場（在此期間，他成功地購買了該土地）。他在這些交易中的盟友是鄰近柯塔雪西特（Cotachesset）領袖波普蒙納克（Paupmunnuck）。

在白人的影響力不斷增強的情況下，伯恩的「南海印地安人殖民地」成爲基督教信徒的避難所，這是因爲對印地安人來說，除非他們聚集在「禱告的印地安人」的社群中，否則在鱈魚角附近居住將愈加危險。在伯恩的指導下，梅斯皮種植園於一六六六年成爲鱈魚角上第一座印地安教堂的中心。

因此，梅斯皮最初是一個人造的社群，從未是一個部落。它是由印地安的倖存者在介於麥諾門特（Manomet）和諾西特（Nauset）酋長的傳統管轄區之間所創造出來的——前者集中在於鱈魚角邊緣，現在是布恩鎭的中心，而後者則靠近海角附近。

295

改信基督教。在遭受瘟疫肆虐後，鱈魚角的印地安人組織變得極度混亂，面對愈來愈多決心定居的殖民者，他們做出了讓步。但和平相處並不是淸教徒的方式，特別是在他們的權力得到鞏固之後。緊張和衝突加劇，最終在一六七五年與萬帕諾格最高酋長麥塔科梅特（Metacomet）（即「菲利普國王」）爆發戰爭。在麥塔科梅特被打敗後，支持他的印地安人被逐出他們的土地，許多人（包括採取中立立場的人）被販賣爲奴隸。

在新英格蘭東部，生活在祖先土地上的代價就是與白人社會合作。在伯恩的監護下，梅斯皮變成基督教區的模範。到了一六七四年，計有九十位梅斯皮居民接受洗禮，二十七人被准許改信宗教。「禱告的印地安人」走向了新的生活。他們停止請教「帕瓦」（十七世紀對巫醫的稱呼）；他們尊重安息日和其他聖日，斷絕了與「異教徒」的關係，他們改變了扶養小孩的方式、穿著改成新的樣式、洗漱方式也不同了。這些改變緩慢卻明顯。它們不僅反映出策略上的妥協，還反映出一種新的信仰，一種源自挫敗的信仰，相信強大的白人文化肯定是更優越的。伯恩在一六八二年去世，新教徒牧師的繼承者是一位印地安人，波普莫納特（Simon Popmonet），他是伯恩的老盟友波普蒙納克的兒子。這個進一步的跡象表明，印地安人願意放棄他們舊有的方式，轉向新的信仰。

「種植園」地位。南海印地安人種植園打從建立以來，其居民對土地的宣稱就是建立在書面契約和英國法律上，而不是任何原住民主權上。與其他新英格蘭的「種植園」一樣，梅斯皮是由一群「土地所有人」(proprietors）所共同擁有。根據英國法律，業主獲准開發一塊空置土地，一部分留給公地，一部分留給教堂，一部分保留給個人使用。所有土地的轉讓都須集體批准。這個種植園經營形式適用於早期鱈魚角像是桑威奇和邦斯特柏（Barnstable）這類的新拓居地，目的是迅速發展成爲一個鎮區，使得自由居民可以擁有個人私有財產，並在殖民地議會中具有代表性。梅斯皮周圍的白人種植園的確因此發展成爲城鎮。自十七世紀晚期以來，他們的共同土地轉變成可以自由轉讓的私人財產。梅斯皮循著相同的方向發展，但較爲緩慢。到了一八三〇年，梅斯皮的土地仍是土地所有人的共同財產。

由於複雜的歷史因素，梅斯皮朝向完全公民身分的發展落後鄰近區域將近兩個世紀。對印地安人的持久偏見和所謂的缺乏「文明教化」必定扮演了部分的因素。在十八世紀早期和中期，印地安人的種植園被白人「監管員」以屈辱的方式進行管理。儘管發展有些延遲，但朝向自治方向的發展確實發生了。一七六三年，在直接向喬治三世國王提出上訴後，梅斯皮贏得了納入成爲行政區的權利，朝鄉鎮地位之路邁出了一步，因而從白人外來者的壓迫干預中解放出來。此一朝向自治方向的發展自一八三四年開始，至一八七〇年達到頂峰，麻薩諸塞州一系列的立法行動將梅斯皮種植園改變成爲一個城鎮。梅斯皮的居民居民已經克服了長期以來束縛他們的偏見和家長式作風。他們現在是麻薩諸塞州的正式公民。

支持殖民者的立場。梅斯皮的印地安居民很早便表現出積極認同新的白人社會的跡象。在菲利普國王戰爭期間，阿莫斯隊長（Captain Amos）（可能是來桑威奇附近的諾西特人）領導一群印地安人對抗麥塔科梅特。衝突結束後，阿莫斯成爲梅斯皮的重要居民。一個世紀後，梅斯皮地區派遣一組人員參加獨立戰爭，比周圍的白人城鎮更加積極對抗英國軍隊。根據可靠的報導估計大約有將近一半的成年男性死於戰爭之中。帕克內特（Joshua Pocknet）是梅斯皮的印地安人，曾經與喬治．華盛頓一同於佛吉峽谷服役。因此，在這些重要的時刻，南海印地安人後裔的表現並非僅是簡單地默許殖民統治。他們熱切的愛國主義顯示出他們早已認同白人社會，放棄了任何獨立部落政治身分的意義。

通婚。梅斯皮的人口變化顯示出兩個重要的擴張時期。一六六〇至一六七〇年代，大量印地安人從其他地方湧入鱈魚角。接著，在經過相對平衡的一個世紀之後，當地的人口數量於一七六〇至一七七〇年代中再次增加。當時人口普查的資料並不精確，而且有可能會受到詮釋的影響，但很明顯的是，一七六〇年之前，新移民主要是來自新英格蘭的印地安人：從歡愉角和鯡魚塘而來的萬帕諾格人、從康乃狄克州來的納拉甘西特人（Narragansets）與莫西甘人（Mohicans）、長島的蒙托克人（Montauks）。移民者受到外部「監管者」監護的限制，其中有些人希望將梅斯皮維持在一個較小的範圍，如此才能將「未使用的」印地安土地提供給白人。然而，一七六三年之後，新成立的行政區向不同的新移民者開放了邊界。有些白人透過婚姻遷進這個地區，但保有獨立的法律地位。如果父母有一方是印地安人，他們的後代便可以成爲土地所有人。至少有一位白人「走入原住民的生活」（went native），並且住在印地安人傳統帳篷裡——正如同梅斯皮印地安居民正在放棄他們最後所擁有的部分。有四名赫斯傭兵在獨立戰爭之後仍留在該地，並與梅斯皮婦女結婚。根據紀錄，他們接受了印地安人的生活方式。

一七七六年的人口普查顯示總人口爲三百四十一人，其中有十四位「黑人」。這個時期，梅斯皮人與獲得自由的黑人奴隸開始有明顯的通婚，但很難說數量究竟有多少，因爲人口普查中反映的常用語有時會將各種褐色皮膚的人（像是「印地安人」、「混血者」或「黑人」等類別）混在一起。黑人和印地安人之間的通婚，其中一個原因是兩者共同的社會邊緣性，另一個則是印地安人男性與黑人女性在其族群中的數量都相對較少。在地的種族混合還包括佛得角島居民，以及在遠洋貿易中僱用梅斯皮的男性和家政服務僱用的女性，進而產生的外來輸入結果，例如書面資料中提到的來自孟買的墨西哥人和印度人。

到了一七八九年，梅斯皮的白人牧師霍利開始擔心梅斯皮將會被黑人和外來者所占領，因此計畫恢復到種植園時期的狀態，並且自己擔任該城鎮的監管者，以維護該鎮的本眞性。這種限制性的家長式管治方式的回歸，阻礙了梅斯皮朝向成爲一個獨特的、獨立的非白人社群的發展。直到一八四〇年代，在與費雪牧師（霍利的繼任者）長期衝突之後，在地的領袖們終於擺脫了外部監管。梅斯皮爭取公民身分的過程相當緩慢，但從未停止。一八三〇年之後的四十年裡，梅斯皮的地位從種植園過渡到城鎮，居住在梅斯皮的美國公民已經

298

成爲一個複雜的混合體——以當代的說法來說是「有色人種」——其中包含印地安人、黑人和外來者的成分。

梅斯皮成為城鎮。一八三四年，在一項大規模反抗長老教會費雪牧師的外部權威之後，梅斯皮被麻薩諸塞州議會重新授予行政區地位。梅斯皮不再是州的保護區，而是像其他城鎮一樣，由三名選出的市政委員負責管轄。但是完整的公民身分並沒有隨之而來，主要是因爲梅斯皮的土地所有人希望可以保有傳統上對於外來者出售土地的限制。包括阿莫斯等領袖認爲，許多梅斯皮的居民尚未準備好承擔公民責任和不受限制的財產權。他們可能會不負責任地出售自己的土地或負債累累；社群也因此將遭受侵擾，甚至瓦解。然而實際上，對產權的限制並沒有阻止梅斯皮的成長。一個人要成爲地主，血統上至少必須追溯到一位印地安人的土地所有人；而且直到十九世紀中葉，鱈魚角周圍許多人都有資格可以提出這種要求。一八四一至四二年，在印地安企業家的敦促下，包括當時剛結束州政府監管返回梅斯皮的阿塔奎（Solomon Attaquin），該地區的大部分公有地被分配給個別的所有人——男人、婦女和兒童。現在，土地可以自由買賣，但仍只限於在所有人之間進行。

這項進展並非毫無爭議。在梅斯皮，那些像阿塔奎一樣白手起家的人，反映了當時主導的自由放任式資本主義風氣，希望可以快速移除所有對於個人主動權的限制，其他人則希望進展速度可以放慢些，或認爲傳統種植園的繼承人限制保證了社群的完整性。在一八六八年，問題終於爆發。梅斯皮三位市政委員中的兩位以及二十九位居民向普通法院提交了一份請願書，要求終止所有對土地出售的限制，並授予完整的州和聯邦投票權。這份請願書立卽遭到第三位市政委員和五十七名梅斯皮居民簽署的「抗議書」所反駁，敦促不應該改變該地區的地位。於是召開公開聽證會，以表達不同的觀點。

這個一八六九年初舉行的聽證會標誌了梅斯皮歷史的重要轉捩點。這些爭議紀錄罕見地提供了在地多樣聲音和意見。發言支持提議改變的人，喚起了幾個世紀以來州政府貶低式監管和梅斯皮居民二等公民的地位。他們說，該是讓梅斯皮居民成爲完整的公民、獨立自主的時候了。如果這意味著某些人會失敗或是被迫離開他們的土地，也就是這樣吧。他們並且提到該地區部分土地可供外來資本投資的商業優勢。梅斯皮「有色人種的非產權人」（這種地位給予某些混血者和黑人除了土地所有權之外的所有權利）的代表也支持法律地位的改變。作爲社區中有尊嚴的成員，他們認爲土地持有限制是一種侮辱，同時提醒人們他們在其他方面都處於劣勢。

另一些人則是反對改變。他們認爲，外來資金的湧入將會是好壞參半。而且，如果失去現有的保護，很多不富有或不熟悉商業方式的人，很快會被迫離開。以某位發言者的話來說，他們會發現自己「從一個城市逃到另一個城市，卻找不到住處」。有些土地所有人認

299

爲，州和聯邦選舉中的投票權利並不值得冒這個風險；現行制度提供了對梅斯皮政府的實際控制，似乎已經滿足在地的需要。社群中最具影響力的精神領袖，並且在三十年前成功領導印地安浸信會運動的約瑟夫・阿莫斯（「盲眼阿莫斯」〔Blind Joe Amos〕）反對這些改變。他提到，在安全地施行這些建議之前，還需要一代人的準備。擁有梅斯皮有名的狩獵旅舍——阿塔奎飯店——的阿塔奎，主張放棄該地區的特殊地位。他喚起對於完全公民身分與平等的終身夢想，這也是整個社群共同的夢想。那些爲了這一天而長期努力和辛苦奮鬥的人，不應該到死之前都未獲得在聯邦和國家的自由地位。

投票開始進行。十八票支持參與聯邦和州的選舉，但也有十八票反對。關於土地限制的取消以相當的差距遭到否決，二十六票對十四票。儘管這只是總人口中少數人的投票，但紀錄清楚顯示人們一致同意最終結束梅斯皮的特殊地位，只在施行時間上存在不同意見。麻薩諸塞州議會最終認可這個事實，並且在對梅斯皮「進步」的聲音印象深刻的情況下，於一八七〇年正式廢除「梅斯皮土地所有人」的地位。從此，所有土地皆以普通地契持有，沒有轉讓限制。所有的居民，無論他們的祖先是誰，現在都享有法律上的平等地位。城鎮土地的轉讓立即開始。

這個轉捩點標誌了梅斯皮緣起於印地安人過去的獨特制度地位的結束。雖然這個社群對這一變化存在分歧，但是最有力、高瞻遠矚的領導者們卻都支持這項改變；無論他們對於時機還有什麼猶豫，社群成員願意接受他們作爲麻薩諸塞州和美國公民的未來。

同化。一八七〇至一九二〇年代之間，全國各地的印地安人被迫放棄部落組織，成爲個別的公民－農民、工人和商人。這是《土地總分配法》（Dawes Act）的時期，該法案在密西西比河以西進行了大規模的土地分配計畫。直到二〇年代，才出現了許多關於部落動態的證據。梅斯皮居民仍然如同過去一樣生活著，從事狩獵和捕魚嚮導、傭工，以及在各行各業中的勞動者。該城鎮仍然處於落後的狀況。爲了找到穩定的工作，人們經常不得不移居到附近的城鎮甚至離家鄉更遠的地方。在二〇年代的萬帕諾格復興運動之前，梅斯皮的歷史紀錄中很少有任何明顯的印地安人生活跡象。該城鎮顯然沒有經歷任何重大的人口或社會變化，當地長期居民仍然是一個相當具有凝聚力的社群，其中大部分的人具有不同程度的印地安血統。重要的是，一九〇五至一九六〇年，聯邦人口普查中的「印地安人」此一類別在梅斯皮的紀錄中消失了。之前被列在這一類的兩百多人，現在被列爲「有色人種」（與「黑人」不同）或「其他」。直到一九七〇年，他們才再次被稱爲印地安人。在州政府的眼中，梅斯皮大部分居民只是有色人種的美國人。

其中有些美國人在二〇年代末期參與了萬帕諾格族的成立。當時，各種帶有若干戲劇性質的印地安制度復興運動正在進行中。梅斯皮的民眾對此有些興趣，但城鎮的日常生活和治理並未受到實質影響。萬帕諾格族人並沒有像其他許多印地安族群在三〇年代那樣，利用科利爾領導的印地安事務局（BIA）的政策轉變，重新組織自己成爲一個獲得聯邦承認的「部落」單位。在梅斯皮周圍的新印地安人意義是一種郡級博覽會般的帕瓦集會慶典、服裝和民俗舞蹈。

一九七六年這群提起訴訟的梅斯皮印地安人是美國公民，類似愛爾蘭裔或義大利裔美國人，具有強烈的族群依附感。像米爾斯、約翰．彼特斯和羅素．彼特斯這樣的個人，只是利用了最近的泛印地安復興浪潮和獲得財務收益的前景，將他們自身打造成一個梅斯皮部落。梅斯皮的獨特歷史實際上是一個印地安-基督教遺民的故事，幾個世紀以來一再放棄了自己的習俗和主權。他們經歷了漫長而艱苦的奮鬥，爭取在一個多元族群的美國獲得平等和尊重的地位。

維琪．科詩塔

維琪．科詩塔（Vicky M. Costa）今年十七歲；她的父親是葡萄牙人，母親為印地安人。她認為自己是印地安人。她看起來就像任何一個美國十幾歲的青少年。

問：你如何知道你是印地安人？答：我母親告訴我的。

她輕聲地說著。聯邦法官史金納要求她提高音量，以便讓法庭可以聽得清楚。「想像你自己越過那個區域，對那裡的人大聲說話，」他指著陪審團，「那裡。」（那個「區域」是一間擁擠的法庭，凌亂地堆著律師的桌子、報告、文件、證物。）

科詩塔並沒有大喊，每一個人都仔細聆聽。她述說關於她目前在梅斯皮所學到的價值觀：「平衡地走在母親大地上，並且尊重每一個生命。」

問：你多常跳舞？答：一直都在跳。問：你最近一次跳舞是哪時候？答：昨晚。

她描述了自己的印地安舞蹈。她說她第一次學跳舞是「很久之前」在帕瓦集會慶典上學的。現在，她經常參加帕瓦活動。

她為這些舞蹈取了名字：動物的名字，「毛毯舞」、「別緻舞」。在「轉圈舞」中，他們轉身向善靈和惡靈跳舞，並且往兩個方向移動，以免冒犯其中任何靈魂。有音樂嗎？唱歌嗎？只有轉圈舞蹈的歌曲。動物舞蹈的目的是什麼？模仿動物、仿效牠們。感謝創造那些動物的造物主。

（這些問答的語氣是一般對話式的、平靜的。部分原因難道是因為這次是由原告審判團體的吉爾摩主導詰問？一位女性直接與另一位女性對談，這在審判中是相當罕見的時刻。無論出於什麼理由，瀰漫的爭論和表演氣氛不見了。）

科詩塔作證指出，她已經學習她稱為「萬帕諾格語言」長達一年半。她說，當她還是個小女生時必須去浸信會教堂，但是現在相信印地安價值觀。

在交叉詢問上，她面對尖銳問題時，以美國年輕人非常慣常的聳肩回覆：「對啦……對啦……對啦……」。

歷史二

在梅斯皮原告的訴訟案中，辯方的立場是基於對鱈魚角歷史的解讀。他們收集、詮釋和整理文件以形成一個連貫的故事。這個故事講述了一個小規模的混合社群爭取著平等權與公民身分，同時也因爲選擇或被迫放棄了絕大部分的原住民傳統。但原告同時也依據相同的文件紀錄資料，建構了一個不同但同樣具有連貫性的故事。在這個敍事中，梅斯皮的居民儘管在三個世紀以來面對著極大的不平等，仍舊成功地保留了的印地安人身分的核心。他們用靈活、有時是祕密的方式做到這一點，總是試圖控制，而不是排斥外部的影響。

瘟疫。原住民的部落概念幾乎不具意義。在與歐洲人接觸之前，美洲原住民族群的「政治」制度各有不同。鱈魚角印地安人群體似乎相當靈活，在不同版圖上有著顯著的移動。各個社群形成和重組的情形很常見。在這種情況下，在地村落的耆老、首領或最高領袖是否應被視爲「部落」領袖並不那麼清楚。這些個人在某些情況下擁有至高無上的權力，在其他情況下，其權威則會受到限制。瘟疫是一場災難，但它並沒有像在普利茅斯地區那樣帶給鱈魚角毀滅性的打擊。無論如何，梅斯皮的倖存者重新聚集形成一個具有凝聚力的單位，這是一項傳統的政治回應，儘管面對的是一種不尋常的緊急情況。書面資料只反映了白人的觀點，例如傳教士伯恩把他的「禱告的印地安人」視爲是被動的遺民。像波普蒙納克和他的家族親戚這樣的領導者意圖並沒有被記錄下來。

因此，如果認爲聚集在後來被稱爲梅斯皮那個地方的社群不是一個部落，是一種時代錯置。衆所周知的是，許多眞正的美洲印地安「部落」的政治制度，實際上是在十九和廿世紀爲了回應白人的期望和權力而出現的。像是「政治組織」、「親屬關係」、「宗教」和「經濟」這種工整的分析類別並不能反映出印地安人看待事物的觀點。事實上，伯恩的南海印地安人種植園是一個在傳統印地安土地上生活的鱈魚角印地安人所組成的分散社群，而這種安排經過多次修改，一直延續到廿世紀中葉。

改信基督教。信仰基督教的過程通常會描述爲「放棄舊有的方式」或「選擇一條新路」，這反映了對傳教事業的美好願景，而非文化變遷、抵抗和翻譯這種更複雜的現實。最近的民族歷史學研究顯示，美國原住民對基督教的回應是一種長期的融合，幾乎從未是激

303

進的二選一的選擇。此外，在極度不平等的權力情況下，例如在清教徒統治的鱈魚角，人們應該可以預期被殖民者會做出的熟悉反應：表面的同意和內在的抵抗。

由於疾病、貿易和軍事征服所帶來的破壞是極其嚴重的。所有印地安社會都必須進行調整，並發展出不同的應對策略。一些社群在十八世紀末至十九世紀初透過猶如救世主般的人物，帶領復興運動來進行調整，比如德拉瓦先知（Delaware Prophet）或者漢森・雷克（Handsome Lake）就是這類的人物。這些運動將基督教的特徵融入一個新的「傳統」宗教。其他的團體則是利用基督教達到自己的目的，從而恢復在地文化。白人的宗教可以添加到傳統的神靈和儀式中。那些看似與清教徒福音傳播者矛盾的信念，是共存於日常生活當中的。比起具有強烈福音傳道性、排他性的基督教信仰，美洲原住民的宗教更寬容、務實且包容。

這並不是說像南海印地安人這樣的族群沒有眞誠地接受基督教或在其中找到精神力量的來源。這只是要提醒人們，不要像外來者用主導整個書面紀錄的描述那樣，以非彼即此的觀點看待改變信仰的邏輯。接受基督教信仰並不一定意味著失去印地安精神。我們過於容易被服裝和公開行爲的表面變化所吸引，卻忘記了持續的親屬關係和在熟悉的土地上生活同樣承載著強大的「宗教」價值。

在梅斯皮接受基督教信仰並不僅僅是在一個不寬容、充滿敵意的環境中採取的生存策略。這些「禱告的印地安人」的信仰保持著明顯的本土色彩。從伯恩的繼任者波普莫納特開始，梅斯皮的印地安牧師用麻薩諸塞州的語言傳教，這一做法延續了整個十八世紀。當外部將白人傳教士強加進當地時，他們被迫使用麻薩諸塞州的語言，或做出妥協，例如霍利就與一位受人景仰的印地安牧師布萊恩一起進行雙語的信仰活動。此外，在一八五〇年之前的歷史紀錄中充滿了專制的傳教士和印地安教會成員之間的衝突。霍利在一七五七到一八〇七年的任職期間，逐漸疏遠了他的教區成員，一七七五年布萊恩逝世之後更是如此。他的繼任者費雪顯然失去所有在地者的支持，在一場長期的鬥爭後，於一八四〇年被憤怒的印地安基督徒從舊式印地安聚會所中逐出。

浸信會的信仰復興運動已經贏得了大部分教會會眾的支持，這一變化與印地安權力的政治宣稱息息相關。就像在許多在地復興運動中，一位印地安外部人物扮演了領導角色——這次的例子是一位年輕的皮科特族牧師艾普斯（William Apes）。盲眼阿莫斯的全印地安浸信會聚會已經擁有比公理會牧師費雪更多的追隨者。

當時的情況頗不穩定。艾普斯是位強烈激進者，願景是「有色」人種聯合行動對抗白人壓迫者。他在一八三三年鼓動了梅斯皮部落發表了一份「獨立宣言」，代表梅斯皮部落宣布主權。（這是在廿世紀前的歷史紀錄中，少數幾次出現**部落**一詞的文件之一。）此宣言的效應和伴隨而來的政治策略，是從外部者費雪手中奪回城鎮宗教的控制權以及聚會所，並

304

從哈佛大學收回支持印地安基督教的資金，轉而支持現在成爲大多數信仰的浸信會。梅斯皮恢復其行政區地位，擺脫了外來管理者的統治。

數個世紀以來，梅斯皮的印地安人一直奮力維持對他們的長老教會和浸信會機構的控制。宗教既是精神上的議題，也是政治問題。直到一九五〇年代，新英格蘭浸信會還是通常稱梅斯皮爲「我們的印地安教堂」。長久以來，梅斯皮的基督教信仰和實踐的確切本質不得而知。例如，歷史紀錄並沒有告訴我們一八三〇年代盲眼阿莫斯反叛浸信會崇拜活動的確切內容；但卽使是部分的書面紀錄也清楚表明，在梅斯皮，有著基督教象徵的舊式印地安聚會所是當地權力和抵抗外來者的場所。每隔一段時間，它就會成爲公開的印地安或「部落」權力的焦點。

「種植園」地位。南海印地安人的領袖們或許像伯恩一樣意識到，在白人的法律下擁有土地所有權是必要的，因爲如果不這樣做，這片土地可能會被侵略性殖民主義掠奪殆盡。然而，十七世紀英國的所有權形式並沒有過度限制他們作爲一個印地安社群的功能。土地的集體所有權和個人使用權利都得以保留。因此在一些人看來，法律地位似乎是進步的障礙，但其實際上保護了印地安土地所有者的傳統生活方式。

儘管東部印地安人並沒有被賦予保留地，但梅斯皮的種植園地位實質上創造了一個保留地。不同於其他鄰近區域，梅斯皮並沒有迅速成爲一個城鎮，而是在一八六九年被迫維持了這個地位。人們普遍認爲種植園是印地安人以一種獨特的方式集體持有的土地。保持梅斯皮的「落後狀態」，或者說受到州政府的監管，通常是出於種族主義式和家長式專制主義者的理由；但從一個小團體努力維持其集體身分的角度來看，土地所有權的安排是一種有效的方式，既可以具有法律地位，又可以維持差異性。雖然有些時候梅斯皮仍存在內部分歧，但大多數土地所有人始終支持保持種植園的土地系統。這種情況直到一九六九年才被立法改變，違背了他們明確的願望。在此之前，「過時」的地位一直透過有效的集體形式，在快速變化的時代中保護了印地安人的土地。土地訴訟案正是企圖恢復由麻薩諸塞州立法擅自改變的情況。

支持殖民者的立場。某些南海印地安人在菲利普國王戰爭中對抗麥塔科梅特的這項事實，並不能證明他們放棄了印地安主權或獨立。更多人根本沒有參戰，而參戰者的動機也仍待討論。印地安人之間相互開戰並不是什麼新鮮事。此外，他們可能沒有太多選擇。清教徒當局正發起一場戰爭，甚至連「忠誠」的印地安人在戰爭期間和之後也會因此失去土地並受到奴役的懲罰。

至於對抗英國的戰爭，我們同樣應該謹慎推敲其動機。在獨立戰爭軍隊裡服役的梅斯皮印地安人，其參戰的主要原因或許並不是想做個「美國」的愛國分子。他們是出於反抗他們的傳教士霍利（忠誠的親英保守分子）的權威。此外，隨著印地安人在美國的地位逐漸發展，法律上已經承認他們的公民身分權益（包括在戰爭中決定團結對抗共同的敵人），並沒有與建立特殊團體身分和地位等其他安排相衝突。一個人可以成爲完全的公民，同時也是一位徹底的印地安人。

期待鱈魚角印地安人置身於主流社會的歷史潮流和衝突之外，無疑像是要求他們自取滅亡。在不斷變化的環境中生存，意味著盡可能地按照自己的方式參與其中。保持分離或不介入將是對像霍利這類保護者的危險幻想屈服，他認爲自己致力保持梅斯皮的純正性——但得在他的監管之下。梅斯皮的居民一次又一次地抵制這種限制性的「本眞性」。紀錄證實他們想要完整（integrity），但從未孤立無援。

通婚。梅斯皮存在大量種族混合現象，但考慮到不同人口普查分類的變化以及對於種族實際測量的疑慮，確切的程度很難估量。對於不適應環境的人、難民和邊緣團體而言，梅斯皮是一個避難所。在某些時候，這裡的印地安「倖存者」和新解放的黑人之間會形成一個自然聯盟，對抗主導的白人社會。關鍵問題在於核心的印地安社群是否吸納了外來者，還是他們本身就已經融入美國的大熔爐之中。

306

歷史的證據支持了前者的結論。因爲在十八世紀和十九世紀的大多數時間裡，無論是白人或是定居於梅斯皮的有色人種都無法成爲土地所有人，進而限制了流動；非印地安人仍然是一個重要但規模較小的少數族群。擁有一位印地安父親或母親的小孩，可以成爲正式的社群成員。頻繁地通婚稀釋了印地安人血統的純正性；但法律和社會結構持續有利於印地安身分的認同。土地繼承人的限制與財產持有者的親近血統關係，得以維持其核心部分。但無論如何，血統是一種具有爭議的身分度量標準，而且達到確定「部落」地位的門檻標準始終是一個充滿問題的做法。有一些聯邦政府承認的部落就像梅斯皮一樣是混雜的，並且有組織的印地安人族群實際上對其成員資格所要求可追溯的血統數量，存在很大的差異。

族群歷史研究指出，在清教徒到來之前，不同社群的混合在新英格蘭是很常見的。收養的情況相當頻繁，而在戰爭中俘虜對手然後吸納成爲自身社群則是一種慣例。在這方面，印地安人是不分膚色的。殖民時期，許多被俘的白人留在俘虜者的身邊，學習印地安人的生活方式，有些甚至成爲了酋長。梅斯皮對外界的開放性，也就是只要求新來者與印地安人通婚並遵循印地安人的方式，其實是原住民傳統的延續，而不是失去其獨特的身分認同。

一八五九年，在經過了一個多世紀的通婚和零星人口增長（被傳教士霍利譴責的印地安人血統的稀釋），負責印地安事務的專員厄爾針對「梅斯皮部落」進行人口普查，並提交了一份詳細的報告，其中包括三百七十一位「在地人」和三十二位「外來者」。後者是沒有土地所有權的居住者，而且並非印地安人的後裔。他們被描述爲「非洲人」以及「有色人種」。只有一位「白人」被列入普查名單之中。這份一八五九年人口普查資料上所列出的「在地人」姓名，在審判中被視爲持續「部落」親屬關係的基準。

梅斯皮成為城鎮。明確的檔案證據顯示，在一八三四至一八六九年之間，大多數的土地所有人都希望保留梅斯皮的特殊土地限制。事務專員厄爾在他的報告中確切地指出這一點。像阿塔奎這類「進步派」更是直言不諱，因此他們的證詞在紀錄中比那些在一八六九年果斷投票反對城鎮地位、但表達能力不強的多數派更具影響力。盲眼阿莫斯和他的兄弟丹尼爾這些發言者（請注意，歷史上只有很少數的女性聲音被「聽到」，雖然女性在社區生活中的角色無疑是至關重要的），要求延緩變革。他們認爲大多數梅斯皮人都過於「不成熟」，尚未「準備好」各自處理他們的土地。丹尼爾．阿莫斯在一八三〇年代提出再等一個世代這樣的要求，他的兄弟在一八六〇年代晚期提出了同樣的要求。這些論點意味著什麼？

對於那些認爲梅斯皮的「發展」和同化是不可避免的人來說，這些陳述並不需要多做詮釋：它們僅僅表明，即便是梅斯皮的傳統主義者，最終也將準備放棄他們的特殊地位。但這是預設了歷史的結果。梅斯皮的印地安土地所有者重視社群完整性，並擁有有效的公開和非正式領導能力。他們在應對各種「保護者」方面展現了強大的力量和主動性。早期的歷史紀錄（一七四八年、一七五三年、一七六〇年）顯示了一系列關於「被稱爲南海印地安人的貧窮梅斯皮印地安人」抗議他們受到監管者虐待的請願書。但最近，我們看到他們已成功地對抗了傳教士霍利和費雪，維護其自治權。他們絕不是「不成熟的」。然而，在十九世紀中葉，梅斯皮的土地所有人在面對「不可避免」的進步時是妥協而猶豫的。他們保護自身社群免受白人社會的壓迫和誘惑的能力，對他們來說是相當珍貴的。

他們在一八三四年獲得修改後的種植園地位，使得他們能夠保持對土地和移居的集體控制，同時又不會讓社群孤立於周圍的社會。甚至當時批准的土地「分配」，也重新產生了對原住民土地的安排。傳統上，土地被分配給家庭專用，同時保留最終的集體所有權。（此外，一八三四年，三千英畝土地正式被保留爲公有地。）在社群外部持續限制土地轉讓的制度，確保了十九世紀靈活的部落主義。在這種情況下，關於梅斯皮「不成熟」的公開論點，應該被看作是對外部聽衆（麻薩諸塞州議會）發聲的一種的方式，這些人仍然認爲種植園是州的行政區，並且做出了決定，此刻又將再次任意決定了其命運。在描述整起事件時，認爲梅斯皮以印地安社群和公民身分的獨特視野，拒絕獲得完整的城鎮地位，是相當不明智的。用家長式的包裝修辭表達關於延遲的主張更有可能成功。

這種對一八六九年爭論的詮釋，至少看起來和公開說明紀錄的字面解釋一樣可信。如

308

同印地安社群的近代史，梅斯皮分裂爲現代主義者和傳統主義者兩派。傳統主義者在投票時占了上風，但現代主義者影響了當權者。在改變梅斯皮土地轉讓限制的過程中，立法機關破壞了最根本的民主，同時也違反了一七九〇年聯邦的《禁止買賣印地安土地法》。但卽使是被迫的改變——雖然最終使得許多土地落入非印地安人手中——仍不至於有致命的影響。梅斯皮印地安人利用他們新被賦予的地位，就像他們以前的地位一樣。近一個世紀來，當地政府一直牢牢掌握在一群關係密切的城鎮官員手中。梅斯皮仍然是「鱈魚角的印地安人城鎮」。

同化。梅斯皮的印地安人沒有「同化」這種事。這個詞彙線性、非此卽彼的含義並不能解釋復興主義，以及一八六九至一九六〇年之間文化和政治氛圍的變化。在美國，承認自己的印地安身分，有過好的時期，也有過壞的時期。十九世紀末至廿世紀初是其中最壞的時期，政府政策強烈支持部落終止和集體土地的分散。直到一九二〇年代後期，政府才意識到分配計畫的失敗，並交由印地安事務局提出了一項有利於部落重組的「新印地安政策」。如果歷史紀錄中沒有一八六九至一九二〇年間梅斯皮「部落」生活的證據，並不令人驚訝。全國各地有許多後來成爲部落的族群群體，在這些年之間一直保持低調。梅斯皮似乎只是一個由印地安人管理的寂靜小鎮，以其傑出的狩獵和捕魚聞名。對於他們來說，並沒有需要以壯觀的方式展示其印地安人特質的政治需求或是更廣泛的背景。每個人都知道他們是誰。在這段時間裡，有一些人去了賓州的卡萊爾印地安人學校（Carlisle Indian School）。傳統神話和故事是在廚房餐桌旁講述的；梅斯皮的「印地安小酒館」或「祭品堆」上的柴枝堆成了小山丘；貼近土地的生活繼續進行著。

美國印地安部落的歷史不時被復興運動所強調。一九二〇年代見證了萬帕諾格民族的組織，建立了各種明確的部落制度，其中包括一位最高領袖，以及對更公開的印地安展示的重新興趣：跳舞、印地安服裝、帕瓦集會慶典等。和所有復興運動一樣，其他印地安族群的「外部」影響扮演了重要角色。曾與野牛比爾一起表演狂野西部秀的奎普什教授了傳統的編織技巧，並時不時在大家的要求下戴上他的蘇族戰爭頭冠。來自梅斯皮的人們參加了像雷鳥印地安舞蹈團（Thunderbird Indian Dancers）這類全國知名的團體。這些復興運動的影響主要是文化方面的。在梅斯皮，關於政治重組的需求並不大，因爲該鎮仍然掌握在多數無可爭議的印地安人手上。更明確的「部落」結構的政治重組將會發生在更晚的復興時期，也就是一九六八年後因爲失去城鎮控制權所引發的動亂。

和其他的部落群體一樣，梅斯皮也是機會主義者，利用了有利的歷史背景並接受外部影響。他們作爲印地安人倖存了下來，是因爲他們**尚未**遵從白人的刻板印象。他們自原民時期起便生活在傳統的場域。他們始終維持著自己的混合信仰。數個世紀以來控制通婚的

310

比例，並爭取社群的政治自治。他們明確的部落政治結構有時對於外界來說清楚可見，例如一八三三年、一九二〇年代和一九七〇年代，但在大多數情況下，這些結構都是非正式的。在梅斯皮，「部落」有時只是人們在廚房、或在不留紀錄的大型臨時聚會上，透過共識決定事情的方式。梅斯皮的酋長，如果有的話，會將他的權威與受人尊敬的領袖（包括女性和男性）共享。政治不是階層性的，也不需要太多的制度形式。在梅斯皮，「部落」僅僅是共享了印地安親屬關係、地方、歷史，以及爲了爭取完整性的長期鬥爭，而非孤立的。有時，浸信會教區也是部落的一個分支；城鎮政府也是如此。當梅斯皮萬帕諾格部落委員會於一九七六年提起訴訟時，其實是作爲部落的一個新的法律分支而提出的。

羅素．彼特斯

羅素．彼特斯身著一套三件式藍色西裝，所以很難從法庭上的六位律師中一眼將他分辨出來。他看起來頗為俐落，講話時會夾雜著技術專業術語：例如他以「運用」代替「使用」，他「提供意見」。他是巫醫約翰的兄弟，而他本人則是梅斯皮萬帕諾格部落委員會的主席。

彼特斯大學畢業後，在韓國和歐洲服役。接著在費城和波士頓找到工作，遠離梅斯皮過日子整整十八年。一九七四年，他離開了霍尼韋爾實驗室的工作，回到梅斯皮為東部美洲原住民聯盟（CENA）工作，這是一個相當依賴聯邦資金的私人組織。他在東部美洲原住民聯盟的薪水是一萬四千元美元，比他之前的工作少了九千美元。這個計畫很快就結束了，他和其他人都失業了。一九七四年，他參與了部落委員會的創立，並擔任第一任主席。

目前，彼特斯是一個關於東部美洲原住民電視系列節目的主管。身為部落委員會的主席，他並沒有支薪。

他作證指出，該委員會是「部落的商業觸手」，做了部落不應該做的事情：「沒有自尊的部落是會被合併的。」

他表示，在代表梅斯皮印地安人提起訴訟之前，部落理事會的主要重心是從聯邦政府獲得補助，通常是透過東部美洲原住民聯盟，例如一九七六年用於水產養殖的補助金。各種就業計畫也受到資金的資助。彼特斯提到一個東部美洲原住民聯盟第三補助款的印地安計畫，他的投入致使梅斯皮萬帕諾格和歡愉角萬帕諾格兩個族群之間產生了區別。

部落委員會提供了資金用來清理部落所使用的五十五英畝土地。它也協助組織帕瓦慶典和社交集會，作為首次取得部落土地的落成儀式。彼特斯指出，過去一年半曾在那裡舉辦兩次聯合會議。這些會議，委員會參與其中，但會議中的領導者是首領和巫醫。

目前，委員會的運作仰賴一筆三萬元美金的聯邦補助金。總部設在牧師的住宅。彼特斯說，他目前擔任教區委員會三位成員中的一位。委員會每個月得為其總部支付五十或者六十美金的租金。

彼特斯承認曾與首領米爾斯發生過角色定義上的衝突，但這些問題正在解決中。他表示，在提出土地所有權訴訟時，他們自然會請教首領的意見。

自一九六八年以來，彼特斯已取得房產經紀人的執照，但他只銷售過幾棟房子。他的妻子也是經紀人，已經賣出六棟房子以及一些零碎的土地。彼特斯企業由羅素和三位兄弟姊妹組成，開發了一小塊十五英畝的土地。建造了五間房子，其中兩間現在住的是彼特斯和他的兄弟約翰，另外三棟由非印地安人居住。彼特斯企業公司現已停業。證詞補充說，他和兒子正投入發展一種名為「反光屏障」的新產品，目前仍在早期開發實驗階段。

彼特斯證實他曾經多次競選公職，如規畫委員會、財產評估委員會，但都未能成功當選。

彼特斯被問及他的印地安血統比例，但他答不出來。他認為他的父親史蒂芬·阿莫斯．彼特斯在他出生前不久來到梅斯皮。他的父親曾經住在波士頓和新貝福，從事房地產業務。他父親的一些祖先可能生活在瑪莎葡萄園島。他無法確切回溯他聲稱可追溯一八五九年在梅斯皮的家譜。他的母親出生於喬治亞州，在波士頓長大，不是部落的成員。關於可能與他父親有親戚關係的盲眼阿莫斯的事情，他知道的不多。

問：他是否在部落委員會成立之前，與原告團體有相當程度的接觸？答：沒有，他幾乎有二十年時間不在這裡。他是否曾參加過帕瓦集會慶典？是的，曾經出席過。像其他數百人那樣嗎？不是。梅斯皮印地安人以不同的方式參與。他是一位有宗教信仰的人嗎？不是。是個傳統主義者嗎？嗯，有傳統價值，是的。但並沒有表現太多。

證人被問及有關在審判前所做的宣誓證詞，他在證詞中開玩笑表示自己必須穿一件「價值兩百元美金的嬉皮西裝」。

彼特斯說他不喜歡穿著印地安服裝。

312

歷史三

以下是聖克萊爾針對拉蒙娜．彼特斯的交叉詢問，直接節錄自法庭紀錄。

問：好的。現在，你已經告訴我們你在這裡的過去一、兩年裡，就我所了解的，你組織了一個由大約八人組成的歌唱聯誼會，是嗎？

答：我並沒有說我組織這個社團。

問：那你有組織嗎？

答：與另一位歌手一起組織的。

問：另一位歌手是誰？

答：喔，是兩位歌手。

問：那另外兩位歌手是誰？

答：湯尼．波拉德和小埃爾．米爾斯（Jr. Earl Mills）。

問：是來自新貝福的那位湯尼．波拉德嗎？

答：是的。

問：他不是梅斯皮人，並不是梅斯皮群體的成員，對嗎？

答：他現在是。

問：他現在是？

答：他是梅斯皮群體成員，他住在那裡。

問：對不起，我聽不到你的聲音？

答：是的，他現在住在那裡。
問：他現在住在那裡。他住在梅斯皮，對嗎？
答：是的。
問：因此，你說他之所以是梅斯皮群體的一員，是因為他住在梅斯皮嗎？
答：因為你提到梅斯皮群體。
問：好的。你是否了解到當我說梅斯皮群體，指的是在這個訴訟案中的原告？
答：我不知道。對不起。
法庭：這裡有一點問題。聖克萊爾律師拒絕說「部落」，所以他說「群體」，而我們昨天與帕克奈特先生處理過這個問題。他所指稱的「群體」，就是你所指稱的「部落」。現在問題在於，那位從新貝福來的先生，是不是你所指的部落的一員？
證人：不是。
問（聖克萊爾律師）：自從你在梅斯皮以來，讓我想想，你大約什麼時候從波士頓回來的？
答：我通勤到波士頓。

313

問：但是就我所知，你是待在波士頓的。

答：我這樣做是為了能在家工作以作為我的實踐經驗，那是培訓計畫的後半部。

問：你說你和波拉德先生以及另一位組織歌唱聯誼會，這是何時完成的，一九七六年嗎？

答：嗯，大約是那個時候。

問：你說你一直在教導這些不到三十歲的年輕人如何製作像是圖騰、盛會服飾、傳統服飾和禮品之類的東西，你已經這樣做多久了？

答：喔，大約從我十五歲在梅斯皮的時候就開始了。

問：不對，我知道的是你現在正在進行某些非正式課程。

答：是的，我現在正在進行那些課程。

問：的確是這樣嗎？

答：是的。

問：教人去做這些東西，對嗎？

答：是的。

問：你提到，你稱之為部落的群體大約有一半成員參與其中？

答：你是說和我一起製作東西嗎？

問：是的。
答：不，我不認為我說過有一半的人。
問：有多少人參加了這些非正式的課程？
答：如果將製作一艘獨木舟算進來，那幾乎會包括整個部落。他們全都參與其中。
問：嗯，你作證你正在教人們如何製作鼓，圖騰、盛會服飾、傳統服飾和禮品？
答：我不認為我說過我在教他們，我是說我們一起做這件事。
問：我了解了。你也開了一門語言課程嗎？
答：這門課是湯尼開的，我是去上課。
問：你試著在學習語言，對嗎？
答：是的。
問：這是去年的事，是嗎？
答：沒錯。
問：然後你一直在開非正式的歷史課程？
答：是的。
問：去年嗎？
答：是的，去年，前幾年也有。

問：嗯，你告訴我們，你一直有開授一些歷史課，而且有將近一半的人出席？

答：它們是非正式的課程，並非所有課程都在一個地方進行。並沒有所謂正式的東西，沒有學生，我不會稱他們為學生，他們都是我的族人。我們互相交談，因此會產生像是教育的教學。

問：你扮演的是一位老師的角色，是吧？

答：並不是。有時候……你說「一位老師的角色」是什麼意思？

問：你沒有做過許多歷史研究嗎？

答：我做了許多研究，而且我也被教過，是的。

問：你在波士頓的時候難道沒有對歷史做過研究？

答：我研究博物館培訓，博物館……

問：難道你沒有告訴過我們你在做歷史方面的研究？

答：是的，我告訴過你，我在這裡的時候做過研究。

問：好的。當你在大學時也研究過歷史，不是嗎？

答：有時候。

問：你最近已經做過不少的梅斯皮人的研究，不是嗎？

答：最近沒有，沒有。

問：嗯，無論如何，你事實上是在告訴其他人關於你所學過的東西，這樣說正確嗎？

答：正確。

問：那是因為他們之前不知道，不是這樣嗎？

答：並不是在所有情況下都是如此，不是的。

問：嗯，如果他們已經知道，你告訴他們也沒有意義，不是嗎？

答：我們喜歡談論我們自己。

問：喔不，並不是如此。你會告訴他們，是因為他們並不了解，不是這樣嗎？

答：並非總是如此，不是的。

問：嗯，大部分時候是如此，不是嗎？你可以回答這個問題嗎？

答：對於年輕人而言，是的。

問：當然。而且如果不是因為你，他們或許不會知道任何事情，對吧？

答：不對。

問：我明白了。你是在告訴他們一些他們已經知道的事情嗎？那是你的證詞嗎，彼特斯小姐？

答：不是的。

問：當你組織這個歌唱聯誼會之前，並沒有出現過這類組織，或者類似這類性質的組織？

答：不是相同的團體，也不是同樣的歌曲。

問：但你必須教這些人如何製作鼓、圖騰和盛裝服飾，因為他們不知道如何製作這些東西，不是嗎？

答：不是。

問：你的證詞是說他們教你嗎？

答：其中是有些人教我，是的。

問：我明白了。您去過西部參加了一個名為印地安帳篷（teepee）計畫的課程，對嗎？

答：是的，先生。

問：然後你去了紐約州北部，待了幾個月？

答：九或十個月。

問：你跟一些團體在那裡旅行了多久？

答：嗯，十個月、九個月。

問：彼特斯小姐，如果我說你是印地安人運動中的活躍分子，這樣說是否公允呢？

答：那一種運動？

問：你不知道印地安人運動嗎？

答：有一個組織名字叫作「印地安人運動」。
問：如果我問你是否是該組織的活躍分子，這樣問是否不公允？
答：不公允？
問：是的。
圖倫律師：律師並未清楚表明他所詢問的是哪一個組織。
法庭：你反對該問題嗎？
圖倫律師：是的，庭上。
法庭：反對成立。
問：你在印地安事務上曾經非常活躍，是嗎？
答：是的，我曾經是。
問：主要是在遠西地區嗎？
答：嗯，我曾去過那裡，但是……
問：紐約州北部呢？
答：關於印地安事務的哪種種類或是特定種類嗎？

316

問：你有告訴我們你曾和一些伊羅奎族群一起旅行？
答：我們是待在一個靈性體驗隊中四處旅遊。
問：你曾經在那個時候在梅斯皮待了將近一年時間，對嗎？
答：是的。
問：現在，你在俄克拉荷馬州西部的學校裡，我假設你會告訴那裡的學生你來自哪裡？
答：是的。
問：而你所提到的團體就是你參加的團體？
答：是的。
問：而他們對於你所提到你參加團體的認識，是根據你所告訴他們的部分，是嗎？
答：還有校友。
問：嗯，讓我看看，你的母親也曾在那裡就讀？
答：是的，還有斯達德司（Eleanor Sturgis）。
問：就你所知，梅斯皮有多少人到貝孔學院（Bacone College）讀二年制大學？
答：我想有五個或六個。
問：除了你、你的母親，還有誰？

答：伊利諾・斯達德司。

問：她是你的親戚嗎？

答：不是。

問：你還知道有哪些人嗎？

答：馬克芯（Robert Alan Maxim）、馬西里諾（Gail Marcellino）、希克司（Errol Hicks）和我自己。

問：現在，在你前往學校之前——順便一提，你知道那是一間私立學校嗎？

答：私立的？

問：就你所知，它是由州政府或聯邦政府所擁有和經營，還是由私人所擁有和經營？

答：私人的。

問：你是知道，還是你猜的？

答：我並不是很確定他們是如何稱呼他們自己，美國革命女兒會，以及參與其中的一些基督教團體。

問：這樣說好了，美國革命女兒會並不是一個你會把它和印地安人連在一起的組織，對嗎？

答：在我們的歷史上，是的。

問：可否再說一遍？

答：我是說，在我們的歷史中，是的，萬帕諾格歷史——梅斯皮萬帕諾格歷史。

問：美國革命女兒會，在你所提及的歷史理解中，是否有任何印地安根源呢？

答：它不是我們的歷史，但我們參與了那場革命，而且有一百四十九位我們梅斯皮人民，為了你們的獨立而戰死。

問：為了什麼而戰？

答：為了獨立。

問：但就你的理解，美國革命女兒會有印地安根源，或者以某種方式和有印地安人血統的人有關？

答：他們接納我為成員。

問：可否再說一遍？

答：我是說，我會因為那些死於獨立戰爭的梅斯皮萬帕諾格族人，而覺得我所遇見的美國革命女兒會的女性與我有種親密的關係。

問：好的。接著當你在鱈魚角的學校上學時……

專家

在梅斯皮審判中，專業人類學家和歷史學家的專家證詞扮演了重要的角色。辯方在很大程度上依賴單一學者的歷史證詞來支撐其案件觀點，而原告則多依賴人類學家。事實上，這場審判可以視爲歷史學和人類學之間的鬥爭。

原告這邊最主要的專家證人包括知名的民族歷史學家愛克斯泰爾和人類學家坎皮西，他曾經寫過關於紐約州的奧奈達人的著作。另外還有史密森尼學會的史德文特和蘇族學者狄洛瑞。專業系譜學者哈丁從一八五九年的「梅斯皮部落」人口普查資料中，追溯到至少一位祖先與目前聲稱的部落成員有關。辯方則是仰賴社會學家紀伊曼和歷史學家賀欽斯。紀伊曼曾寫過一本有關波士頓密克馬克（Micmac）印地安人的民族誌（Guillemin 1975），而賀欽斯則受過政治科學的訓練，是一位在印度專書上受景仰的作者，最近將研究轉向美洲原住民的歷史。

所有專家都提供了詳盡的證詞，我無法在此闡述其細微論點。證詞中一如預期，許多細緻之處和條件限制都被忽略了：律師們要求學者提供明確、清楚的意見。在所有冗長的審判中，證詞的順序至關重要。辯方證人發言從愛克斯泰爾的證詞開始，等到賀欽斯替辯方作結時，愛克斯泰爾的證言已經只剩模糊的記憶。

我先前在「歷史二」總結了許多愛克斯泰爾的證詞，同時在「歷史一」總結了賀欽斯的證詞。這兩位專家的證詞都建立在由兩個陣營的研究團隊所發掘出來的、本質上相同的歷史檔案素材之上。辯方在賀欽斯的建議下投入許多資源進行歷史研究，主要藉由呈現「完整」梅斯皮歷史檔案紀錄，鞏固對自己有利的證據。

原告則更多依賴現存的梅斯皮印地安人的口述證詞，以及對梅斯皮和其他相似文化的美洲原住民生活的人類學描述。坎皮西在鱈魚角上曾從事過一段限定時間的民族誌「田野工作」，但由於專業和預算上的限制，他只能倉促地進行短期的參與觀察和訪談。（他的田野調查不斷被辯方聖克萊爾律師譏諷爲「在梅斯皮的二十四個晝夜」。偶爾會提及到傳喚他的田野調查筆記。）坎皮西並沒有聲稱他的研究夠專業，但基於他所看到、聽到和讀到的部分，作爲一名專業人類學家，他覺得可以主張梅斯皮確實存在印地安人的生活方式，以及一個眞實但極小的部落組織。

⁕

在辯方激烈的反對異議後，關鍵問題被提了出來：

坎皮西：我相信他們是一個部落。

法官：你的信念是一回事。就你身為人類學家，你的專業觀點是否認為他們是一個部落？

坎皮西：是的。

一個專業的人類學家所稱的**部落**是指什麼？坎皮西列出五項標準：（一）一個印地安人群體，藉由歸屬（也就是出身）而成為成員；（二）親屬關係網絡；（三）明確的族群意識——「我們」相對於「他們」；（四）領土或家園；（五）政治領袖。

坎皮西指出，他向梅斯皮的印地安人詢問他們的親屬，發現「一個相當密切的親屬關係網絡」的證據。他發現，「許多人雖然並沒有住在梅斯皮，但有保持聯繫。」從法爾茅斯、馬斯頓．米爾斯、亞買斯、海尼斯、甚至是加州而來的親屬，經常為了帕瓦集會慶典或其他社群活動而定期返回梅斯皮。

坎皮西作證指出，梅斯皮浸信會教堂既不是支持力量，也不是對印地安人身分認同的阻礙。印地安人社群目前包含基督教教徒和「傳統主義者」。雖然後者或許有人數上的優勢，但兩個信仰系統間的融合關係複雜。當坎皮西被要求定義「融合」（syncretic）這個字詞時，他以一位年長的奧奈達男子的故事作為回答，他是一名虔誠的浸信會教徒，在故事中他以一種水療法方式搖晃著南瓜，並且解釋到：「耶穌不是治癒了嗎？難道他沒有給予我們治療的力量嗎？」

他解釋，諸如帕瓦集會慶典或夏季的「返鄉」活動，都是識別梅斯皮作為一個獨特團體的方式。雖然帕瓦慶典可以用來迎合外來者和觀光客，但是也在其他更獨特的層次上運作。這種聚會具有社會功能，使得分散的社群聚集在一起，同時也有精神上和教育上的功能。（他們的遊行和慶典，是與道德主題以及印地安人歷史有關；他們教導人們敬畏大地。）聯合大會的某些部分是神聖的，不對外來者開放。坎皮西在進行梅斯皮的調查期間，他發現命名儀式、播種和收割儀式（非正式的，在家族層次上）的證據。他指出，每年的鯡魚祭（他未親自觀察過）具有傳統上的重要性。它是一個生態、社會、經濟和曆法上的事件。交叉詢問顯示，麻薩諸塞州有超過五十個的鯡魚祭，他們的捕魚方式與梅斯皮相似。

坎皮西解釋了傳統派（首領和巫醫）和現代派（部落委員會）之間的分工。他提及其他被聯邦政府承認的部落中，其中一些部落並不會講印地安語言。他將「文化適應」和「同化」區分開來。在後者的過程中，一種獨立身分感消失了；但同化有不同的層次。行為的同化或許包含了美州印地安人對於西方服飾的接受：在這個範疇中，梅斯皮已經接受了許多特徵。「還有文化同化的層次。那是你改變了你的價值體系、你的態度之處，在那裡你完全接受了外部社會的整個信仰體系。在某種程度上，我認為這在梅斯皮並沒有發生。」

法官：「我不理解『在某種程度上並沒有發生』這句話的意思。這是否意味著在某種程度上它已經發生了？」

坎皮西：「嗯，我認為在某些價值觀方面它已經發生了。比如市場經濟的價值觀：梅斯皮人參與了市場經濟。他們去工作、購買和出售、擁有和棄置，這不是我們通常認為原住民部落擁有的文化價值觀。因此，這是一個已經改變的價值觀。」

法官：「那麼歸屬浸信會又是如何？」

坎皮西：「在某些方面，宗教也發生了改變，在宗教性質有了關聯。但是問題是，他們在某些方面也用過去的價值觀在浸信會的價值觀上標記出色彩。

法官：「你這句話指的是什麼？」

坎皮西：當你找到一些虔誠的浸信會教徒，他們提供給你可以辨認為梅斯皮印地安人或泛指印地安人的價值體系時⋯⋯」

法官：「我還是不太清楚。你所視為具有印地安人特色，並且提到仍然存在於浸信會的梅斯皮人之中的這些價值系統到底為何？」

坎皮西：「嗯，關於敬畏大地的態度，這是印地安人處理的一個大概念，使用大地並回饋大地，不浪費，你生長於大地之上不是為了維持自己的生存，而是對於你在大地之上的擁有具有永續的義務。」

法官：「我並沒有開玩笑的意思，而是試圖確定它的定義。你是否認為梅斯皮浸信會教徒持有這些價值體系的態度，與塞拉俱樂部（Sierra Club）浸信會教徒持有的態度有所不同？這兩者是否有不同的態度？」

坎皮西：「就我對塞拉俱樂部的認識，他們可能相當類似。」

法官：「所以它並非獨特的？」

坎皮西：「或許塞拉俱樂部是從印地安人那兒借用來的。」

法官：「或者相反。」

坎皮西：「嗯，既然印地安人比塞拉俱樂部更早存在……」

與所有在審判中的專家一樣，坎皮西被迫要將部落與族裔群體清楚地區分開來。例如，梅斯皮如何相似於或相異於阿米什人（Amish）？首先，部落可以追溯到原住民祖先的遺產。其次，它與土地緊密相繫，與成為原住民的事實緊密相繫。（此處和其他地方一樣，浮現了這場審判最明顯的雙重束縛。為了土地而提出訴訟，梅斯皮必須是一個部落；要成為一個部落，他們必須擁有土地。）

各式各樣的問題成功地模糊了部落和族裔群體之間的差異。梅斯皮自願者的領導是否不同於一個族裔群體的領導呢？並沒有。

坎皮西先生，人類學是社會科學嗎？為何受人景仰的權威人士傅瑞德會寫到關於部落的概念是十八世紀晚期創造的神話？塞維斯則在他的著作《人類學概況：團夥、部落、酋邦、國家》所提出的分類如何？梅斯皮難道不是更像團夥嗎？難道一些人類學的資料不是將他們描述為一個團夥嗎？塞維斯不是一位受人景仰的人類學家嗎？你的標準是什麼？你是不是正在隨時編造你的定義？

這些你所描繪的梅斯皮印地安慶典，只不過為隨意的表現而已嗎？

「聖克萊爾先生，我想我所要說的是，你說的表現或許是我的儀式。」

在法庭上，人類學的分類奇妙地飛跳著。例如親屬關係：我突然注意到律師們會稱呼對方同事為「兄弟」。至於圖騰崇拜：史金納法官陷入奧奈達宗族結構的描述，以及宗族結構在梅斯皮裡缺席的描述。基於好奇，他詢問坎皮西，氏族是如何與圖騰產生關係。隨之展開了一場在易洛魁族和阿貢魁族（Algonquian）社會中，圖騰符號與徽章的技術性討論。很快地，我們之中有人發現到，就在史金納法官頭頂上方的聯邦法院牆上有一隻大老鷹。

✵

訴訟制度採用的是對抗式的司法程序，這便需要明確地陳述案情來平衡對方的主張，這種情況不利於採取類似「是的，但是……」、「這取決於你如何看待……」這類觀點。在法庭上，專家們被要求回答問題：梅斯皮是否爲一個部落？是或不是？在交叉詢問上，這些專家遭遇到像是部落、文化和文化適應，這類他們學科中並不嚴謹且普遍接受的主要分類定義的證據時，他們只能苦笑或皺眉並堅守自己的立場。[3]

作爲科學專家的人類學者，沒有辦法向法院解釋，他們的學科是一門帶有歷史限制且與政治糾纏在一起的學科。他們無法承認，許多現在在法庭中作證的田野工作者，之所以可以代表復甦的在地文化，是在後殖民的脈絡下，其影響了一位來自自身社會研究者，如何再現或者爲其他族群「發聲」。（曾經有一段時期，人類學家可以隨意提到「我的族人」；如今，原住民團體可以說「我們的人類學家」！）在法院證人席上，很難解釋**部落**這個字，對於討論原住民系統範圍、十九世紀保護區印地安人和一九三〇年代法律上重新組織的群體等議題的學者而言，可能意味著不同的事情，或者很難解釋，該詞彙對於在一九五〇年代撰寫的進化論作者，以及在一九七〇年代評估東部印地安社群的專家來說，不太可能代表同樣事物。

史德文特的證詞比較了不同的美洲原住民部落。他非但沒有主張對制度的明確定義，而是描繪了一個家族相似性和在地歷史的領域。他認爲建立一份基本的「部落」屬性清單，並以此檢驗個別案例，是過於簡單和不公正的做法。[4] 在交叉詢問上，這種彈性被認爲是模糊，或是一個機會主義的、變動的標準。狄洛瑞也證明了美洲原住民制度的多樣性。在被迫定義**部落**時，他回答說：「就我的使用，以及就我理解其他印地安人對於此字詞的使用，它指的是一群住在同一地方的人們，他們知道自己的親戚是誰。我認爲這是我們看待事物的最基本方式。」

問：「一個沒有政治組織的群體能否成為一個部落？」

答：「這個問題愈來愈難回答了，因為在英語世界裡，我們不會像你們那樣區分宗教、政治和其他一切事物。你說的是一群知道自己在哪裡的人。他們可能必須回應外界的壓力，採取政治、宗教或經濟結構來應對外部社會。如果我必須開始將這個社群分開，然後說我們有這些可識別的結構，就像你們在白人的世界裡做的那樣，這個問題是沒有答案的，因為這不是我看待它的方式。」（辯方提出撤銷非回答性答案的請求遭到拒絕。）

比起政治上的部落分類，在法庭上作證的人類學家們顯然更喜歡多形態的文化概念。並且，基於法庭不願確立一個嚴格的初步定義，許多證詞都涉及梅斯皮在廣義印地安人「文

323

化」的地位。這是人類學學科的基礎，在交叉詢問下顯得相當易受責難。文化似乎沒有本質上的特徵。語言、宗教、土地、經濟或其他主要的制度、習俗都不是必要條件。它似乎是各種要素的隨意混合。有時文化概念完全具有差別性：文化完整性（cultural integrity）是有關受到認可的界線；它僅需要這個群體及其周遭文化群體承認具有意義的差異，也就是我們和他們的區別。但如果這個差異性在某些時候被接受，而在其他時候卻被否定呢？如果文化混合物（cultural melange）中的每一項元素都或取材或借用自外部來源呢？

專家們有時似乎在暗示文化總是在進行文化適應（acculturating）。但是歷史上允許多少混搭，才不至於失去某種有機的統一性？有量化的標準存在嗎？或者有可靠的質性方法可以用來衡量文化的身分？有必要經常質疑這個問題嗎？在人類學裡，對一種生活方式的連貫描述被預期是基於田野調查。但在梅斯皮進行一年的田野調查會產生比坎皮西的「二十四個晝夜」更好的專業說明嗎？毫無疑問，答案是肯定的；但一年就足以取得在該區域中各個集團派別的信任，包括印地安人和白人的信任嗎？

坎皮西對於梅斯皮生活的有限熟悉程度，遠高於審判中對造的人類學專家。對此，紀伊曼就訓練上來說是一位社會學家，在梅斯皮沒有進行過可信的田野調查。她沒有多少選擇：只有少數印地安人願意與她交談。因此，她的大部分證詞是基於法院在審判前，隨機抽取五十位梅斯皮居民受法庭要求所做出的宣示證詞。在這個基礎上，再加上書面文件的證據，她毫不猶豫地聲稱，梅斯皮印地安人從未有過特殊的文化，並且從來不是一個部落。梅斯皮顯然與她曾寫過並且有第一手認識的密克馬克族不同。密克馬克族多年來一直保持著親屬關係和政治權威的持續聯繫；他們的語言得以保存；並且他們在加拿大濱海省份有一塊土地，那是他們可以定期返回的基地。在交叉詢問中，紀伊曼「口述人類學」（anthropology by deposition）的研究方法受到強力的攻擊，同時她對**部落**的定義被證明是嚴重偏向正式領導和主權，這正是梅斯皮最缺乏的要素。

紀伊曼將對手的問題和審判前宣示的答案，答辯為一個社會科學資料的資源。這導致專家們在社會科學方法論、涵蓋的樣本技巧、調查者的偏見、電話調查價值等方面提出抗辯。她根據陳述書的統計表認為，隨機抽樣的梅斯皮印地安人對印地安神話和傳說的熟悉程度很低。原告對此挑戰這些表格並認為這是誤導性的偽科學。史金納法官最終允許將這些陳述表格呈現給陪審團，並且向在旁的律師們解釋，他個人認為這些統計表格並不足以說服人，但他找不到排除這些主觀結論的充分理由，並同時允許坎皮西提出同樣具有選擇性與主觀的觀點。對於社會研究所採取的詮釋和量化的途徑，讓法庭上展開了激烈的論戰，但兩者都顯得不夠嚴謹。

紀伊曼未能與梅斯皮的印地安人交談，嚴重損害了她作為人類學專家的可信度；但是她所遭遇到的困難和阻力，卻引起了一項普遍的疑問。在一個政治分裂的情況下，如何能夠產生一個平衡、中立的文化解釋？在這種情況下，任何專家都能夠毫無偏見地發言嗎？坎皮西明顯被「定位」在梅斯皮之中，主要與其中一部分群體有關。與歷史學家不同，即使是在理論上，透過田野工作的人類學家也無法控制所有可用的證據。因爲一個社群推算自己可能的未來，並不是一項可預測的紀錄。同時，人類學家不像精神病學的專家，沒辦法宣稱已經與他或她的研究對象「文化」單獨會面。

325

威廉・史德文特

史德文特是史密森尼學會旗下北美民族學博物館館長，也是出版北美印地安人多本詳盡參考著作的總編輯。他對這個領域的比較性研究相當豐富。史德文特最長期、專業的田野工作，是在佛羅里達州的塞米諾爾印地安人進行的。他沒有在梅斯皮進行研究，但自一九三六年以來，他便知道那裡有印地安人，因為他的父母在伍茲霍爾附近有一間夏日小屋。在法院證人席上，他提供了關於東部印地安族群的一般觀念和專業的比較性知識。

史德文特區分了族群居地與部落。他提到，除了他們不是印地安人之外，族群居地是更具融合性的。一位芝加哥的愛爾蘭人可以到南波士頓，並且被接受成為社群成員。

這或許不適用於美洲原住民——例如在梅斯皮的歡愉角。

史德文特並且將文化適應（acculturation）與同化（assimilation）加以區別。前者涉及文化特徵的適應、習俗的借用；這是關於程度上的差別。後者指的是社會之間的關係，也就是一個社會融入另一個社會之中。一個完全同化的社會已不復存在。他認為，所有印地安部落都經歷過文化適應。

史德文特認為，梅斯皮的帕瓦集會慶典正是文化適應的一個例子。這個字詞和習俗都很古老，但是儀式、表演、舞蹈等都受到白人和其他印地安制度的影響。

他在證詞中表示，文化適應在決定部落狀態時相對不那麼重要。還有其他被廣泛承認的部落跟梅斯皮一樣受到文化適應的影響。

對於許多印地安部落來說，成員的生活特徵有個典型的特點，就是長時間離開部落，同時也保持著聯繫，最後返回部落過退休生活。

史德文特提出「新興部落」這個概念。例如，塞米諾爾印地安人從克里克族印地安人中分裂出來，遷移到西屬佛羅里達（Spanish Florida），然後成為一個新的部落。部落並非總是原初部落，而是可以在一個變動的歷史環境下被創造出來。這似乎已經發生在梅斯皮的南海印地安人身上了。

在交叉詢問中，梅斯皮之於塞米諾爾的比較受到了攻擊。

問：塞米諾爾對抗殖民者和美國有過三場戰爭，而梅斯皮則一場都沒有。所以這兩者事實上是無法比較的，是嗎？

答：嗯，是存在有一些相似性，也同樣有一些差異性。

史德文特被要求回應一篇他在一九六八年撰寫關於美國東部印地安社群的文章，其中有提到梅斯皮。他被問到，如果他們現在是一個部落，為什麼當時你不如此稱呼他們呢？為何在你文章從頭至尾只用**社群**這個字詞，而不是**部落**？這有什麼區別？你是否針對此案件改變了說法？該文章的某些部分是受到爭議的。

史德文特在他的文章中聲稱「印地安人身分的嚴格定義」已經造成相當多的痛苦。他是否可以舉例？可以：除非你是一位聯邦承認的部落成員，否則你不可能成為印地安人。或者說，如果你有黑人血統，你就不能是印地安人。又或者，藉由「某種相當高的血液定量級別」，來定義印地安人身分。

但究竟需要多少印地安人血統才能成為一個部落？關於這個問題，史德文特解釋了在十九世紀中葉之前獲得確切系譜的困難性。血統程度在部落之間具有差異性；這不是決定身分的關鍵因素。重要的是一些印地安原住民的後裔、一個有界限的（儘管是可融合的）社會群體、自我和他人對該群體的認可，以及一些自治的政治組織。

史金納法官在庭上表示，想像有一個家族系譜，可以追溯到七個世代之前，而在這數百位祖先中，只有一位原住民。如果現在有大約三千人各自可以追溯到這個單一原住民祖先，並且符合史德文特其他的後代標準，現在他們都生活在一個社群中，那麼這個社群是否算是一個印地安部落？專家沉思了一會兒後，回答說：「是的。」他接著笑說：「這將會是一個非常有趣的部落。」

問（聖克萊爾）：「南海印地安人，他們是從哪裡來的？」

答：「從白令海峽對岸。」

問：「從白令海峽對岸。那大約是……」

答：「西元前二萬五千年。」

問：「你認為這是有幫助的回答，是嗎，博士？」

答：「是的。」

問：「你是否認為，在開始接觸的那時候梅斯皮便構成了一個部落？」

答：「我認為這是不可知的。」

問：「你不知道他們是否在開始接觸時就是一個部落？」

答：「我不知道。」

法庭筆記

請注意，不要將此處發生的事情視爲常態。注意規則和儀式的抽象性質，以及梅斯皮生活透過奇怪的折射和放大的鏡頭呈現在法庭上的方式。

在法院證人席上的梅斯皮人是緊張、緊繃、畏縮、熱切的。在觀衆席中的梅斯皮人則是熱心的車隊、三件式西裝和時尚髮型的市政委員、戴著珠寶和頭飾的年輕印地安人。梅斯皮人散坐在法庭長凳上，彼此點頭或冷漠相看，或是分享著私底下的笑話。但這一切沒有一項是可以採用的證據。

米爾斯從領帶下掏出他的項鍊，但顯得太過急切。這個動作不自在地表達了審判的目的：**證明**、展示某種清楚的東西，以及戲劇化一些微妙、接近表面的東西。

* *

截至十二月底，光是梅斯皮城鎮花在審判上的金額便高達三十五萬美金。

印地安屬性。法院仍堅持「部落」此一拯救性的抽象概念，這是一個從未本真存在的印地安制度——儘管這不是辯方所主張的方式。「部落」依附於印地安人，是一種區分他們的方式，賦予他們身分和政治結構——他們用以處理事情的方式。

在法庭上：我們看見了也沒有看見這個部落，我們僅是猜測著梅斯皮人的生活。

✵

法庭的戲劇性表演。律師們擺出各種戲劇性的姿態：假裝不可置信、憤怒、矯揉造作。在法庭旁聽的進行「祕密」會議。演員的裝扮太張揚，姿態太粗糙。聖克萊爾律師在一個論點上反覆訴說的時間過於冗長，他的聽眾比法庭出席的民眾更加抽離。他對著陪審團成員訴說一個月後他們得從堆積如山的雜亂事實中記住的關鍵論點。

在開庭之前，穿著襯衫史金納法官看起來有點瘦弱，他將書籍和文件放在長凳上。接著離開，隨後穿著他的法袍「進場」。

劇中的人物發展。法官：仁慈、不耐煩、心不在焉、好奇。律師團的不同個性。神祕的陪審團形成。中場休息時，他們稍作放鬆，在法庭旁廳商議閒聊，當史金納法官在某個片刻看起來像是在打盹時，用手肘輕推彼此。在電梯裡，他們開玩笑說這樣會傳染感冒。

律師和觀衆猜測陪審團反應的含義，但幾乎沒有跡象表明雙方都一致表示同情。隨著審判接近尾聲，這些奇怪而被動的角色成爲了焦點。

⁂

還有第二個特權聽衆：某些事情是針對陪審團所做的說明，其他則是交予文字記錄。陪審團看著口述證詞被轉化爲文字。他們不被允許自己寫，但法庭速記員爲審判記錄捕捉每一個詞語作爲審判紀錄。這份文件既用於更新陪審團的記憶，也作爲後續上訴和判決的基礎。雖然法庭是一個戲劇性表現的場所，但也是一個生產永久文件的機器。注意這些行家的細微演出，速記員安靜地進出（他們被訓練聽到的不是單獨的詞語，而是清晰的發音序列）。

⁂

一種藉由共識解決爭議的口述（「部落」？）方式。每一方都會談論、傾聽、辯論，直到找到對所有人都可以接受的解決方案。每個人對「事實」的看法都會改變；有些人會耗損其他人、妥協、哄騙、斥責、進行權衡。如果在關鍵問題上無法達成共識，群體便會分裂。

這個過程在龐大法律書寫機器下的口述表達領域裡被予以記錄下來：陪審團室。陪審團的共識過程是被用來解決二選一的問題：有罪或無罪、是部落或不是部落、神智正常或不正常。陪審團不能提出具體的解決方案。他們決定其中一方勝訴，另一方敗訴。對抗制（adversary system）的設計並不是爲了產生一個能滿足各方的判決，或者如果情況改變了隔年便可以重新協商的裁決。它決定誰勝誰負，決定了案件的永久眞實。

從這個意義上來說，法律反映的是文字邏輯、歷史檔案的邏輯，而非不斷改變的集體記憶的邏輯。爲了能夠成功，審判結果必須像書寫文件一樣經久不衰。

但是，這種用來產生可記錄的事實和持久判決的對抗制，是否預設了一種戲劇性對抗下的調解文化？畢竟，抽象對立的觀點是由陪審團「同儕」的共識所解決。如果這種共享的文化和它的常識性假設，正是訴訟中的問題所在呢？

在梅斯皮的印地安生活——很大程度上是一系列「口述」的關係，這些關係在新的環境中形成、重塑、被記憶——必須以永久的「文本」形式呈現出來。在法院證人席上的印地安人，必須在沒有交談的情況下，說服來自波士頓的白人陪審團相信他們之間的差異性，或者如同現實裡所發生的那般就近生活、費力分辨出誰是誰。原告在法庭上必須透過與律

329

師的書面交流、對於紀錄的陳述，並且藉由陪審團成員被動或客觀地在訴訟程序的見證下，再現他們自己，但陪審團卻無權介入、詢問或者大膽提出意見。

小插曲：史金納法官告訴科詩塔想像她自己「越過那個區域，對那裡的人大聲說話」。

理察森．喬納斯

理察森．喬納斯（Richardson Jonas）是梅斯皮印地安人，在鎮裡長大、生活，並擁有房產。他今年五十歲、體格強壯、嚴肅、有自己的觀點、固執。在外型上，喬納斯是出席證人中最「像印地安人」的證人。他是被辯方傳喚出席的。

喬納斯的妻子是葡萄牙裔。他們有四個小孩。他相信他父親這邊絕大多數的祖先都是印地安人。他母親（來自北卡羅萊納州）那邊他就不太清楚了。他無法具體說明血統的比例。

喬納斯說，他在梅斯皮上小學，並從法爾茅斯的高中畢業。他與羅素．彼特斯和埃

330

爾・米爾斯一起長大。年輕時候在浸信會相當活躍，但現在不再去教堂了。一九五二到一九五四年，他服役於美國陸軍第八十二空降師，並且擔任當地美國退伍軍人協會的領導人。喬納斯目前是一家新貝福公司的聯合建築工人。他也在梅斯皮計畫委員會任職超過十年。

他回憶起一九四〇年代早期的帕瓦集會慶典是在私人的土地上舉行，並且總是伴隨鼓聲和歌曲（其中沒有任何一首是純粹出自梅斯皮的）。當時曾經有個印地安樣式的村莊，裡面兜售著裝飾用的小東西。他在帕瓦集會慶典上負責美國退伍軍人協會的食物攤位。

他不知道印地安人有什麼特定的婚姻、青春期、出生、治療儀式；但他回憶在帕瓦慶典上，「他們看起來像是有某種宗教活動。」

・喬納斯並不是部落委員會的成員。他說，在這個組織成立之前，他從未被邀請參與任何部落會議。雖然他是米爾斯的朋友，但他不知道米爾斯作為領袖是要做什麼，他也不知道前任首領茲沃斯・歐克雷是如何以及何時選上他的。在喬納斯看來，米爾斯和巫醫羅素・彼特斯的工作都是「儀式性的」。

他作證指出，他從未像最近幾年這樣如此頻繁地聽到有人使用部落這個說法。

喬納斯被問及他在城鎮規畫委員會的工作。他堅稱雖然他曾開發一塊地產，但是他

「不是開發商」。目前，他擁有幾塊土地，「大約有六塊」。（交叉詢問顯示，他可能持有二十一筆土地的股份。）他強烈否認自己因為這些土地利益而對訴訟或部落委員會感到任何不滿。

喬納斯表示，當他自稱為萬帕諾格印地安人時，他指的是他的印地安血統，而不是隸屬於任何部落。他不知道什麼是部落。當被追問時，他大膽給出一個定義：「我認為部落就是會有一位首領的地方，而且那個首領擁有管理那些臣服於他的人的權力。」

在交叉詢問中，證人提出與審判前所收集的證詞相互矛盾的陳述。當時，他對部落的定義並非如此，主要是依據印地安血統。他形容浸信會教堂為「梅斯皮萬帕諾格人的傳統宗教」。

喬納斯承認，美國退伍軍人協會是他唯一積極參與的社群組織，服務範圍比起梅斯皮更為廣泛。他對自己的印地安血統感到自豪，並且關心萬帕諾格的未來。他從未參與過印地安人教育計畫、聚會所或博物館的修復、「盲眼阿莫斯節日」或任何部落委員會的活動。他從未被要求提供協助，他自己也沒有主動提出。

他的小孩是印地安人嗎？他不願表示。他們是否參與帕瓦集會慶典？是的。他的女兒是否穿著傳統服飾？是的。

他是否與印地安人社群保持距離？（強烈否認）不是。

他已經參與超過二十場帕瓦集會慶典，是否可以說出這些活動是由誰組織的？他不知道。

一九七五年的會議將五十五英畝土地轉讓給梅斯皮「部落」，以作為「部落目的」使用，他是否投贊成票？是的。當時使用「部落」這個字詞對他來說是很合理的，是嗎？為何他不反對這麼用？喬納斯說，對這件事他真的沒有想太多。

問（原告謝布律師）：「你一生都住在梅斯皮，對嗎？」

答：「是的，我一直都住在這裡。」

問：「你喜歡成為社群的一員嗎？」

答：「是的。」

問：「這是因為你希望住在你祖先曾經生活的梅斯皮萬帕諾格印地安社群之中嗎？」

答：「我不這麼認為，以你提出的問題來看，我並不是這麼想的。我希望住在這裡，是因為我的根在這裡，而且我的祖先也在這裡。我在這裡有財產，這裡的東西早在一八〇〇年代就屬於我的祖先了。」

紀錄

辯方的關鍵證詞是由歷史學家賀欽斯提供，他已經在證人席上待了將近五天了。他對於歷史細節冗長又一絲不苟的詳盡列舉，總結了不利於部落委員會的訴訟。賀欽斯在證人席上的舉止是從容不迫而仔細的。他從這個文件提到那個文件：契約、請願、法律、傳教士的聯繫、城鎮紀錄、州政府文件。他帶領法庭再次瀏覽瘟疫、清教徒的抵達、伯恩對於南海印地安人殘存部落的種植園計畫等紀錄。他解釋英國的財產法，描述伯恩所起草的早期契約，重述了梅斯皮印地安人如何轉變成為基督教愛國者。他用文件證明他們長期與次等地位的抗爭，最終導致此社群在一八六九年成為一個城鎮。

賀欽斯的列舉的內容非常詳細，但經常令人覺得冗長乏味。他避開了戲劇性的表現。在很長時間裡，他看起來只是歷史紀錄的陳述者。不像愛克斯泰爾偶爾會諷刺自己的專業知識並公開提出學術偏見的問題，賀欽斯緊扣著事實。在經歷了這麼多相互矛盾的口述證詞之後，人們會有種保有完整文件基礎的感覺。一切都取決於具體的書面證據。

但人們很容易忘記，這個歷史性述敍並不是在一個連續的完整基石之上，而更像是從一塊石頭跳到另一塊石頭。關於梅斯皮生活的文件通常相當稀少，並且存在著複雜的偏見。賀欽斯踩上的石頭是滑的。人們必須在這些滑石上以某種方式保持平衡。例如，傳教士對印地安人從他們過去祖先的榮耀中跌落等這類「事實」紀錄，可能主要反映了他對自身無法控制當時社群變化的不適。更多時候，契約記錄的是白人的所有權觀念，而非印地安人的觀念。

賀欽斯的證詞——和他依此所撰寫的書籍（1979）——並沒有留下任何含糊不清的餘地。在他的話語中，事實僅僅是述說一個故事；它們不是**用來**說話的。歷史學家也沒有考慮到檔案中大量的沉默——而梅斯皮生活卻是這群絕大多數沒有進行書寫的參與者的所見與經歷。

（再次回想，各位現在正在閱讀的陳述其實相當不同於在法庭中的陳述。這不是一份描述。與之前提供的兩段「歷史」不同，辯方對於梅斯皮過去的完整說明，並沒有立即被相反的完整說明所取代。如同在冗長的審判結束時一樣，賀欽斯過長的歷史訓誡的影響力和一致性，無法被充分地反駁。）

賀欽斯繼續向前推進。萬帕諾格一九二〇年的復興，出現在報紙報導和回憶錄印刷品中。奎普什戴上蘇族戰爭頭冠；描述了印地安巡迴表演；曾就讀卡萊森印地安學校的賽門斯（Nelson Simons），在梅斯皮教授編製簍子的技藝，謊稱自己是對抗白人的皮科特族酋長的後裔。萬帕諾格民族成立，設有酋長和巫醫。

賀欽斯被問到，梅斯皮部落是否可能在一八六九年之後，使用城鎮政府來達成自己的目的：

你檢視了二〇和三〇年代城鎮的政府結構嗎？是的。而那時候的城鎮政府並沒有一個稱作酋長的職務吧？沒錯。

判決

賀欽斯陳述完後，辯方宣布結束辯詞。兩方主要律師聖克萊爾以及謝布隨後發表了他們法庭辯論的總結陳述。每一方都將審判的證據以引人入勝的故事形式進行回顧。過去幾個世紀的梅斯皮生活被賦予了兩種英雄般的塑造和結果。謝布講述了「一個生存和延續的史詩」。聖克萊爾頌揚梅斯皮朝向「完全參與」於美國社會之中，「緩慢但穩定的進步」。

史金納法官接著做出裁示。他檢視了審判的程序，簡短提到每位證人。他提醒陪審團，舉證責任在於原告；他們必須藉由證據的優勢（但不能像刑事案件中那般排除合理懷疑），證明梅斯皮部落的存在。在做出決定時，陪審團可以自由地依賴推論和間接證據。他們不應受到專家權威的影響，必須信任自己對證人可信度的常識判斷，權衡他們的結論與提出的證據相符的程度，並且觀察他們的說話方式，甚至是他們的「身體語言」。

陪審團需要判定梅斯皮的土地所有人，在土地宣稱訴訟中的六個關鍵日期上，是否爲印地安部落：（一）一七九〇年七月二十二日，聯邦政府首次實施《禁止買賣印地安土地法》的日期；（二）一八三四年三月三十一日，梅斯皮取得行政區地位；（三）一八四二年三月三日，土地被劃分給個人的日期；（四）一八六九年六月二十三日，所有轉讓限制結束的日期；（五）一八七〇年五月二十八日，梅斯皮城鎮的成立日期；以及（六）一九七六年八月二十六日，本次訴訟案開始的日期。

史金納告訴陪審團，他們還必須回答第七個問題：在相關的歷史時期內，梅斯皮部落是否**持續**存在？如果不是，原告方將失敗。此外，法官還指示陪審團，如果他們發現在任何時期梅斯皮已自願放棄其部落地位，那麼它將無法重新恢復。一旦失去，便永遠失去了。

法官明確指出了適用的**部落**法律定義，這個問題一直存在很大的懸念。史金納法官採用了原告偏好的相對寬鬆的闡釋，取自一九〇一年的《蒙托亞訴美國案》：「**為相同或相似種族的印地安人主體，在領導階層或管理體制之下的社群，並且居住在特定的、雖然有時無法明確定義的領土之上**。」原告要能夠勝訴，所有這些種族、領土、社群和領導的關鍵因素，都必須持續存在。

史金納檢視了相關定義中關鍵因素的證詞。

種族。通婚和外來者的湧入對部落來說是正常和必要的。關鍵問題在於，這些外來者是否已經融入。如果陪審團發現這個團體具有印地安人血統，並選擇強調該血統而非其他因素，這可能滿足種族的要求。

領土。持有英國土地所有人制度下的土地，並不代表印地安人就成爲了英國人。在新英格蘭地區，如果沒有保留地制度，便沒有其他方式可以保障土地。陪審團必須決定，梅斯皮的土地所有人是否使用英國的安排來保存他們的部落形式，或者他們偏好英國的方式，並因此放棄了舊有的形式。史金納警告不要在此案中陷入要求一個正式土地基礎的「困境」（Catch-22），因爲這正是本訴訟的目的。

社群。史金納警告，一個「印地安社群」不僅僅是「印地安人的社群」。邊界極其重要，而且可以透過各種不同方式加以維繫。陪審團必須根據不完整的歷史證據，決定梅斯皮是否構成一個具有明確邊界的獨立社群。對蒙托亞訴訟案來說，一個社群，不只是街坊鄰居。

領導階層。考量此一較小規模的社群，領導階層可以是非正式的。辯方提出的主權要求是不恰當的，但部落領導應該具備曾經擁有主權的印地安政治社群的根源。陪審團應該依據自己的常識判斷參與和領導階層，也就是主要熱衷者和邊緣群體之間的平衡。必須存在超過一個小圈子聲稱代表印地安社群。擔任部落領袖和在更廣泛的社會中發揮作用兩者並不互斥，例如身爲一名商人的領袖。史金納指出了歷史紀錄中的空白，一八七〇至一九二〇年相當缺乏梅斯皮部落領導證據。 335

法官總結道，部落是否存在的問題相當複雜，但並不比精神狀況和犯罪意圖更複雜，這些問題通常由陪審團做出決定。史金納對這個陪審團能夠權衡證據、自由辯論、說服和最終在七個是或否問題上達成一致的看法表達了他的信心。

✵

陪審團帶著許多文件被隔離起來。經過二十一個小時的審議，他們宣布判決結果：

梅斯皮的土地所有人及其配偶和子女，是否在以下任何時間點構成一個印地安部落：

一七九〇年七月二十二日？否。

一八三四年，三月三十一日？是。

一八四二年，三月三日？是。

一八六九年六月二十三日？否。

一八七〇年，五月二十八日？否。

依據原告證人所述，截至一九七六年八月二十六日，原告團體是否構成印地安部落？否。

如果住在梅斯皮的人們在一九七六年八月二十六日之前的任何日期構成了一個印地安部落或民族，他們是否從該日期起（包括該日），持續作爲一個部落或民族存在？否。

⁂

這個判決對印地安人的訴訟來說是一項明顯的挫敗。但就他們部落歷史的陳述來說卻還是相當不清楚的。在聽取各方論點之後，史金納法官最終決定，儘管對於一八三四年明顯出現了一個部落這一點，陪審團的回答含糊不清，但其否定了其所要求的部落連續性。此後，他駁回訴訟的決定在上訴中維持下去。

然而，這項判決仍留下一個令人好奇且有問題的結果。我們只能推論陪審團的討論室中發生什麼事情——全體一致的模糊性。在二十一個小時的討論中，他們如何處理這些成堆的歷史文件？陪審團是否在其中尋找錯誤的精確性？當被要求考慮特定日期，他們是否在紀錄中認眞尋找部落制度的證據，或者是否提到了**部落**一詞？即使如此，字面上的意義仍不同於辯方所強調的特殊歷史。因爲陪審團發現，梅斯皮印地安人並非始終是個部落。他們違反法官的指示，發現在梅斯皮中，部落起初沒有存在，然後存在，然後又不存在。單靠歷史的特殊主義並不能產生有條理的發展或故事。實體在紀錄中出現和消失。

陪審團的回應包含了一個顛覆性的要素。事實上，它指出審判問錯了問題。當陪審團被要求對經歷了三個世紀的劇烈變化和破壞的部落採用一致的存在標準，陪審團照做了，並得出了前後不一致的判決。

事後想法

在這個訴訟案裡，法庭表現得像是一位哲學家，想確定一隻貓是否在梅斯皮的地墊上。我像是看到了笑面貓（Cheshire cat）* ——時而有頭，時而有尾巴，有眼睛，有耳朵，有時什麼也沒有，各種不同的組合。梅斯皮「部落」有時出現有時消失；但是某種東西仍然存在，即使不是持續存在。

我聽到的證詞使我相信，在過去三百五十年中，梅斯皮一直存在有組織的印地安人生活。此外，一個重要的復興和重新創造部落身分的過程顯然正在進行。我的結論是，目前身爲印地安人集體行動的能力與部落地位緊密相關，因此居住在梅斯皮的印地安人和經常

* 譯注：作者在此以《愛麗絲夢遊仙境》裡的柴郡貓作爲比喻。維基百科：「一八六五年版本的柴郡貓插圖常常作爲《愛麗絲夢遊仙境》的代表圖樣。即使牠身體消失了，仍能在空氣中留下一抹露齒的笑容。」

返回梅斯皮的印地安人應被認可爲一個「部落」。

一八六九年之後不合法轉讓的土地是否應該歸還給他們，歸還多少以及透過何種方式歸還，是另一個問題。我對這些問題不是很清楚。無論如何，整體轉讓土地在任何案例中都會是政治上所無法想像的。某種的協商或是重新回購的安排（例如緬因州所涉及的地方、州和聯邦等政府單位）最終可能在梅斯皮的某個地區建立起一個部落的土地基礎。但目前爲止，那都只是猜測。在短期內，這場審判的結果是對萬帕諾格部落動力造成了挫敗。

在波士頓聯邦法院，鱈魚角印地安人的過去或現在都無法被看見。現代印地安人的生活——生活在主流文化和國家內部，並與其對立——並不受到部落或身分這種類別的影響。原告無法在法庭上勝訴，是因爲他們的言論，以及律師和專家的言論不可避免地受到限制。它不僅受到法律的特殊規定的限制，還受到支持法律的常識之下所潛藏的強大假設和類別的限制。

在削弱此次印地安訴訟的基本假設和類別中，有三處特別突出：（一）文化完整性和結構的概念，（二）口述和書寫知識之間的階層區分，以及（三）歷史和身分的敘事連續性。

文化完整性和結構的觀念。雖然審判正式涉及的是「部落」地位，但其範圍卻更廣泛。蒙托亞訴訟案對部落的定義，包括種族、領土、社群和政府，並沒有特別提到「文化」身分。在廣泛的人類學定義中，文化概念在一九〇一年仍是相當新穎的，但相對寬鬆的蒙托亞定義，反映了這種新興的整體生活方式的多面性，不受生物學或政治的限制。到了一九七八年，現代文化觀念已成爲審判的常識之一。

在法庭上，雙方出庭作證都在爭辯梅斯皮印地安文化的本眞性。這似乎已成爲爭論的關鍵點。梅斯皮人是否失去了他們獨特的生活方式？他們是否已經被同化了？在原告的總結陳述中，謝布律師花費時間從人類學角度來定義**文化**這個字，將其與「芭蕾和高頂禮帽」概念區分開來。* 他相當程度引述了泰勒在一八七一年的經典公式，將文化定義爲一個群體的行爲整體。他說這包括人們的飲食習慣以及他們的思考方式。謝布在使用人類學定義時，主張梅斯皮對狩獵和捕魚有特殊情感的生態學、每年進食鯡魚，並且在「印地安小酒館」對枝條吐口水，這些和許多其他不顯著的日常要素，都是一個整體持續進行的生活中不可或缺的部分。

我們很容易理解爲何原告要聚焦在梅斯皮的印地安文化。文化包含太多元素，因此不

* 譯注：此處律師謝布以「芭蕾和高頂禮帽」(ballet and top hat) 概念，指涉一種將文化概念化爲高雅藝術、精緻禮儀的觀念。在這種觀念中，文化被限定在舞蹈、音樂、藝術品、禮儀等高端文化表現形式之中，忽略了日常生活中的各種習俗和行爲，以及對自然生態的認識與運用等方面。

像部落地位那麼容易被證明爲無效。但即使如此廣泛的定義，文化概念對原告來說仍然存在許多問題。它過於依賴有機形式和發展的假設。在十八世紀，文化僅僅是「對於自然成長的趨勢」。到了十九世紀結束時，這個詞彙不只是可以運用在花園或完整發展的個體，而且可以適用於整個社會。無論它是阿諾德描繪的單一菁英主義版本，或是新興民族誌中複數、小寫的文化概念，該詞彙仍保持對完整性、連續性和成長的偏見。梅斯皮的印地安文化可能由出乎意料的日常元素組成，但最終如同前述分析，它必須維持連貫，其元素像身體的部分一樣配合得宜。文化的概念可以容納內部多樣性以及「有機」的角色分工，但卻無法容納銳利的矛盾、突變或新興事物。對於一位巫醫來說，這是有困難的，他可能對於大地之母有著深沉的敬畏，而在另一個時刻從事著激烈的房地產規畫。它認爲部落的「傳統主義者」和「現代人」再現了線性發展的不同面向，一方望向過去，另一方則是展望未來。它不能將他們視爲競爭或交替的未來。

在支配和交換的情境下協商自身身分的群體，以不同於有機體的方式持續並修補自己。社群不像身體，它可以失去一個重要「器官」而不會死去。身分的所有關鍵元素都可以在特定的條件下被取代：語言、土地、血統、領導階層、宗教。這些已經受到認可和發展的部落，其中任何一個或甚至大部分這些元素都已經遺失、遭到取代，或在很大程度上發生了轉變。

338

文化觀念帶有對根源的、穩定的，以及和領土化的期望。魏德海（Weatherhead 1980:10-11）顯示出蒙托亞訴訟案對部落的定義，用於區別定居、愛好和平的印地安族群，如何不同於流動、劫掠的「團夥」。一九〇一年，這個部落與「團夥」的政治和軍事爭論，在梅斯皮審判中再次在技術上以及人類學術語之中受到爭論。人們究竟期望「部落」的原住民，在特定的接觸時期以及現今高度流動的廿世紀美國，如何扎根或定居？普遍的文化觀念始終偏向於扎根，而非旅行。

此外，文化觀念與自然成長和生命的假設緊密相關，因此無法容忍歷史持續性的急劇斷裂。我們常常聽到文化「滅亡」的說法。然而，由人類學家和其他專家宣告已死的或垂死的文化，有多少像柯蒂斯的「消逝的種族」或非洲多樣的基督徒一般，找到了不同生存的新方式？將文化描述爲連續性和「生存」的隱喻，並不能解釋諸如挪用、妥協、顛覆、掩蔽、創新和復興這些複雜的歷史過程。從這些過程中看出一個民族的活動並不是獨自生活，而是「在所有民族之中估算（reckoning）自己」。* 在梅斯皮的印地安人透過特定的聯盟、協商和奮鬥，創造和重塑自己。將他們的生活方式描述爲「存活下來」，就像是說它「滅亡」進而「重生」一樣都是有問題的。

339

* 譯注：這句話原文是「reckoning itself among the nations」，取自本章一開始的聖經引文。

文化和部落的相關制度都是歷史的創造物，具有傾向性和改變性。它們並沒有標示在殖民社會衝突和強大的代理人「之前便已存在」的穩定現實。梅斯皮的歷史並非持續的部落制度或文化傳統，而是一個長期的相互關係的鬥爭。這是爲了維護和重建身分，此一身分在當初那一位會說英語的印地安旅遊者斯夸托，在普利茅斯岩歡迎英國清教徒時便已開始了遭逢關係。這場奮鬥仍然在三個半世紀後的波士頓聯邦法庭上持續進行，隨著「梅斯皮部落」爲獲得美國內政部承認而準備的新訴願，這場鬥爭仍在進行。5

口述和書寫知識之間的階層區分。梅斯皮審判是口述和書寫知識之間的較量。最終，比起口述傳統的證據、證人的記憶，以及互爲主體的田野實踐，書面檔案更具價值。在法庭上，如何賦予一個未記錄的「部落」生活價值，而這種生活在現存紀錄中很大程度上是不可見的（或聽不到）？

隨著審判的進行，口述和書寫模式的分裂更加嚴重。訴訟程序一直是相當戲劇性的、充滿相互衝突的聲音以及人格特質，但最終以歷史學家在方法學上的詳細列舉作爲結束。在審判的早期，陪審團被要求拼湊（piece together）和想像一個不斷呈現的生命力，但不具備無庸置疑的本質或制度核心的部落生活。在梅斯皮，印地安特性經常看起來是卽興的、因特定情況而產生的。陪審團聽到許多關於童年事件中寄予希望的、不完整的回憶，以及近期事件的爭議版本。在或許可稱爲「口述民族誌」的審判中，許多（或許太多了）聲音相互爭論，而在「文獻」結束時卻幾乎沒有爭論。歷史學家完美的獨白之後，是律師高度構思的法庭辯論總結，這是兩個徹底被記錄的故事。沒有任何方法爲這些歷史中的沉默發聲，也無法選擇未被記錄的部分。

法庭強加了一種文字主義的認識論。雙方都在歷史紀錄中搜尋「部落」在文字和制度上的現身或缺席。在這種認識論中，印地安身分不能成爲一個眞實而本質上卻具有爭議的現象。它必須存在或不存在於一個持續時間上的客觀文件事實。然而，口述的社會——或者更精確地說，在主導性讀寫知識之內的口述範疇——留下的只是分散的、誤導的遺跡。但它們存在的絕大部分卻從未被書寫。因此，直到最近，在梅斯皮中幾乎所有最具代表性的印地安特徵的事物，早已遺失且未曾留下任何紀錄。存留下來的事實大部分是傳教士、政府官員和外來者的紀錄。在印地安人相當稀少的書寫案例中——請願、契約、投訴信——主要是針對白人權威和司法結構所寫的。他們的聲音經過改變以便於適應一個強加的脈絡。即使是一八六九年關於城鎮地位的公開辯論，記錄了一系列當地聲音的罕見情況下，情況仍是如此。

歷史依賴於那些被記錄在有限的文本紀錄中的事實。歷史學家需要持續的懷疑，以一種願意「反其道而行」的方式來閱讀文獻，藉以推測在那些文獻資料中未被呈現的部分。

340

然而，即使是最富想像性的歷史，最終仍然要遵循文本證據的標準。雖然人類學也受到書寫所塑造並賦予權力，但它更接近口述傳統。田野調查——感興趣的人與感興趣的觀察者交談，並被該觀察者所詮釋——無法像歷史學那樣聲稱自己是「文獻性」的（documentary）。因爲即使在檔案中的證據來源與田野日誌中的一樣具有情境和主觀性，但它卻具有不同的價值：檔案的資料是被「在事實之後」（after the fact）使用它的學者所發現，而非產生出來。

歷史和民族誌實踐之間的區分，取決於讀寫和口述知識之間的差異。歷史被認爲是建立在過去（文獻、檔案）的文本選擇。民族誌則基於當下（口述、經驗、觀察）的證據。儘管許多歷史學家和民族誌研究者目前正試圖減弱甚至消除這項對立，但這種區別比起純粹的學科分工來的更加深刻，因爲它與已建立的（或許有人會說是形上學的）口述和書寫世界之間的二元對立，以及西方區分共時和歷時、結構和變化的普遍習慣相互共鳴。正如薩林斯（1985）指出的，這些假設阻止我們看到部落或文化的集體結構是如何在全新情況中的冒險，而歷史性地重新創造它們自身。他們的完整性不僅是持續和生存的問題，並且也是重新創造和遭逢的問題。

歷史和身分的敘事連續性。史金納法官指示陪審團裁決，梅斯皮的印地安人，在一九七六年提出訴訟之前是否**持續**地構成一個部落。爲了讓土地訴訟案得以進行，同一部落團體必須至少自十八世紀以來持續存在，並且沒有任何根本性的中斷。法庭的一般常識是，原告的身分必須陳述證明是不間斷的，無論是關於生存或是改變。雙方律師在他們的法庭辯論總結中都如實遵循了這一點。

辯方聖克萊爾律師對於長期爭取參與美國多元社會的故事，以及原告謝布律師的「生存和持續性的史詩」，都共同有著線性的目的論。雙方都排除了一個群體不持續性地存在，保持開放的多元途徑，**既成為**印地安人**又是**美國人的可能性。

此處涉及的是「非此卽彼」的邏輯。聖克萊爾主張，梅斯皮從來不存在部落，只有一些個別的印地安美國人一再選擇融入白人社會。他將通往公民身分發展的故事，預設了穩定遠離自身傳統的過程。成爲美國人意味著放棄對部落的政治完整性的強烈宣稱，轉而支持國家整體之中的種族地位。成爲一名美國人的意思指的是一位印地安人的死亡。相反地，謝布的梅斯皮從原住民時代便是一個有生命力的部落和文化「存活」下來；但歷史紀錄經常與他的主張相矛盾，有時他爲了主張連續性而刻意強調這點。原告沒有辦法既承認梅斯皮的印地安人已經失去甚至自願放棄他們傳統的重要面向，同時又指出幾個世紀以來重新創造的「印地安屬性」的證據。他們無法展示部落制度是如何是關係性和政治性的，隨著聯邦和州政策的變化以及周圍意識形態氛圍的變化而出現又消失。一個身分不能死而復生。按照法庭的定義，重新創造一個已經失去的文化是不具本眞性的。

如果一個傳統可以被記憶，甚至在幾個世代之後被捕捉到現在的動力中，並被象徵成可能的未來，那麼這個傳統的任何部分都會視爲「遺失」嗎？

梅斯皮受困於那些可以述說出有關他們的故事之中。在這場審判中，「事實」並沒有替自己發言。部落生活必須被描述成一個有條理的敘述。事實上，有關美洲原住民和其他「部落」人民的故事，只有幾個基本故事一而再再而三的不斷重複。這些社會總是處於滅亡或生存、同化或抵抗之中。他們陷在在地的過去和全球的未來之間，要不堅持其獨特性，要不「進入現代世界」。而後者的進入——無論是悲慘的或勝利的——永遠是邁向一個由技術發展、國家和國際文化關係所定義的全球未來。還有其他可能的故事嗎？

直到最近，背負在部落族群身上的「歷史」，始終是西方歷史。他們或許可以拒絕它、接受它、爲它所蹂躪、爲它所改變。但是關於部落滅亡、存活、同化或抵抗的熟悉途徑，並沒有像梅斯皮這樣的地方，在經歷超過四個世紀的挫敗、復興、政治協商，以及文化創新，展現了生活中具體的矛盾。況且，那些大部分突然「進入現代世界」中的社會，已經與它接觸了數個世紀。

梅斯皮審判似乎揭露了某些人有時是獨立的「印地安人」，有時候是同化的「美國人」。他們的歷史是一個序列的文化和政治的處置，而不是全有全無的轉變或抵抗。[6] 梅斯皮的印地安人在一連串適應情況的交涉中，生活和行動於各種文化之間。在波士頓聯邦法院裡，無論是專家或是一般人，都沒有站在這個歷史序列的終點，即使他們講述的連續性和改變的故事暗示他們已經做到這點。這些故事和審判本身都是情節（episodes），是不斷進行中的參與環節。如果不要用最終（倖存或同化）的立場，而是以浮現（emergence）的觀點來看，梅斯皮的印地安人生活不會是單一的流動。

對於歷史「紀錄」的方向或意義的詮釋，總是取決於當前的可能性。當未來是開放的時候，過去的意義也會是開放的。印地安人宗教或部落制度是否在十九世紀晚期消失了嗎？或者，它們是以隱埋（underground）的方式發展？在一個重要復興的當前背景下，它們曾是隱埋的；否則的話，它們便消失了。沒有任何持續的敘事或明確的結局，能夠解釋梅斯皮深受爭議的身分和發展。而一個單一的發展，也無法將梅斯皮過去的分歧岔路、困境和猶豫編織在一起，然後在一個想像的新未來之中突然成爲了預兆。

343

（猶豫。一八六九年，盲眼阿莫斯以及大多數梅斯皮土地有人都同意，他們尚未準備好成爲麻薩諸塞州的公民、獨立企業家，並且擁有對土地的個人控制能力。他們退縮了，拒絕由立法機關強加的「進步」步伐。這是因爲落後嗎？困惑？恐懼？或是其他：一種替代性視野？一種不同的聲音？

蘇珊・豪（1985）所撰寫的關於一名婦女艾蜜莉・狄更生的故事，她在另一個新英格蘭「隔離區」同樣工作了十年，奇妙地呼應了印地安人的困境：在資本主義的美國找尋一種不同的方式。

「猶豫」（Hesitate）一詞來自拉丁語，意思是困住。躊躇。因懷疑而退縮、有發言的困難。「**他**可以暫停，但不可以猶豫」——拉斯金（Ruskin）。在那個自信的時代，積極的工業擴張和殘酷的帝國建設，讓每個人都陷入了猶豫當中。猶豫和分離。內戰已經將美國分裂為二。**他**或許會暫停，**她**則是猶豫。性別、種族和地理分離是定義的核心。悲劇和永恆的二元對立——如果我們關心最深處的唯一大寫現實（Reality），這個想像世界對男人和女人都是一樣嗎？當我們猶豫和沉默時，什麼樣的聲音正在靠近我們？（p. 22）

一八六九年，紀錄上並未顯示阿莫斯和其他人反對完全公民權。分離和二分對立並非他們議程中的事項：他們已經在新的美國中有了更多的參與。重要的是將猶豫和抵抗區分開來，因為猶豫不一定反對或默許主導趨勢。它可以是對歷史可能性的警覺等待、思考和期待。除了抵抗的歷史外，我們還需要一個猶豫的歷史。）

文化接觸和變遷的故事常常被結構化爲一種普遍的二元對立：被它者吸收**或**抵抗它者。對於失去身分的恐懼、清教徒禁忌的信仰和主體混淆貫穿於整個過程中。但是，如果將身分不再視爲必須維持的邊界，而是作爲積極參與主體的關係和交流的中心呢？互動的故事或諸多故事都必須變得更加複雜，而不再是線性或目的論的。當「歷史」的主體不再是西方時，什麼東西會改變呢？從群體的立場來看，當其根本必須維持的價值是交換而非認同，接觸、抵抗和同化的故事將會如何呈現？各種事件總是由在地文化的結構所調解。藉由強調周圍地區，那些被忽略的「各座歷史島嶼」，以薩林斯的話來說，「我們……透過多樣性結構，擴大了我們對歷史的概念。突然之間，有許多各式各樣的新事物變得需要考慮」（1985:72）。

如同梅斯皮的歷史，在當地歷史的多樣性中我們發現許多獨特的過程和方向。事件的發展與無法避免的流動將會開始循環、搖晃、分叉。例如，一八三〇年，梅斯皮印地安人的土地所有人地位，是否是古老英國法律受到侵蝕的「生存」形式，而這種社會形式注定要消失嗎？或者在十九世紀之前，它已經成爲一種特定的創造，成爲在現代美國印地安人土地上生活的一種新方式，是一個可能的未來？這兩種故事都不是假的，都可以從歷史紀

344

錄中充分獲得證明。當我們說梅斯皮種植園奇特的「部落」完整性注定要消失，便是接受了勝利者的歷史觀。但在一個世紀後提出的訴訟，是一個重新開放此一既定結論的嘗試。梅斯皮的半自治種植園是個人公民身分和集體限制權的特定結合，現在看來不是歷史的盡頭，而是重新創造的部落主義的先驅。問題不是回到純正的萬帕諾格傳統，而是重新詮釋梅斯皮的爭議性歷史，以便與其他印地安群體攜手行動，在不純粹的當下成爲未來的力量。

無論該審判的結果如何，「部落」的生活已經在梅斯皮中再次變得具有影響力。只有一種字面上的、向後看的本眞性感受（這是一種任何群體都不會自願應用於自身，只會應用於其他群體的本眞性），才能否認這種浮現的現實。萬帕諾格最高領袖歐克雷，在裁決後評論：「白人多數團體怎麼能決定我們是否爲一個部落？我們知道我們是誰。」

在鱈魚角上的美洲原住民的生活未來，在此次法庭挫敗後，充滿著不確定性。

*

在裁決之後的接下來幾年中，梅斯皮顯得混亂不堪。他們向內政部要求部落地位的請願書遲遲未能核准。在此期間，印地安事務局遵照法庭在《梅斯皮部落訴新西伯里等地案》中所要求的相同標準，將其承認要求的程序交付標準化流程（Weatherhead 1980:17）。梅斯皮的印地安人擔心地觀察著歡愉角的萬帕諾格同伴請願的進展。一九八六年，該請願在一項初步調查後被駁回。政府專家引述了多年來社群明確性不夠充分，以及在歡愉角於一八七〇年成爲具有城鎮資格之後，部落政治權威因此已經消失。歡愉角的歷史與梅斯皮的歷史相似。

美洲原住民權利基金會（Native American Rights Fund）對於該項初步調查結果提出上訴，提出由坎皮西彙編的額外證據，顯示歡愉角印地安人之間持續的社會網絡，以及在一八七〇年後的部落權力脈絡。一九八七年二月八日，印地安事務局有史以來第一次推翻原先否定性的初步調查結果。歡愉角萬帕諾格人被賦予完整的部落認可。

以下摘錄自美洲原住民權利基金會新聞稿：

佩諾斯科特律師薩克比森，代表該部落表示：「這項決定意味著歡愉角可以在幾個月內，解決他們的土地索賠問題。根據和解條款，該部落將獲得約二百五〇英畝的可開發土地。我們預計他們將用它來建造住房和進行經濟發展。」

歡愉角萬帕諾格部落委員會主席維迪斯（Gladys Widdiss）表示：「我非常高興。這意味著該部落現在可以以正式被承認的方式運作。我們的部落地位不再被質疑。這項承認同時意味著我們未來世代子孫的部落生存得到了保障。」

坎皮西和美洲原住民權利基金會的律師正在處理關於梅斯皮的請願。

兩個片段

佩魯女士是出生在梅斯皮的印地安人。她今年七十一歲，住在十八英里外接近柏恩橋的地方，是部落委員會的活躍成員。她舉止端莊、語調緩慢。她展示了有關於她祖母韓蒙德（Rebecca Hammond）的一張放大照片，韓蒙德是盲眼阿莫斯的女兒。

她「自出生以來」，一直是梅斯皮萬帕諾格部落的成員。

她作證指出，自己於一九二八至一九七二年之間居住在紐約，她在那裡積極參與成為多個美洲原住民組織的成員。一九四〇年代，她是「美國印地安雷鳥舞者」的祕書。大部分舞者並不是來自麻薩諸塞州，只有一名舞者來自鱈魚角。

*

「小酋長」米爾斯是埃爾．米爾斯十幾歲的兒子。他說他知道自己是印地安人，是因為他的父親告訴過他。他喜歡與他的堂兄弟在梅斯皮附近打獵玩耍。他是一位冠軍鼓手，經常參加新英格蘭地區的印地安人集會。最近，他和其他年輕人在梅斯皮的印地安部落土地上，為推廣印地安人意識所舉辦的露營活動中被捕。

小酋長米爾斯有著一頭濃密頭髮，穿著像是普通的青少年。他戴著一些珠寶飾品。

問（聖克萊爾律師）：「我注意到你戴著頭巾和某種服飾，是嗎？」

答：「是的。」

問：「你穿著這樣的服飾有多久了？」

答：「嗯，當我的頭髮夠長的時候，我就戴著頭巾了。」

問：「那麼有多久時間了？」

法官：「你戴的那個是印地安人頭巾嗎？」

答：「這是一條頭巾。」

法官：「它看起來有點像是普通的紅色印花頭巾（bandanna）？」

答：「沒錯，材質就是那個，是的。」

法官：「這條印花頭巾是你在店裡買的，然後用那種方式把它摺起來嗎？」

答：「是的。」

各章來源

以下是本書先前已發表書寫的原始標題。經出版社惠允授權轉載。所有內容均經過編輯，相關修訂標示如下。

第一章〈民族誌職權〉，發表於《再現》（*Representations*），一九八三年第一期，頁一一八～一四六。

第二章〈民族誌的權力與對話：馬塞爾．格里奧爾的初始經驗〉，收錄於《人類學史》系列第一卷《被觀察的觀察者：民族誌田野工作論文集》（*Observers Observed: Essays on Ethnographic Fieldwork*），喬治．史托金編輯，一九八三年威斯康辛大學出版社發行，頁一二一～一五六。

第三章〈民族誌的自我塑造：康拉德和馬凌諾斯基〉，收錄於《重構個人主義：西方思想中的自主性、個體性和自我》（*Reconstructing Individualism: Autonomy, Individuality, and the Self in Western Thought*），湯瑪斯．海勒、莫頓．索斯納和大衛．韋爾伯里編輯，一九八五年史丹佛大學出版社發行，頁一四〇～一六二。

第四章　〈民族誌的超現實主義〉，發表於《社會與歷史比較研究》（*Comparative Studies in Society and History*），一九八一年第二十三期，頁五三九～五六四。修訂版。

第五章　〈異國情調遭逢〉，發表於《泰晤士報文學副刊》（*Times Literary Supplement*），一九八四年六月二十二日，頁六八三～六八四。修訂版。

第六章　〈中斷整體〉，發表於《連接詞》（*Conjunctions*），一九八四年第六期，頁二八二～二九六。修訂版。

第七章　〈新詞政治學〉，發表於《非裔節奏》（*Hambone*），一九八四年第四期，頁一九三～一九八。

第八章　〈巴黎植物園（明信片）〉，發表於《硫磺：整體藝術文學季刊》（*Sulfur: A Literary Tri-Quarterly of the Whole Art*），一九八五年第十二期，頁一五三～一五六。

第九章　〈部落與現代的歷史〉，發表於《美國藝術》（*Art in America*），一九八五年四月號，頁一六四～一七七。

第十章　第一節和第二節來自〈物件與自我：結語〉，收錄於《人類學史》系列第三卷《物件與他者：博物館與物質文化論文集》（*Objects and Others: Essays on Museums and Material Culture*）。喬治．史托金編輯，一九八五年威斯康辛大學出版社發行，頁二三六～二四七。修訂版。

第十一章　書評〈愛德華・薩依德的《東方主義》〉，發表於《歷史與理論》（*History and Theory*），一九八〇年第十九期，頁二〇四～二二三。

譯名對照

IBM藝廊 IBM Gallery

1畫

〈一九四一年的紐約〉 New York in 1941

《一本嚴格意義上的日記》 *A Diary in the Strict Sense of the Term*

〈一種多樣的美學〉 an aesthetic of the diverse

2畫

丁道爾 Tyndale

〈二十位人類學報導人的描繪〉 Twenty Portraits of Anthropological Informants

人民陣線 Popular Front

《人道報》 *L'humanité*

〈人類一家〉 La grande famille des homes

人類博物館 Musée de l'Homme

《人類與聖者》 *L'homme et le sacré*

《人類學定位》 *Anthropological Locations: Boundaries and Grounds of a Field Science*

《人類學的記錄與詢問》 *Notes and Queries*

《人類學家的同伴》 *In the Company of Man*

《人類學概況：團夥、部落、酋邦、國家》 *Profiles in Anthropology: band, tribe, chiefdom, state*

3畫

《土地總分配法》 Dawes Act

《女人：最漫長的革命》 *Women: The Longest Revolution*

《山區阿拉佩斯人》 *The Mountain Arapesh*

4畫

丹佛藝術博物館 Denver Art Museum

內瓦爾 Nerval

切瑪由 Chimayó

《匹克威克外傳》 *Pickwick Papers*

厄爾 Earle, John

《天子》 *Le fils du ciel*

《太陽舞》 *The Sun Dance*

孔多米納斯 Condominas, Georges

巴米雷克人 Bamileke

巴特 Barthes, Roland
巴塔耶 Bataille, Georges
巴爾 Bahr, Donald M.
巴赫金 Bakhtin, Mikhail
《巴黎的農夫》 *Paysan de Paris*
廿世紀藝術的「原始主義」：部落和現代的相似性 'Primitivism' in 20th Century Art: Affinity of the Tribal and the Modern
戈地斯 Goldies
戈達德 Goddard, Pliny Earle
戈德沃特 Goldwater, Robert
《文化批判人類學》 *Anthropology as Cultural Critique*
《文化的相互關係》 *Interrelations of Cultures*
《文化與失序》 *Culture and Anarchy*
《文化與社會》 *Culture and Society*
〈文本模式：文本的意義行動〉 The Model of Text: Meaningful Action Considered-asa Text
《文藝復興的自我塑造》 *Renaissance Self-Fashioning*
《文獻》 *Documents*
〈日常生活中的神聖性〉 The Sacred in Everyday Life
木托 Motu
《水神：與奧戈特姆利的對話》 *Dieu d'eau: Entretiens avec Ogotemmêli*
〈牛津皮特河博物館〉 The Pitt-Rivers Museum, Oxford

5畫

冬季馬戲團 Cirque d'Hiver
加州大學出版社 University of California Press
加州大學聖塔克魯茲分校 University of California, Santa Cruz
加那利群島 Canary Islands
加蓋伊族 Jaqaj
包勒人 Baoule
包蘭 Paulhan, Jean
北角出版社 North Point Press
卡尤加人 Cayugas
卡卡內特出版社 Carcanet
卡本特 Carpenter, Edmund
卡希納卡吉 Kashinakaji, Windson
《卡里葛拉姆們》 *Calligrammes*
卡亞波人 Kayapo
卡奇納 kachina
卡拜爾人 Kabylie
卡納克人 Kanaks
卡勒巴哈 Carlebach, Julius
卡彭特 Carpenter, Jim
卡彭鐵爾 Carpentier, Alejo
卡萊爾印地安人學校 Carlisle Indian School
卡督威 Kaduveo
卡薩格蘭德 Casagrande, Joseph
古根漢，西蒙 Guggenheim, Simon
古塔 Gupta, Akhil

6畫

《我們共同的朋友》 *Our Mutual Friend*
《我們吞食這座森林》 *Nous avons mangé la forêt*
《我們侵蝕礦場、礦場吞噬我們》 *We Eat the Mines, the Mines Eat Us*
《我們蒂科皮亞人》 *We the Tikopia*
《批判》 *Critique*
李文斯頓 Livingston
李恩哈特 Lienhardt, Godfrey
李維史陀 Lévi-Strauss, Claude
《杜卡莫：美拉尼西亞世界的人物與神話》 *Do Kamo: Person and Myth in the Melanesian World*
杜布菲 Dubuffet
杜梅吉爾 Dumézil, Georges
杜象 Duchamp, Marcel
杜圖伊特 Duthuit, Georges
杜維格諾 Duvignaud
杜蒙 Dumont, Jean-Paul
杜蒙 Dumont, Louis
沃克 Walker, James
沃特斯 Waters, Lindsay
《沉默法則》 *Les Lois du silence*
沙特 Sartre, Jean-Paul
狄更生，艾蜜莉 Dickinson, Emily
狄洛瑞 Deloria, Vine
狄梅里 DeMaille, Raymond J.
狄爾泰 Dilthey, Wilhelm
《男性》 *L'age d'homme*
《男性》 *Manhood*
肖斯塔克 Shostak, Marjorie
貝孔學院 Bacone College
貝克，約瑟芬 Baker, Josephine
〈貝洛馬：初步蘭群島的亡靈〉 Baloma: The Spirits of the Dead in the Trobriand Islands
貝特森 Bateson,Gregory
貝蒂帕森斯畫廊 Betty Parsons Gallery
貝蒂埃 Peltier, Philippe
〈貝漢津的亞馬遜女戰士〉 les amazons de Behanzin
貝爾福 Balfour
〈身體技巧〉 Techniques du corps
辛斯利 Hinsley, Curtis
邦斯特柏 Barnstable
邦賈加拉 Bandiagara
里弗斯 Rivers, W. H. R.
里維埃 Rivière, Georges-Henri

8畫

亞米斯 Ames, Michael
亞買斯 Yarmouth
《亞維農少女》 *Demoiselles d'Avignon*
亞歷山大 Alexandre, Pierre
佩雷 Péret, Benjamin
佩諾斯科特 Penobscot
〈來自法國人類博物館的非洲傑作〉 African Masterpieces from the Musée de l'Homme

《初步蘭板球：對殖民主義的巧妙回應》 *Trobriand Cricket: An Ingenious Response to Colonialism*
協和廣場 place de la Concorde
《受詛咒的部分》 *La part maudite*
固特異 Goodyear
坦吉 Tanguy, Yves
奈許 Nash, June
奈傑 Najder, Zdzislaw
奈霍夫出版社 Martinus Nijoff
《妮莎：一位噴貢女性的生命與話語》 *Nisa: The Life and Words of a !Kung Woman*
姆喬納 Muchona
《宗教生活的基本形式》 *Elementary Forms of the Religious Life*
居美美術館 Musée Guimet
帕克內特 Pocknet, Joshua
帕克奈特，費南 Pocknett, Vernon
帕帕堝印地安人 Papago Indian
帕茲 Paz, Octavio
帕塔維特拉族群 Pai-Tavytera
帕圖西特族 Patuxet
帕薩瑪奎迪 Passamaquoddy
帕蘿都斯嘉 Poradowska, Marguerite
彼特斯，史蒂芬・阿莫斯 Peters, Stephen Amos
彼特斯，拉蒙娜 Peters, Ramona
彼特斯，約翰 Peters, John
彼特斯，羅素 Peters, Russell
彼茨 Pietz, William
《性史》 *The History of Sexuality*
拉比諾 Rabinow, Paul
拉甘西特人 Narragansets
拉柏雷 Rabelais
拉科斯特－杜雅戈丹 Lacoste-Dujardin, Camille
《拉科塔社會》 *Lakota Society*
《拉科塔信仰和儀式》 *Lokota Belief and Ritual*
《拉科塔傳說》 *Lakota Myth*
拉馬丁 Lamartine
拉馬克，塞納 Lamarck, Seine
拉馬普 Ramapough
拉斯金 Ruskin
拉菲托神父 Father Lafitau
拉蘇拉 Rasula, Jed
明格 Mingo, Russell
易洛魁族 Iroquois
杭特 Hunt, George
杭特，卡爾文 Hunt, Calvin
東方之旅 La Croisière Jaune
《東方文藝復興》 *Renaissance orientale*
《東方主義》 *Orientalism*
《東方知識》 *Connaissance de L'Est*
《東方圖書館》 *Bibliothèque orientale*
東方語言學院 Ecole des Langues Orientales
《東西詩集》 *Westöstlicher Diwan*

東部美洲原住民聯盟 Eastern Native Americans, CENA
林哈特 Leenhardt, Maurice
法夫雷－薩達 Favret-Saada, Jeanne
法克斯印地安人 Fox Indians
法國高等研究院 École Pratique des Hautes Études
法國國立網球場現代美術館 Jeu de Paume
法國國家文獻學院 École des Chartes
法紹達 Fachoda
法爾茅斯公立學校 Falmouth Public School
法蘭西聯盟 Union Française
波士頓海軍造船廠 Boston Naval Yard
波拉斯 Boelaars, J. H. M. C.
波拉德，湯尼 Pollard, Tony
波恩 Boon, James
波特萊爾 Baudelaire, Charles
波普莫納特 Popmonet, Simon
波普蒙納克 Paupmunnuck
波頓 Burton
波爾多 Bordeaux
波赫士 Borges
波德拉 Paudrat, Jean-Louis
盲眼阿莫斯 Blind Joe Amos
《知識考古學》 *The Archaeology of Knowledge*
《社會學年鑑》 *Année sociologique*
社會學院 Collège de Sociologie
芬頓 Fenton, James
芮克里夫－布朗 Radcliffe-Brown, A. R.
《金枝》 *Golden Bough*
金茲伯格 Ginzburg, Carlo
阿米什人 Amish
阿拉佩斯人 Arapesh
阿拉貢 Aragon, Louis
阿波利奈爾 Apollinaire, Guillaume
阿波美的鯊魚人 Abomey shark-man
阿剌 Ala
阿契貝 Achebe, Chinua
阿倫塔 Arunta
阿桑特 Asante
阿納薩齊族 Anasazi
阿茲亞德 Aziyadé
阿貢魁族 Algonquian
阿勒特灣 Alert Bay
阿莫古 Amagu
阿莫斯，丹尼爾 Amos, Daniel
阿莫斯，約瑟夫 Amos, Joseph
阿傑 Atget, Eugène
阿斯瑪族 Asmat
阿塔奎 Attaquin, Solomon
阿爾托 Artaud, Antonin
阿瑪多 Amado, Jorge
阿赫烏塔 Ahauuta
阿諾德 Arnold, Matthew
阿薩德 Asad, Talal
《阿贊德人的男性和女性》 *Man and Woman among the Azande*
《非洲「哲學」論》 *Sur la "philosophie" africaine*

9畫

《派特森》 *Paterson*
《流亡兒童：一九六八～一九八四年詩集》 *Children in Exile: Poems 1968-1984*
《珊瑚花園及其巫術》 *Coral Gardens and Their Magic*
皇家公園 Royal Garden
皇家語言、土地和民族學研究院 Koninklijk Instituut voor Taal-, Land- en Volkenkunde
科伊 Coe, Ralph
科利爾 Collier, John
科恩 Cohen, Marcel
科塔薩爾 Cortázar, Julio
科詩塔，維琪 Costa, Vicky M.
科德林頓 Codrington, R. H.
科澤尼奧斯基 Korzeniowski, Konrad
紀伊曼 Guillemin, Jean
約阿特山峰 Mount Yuat
約馬爾 Jomard, E. F.
《紅皮書》 *Redbook*
美拉尼西亞人 Melanesian
《美拉尼西亞人》 *The Melanesians*
美洲印地安人博物館 Museum of the American Indian
《美洲的野蠻習俗》 *Moeurs des sauvages amériquains*
《美洲原住民宗教自由法案》 Native American Freedom of Religion Act
美洲原住民權利基金會 Native American Rights Fund
《美國人類學家》 *American Anthropologist*
美國民族學局 Bureau of American Ethnology
美國自然史博物館 American Museum of Natural History
美國研究學院 School of American Research
美國革命女兒會 Daughters of American Revolution
美國哲學學會 American Philosophical Association
美國學術團體協會 American Council of Learned Societies
美國藝術與科學院 American Academy of Arts and Sciences
《美術雜誌》 *Gazette des beaux arts*
胡許 Rouch, Jean
胡德橡膠公司 Hood Rubber Company
《致命的話語》 *Les mots, la mort, les sorts / Deadly Words*
〈英國的印度統治〉 The British Rule in India
英屬哥倫比亞博物館 Provincial Museum of British Columbia
迪・嘉內 de Ganay, Solange
迪克斯堡 Fort Dix
迪亞康 Deacon, A. B.
迪耶特蘭 Dieterlen, Germaine
迪福 Pot de Fer
〈重返家園的筆記〉 Cahier d'un

莫霍克人 Mohawks
《規訓與懲罰》 *Discipline and Punish*
雪鐵龍 Citroën
麥佛遜 Macpherson, C. B.
麥克倫南 McLennan, J. F.
麥高恩 MacGowan, Christopher
麥塔科梅特 Metacomet
麥諾門特 Manomet
麥蘆 Mailu
〈麥蘆在地者〉 Natives of Mailu

12畫
傅立葉 Fourier, Charles
傅柯 Foucault, Michel
傅瑞德 Fried, Morton
傑米 Jamin, Jean
凱洛斯 Caillois, Roger
凱梅尼 Kemeni
凱斯陸特 Kesteloot, Lilyan
凱塞曼 Casement, Roger
《勝利》 *Victory*
喬托 Giotto
喬克托印地安人 Choctaw
喬納斯，理察森 Jonas, Richardson
惠特尼美術館 Whitney Museum
提卡皮族 Tikopian
斯瓦普 Schwab, Raymond
斯夸托 Squanto
斯佩柏 Sperber, Dan
斯旺，瓦萊塔 Swann, Valetta
斯達德司 Sturgis, Eleanor
斯賓塞 Spencer, Baldwin
斯賓賽 Spenser
普拉特 Pratt, Mary
《最後一片天空消失之後》 *After the Last Sky*
《渴望》 *On Longing*
《畫冊》 *Peintures*
《給多列士的信》 *Letter to Maurice Thorez*
華特 Watt, Ian
萊斯 Leys, Rene
萊維 Lévi, Sylvain
萊滕斯 Lettens, D. A.
《詞與物》 *Les mots et les choses / Order of Things*
費努阿塔拉 Fenuatara, Pa
費希爾 Fisher, Phillip
費雪 Fischer, Michael
費雪 Fish, Phineas
費斯特 Feest, Christian
費森 Fison, Lorimer
費羅貝尼烏斯 Frobenius, Leo
費邊 Fabian, Johannes
賀欽斯 Hutchins, Francis
《超現實主義宣言》 First Surrealist Manifesto
《超現實主義歷史》 *History of Surrealism*
《鄉村與都市》 *The Country and the City*

13畫

14畫

《歐洲人與印地安人》 *The European and the Indian*
潘恩 Payne, Harry
熱帶 Tropiques
《衝突中的城鎮和部落：麻薩諸塞州梅斯皮的在地政治研究》 *Town and Tribe in Conflict: A Study of Local-Level Politics in Mashpee, Massachusetts*
〈論非道德意義上的真理與謊言〉 On Truth and Lie in an Extra-Moral Sense
《論班巴拉的宗教》 *Essai sur la religion Bambara*
〈遷移自由〉 A Freedom in Passage
鄭明河 Trinh T. Minh-ha
《閱讀情節》 *Reading for the Plot*
魯西迪，薩爾曼 Rushdie, Salman
魯塞爾 Roussel, Raymond
魯賓 Rubin, William
魯賓，尚 Robin, Jean
黎凡特 The Levant

16畫
〈學院文化〉 Abcdarium Culturae
戰爭峰神 Fon god of war
歷史遺跡委員會 Historic Monuments Commission
《澳洲原住民家庭》 *The Family among the Australian Aborigines*
盧比族 Lumbee
盧卡奇 Lukács, Georg
盧梭 Rousseau, Henri
盧森堡花園 Luxembourg Garden
《磚與瓦》 *Briques et tuiles*
翰納茲 Hannerz, Ulf
《親屬關係的基本結構》 *The Elementary Structures of Kinship*
諾西特 Nauset
霍皮族 Hopi
霍利 Hawley, Gideon
霍里爾 Hollier, Denis
霍華 Howard, Richard
《頭目與我》 *The Headman and I*
鮑米安 Pomian, Krzysztof
鮑亞士 Boas, Franz
鮑亞士作品集 Boas Collection

17畫
戴文坡 Davenport, Guy
戴蒙德 Diamond, Stanley
謝夫納 Schaeffner, André
謝布 Shubow, Lawrence
謝閣蘭 Segalen, Victor
賽門斯 Simons, Nelson
韓波 Rimbaud, Arthur
韓蒙德 Hammond, Rebecca

18畫
《叢林人》 *Forest People*
《叢林的祕密》 *Les secrets de la jungle*

注釋 Notes

導論　純粹產物已然瘋狂 Introduction: The Pure Products Go Crazy

1 〈愛爾希〉同時也移轉了一項文學傳統。在西方的寫作中，僕從總是代表位階較低且不同種族的「人」。在布爾喬亞想像（bourgeois imagination）中，「自家社會裡的外來移入者」經常提供了虛構的神蹟、辨識場景、快樂的結局，以及烏托邦式或沒有主題的超自然存在等寫作素材。羅賓斯（Bruce Robbins, 1986）對此有深入的研究。

2 獨居在拉馬普山間的定居者以及近親繁殖的美國原住民血統值得商榷（「舊名字」……來自「來自澤西島稜曲北端」）。有些人如民俗學家柯恩（David Cohen, 1974），便完全否認此一看法，包括關於圖斯卡羅拉支族的故事。其他人則認為這群混合的人口（早先被稱為傑克森白人，並且根源於黑人、荷蘭人以及英國人血統），大概較接近德拉瓦州的印地安血統，而非圖斯卡羅拉。無論其真正的歷史根源如何，目前構成的部落都是明顯的不純粹產物。

3 有關「在地者」、女人、窮人：本書只討論對於在地者的民族誌建構。在西方布爾喬亞主導的意識形態體系中，這群人是相互關聯的，並且比起本書的討論更需要系統性的處理。相關議題的初步討論，見Duvignaud 1973, Alloula 1981, Trinh 1987; Spivak 1987。

4 近期對於各種文化和傳統的歷史－政治創新研究，參閱Comaroff 1985; Guss 1986; Handler 1985; Handler and Linnekin 1984; Hobsbawm and Ranger 1983; Taussig 1980, 1987; Whisnant 1983; Cantwell 1984。針對「文化－接觸」、「融合主義」（syncretism）和「文化適應」等熟悉的研究途徑，參見「干涉」和「互為參涉」（Fisher 1986:219, 232; Baumgarten 1982:154）、「跨文化」（Rama 1982; Pratt 1987）和「跨文化間互為文本」（Tedlock and Tedlock 1985）等概念。

5 加州印地安人持續的部落生活便是一例。即使是塔斯馬尼亞人（Tasmanians）的屠殺式「滅絕」這個最惡名昭彰的例子，如今似乎也成了不確定的「事件」。在有系統的屠殺之後，隨著1876年最後一位「純」種塔斯馬尼亞人（扮演著類似於加州伊許〔Ishi〕的神話角色）的死亡，該種族已在科學上被宣告死亡。但塔斯馬尼亞人事實上是倖存下來的，並且和原住民、白人及毛利人通婚。1978年，調查小組提出的報告認為，大約有4000-5000人有資格宣稱自己擁有塔斯馬尼亞的土地權（Stocking 1987:283）。

6 翰納茲（Ulf Hannerz）和他在瑞典斯德哥爾摩大學的同事正在以「文化世界體系」為主題進行該議題的研究。翰納茲在早先的發表中提出一個普遍性的假設：「文化多樣性正在減少，相同、單一的大眾文化很快就將遍布各地。」他懷疑：「我不認為這只是我作為一名對文化差異有著既得利益的人類學家的偏見，而讓我無法認識到例如在奈及利亞的情況可能並非如此。我最愛的奈及利亞城裡人們喝著可口可樂，但也喝小米啤酒（*burukutu*）；他們在電視機前看《霹靂嬌娃》（*Charlie's Angels*），也看豪薩（Hausa）的鼓者打鼓，電視機在這就像電力一樣普遍。我的感覺是，世界體系並沒有在全球範圍內創造大規模的文化同質性，而是正在用一種多樣性取代另一種多樣性；新的多樣性主要建立在相互關係而非自主性。」（Hannerz n.d.:6）

第一章　民族誌職權 On Ethnographic Authority

1 本章僅討論英國、美國和法國的案例。此處所分析的職權模式或許能夠一體適用，但我並沒有任何意圖將這個模式擴展到其他民族的傳統。本章同時認為，在狄爾泰的反實證主義傳統下，民族誌是一個詮釋的過程，而非解釋的過程。本章也沒有討論自然科學認識論上的各種職權模式。本章聚焦於參與觀察作為20世紀民族誌核心的互為主體過程，仍缺乏許多其他職權來源的討論：例如，針對特定群體所搜集的「檔案」（archival）知識、跨文化比較視角和統計調查工作等影響。

2 「眾聲喧嘩」假設「語言之間並不會相互**排斥**，而是以許多不同方式（烏克蘭語，以及史詩、早期象徵主義、學生、特定兒童世代、一般知識分子、

尼采主義者等語言），彼此交錯影響。如此看來，『語言』這個字詞在此過程中甚至失去了所有意義——因為顯然並不存在一個單一的載具，可以讓所有這些『語言』共同並置」（p. 291）。對於語言的談論，也一樣適用於「文化」和「次文化」。同時見Volosinov (Bakhtin?) 1953:291，尤其是第一章至第三章；以及Todorov 1981:88-93。

3 我並未試圖找出可能起源於西方之外的新民族誌寫作形式。如同薩依德、洪通基和其他人所指出，許多關於意識形態的「清除」和對抗性批判的作品仍然存在；也因為如此，許多非西方知識分子為此奉獻許多。我的討論維持在西方闡述的現實主義文化科學的實驗範圍內。再者，我並沒有將口述歷史、紀實小說、「新新聞」、旅行文學和紀錄片等「準民族誌」文類視為創新的領域。

4 在目前的職權危機中，民族誌已經成為歷史檢視的主題。相關的新批判途徑，見Hartog 1971; Asad 1973; Burridge 1973:chap.1; Duchet 1971; Boon 1982; De Certeau 1980; Said 1978; Stocking 1983; Rupp-Eisenreich 1984。

5 關於拉菲托卷頭插畫中對話的抑制，和一個文本化的、去歷史的，以及視覺導向的「人類學」架構，見德．塞爾托（Michel de Certeau）的詳細分析（1980）。

6 這個概念有時會過於容易與直覺或是同理兩個詞彙連在一起。但是作為民族誌知識的描述，理解（*Verstehen*）這個概念恰好是對同理經驗的批評。這個詞彙的確切意義是狄爾泰學者間辯論的議題（Makreel 1957:6-7）。

7 法夫雷－薩達作品英譯版書名為*Deadly Words*（1981）；可參見本書第二章。她的經驗已經被重新改寫為另一種編寫的層次，見Favret-Saada and Contreras 1981。

8 這裡或許不應該忽略克拉潘扎諾和德懷爾二者理論立場之間的差異。德懷爾以盧卡奇的觀點，將對話翻譯為馬克思－黑格爾式的辯證法，因此預期了關於返回人類主體性的可能性，一種由他者自身或是透過他者的完成。克拉潘扎諾拒絕包容性的理論，他的唯一職權是對話性作者的職權，這個職權受到遭逢、斷裂和混亂的不確定敘述所破壞。（值得注意的是，巴赫金使用的對話，並不能被化約成為辯證。）早期對於對話式人類學的提倡，同時見Tedlock 1979。

9 關於現實主義的「類型」，見盧卡奇（1964）書中各處。在格里奧爾的《水

神：與奧戈特姆利的對話》(1948) 中可以觀察到將個人轉為文化發言者的傾向。這點同時也在肖斯塔克的《妮莎》(1981) 中矛盾地呈現。對於這個矛盾性的討論以及該書產生的話語複雜性討論，見Clifford 1986b:103-109。

10 關於此文本生產模式的研究，見Clifford 1980a。同時見Fontana 1975，書中介紹了羅素 (Frank Russell)《皮馬印地安人》中不具名的共同作者，帕帕堝印地安人路易斯 (José Lewis)。雷里斯 (1948) 將合作者視為共同作者的關係，相關討論見Lewis 1973。對於鮑亞士關注在地語言文本以及他和杭特的合作的一篇前瞻性辯護，見Goldman 1980。

11 弗蒙德 (James Fernandez) 敘述詳盡的《布維提人》(*Bwiti*, 1985)，是對嚴謹的專著形式的一項自我突破，該書回到馬凌諾斯基的尺度，並恢復了民族誌的「檔案」功能。

12 伊凡普里查在《阿贊德人的男性和女性》(*Man and Woman among the Azande*, 1974) 的序言中提出這項論點。這部晚期作品，可以視為對他自己早期民族誌封閉的、分析性本質的回應。他承認其靈感來自馬凌諾斯基。(一本完全由引文組成的著作，是與班雅明〔Walter Benjamin〕相關的現代主義夢想。)

13 對於民族誌「群體動態」(group dynamics) 的研究，見Yannopoulos and Martin 1978。明確討論在地「聚會討論」的民族誌，見Jones and Konner 1976。

14 法夫雷-薩達在《致命的話語》(1977) 中對在地語言和斜體字的使用，部分解決了長久以來困擾現實主義小說家的問題。

15 沃克 (James Walker) 在1896到1914年間，編寫、創發和抄錄關於松樹嶺蘇族保留地的民族誌文本，提供了極具啟發性的複調表現模型。該項計畫預計出版四卷著作，迄今已出版了三本，由狄梅里 (Raymond J. DeMaille) 和賈納 (Elaine Jahner) 編輯：《拉科塔信仰和儀式》(*Lokota Belief and Ritual*, 1982)、《拉科塔社會》(*Lakota Society*, 1982)，以及《拉科塔傳說》(*Lakota Myth*, 1983)。事實上，這些引人入勝的著作，重新開啟了沃克1917年經典著作《太陽舞》(*The Sun Dance*) 中的文本同質性，這本著作是此處個人翻譯陳述的總結。此處相當於三十多位「權威人士」對沃克那本著作的補充，並且超越其內容。《拉科達信仰和儀式》其中很大部分是

由沃克的翻譯泰安（Thomas Tyon）所撰寫。第四卷將會是史渥德（George Sword）作品的翻譯，他是一位奧格拉拉（Oglala）戰士和法官，在沃克的鼓勵之下記錄和詮釋其傳統生活方式。第一、二卷也是以相同格式呈現知識淵博的拉科塔以及沃克自己未發表過的描述文本。民族誌像是集體生產的過程。需要說明的是，科羅拉多歷史學會決定發表這些文本，是因為有愈來愈多松樹嶺的奧格拉拉社群要求提供沃克當年的資料，以用於奧格拉拉歷史課程（關於沃克，見Clifford 1986a:15-17）。

16 近期關於實驗性民族誌非常有幫助且完整的調查，見Marcus and Cushman 1982；同時見Weber 1982; Fahim 1982；以及Clifford and Marcus 1986。

第二章　民族誌的權力與對話：格里奧爾的初始經驗
Power and Dialogue in Ethnography: Marcel Griaule's Initiation

1 這些研究方法仍存在許多個人差異，應該區分以下觀點：在多貢和班巴拉所進行的研究，是以格里奧爾、迪耶特蘭、迪・嘉內（Solange de Ganay）為主要「核心」。吉納維芙（Geneviève Calame-Griaule）和札亨（Dominique Zahen）為該計畫的主要貢獻者，但二者有各自不同的方法論觀點。勒伯夫（Jean-Paul Lebeuf）是早期的合作者之一，和格里奧爾觀點一致，但他的研究主要是在查德地區。胡許（Jean Rouch）、德豪胥（Luc de Heusch）以及後來許多學生，仍然對「傳統」抱持著矛盾性的忠誠。一些早期對於多貢計畫有貢獻的學者，包括伯米、雷里斯和謝夫納，始終對此計畫保持懷疑的距離，不應該被歸入「學派」之中。

2 任何嘗試重新詮釋田野筆記的人都明白，這是一項棘手的任務。這些筆記或許是對研究者自己來說金句式的、異語言的速寫筆記；或許是某種經常用在發表的民族誌研究中的那種「田野筆記」，也就是有系統的事件摘要、觀察，以及事後重新整理的對話。當田野筆記從一個文本化的位置移動到下一個位置時，幾乎不可能解開產生影響的詮釋過程。格里奧爾為了與奧戈特姆利進行重要訪談所寫的173篇豐富詳盡的「地形圖」（*fiches de terrain*）（Griaule 1946），顯然是經過至少一次重新撰寫的產物，包括刪除了特定語言問題以及翻譯者柯傑姆（Kogem）的存在之類的。

3 此處與本書其他各處關於外國著作的部分，除非引用的是已出版的英文譯

著，否則皆為我的翻譯。

4 我們不需要像萊滕斯（D. A. Lettens）討論到那麼遠（Lettens 1971:509），他認為整個逐步揭露祕密的初始調查邏輯，完全是格里奧爾的創作，目的是為了按照奧戈特姆利的揭露內容來掩飾他第一階段的失敗。但是基於蘇丹的初始調查系統的廣泛證據，以及萊滕斯在初始調查過程上嚴格且謹守字面上的概念，他的這種極端懷疑主義很大程度上並沒有根據，同時也不具有說服力。

5 傑米（Jamin 1982a:88-89）討論了格里奧爾研究工作中此一部分。對於祕密的社會功能的處理方式，參見他的《沉默法則》（*Les Lois du silence*, 1977）。祕密是**社會舞台**的一部分（*mise en scène sociale*），是群體身分和文化意義的促成物，不是最終取得的目標，而是被「不斷推延和掩飾」（p.104）。我對**清楚語彙**的注釋性功能的討論，來自此一普遍觀點以及Kermode 1980。對於格里奧爾實踐中帶有的「密碼式」假設以及許多持有相同假設的「象徵人類學家」兩者的尖銳批判，見Sperber 1957:17-50。或許謝閣蘭（Victor Segalen）的《勒內·萊斯》（*René Leys*, 1922），可以作為對祕密邏輯最精微的批評；見第五章。

第三章　民族誌的自我塑造：康拉德和馬凌諾斯基
On Ethnographic Self-Fashioning: Conrad and Malinowski

1 關於文化概念的發展過程，見Williams 1966, Stocking 1968；以及本書第十章。西方個人概念的創新性和脆弱性，見Mauss 1938，這可能是該主題首次的民族誌概述。

2 對「文化」反應中各種變化的全面分析，威廉斯（Raymond Williams）預設以下這些力量是決定因素：工業主義、社會衝突、大眾文化的興起。此外，高度殖民社會尚需要將地球上所接觸到的多樣性，理解為分散的整體。將世界上人類的安排視為獨特文化的地圖，主張事物彼此分離但又相互聯繫。

3 我所指出的詮釋受惠於前人對康拉德的闡述，其中最著名者當屬薩依德和華特。傳記方面則有Baines 1960; Watt 1979; Karl 1979; Najder 1983。我相信，我將《黑暗之心》作為一項新的寓言，用以突顯20世紀新興定義中的

寫作以及語言和文化的處理，其中借鑑了康拉德研究中許多明確建立的觀點。我沒有引用傳記事實的具體來源，因為就我所知，我所建立的這些資料在文獻上並沒有爭議。

4 我將《西太平洋的航海者》和《日記》並置，強調對馬凌諾斯基研究過程中兩個最著名的描述之間的關鍵差異。有時，我過度簡化了馬凌諾斯基研究和寫作過程；《日記》事實上同時涵蓋了他在初步蘭群島和麥蘆島（Mailu）完成的工作。我主要處理這兩部作品，因此忽略了其他複雜的文本，其中大多是某些未發表和現期無法取得的日記內容，以及馬凌諾斯基的〈麥蘆在地者〉（1915）和〈貝洛馬：初步蘭群島的亡靈〉（1916）。在這最後兩篇文章中，可以看見馬凌諾斯基制定了個人式和科學式的民族誌風格，這些風格也在《西太平洋的航海者》完全體現出來。傳記式的說明、馬凌諾斯基田野工作的詳盡描繪，或是美拉尼西亞文化和歷史的描繪，每一個都挑選了不同的素材。此外，由於停在1922年此一時間點上，我忽略了馬凌諾斯基持續重新書寫與初步蘭群島的對話。他的最後一部重要專著《珊瑚花園及其巫術》（*Coral Gardens and Their Magic*, 1935）就是以實驗和自我批判的方式，質疑《西太平洋的航海者》建構出來的修辭立場。

5 米勒（J. Hillis Miller, 1965）的閱讀方式和我的閱讀方式略有不同。他強烈主張《黑暗之心》不是「文化謊言」的正面選擇，而是破壞了所有的真實、一個更為悲慘黑暗，最終成為虛無主義的文本。毫無疑問，這個故事同時在形式以及內容上努力處理虛無主義的問題。儘管如此，它確實戲劇化了編寫故事的成功建構，一個偶然的、遭到推翻的，但最終有力的故事，以及一個關於真實和謊言的有意義的經濟結構。傳記上的證據強化了我的看法：《黑暗之心》是在述說真實中，適當卻獨特的成功故事。我注意到這個故事是在康拉德最終決定將一切都投入他的英語寫作生涯時寫成的。1898年秋季，他離開愛薩克斯和泰晤士河河口（介於陸地和海洋之處），前往肯特，在其他寫作者——威爾斯（H. G. Wells）、格雷恩（Stephen Grane）、福特（Ford Maddox Ford）、詹姆斯（Henry James）——附近定居。接著是他最後一次有紀錄地尋找海事職位，這份工作開啟了他文學作品中最為豐富的年代。他成功地突破了書寫障礙；《黑暗之心》非同尋常地出現。從這個決定的觀點來看，這個故事可以追溯到十年前康拉德開始寫作時，當時他在剛果，行李中裝著《奧爾邁耶的愚蠢》最初幾個章節。在我

描繪的閱讀中，《黑暗之心》主要是關於寫作，以及關於以最為疏遠、非對話的形式述說真實。康拉德的確成功成為一名英文作家、一位有限度的真實述說者。因此，馬洛在模糊的混亂雜音中渴求著英文隻字片語，也就不令人感到意外了。庫爾茲在英國接受過部分教育，我們也回想起他的母親是一半的英國人。從一開始，馬洛便在找尋庫爾茲熟悉和原始的聲音；最終，「這個不知來自何方的幽靈，在它完全消失前，以驚人的自信使我感到榮幸。這是因為它能對我述說著英語」（p. 50）。此處我無法討論在《黑暗之心》中許多不同語言的展現和評價上的各種複雜性。

6 布魯克（Peter Brooks）在《閱讀情節》（*Reading for the Plot*, 1984:259-260）中巧妙地觀察到《黑暗之心》將其真實呈現為「敘述紀錄」，而非「總結性概述」（如同庫爾茲的最後遺言）。在敘述中的意義並非是一個明顯的核心；它以對話的方式，存在於特定的傳達之中；它「位於故事和故事框架間的縫隙之中、誕生於敘說者和聆聽者的關係之間」。在強調該故事「冗長無盡的分析」時，布魯克將第一位敘述者作為特別聆聽者（讀者）的穩定功能減至最低程度，不像甲板上的其他人那般被命名或被賦予有限的文化功能。這位聆聽者的隱身保證了某種諷刺的權威，關於看見和不被看見的可能性、對於相關真實言說而不帶有矛盾的可能性，或是決定它們的不可決定性。

7 這份「波蘭語」日記是具備複調多音的。畢珂（Mario Bick, 1967:299）的工作是編纂詞彙表，並且通常在「處理語言的雜錄」，他指出馬凌諾斯基的寫作是以「波蘭文書寫並且經常使用英語，同時尚有德文、法文、希臘語、西班牙文、拉丁語等文字和慣用語，以及從在地語言所得來的詞彙」（有四種在地語言：木托語〔Motu〕、麥蘆語〔Mailu〕、基里維納語和混雜語言〔Pidgin〕）。

8 這段文字和注釋之間有一個有趣的失誤：功能主義「治療」變成功能主義「理論」。

9 這裡和他處的相關出處，均來自1971年諾頓（Norton）版本。

10 以系統性來分析民族誌研究者如何從田野工作的複調遭逢中建構優勢語言，進而推翻、再現、或翻譯其他語言，將是一件有趣的事。在這裡，阿薩德（Talal Asad）關於持續性、結構化的語言不平衡概念，將表面上中立的文化翻譯過程賦予了政治和歷史的內容（Asad 1986）。

11 撰寫本書時，葛茲的講座：「作品和生命：人類學家作為作者」(1983) 尚未發表。在我討論他的報告時，他主要論及的是Rabinow 1977; Crapanzano 1980; Dwyer 1982。

12 當然，話語領域不能侷限於人類學學科或其領域上；它也沒有用**反思**或**對話**等詞彙加以表達。關於暫時性研究，見Marcus and Cushman 1982; Clifford 1986a；以及本書第一章。

第四章　民族誌的超現實主義 On Ethnographic Surrealism

1 我對此詞彙的廣義使用與桑塔格(Susan Sontag, 1977)大致相同。她將超現實主義視為一個普遍的——或許是主流的——現代感性的觀點。對於我所討論的特定傳統與布勒東的超現實主義運動的處理方法，見Jamin 1980。對本章的「糾正」，重申超現實主義和民族誌的嚴格定義，可見Jamin 1986的討論。

2 對於20世紀社會科學和前衛藝術共同基礎的研究仍未得到發展。因此我的討論是非常初淺的。關於法國的脈絡，見Boon 1972; Duvignaud 1979; Hollier 1979; Jamin 1979, 1980; Lourau 1974; Tiryakian 1979。

3 引自Sontag 1977:204。福塞爾(Paul Fussell)的精闢研究《偉大戰役與現代記憶》(*The Great War and Modern Memory*, 1975)也強調了第一次世界大戰使得那個世代進入一個破碎的「現代主義」世界。

4 該傳統從1963年在《批判》(*Critique*)發表的〈向巴塔耶致敬〉(Hommage à Georges Bataille)文章中可見一斑，其中包括梅特勞、雷里斯、格諾(Raymond Queneau)、馬森、瓦爾(Jean Wahl)等戰前世代，以及代表新興批判傳統的傅柯、羅蘭巴特和索萊爾斯(Philippe Sollers)等。(另一個無法在此進一步闡述的民族誌超現實主義發展，是與第三世界現代主義和新興的反殖民論述的連結。在此僅提及幾個著名人物：塞澤爾〔雷里斯的長期友人〕、帕茲〔Octavio Paz〕，以及擔任期刊《文獻》〔*Documents*〕合作者的卡彭鐵爾〔Alejo Carpentier〕)。

5 李維史陀在這方面闡述最為出色是他這篇〈牟斯的作品介紹〉(1950)。相關修正見Maurice Leenhardt 1950。

6 我的說明主要根據里維埃的個人通信和他的兩部回憶錄(1968, 1979)。同

時見Paulme 1977, Jamin 1982a。

7 關於非洲藝術風潮，見Laude 1968:528-539, Leiris 1968; Blachere 1981。一個特別的顯著例子，見蘇波所著《黑人》(*Le nègre*, 1927)。蘇波的黑人論述是一種破壞性再生力量，比起非裔美國人，更可說是尼采式的。

8 薩依德的說明低估了這些投射性異國風情的正面評估。見本書第十一章。

9 根據瑞弗和里維埃在《米諾托》第二期（1933）引以為傲的計算，共收集有3,500個「民族誌物件」、6,000張照片、大量的阿比尼西亞繪畫、300份手稿和避邪物（amulets）、30種語言和在地語言的注記、數百份紀錄、「民族誌觀察紀錄」、植物標本等。以瑞弗和里維埃的話來說，這個任務的「戰利品」是評量一項成功任務的公開標準。羅蘭巴特（1957:140）將此「任務」解剖為：一個帝國的「權威詞彙」，可以應用於全部的殖民事業，並且賦予它們所需要的英雄式救贖光環。

10 這個說法應該視為道格拉斯將格里奧爾和法國傳統普遍描繪為形式以及迷戀抽象體系傾向的修正。它同時加強了她對於多貢文化和超現實主義之間暗示性的友好關係。與此一致的看法可見戴文坡（Guy Davenport, 1979）在1920年代巴黎與傅立葉（Charles Fourier）一起對多貢人的想像式安排。

11 兩本具特色的聯合國教科文組織出版品是《文化的相互關係》(*Interrelations of Cultures*, 1953)，作者為格里奧爾和雷里斯，以及李維史陀的《種族與歷史》(*Race and History*, 1952)。

12 一種隱晦的超現實主義（「人類學式」）概念，認為心靈是一種創造性源泉，能夠產生整個人類表達範圍——既存的和潛在的、神話的和理性的——在李維史陀的結構主義式**人類精神**（*ésprit humain*）中，可能可以找到最為計畫性的表現。見第十章第三節。

13 這種區分並非毫不費力地完成的。根據雷里斯（個人通信），在人類博物館中，瑞弗曾經發布了一個正式禁令，反對將工藝品以美學方式加以處理。新的機構必須清除托卡德侯以及1920年代的遺產，那是科學和藝術脈絡相互融合的時期。瑞弗所信奉的禁忌一直到1960年代仍保有其影響。

14 有一篇文章主要討論雷里斯生涯的「民族誌」面向，見Clifford 1986c，此處討論的部分內容改編自該文章。錢尼和皮克林（Chaney and Pickering 1986a, b）提供了關於「超現實主義民族誌」另一種可能例子的豐富解釋：大眾觀察計畫（Mass Observation），一項關於1937至1943年間的英國社會

檔案計畫。大眾觀察計畫受到新聞工作者、超現實主義作家馬奇（Charles Madge）、民族誌和鳥類學家哈里遜（Tom Harrisson），和紀錄片製作、超現實主義畫家的詹寧斯（Humphrey Jennings）等人的影響，試圖將一個廣泛的英國流行文化民族誌，設想為一個疏離化、異國風味的世界。大眾觀察計畫的目標是動員所有階層的民族誌工作者，一同擴展社會意識並不斷交流觀察結果。如同馬奇和詹寧斯所提到的，這些觀察「透過主觀，變成了客觀，因為觀察者的主體性是觀察之下的其中一個事實」（引自 Chaney and Pickering 1986a:47）。該計畫預期了後來的反思民族誌和人類學作為文化批判等概念。（見第一章；以及 Marcus and Fischer 1986; Jackson 1987。）在兩次大戰間於法國、英國、美國的「文件檔案」行動中，關於特定的社會、美學和科學目標的混合，值得進行系統性的比較。（同時見 Stott 1973。）

15 該合輯包括由巴塔耶、凱洛斯、哥斯達拉（Guastalla）、克羅索斯基、科耶夫、雷里斯、羅維斯基（Lewitsky）、梅爾（Mayer）、包蘭和瓦爾所提供的文本，以及編輯的大量評論。關於該學院的討論，同時見 Lourau 1974 和 Jamin 1980 的出色說明。

16 對於這些假設的嚴格批判，見羅蘭巴特的〈人類一家〉一文（La grande famille des homes, Barthes 1957）。

第七章　新詞政治學：艾梅．塞澤爾 A Politics of Neologism: Aimé Césaire

1 塞澤爾所有詩作，均引自艾希爾曼和史密斯1983年的譯本（Césaire 1973）。

第九章　部落和現代歷史 Histories of the Tribal and the Modem

1 在這裡使用「部落」一詞其實非常勉強。它代表一種無法連貫具體指出的社會（和藝術）。總地來說，部落的概念僅僅出自西方的投射和行政管理上的需要，而非來自任何本質或特徵。此一詞彙如今被廣泛使用在諸如「部落藝術」這類說法，而非「原始藝術」。正如本章指出，這樣表示的類別是歷史上受到侷限的西方分類下的產物。此一措辭的使用最初是一種強加的過程，但某些非西方群體已經接受這種使用方式。在許多情況下，

部落地位是身分認同的重要策略基礎。在本章中，我對「部落」(tribe)和「部落的」(tribal)使用，反映了一般常見的使用方式，但同時也暗示了這個概念被系統性地扭曲的方式。見Fried 1975和Sturtevant 1983。

2 這些觀點是由史德文特(William Sturtevant)於1984年11月3日，在紐約現代藝術博物館舉辦的人類學家和藝術史學家的研討會上所提出。

3 雷里斯曾提出一個比相似性更為嚴格的闡述，請參考Leiris 1953。雷里斯問道，我們如何才能將非洲雕塑視為一個單一類別？他警告「我們可能會低估非洲雕塑的多樣性的危險；比起欣賞熟悉的文化或事物之間的差異，我們不太能欣賞不熟悉的文化或事物之間的差異。我們傾向於看到它們之間有某種相似之處，事實上，這僅在於它們的共同差異」(p. 35)。因此，當我們提到非洲的雕塑作品時，我們無法避免地「專注於它與我們自己的雕塑的不同面向，從而忽略了這個雕塑實際上所包含的豐富多樣性。」在這樣的邏輯下，部落和現代的相似性變成了一項重要的視覺錯覺——用以衡量一種從早期文藝復興到19世紀晚期主導西方藝術模式的共同差異性。

4 例如，參見魯賓對於畢卡索畫作和西北岸半面具間所共有的神話普遍現象的討論(Rubin 1984:328-330)。同時見瓦恩多對現代原始主義與理性科學彼此間聯繫的研究(Rubin 1984:201-203, 652-653)。

5 這個觀點是由葛茲於1984年11月3日在現代藝術博物館的一場研討會中所提出(見注釋2)。

6 克勞斯和瓦恩多對於原始主義暗黑版和光明版看法之間的衝突，是目錄中最明顯的不協調。對於克勞斯來說，關鍵任務是破壞歐洲之前的主導形式的權力和主體性；對於瓦恩多而言，重點則是擴大它們的範圍、質疑和創新。

7 有關「戀黑癖」，見Laude 1968；對於文學中類似的趨勢，見Blachere 1981和Levin 1984。歐洲前衛藝術對「黑人」事物的發現，是由一個想像中的美國所中介，這是一個同時代表了人類過去和未來的高貴野蠻之地——一個原始和現代的完美契合。例如，爵士樂和原始根源(野性的、情色的熱情)以及技術(爵士鼓的機械韻律、閃亮的薩克斯風)聯繫在一起。柯比意(Le Corbusier)的反應相當典型：「在一個愚蠢的綜藝秀中，約瑟芬．貝克帶著如此強烈和戲劇化的情感演唱〈寶貝〉，我感動得流下了眼淚。就是在這種美國黑人音樂中，一種情感豐富、『當代』的歌曲，是如此無

法抵擋，我可以看到一種新的音樂情感的基礎，它可以成為新時代表現，也能夠將歐洲根源歸類為石器時代——如同與新建築風格所發生的那樣」（引用自Jencks 1973:102）。作為柯比意的現代主義靈感泉源，約瑟芬・貝克的形象僅次於那些矗立在美國平原上、由默默無名的「原始」機械工所建造的巨大、幾近埃及式的混凝土糧倉（Banham 1986:16）。這裡提及的歷史敘事隱喻，已經成為20世紀文學和藝術創作的特徵，作為一種救贖式現代主義，堅持不懈地「發掘」那個可以證明自身存在意義的原始性。

8 這裡追溯的20世紀發展將這些思想重新部署到跨文化領域，同時保留原先的倫理和政治立場。見第十章第二節。

9 對於傑出作品的認可，見魯賓充滿自信的宣稱（1984:20-21）。他對部落和現代藝術曾做過如此評論：「在造型藝術中，天才的解決方式，本質上都是出自直覺的」（p. 78, n. 80）。魯賓對於人類學家所提出的觀點（他們相信部落藝術作品的集體生產）表達了固執的拒絕，描繪出他企圖為美學判斷清理出一個獨立空間。關於他將西方美學分類投射到帶有不同藝術定義的傳統上的建議事實上是過於簡化的（例如p. 28）。

10 在1984年11月3日一場研討會上（見注釋2），費斯特指出，將民族誌收藏品歸類為「藝術」的趨勢，是給予藝術（而非人類學）展覽大量資金贊助的部分回應。

11 在蘇尼戰神或阿赫烏塔戰神（Ahauuta）的例子中，權力平衡的轉移是顯而易見的。蘇尼人強烈反對將這些雕像（令人畏懼且偉大的神聖力量）作為「藝術」加以展示。它們是唯一被特別反對的傳統物件。1978年，《美洲原住民宗教自由法案》（Native American Freedom of Religion Act）通過後，蘇尼人發起三項正式的法律訴訟，要求歸還阿赫烏塔戰神（在蘇尼人眼中，就定義而言這是公共財產遭到盜取）。1978年，蘇富比拍賣會上的一次交易被中斷，並且最終將該雕像歸還給蘇尼人。1981年，丹佛藝術博物館被迫歸還其藏品。針對史密森尼學會（Smithsonian）的索賠截至撰寫本文時仍未解決。正在進行的活動中，別的地方也施加了其他壓力。在這些新的情況裡，蘇尼的阿赫烏塔戰神不能再定期展覽。事實上，克利在柏林看到的雕像，如果先被運到紐約現代藝術博物館展覽，就會冒著被當作走私品扣押的風險。相關背景說明，見Talbot 1985。

12 《紐約時報》1985年2月5日第27版有一篇關於企業贊助藝術的文章，其中

指出美孚石油（Mobil Oil）贊助絕大部分的毛利展覽，很大程度上是為了討好紐西蘭政府，該公司正與紐西蘭政府合作興建天然氣轉換廠。

13 在某些地方，當代探索變成了一種自我嘲諷，如同溫瑟（Jackie Winsor）作品上的標示：「溫瑟的作品有一種原始主義的感覺，不僅體現在她素材的自然物質上，也在於她編造的方式上。她的努力——打釘和裝線——超越簡單的系統性重複，呈現儀式化行為的表現特徵。」

第十章　藝術和文化收藏 On Collecting Art and Culture

1 關於收藏作為欲望的手段，見納沙泰爾（Neuchâtel）的民族誌博物館1981年6月到12月一檔名為「收藏激情」的展覽，其極具啟發性的目錄（Hainard and Kaehr 1982）。此一對收藏品的分析是反思性博物館學的傑作。關於收藏和欲望，亦可見哈洛威（Haraway 1985）對於美國自然史博物館、美國男子氣概，以及1908到1936年間頹廢威脅的精采分析。她的作品就歷史上特定的性別化方式，表達出其對於收藏、保存和展示的熱情等看法。關於民族誌研究者對複雜物件經驗的批判性思考，見Beaucage, Gomilia, and Vallée 1976。

2 班雅明的文章〈開啟我的圖書館〉（Unpacking My Library, 1969:59-68），提供愛好者的反思看法。收藏是一種生命藝術，與記憶、著迷和從失序中拯救出來的秩序密切相關。班雅明看到（並從中獲得某種愉悅）由收藏所獲致的主體空間的危險性。「每一種熱情都與混亂相依，但收藏者的熱情卻與記憶的混亂相依。不僅如此：充斥在我眼前的過往機會和命運，都明顯呈現在書裡慣有的混亂之中。因為這種收集正是一種失序，而一旦適應了這種失序，以至於它可以表現為秩序嗎？你們都聽過有人因丟失書籍而變得無能，也聽過有人為了得到書籍而成為罪犯。在一些領域裡，任何秩序其實是一種極端危險的平衡行為」（p. 60）。

3 我對於戀物作為西方知識史上他者特徵的了解——從德布羅斯（DeBrosses）到馬克思、佛洛伊德、德勒茲——很大程度上歸功於彼茨（William Pietz）大部分尚未出版的作品；見〈我作為戀物的問題〉（The Problem of the Fetish, I, 1985）。

4 對於民族誌文化主義以及美學形式主義的「硬」闡述，見Sieber 1971,

Pricec and Price 1980, Vogel 1985, Rubin 1984。前兩部作品認為，藝術只有在原先的脈絡中才能被了解（而非僅僅只是欣賞）。後兩部作品宣稱，美學特質超越原先的自身闡述，而這等「傑作」吸引了普世的或至少是跨文化的人類情感。「美學上的傑出」、「使用」、「稀有」、「歲月」等不相容的分類，同樣在部落作品的本真價值上受到爭議，見《非洲藝術》（*African Arts*）籌設的一場內容豐富但尚未有任何具體結論的研討會：〈非洲藝術的本真性〉（Authenticity in African Art）（Willett et al., 1976）。

5 關於後佛洛伊德式戀物的積極意義，見Leiris 1929a, 1946；對於戀物理論的極端可能性，見Pietz 1985，其中引用了德勒茲的概念；關於一位遺憾的符號學家，將戀物的反常意義（「刺點」，the punctum），作為僅僅是個人意義之處，同時為文化符碼所破壞（「意向性之投注」，the studium），見Barthes 1980。葛米拉（Gomila 1976）則從超現實主義-精神分析的角度，重新思考民族誌的物質文化。

6 1985年在納沙泰爾民族誌博物館舉辦的一場名為「時光流逝、時光追憶」（Temps perdu, temps retrouvé）的展覽，系統性審視西方民族誌博物館的時間困境。其觀點濃縮在以下的文本，而其中每項論點都以博物館學的方式呈現：「博物館是存放物品的著名處所，它為這些生活之外的物件賦予了價值：在這樣情況下，它們類似於墓地。透過金錢而獲取，記憶的物件參與群體不斷變化的身分，為既存的權力服務，並積累成寶藏，然而個人的記憶卻逐漸消逝。面對每天生活的侵擾和現象的消逝，記憶需要物件——這點永遠是透過美學、挑選的強調或者種類的混合加以操作。從未來的觀點來看，現在應該拯救什麼呢？」（Hainard and Kaehr 1986:33; Hainard and Kaehr 1985）。

7 雖然威廉斯的分析只限於英國，但是一般模式仍適用於歐洲其他地方，只是各地現代化的時間表不同，或是使用了其他詞彙。例如在法國，文明化（civilisation）或是涂爾幹會用「社會」（société）一詞來代表文化（culture）。重點在於對集體生活的一般性評估。

8 如同多明奎茲（Virginia Dominguez）指出，這個新主題的出現意味著與民族學密切相關的特定歷史性。她援引傅柯的《詞與物》（*Order of Things*, 1966），以及19世紀晚期「博物館時代」對民族誌工藝品的爭奪，並引用高爾（Douglas Cole）對於主流理性的總結看法：「有必要利用時間來收集，

以免太遲」(Cole 1985:50)。「對什麼太遲？」多明奎茲問道，「這裡有一種特殊的歷史意識。我們從收藏家的聲音中聽見急迫感，一種擔心我們將無法再獲取這些物品的恐懼，這將無可挽回地失去了我們保存自身歷史性的手段。此處有一個雙重的移轉。收藏物件不再是因為它們本身的價值，而是作為製造物件者的換喻(metonyms)。而製造者變成了被審視的物件，不是因為他們本身的價值，而是在於他們對於我們理解自身歷史軌跡的貢獻。正是這種對於『人』的觀點，以及對於『歷史』的觀點，使得這個雙重移轉成為可能」(Dominguez 1986:548)。

9 特定時空：字面上的「時間-空間」對於任何面向都不具有優先權(Bakhtin 1937)。特定時空指的是一個編造(fictional)的環境，在這個環境下，歷史上特定的權力關係變得可見，而且可以「發生」某些故事(一如在19世紀社會小說中的布爾喬亞沙龍、康拉德的冒險和帝國故事中的商船)。如同巴赫金所指出：「在文學藝術的特定空間中，空間和時間指標融成一個謹慎的、具體的整體。時間彷彿濃縮了，變得有血有肉，在藝術上變得可見；同樣地，空間變得充滿活力，以便於對時間、計畫和歷史的行動做出回應」(p. 84)。

10 如今的紐約依然如此。回到我生長在上西區的鄰坊，以及走在116街和86街之間，我總會遭逢許多種族、文化、語言、各種異國情調、「古巴中式」餐館等。這至少已經足以嚴重模糊了在第一和第三世界、現代世界體系中的中心和邊陲之間的空間區分。

11 費雪(Michael Fischer)在其廣泛的研究〈族群與記憶的後現代藝術〉(1986)中指出，文化再創、個人研究以及以未來為導向的傳統挪用的一般過程。奧勒岡藝術學院提交給國家人文基金會(National Endowment for the Humanities)的一項獎助計畫，揭露了美洲原住民與收藏的「部落」物件之間的特殊關係(Monroe 1986)。為了準備在波特蘭藝術博物館重新裝配西北岸拉斯穆森收藏作品，來自阿拉斯加的海達與特林吉特的耆老參與了一系列的協商。該提案明確指出，必須非常小心地「將館藏中的特定物件與特定耆老的氏族成員和知識庫相匹配。西北岸原住民屬於特定氏族，擁有久遠的口述傳統和歷史。耆老是他們的氏族和部落的代表」(Monroe 1986:8)。重新裝配會「同時呈現**一個或多個物件的學術詮釋，以及原住民耆老和藝術家對於所見所理解的相同物件之詮釋**」(p. 5；粗體為原文強

調）。

12 在1910年之前製作的沃克檔案，已經變成蘇族在松樹嶺保留地的當地歷史教學相關資料（見第一章注釋15，以及Clifford 1986a:15-17。同時，由克魯伯和戈達德（P. E. Goddard）所收集的已翻譯和未翻譯的托洛瓦（Tolowa）故事和語言文本，成為部落要求承認請願書的重要證據。這些文本被收集成為「搶救民族誌」，以記錄據稱正在消失的文化殘留。但在托洛瓦人堅持不懈的背景下，交由托洛瓦耆老和美洲原住民律師的重新翻譯和詮釋。這些文本提供了部落歷史、傳統領域、群體差異性和口述傳統等證據。它們是托洛瓦的「文學」（Slagle 1986）。

13 關於部落藝術本質上是非商業的（「神聖的」、「靈性的」、「環境的」等）常見假設，在各地都是值得質疑的觀點。一個明顯例子是新幾內亞塞皮克區，傳統文物和知識長久以來一直在進行交易或買賣。很大程度上，在地群體參與在一個廣泛世界的藝術市場中可以是「傳統」的。原民商品系統與外部資本主義力量相互作用；它們並非簡單地讓步給這些資本主義力量。因此，世界體系是動態的，並且是由地方所組織起來。已經有愈來愈多學術研究糾正了這種將非西方社會視為缺乏歷史動力的持續傾向；例如Rosaldo 1980; R. Price 1983; Sahlins 1985。這些研究打破了將人類群體劃分為歷史的和神祕的、「熱的」和「冷的」、「歷時的」和「共時的」、現代的和古代的等（「東方主義式」）二分法。布萊斯（Sally Price, 1986）著重在非西方「部落」族群的多樣歷史觀點，以及藝術在闡述這些觀點上的角色。

第十一章　論東方主義 On Orientalism

1 在《規訓與懲罰》（1975:35）中，傅柯表示他意圖書寫一部監獄史：「這是純粹的時代錯置嗎？不，如果我們用現在的語彙來解讀過去，那麼答案是否定的。但是，如果我們用現在的角度來看待當前的歷史，那麼答案便是肯定的」（p. 35）。他對系譜學的完整陳述，見〈尼采、系譜學、歷史〉（Nietzsche, Genealogy, History, 1977）。本章僅討論《東方主義》出版時的傅柯著作。我並沒有討論他在《性史》第一卷之後對歷史方法的改進和突破。

2 關於這個他稱之為「論述形構」領域的最初定義，見傅柯在《知識考古學》中的苛評（1969:chap. 2）。傅柯的方法忽略了「影響」和「傳統」、貶抑了

「作者」，並且基於堅持或在「客體」、「風格」、「概念」、「主題」的共性上（commonality），對於話語整體的任何標準採取懸而不決的態度。要注意的是，薩依德運用了思想史上所有這些熟悉的要素。

3 事實上，薩依德的批判方法是相當擾人的，特別是當他揭示了比馬克思較不知名人物的東方主義時，在這些人物當中，話語陳述和個人表達之間的斷裂並不那麼顯而易見。一個特別明顯的例子是，他使用偉大的梵文學者和人文主義者萊維（Sylvain Lévi）藉以表現東方主義與帝國政治之間的關聯（Said 1978:249-250）。這些強烈關注歐洲對東方的「興趣」（興趣這個字被插入於萊維的論述之中）此一誤導印象，並沒有在任何地方受到確認。關於現代東方主義者並不像薩依德所描述那般簡化的主張，見Hourani 1979。

4 葛茲對於文化組織提供了一個突出且具有問題的意象，文化組織既不是一隻蜘蛛也不是一堆沙子，而更像一隻章魚，「它的觸腳很大程度上是各自分離而又整合的，彼此神經聯繫以及與被認為是章魚大腦的神經連接並沒有很好，但仍然能夠設法向周圍伸展並保護自己，至少在某段時間內得以作為一個可行的卻有些笨拙的實體」（1973:407-408）。依此觀點來看，文化勉強仍是一個有機體。

第十二章　梅斯皮身分 Identity in Mashpee

1 有關人物和地點的描述可以追溯到1977年秋天。讀者需留意的是，自那時起，個人的生活已經有所改變，梅斯皮情況自然也發生了變化。

2 以下的兩節「歷史」呈現我對梅斯皮過去爭議所能建構出的最佳的簡短詮釋。它們選擇性地展示審判中專家提出的證詞——這些證詞過於冗長、複雜且存在爭議，因此很難適當摘要。兩種版本的整體輪廓反映了每一方主要律師在證詞結束時提供的總結。「歷史一」很大程度上參考了賀欽斯的《梅斯皮：鱈魚角印地安城鎮的故事》（1979）。這本著作對於審判的證詞採取了相對較為中立的立場。「歷史二」某種程度上受到愛克斯泰爾（James Axtell）的《歐洲人與印地安人》（1981）的總體方法的影響。愛克斯特爾是原告的證人。

3 羅森（Lawrence Rosen）提供一位人類學家作為專家證人的極佳概述

（1977），他討論到對抗系統的限制、倫理的兩難，以及對於定義如部落、團夥、民族和酋長等語詞的持續問題。羅森認為需要提升人類學家在法律程序中的角色，因此為這些準備進入危險但必要的領域的學者們提供了建議。

4 見Sturtevant 1983，其中探討了審判中對部落概念爭議之反思。他建議需要一個具體「多面向的」（polythetic）定義的需要，藉以適應重要的在地變化。此一看法獲得法律學者魏德海（L. R. Weatherhead）在法庭上關於部落議題的支持（1980）。魏德海以為，「『部落』在民族歷史學上的意義中……不是針對人類學定義中的部落，而是針對每一個印地安群體的特殊歷史。因此，在提及如何協調法律和民族歷史學的『部落』意義時，我們是在談論制定一個法律標準，足以包含每一個美國印地安群體的不同社會、政治和文化組合」（p. 5）。

5 在上面的討論中，我並非暗示文化和部落的民族誌概念（儘管它們已經變得不那麼純粹），應該被納入最近且更流動的族群語境之中。如一般所認為的，族群認同（ethnicity）是一個不充分的文化概念，適合在多元狀態中組織多樣性。部落制度，仍然強調原民主權，並讓人想起其18世紀的同義詞——民族（nation），它較不容易融入現代多民族的、多種族的狀態之中。印地安部落宣稱的文化政治身分復興比愛爾蘭裔美國人或義大利裔美國人更具顛覆性：印地安原住民宣稱自己既是完整的美國公民，同時又徹底在美國之外。

6 西蒙斯的《新英格蘭部落的神靈》（1986）在審判時尚未出版，書中收集並分析了新英格蘭印地安民間傳說，這些證據為基督教和美國印地安人來源之間具生產性的相互滲透提供了許多證據。它展示了印地安人是如何透過吸收和互動來傳承口頭和書面的「傳統」。西蒙斯提供了關於梅斯皮萬帕諾格文化英雄巨人莫夏皮（Maushop）的背景，而在拉蒙娜．彼特斯的證詞中，莫夏皮意外地變成了《白鯨記》莫比．迪克。原告的律師和專家很少援引持續存在的印地安民間傳說，可能是因為這些傳說明顯涉及周圍族裔的宗教傳統和童話故事。

參考書目 References

Abdel-Malek, Anouar. 1963. "L'orientalisme en crise." *Diogène* 24: 109-142.

Achebe, Chinua. 1984. "Foreword." *Igbo Arts: Community and Cosmos*, ed. H. M. Cole and C. C. Aniakor, pp. vii-xi. Los Angeles: Museum of Cultural History, UCLA.

Adotevi, Stanislaus. 1972-73. "Le musée inversion de la vie." *L'art vivant* (special issue, "Le musée en question") 36: 10-11.

Alexander, Edward. 1979. *Museums in Motion: An Introduction to the History and Functions of Museums*. Nashville, Ky.: American Association for State and Local History.

Alexandre, Pierre. 1971 . "De l'ignorance de l'Afrique et de son bon usage: Notule autobiocritique." *Cahiers d'études africaines* 43: 448-454.

——, ed. 1973. *French Perspective in African Studies*. London: Oxford University Press for the International African Institute.

Alloula, Malek. 1981. *Le harem colonial: Images d'un sous-érotisme*. Trans. Myrna and Wlad Godzich as *The Colonial Harem*. Minneapolis: University of Minnesota Press, 1986.

Ames, Michael. 1986. *Museums, the Public, and Anthropology: A Study in the Anthropology of Anthropology*. Vancouver: University of British Columbia Press.

Apollinaire, Guillaume. 1918. *Calligrammes*, trans. Anne Hyde Greet. Berkeley: University of California Press, 1980.

Artaud, Antonin. 1976. *The Peyote Dance*. New York: Farrar, Straus, and Giroux.

Asad, Talal. 1986 . "The Concept of Cultural Translation in British Social Anthropology." In *Writing Culture: The Poetics and Politics of Ethnography*, ed. James Clifford and George Marcus, pp. 141-164. Berkeley: University of California Press.

——, ed. 1973. *Anthropology and the Colonial Encounter*. London: Ithaca Press.

Axtell, James. 1981. *The European and the Indian: Essays in the Ethnohistory of Colonial America*. Oxford: Oxford University Press.

Babcock, Barbara, Guy Monthan, and Doris Monthan. 1986. *The Pueblo Storyteller: Development of a Figurative Ceramic Tradition*. Tucson: University of Arizona Press.

Bahr, D., J. Gregorio, D. Lopez, and A. Alvarez. 1974. *Piman Shamanism and Staying Sickness (Ka:cim Mumkidag)*. Tucson: University of Arizona Press.

Baines, Jocelyn. 1960. *Joseph Conrad: A Critical Biography*. New York: McGraw-Hill.

Bakhtin, Mikhail. 1937. "Forms of Time and the Chronotope in the Novel." In *The Dialogic Imagination*, ed. Michael Holquist, pp. 84-258. Austin: University of Texas Press, 1981.

——1953. "Discourse in the Novel." In *The Dialogic Imagination*, ed. Michael Holquist, pp. 259-442. Austin: University of Texas Press, 1981.

Balandier, Georges. 1960. "Tendances de l'ethnologie française." *Cahiers internationaux de sociologie* 27: 11-22.

Banham, Reyner. 1986. *A Concrete Atlantis: U.S. Industrial Building and European Modern Architecture*. Cambridge, Mass.: MIT Press.

Barsh, Russel, and James Youngblood Henderson. 1980. *The Road: Indian Tribes and Political Liberty*. Berkeley: University of California Press.

Barthes, Roland. 1957. *Mythologies*. Paris: Editions du Seuil.

——1968. "L'effet de réel." Reprinted in R. Barthes. *Le bruissement de la langue*, pp. 167-174. Paris: Editions du Seuil, 1984.

——1970. *L'empire des signes*. Trans. Richard Howard as Empire of Signs. New York: Hill and Wang, 1982.

——1977. *Image Music Text*. New York: Hill and Wang.

——1979. "African Grammar." In R. Barthes, *The Eiffel Tower and Other Mythologies*, pp. 103-109. New York: Hill and Wang.

——1980. *La chambre claire*. Trans. Richard Howard as *Camera Lucida*. NewYork: Hill and Wang, 1981.

Bataille, Georges. 1930. "L'Amerique disparue." In Jean Babelon et al., *L'art précolombien*, pp. 5-14. Paris: Les Beaux Arts.

— 1949. *La part maudite*. Reprint. Paris: Editions de Minuit, 1967.

— 1957. *L'erotisme*. Paris: Editions de Minuit.

Baudrillard, Jean. 1968. *Le système des objects*. Paris: Gallimard.

Baumgarten, Murray. 1982. *City Scriptures: Modern Jewish Writing*. Cambridge, Mass.: Harvard University Press.

Beaucage, Pierre, Jacques Gomila, and Lionel Vallée. *L'experience anthropologique*, pp. 71-133. Montreal: Presses de l'Université de Montréal.

Becker, Howard. 1982. *Art Worlds*. Berkeley: University of California Press.

Benjamin, Walter. 1969. *Illuminations*, ed. Hannah Arendt. New York: Schocken Books.

——1977. *The Origin of German Tragic Drama*. London: New Left Books.

Benveniste, Emile. 1971. *Problems in General Linguistics*. Coral Gables, Fla.: University of Miami Press.

Berger, John, and Jean Mohr. 1981. *Another Way of Telling*. New York: Pantheon.

Berreman, Gerald. 1972. "Behind Many Masks: Impression Management in a Himalayan Village." In *Hindus of the Himalayas*, pp. xvii-lvii. Berkeley: University of California Press.

Bick, Mario. 1967. "An Index of Native Terms." In Bronislaw Malinowski, *A Diary in the Strict Sense of the Term*, pp. 299-315. New York: Harcourt, Brace, and World.

Bing, Fernande. 1964. "Entretiens avec Alfred Métraux." *L'homme* 4(2): 20-23.

Blachère, Jean-Claude. 1981. *Le modèle nègre: Aspects littéraires du mythe primitiviste au XXe siècle chez Apollinaire, Cendrars, Tsara*. Dakar: Nouvelles Editions Africaines.

Blu, Karen. 1980. *The Lumbee Problem: The Making of an American Indian People*. Cambridge: Cambridge University Press.

Blumenson, Martin. 1977. *The Vildé Affair: Beginnings of the French Resistance*. Boston: Houghton Mifflin.

Boon, James. 1972. *From Symbolism to Structuralism*. Oxford: Blackwell.

—— 1982. *Other Tribes, Other Scribes: Symbolic Anthropology in the Comparative Study of Cultures, Histories, Religions and Texts.* Cambridge: Cambridge University Press.

Bouiller, Henry. 1961. *Victor Segalen*. Paris: Mercure de France.

Bourdieu, Pierre. 1977. *Outline of a Theory of Practice*. Cambridge: Cambridge University Press.

Breton, André, et al. 1980. "Ne visitez pas l'Exposition coloniale." In *Tracts surréalistes et déclarations collectives*, ed. J. Pierre. Paris: Terrain Vague.

Brodeur, Paul. 1985. *Restitution: The Land Claims of the Mashpee, Passamaquoddy, and Penobscot Indians of New England*. Boston: Northeastern University Press.

Brooks, Peter. 1984. *Reading for the Plot: Design and Intention in Narrative*. New York: Knopf.

Bulmer, Ralph, and Ian Majnep. 1977. *Birds of My Kalam Country*. Auckland: University of Auckland Press.

Bunn, James. 1980. "The Aesthetics of British Mercantilism." *New Literary History* 11: 303-321.

Burke, Edmund III. 1979. "Islamic History as World History: Marshall Hodgson, 'The Venture of Islam.'" *International Journal of Middle East Studies* 10: 87-101.

Burridge, K. O. L. 1973. *Encountering Aborigines*. New York: Pergamon.

Caillois, Roger. 1939. *L'homme et le sacré*. Paris: Libraire E. Leroux.

Calame-Griaule, Geneviève. 1965. *Ethnologie et langage: La parole chez les Dogon*. Paris: Gallimard.

Cantwell, Robert. 1984. *Bluegrass Breakdown: The Making of the Old Southern Sound*. Urbana: University of Illinois Press.

Carpenter, Edmund. 1975. "Collecting Northwest Coast Art." In Bill Holm and Bill Reid, *Indian Art of the Northwest Coast*, pp. 9-49. Seattle: University of Washington Press.

Casagrande, Joseph, ed. 1960. In the Company of Man: Twenty Portraits of Anthropological Informants. New York: Harper and Row.

Centilivres, Pierre. 1982. "Des 'instructions' aux collections: La production

ethnographique de l'image de l'orient." In *Collections passion*, ed. J. Hainard and R. Kaehr, pp. 33-61. Neuchâtel: Musée d'Ethnographie.

Césaire, Aimé. 1983. *Aimé Césaire: The Collected Poetry, trans. Clayton Eshleman and Annette Smith*. Berkeley: University of California Press.

Chaney, David, and Michael Pickering. 1968a. "Democracy and Communication: Mass Observation 1937-1943." *Journal of Communication*, Winter: 41-56.

—— 1968b. "Authorship in Documentary: Sociology as an Art Form in Mass Observation." In *Documentary and the Mass Media*, ed. John Corner, pp. 29-46. London: Edward Arnold.

Chapman, William. 1985. "Arranging Ethnology: A. H. L. F. Pitt Rivers and the Typological Tradition." In *History of Anthropology*. Vol. 3, *Objects and Others*, ed. George Stocking, pp. 15-48. Madison: University of Wisconsin Press.

Clifford, James. 1979. "Naming Names." *Canto: Review of the Arts* 3(1): 142-153.

——1980. "Fieldwork, Reciprocity, and the Making of Ethnographic Texts." *Man* 15: 518-532.

——1982a. *Person and Myth: Maurice Leenhardt in the Melanesian World*. Berkeley: University of California Press.

—— 1982b. Review of *Nisa*, by Marjorie Shostak. *London Times Literary Supplement*. Sept. 17: 994-995.

——1986a. "Partial Truths." In *Writing Culture*, ed. James Clifford and George Marcus, pp. 1-26. Berkeley: University of California Press.

——1986b. "On Ethnograhic Allegory." In *Writing Culture*, ed. James Clifford and George Marcus, pp. 98-121. Berkeley: University of California Press.

——1986c. "The Tropological Realism of Michel Leiris." Introduction to *Sulfur* 15 (special issue of Leiris translations), ed. James Clifford, pp. 4-20.

References that have been incorporated into this book are listed by chapter number in Sources following this section.

——, and George Marcus, eds. 1986. *Writing Culture: The Poetics and Politics of Ethnography*. Berkeley: University of California Press.

Codrington, R. H. 1891. *The Melanesians*. Reprint. New York: Dover, 1972.

Coe, Ralph. 1986. *Lost and Found Traditions: Native American Art: 1965-1985*.

Seattle: University of Washington Press.
Cohen, David. 1974. *The Ramapo Mountain People*. New Brunswick, N.J.: Rutgers University Press.
Cohen, Marcel. 1962. "Sur l'ethnologie en France." *La pensée* 105: 85-96.
Cole, Douglas. 1985. *Captured Heritage: The Scramble for Northwest Coast Artifacts*. Seattle: University of Washington Press.
Cole, Herbert, and Chike Aniakor, eds. 1984. *Igbo Arts: Community and Cosmos*. Los Angeles: Museum of Cultural History, UCLA.
Comaroff, Jean. 1985. *Body of Power, Spirit of Resistance: The Culture and History of a South African People*. Chicago: University of Chicago Press.
Condominas, Georges. 1972a. "Marcel Mauss et l'homme de terrain." *L'arc* 48: 3-7.
——1972b. "Marcel Mauss, père de l'ethnographie française." *Critique* 279: 118-139.
Conrad, Joseph. 1899. *Heart of Darkness*. New York: Norton Critical Editions, 1971.
——1911. *Victory*. London: Methuen.
Copans, Jean. 1973. "Comment lire Marcel Griaule? A propos de l'interprétation de Dirk Lettens." *Cahiers d'études africaines* 49: 165-157.
——1974. *Critiques et politiques de l'anthropologie*. Paris: Maspéro.
——1975. *Anthropologie et impérialisme*. Paris: Maspero.
Crapanzano, Vincent. 1977. "The Writing of Ethnography." *Dialectical Anthropology* 2(1): 69-73.
——1980. *Tuhami: Portrait of a Moroccan*. Chicago: University of Chicago Press.

Davenport, Guy. 1979. "Au tombeau de Charles Fourier." In *Da Vinci's Bicycle*. Baltimore: Johns Hopkins University Press.
De Certeau, Michel. 1980. "Writing vs. Time: History and Anthropology in the Works of Lafitau." *Yale French Studies* 59: 37-64.
——1984. *The Practice of Everyday Life*. Berkeley: University of California Press.
Defert, Daniel. 1982. "The Collection of the World: Accounts of Voyages from the Sixteenth to the Eighteenth Centuries." *Dialectical Anthropology* 7: 11-20.
De Ganay, Solange. 1941. *Les devises des Dogon*. Paris: Institut d'Ethnologie.
Delafosse, Louise. 1976. *Maurice Delafosse: Le berrichon conquis par l'Afrique*.

Paris: Societé Française d'Histoire d'Outre-Mer.

Delafosse, Maurice. 1909. *Broussard: Les états d'âme d'un colonial.* Paris: Hermann.

Demarle, M., ed. 1957. *Marcel Criaule, conseiller de l'Union française.* Paris: Nouvelles Editions Latines.

Depestre, René. 1980. *Bonjour et adieu à la négritude.* Paris: Robert Lafont.

Derrida, Jacques. 1970. "Structure, Sign, and Play in the Discourse of the Human Sciences." In *The Languages of Criticism and the Sciences of Man*, ed. R. Macksey and E. Donato, pp. 246-272. Baltimore: Johns Hopkins University Press.

Deschamps, Hubert. 1975. *Roi de la brousse: Memoires d'autres mondes.* Paris: Berger-Levrault.

Desnos, Robert. 1929. "Rossignol." *Documents* 1(2): 117; 1(4): 215.

Devereux, Georges. 1967. *From Anxiety to Method in the Behavioral Sciences.* The Hague: Mouton.

Diamond, Stanley. 1974. *In Search of the Primitive: A Critique of Civilization.* New Brunswick, N.J.: Dutton.

Dias, Nelia. 1985. "La fondation du Musée d'Ethnographie du Trocadéro (1879-1900): Un aspect de l'histoire institutionelle de l'anthropologie française." Thesis, troisième cycle, Ecole des Hautes Etudes en Sciences Sociales, Paris.

Dieterlen, Germaine. 1941. *Les âmes des Dogon.* Paris: Institut d'Ethnologie.

——1951. *Essai sur la religion Bambara.* Paris: Presses Universitaires de France.

——1955. "Mythe et organisation sociale en Soudan français." *Journal de la Société des Africanistes* 25: 119-138.

——1957. "Les resultats des missions Griaule au Soudan franc;ais (1931-1956)." *Archives de sociologie des religions* Jan.-June: 137-142.

Dilthey, Wilhelm. 1914. "The Construction of the Historical World in the Human Sciences." In *W. Dilthey: Selected Writings*, ed. H. P. Rickman, pp. 168-245. Cambridge: Cambridge University Press, 1976.

Dominguez, Virginia. 1986. "The Marketing of Heritage." *American Ethnologist* 13(3): 546-555.

Douglas, Mary. 1967. "If the Dogon." *Cahiers d'études africaines* 28: 659-672.

Drummond, Lee. 1981. "The Cultural Continuum: A Theory of Intersystems." *Man* 15: 352-374.

Duchet, Michèle. 1971. *Anthropologie et histoire au siècle des lumières*. Paris: Maspéro.

Dumont, Jean-Paul. 1978. *The Headman and I*. Austin: University of Texas Press.

Dumont, Louis. 1972. "Une science en devenir." *L'arc* 48: 8-21.

Duvignaud, Jean. 1973. *Le langage perdu: Essai sur la différence anthropologique*. Paris: Presses Universitaires de France.

——1979. "Roger Caillois et l'imaginaire." *Cahiers internationaux de sociologie* 66: 91-97.

Dwyer, Kevin. 1977. "On the Dialogic of Fieldwork." *Dialectical Anthropology* 2(2): 143-151.

——1979. "The Dialogic of Ethnology." *Dialectical Anthropology* 4(3): 205-224.

——1982. *Moroccan Dialogues*. Baltimore: Johns Hopkins University Press.

Ehrmann, Henry W. 1976. *Comparative Legal Cultures*. Englewood Cliffs, N.J.: Prentice-Hall.

Einstein, Carl. 1915. Negerplastik. Trans. T. and R. Burgard as La sculpture africaine. Paris: Crès, 1922.

——1929. "André Masson, étude ethnologique." *Documents* 1(2): 93-104.

Evans-Pritchard, E. E. 1969. *The Nuer*. Oxford: Oxford University Press.

——1974. *Man and Woman among the Azande*. London: Faber and Faber.

Fabian, Johannes. 1983. *Time and the Other: How Anthropology Makes Its Object*. New York: Columbia University Press.

Fahim, Hussein, ed. 1982. *Indigenous Anthropology in Non-Western Countries*. Durham: University of North Carolina Press.

Favret-Saada, Jeanne. 1977. *Les mots, la mort, les sorts*. Paris: Gallimard. Trans. Catherine Cullen as *Deadly Words*. Cambridge: Cambridge University Press, 1981.

——, and Contreras, Josée. 1981. *Corps pour corps: Enquête sur la sorcellerie dans*

le Bocage. Paris: Gallimard.

Feest, Christian. 1984. "From North America." In "Primitivism" in Twentieth Century Art, ed. William Rubin, pp. 85-95. New York: Museum of Modern Art.

Fenton, James. 1984. *Children in Exile: Poems 1968-1984*. New York: Random House.

Fernandez, James. 1978. "African Religious Movements." *Annual Review of Anthropology* 7:195-234.

——1985. *Bwiti: An Ethnography of the Religious Imagination in Africa*. Princeton: Princeton University Press.

Firth, Raymond, et al. 1957. *Man and Culture: An Evaluation of the Work of Bronislaw Malinowski*. London: Routledge and Kegan Paul.

——1977. "Anthropological Research in British Colonies: Some Personal Accounts." *Anthropological Forum* 4(special issue).

Fischer, Michael. 1986. "Ethnicity and the Post-Modern Arts of Memory." In *Writing Culture: The Poetics and Politics of Ethnography*, ed. James Clifford and George Marcus, pp. 194-233. Berkeley: University of California Press.

Fisher, Philip. 1975. "The Future's Past." *New Literary History* 6(3): 587-606.

Fontana, Bernard. 1975. Introduction. In Frank Russell, *The Pima Indians*. Tucson: University of Arizona Press.

Fortes, Meyer. 1973. "On the Concept of the Person among the Tallensi." In *La notion de personne en Afrique noire*. Paris: C.N.R.S.

Foster, George, et al., eds. 1979. *Long-Term Field Research in Social Anthropology*. New York: Academic Press.

Foster, Hal. 1985. *Recodings: Art, Spectacle, Cultural Politics*. Port Townsend, Wash.: Bay Press.

Foucault, Michel. 1966. *Les mots et les chases*. Trans. as The Order of Things. New York: Random House, 1970.

——1969. *L'archaeologie du savoir*. Trans. A. M. Sheridan Smith as *The Archaeology of Knowledge*. London: Harper Colophon, 1972.

——1975. *Surveiller et punir*. Trans. Alan Sheridan as *Discipline and Punish*. New York: Vintage, 1979.

——1976. *La volonté de savoir*. Trans. Robert Hurley as *The History of Sexuality*. Vol. 1. New York: Pantheon, 1978.

——1977. "Nietzsche, Genealogy, History." In *Language, Counter-Memory, Practice*, pp. 139-164. Ithaca, N.Y.: Cornell University Press.

——1980. *Power/Knowledge*. New York: Pantheon.

Freeman, Derek. 1983. *Margaret Mead and Samoa: The Making and Unmaking of an Anthropological Myth*. Cambridge, Mass.: Harvard University Press.

Fried, Morton. 1975. *The Notion of Tribe*. Menlo Park, Calif.: Cummings.

Fussell, Paul. 1975. *The Great War and Modern Memory*. Oxford: Oxford University Press.

Geertz, Clifford. 1968. "Thinking as a Moral Act: Ethical Dimensions of Anthropological Fieldwork in the New States." *Antioch Review* 28: 139-158.

——1973. *The Interpretation of Cultures*. New York: Basic Books.

——1976. "From the Native's Point of View: On the Nature of Anthropological Understanding." In *Meaning in Anthropology*, ed. Keith Basso and Henry Selby, pp. 221-238. Albuquerque: University of New Mexico Press.

——1983. "Works and Lives: The Anthropologist as Author." Lectures delivered at Stanford University, March 1983. In press. Stanford, Calif.: Stanford University Press, 1988.

Giddens, Anthony. 1979. *Central Problems in Social Theory: Action, Structure and Contradiction in Social Analysis*. Berkeley: University of California Press.

Gide, André. 1927. *Voyage au Congo*. Paris: Gallimard.

——1928. *Le retour du Tchad*. Paris: Gallimard.

Gilot, Françoise. 1964. *Life with Picasso*. New York: McGraw-Hill.

Gilsenan, Michael. 1986. *Imagined Cities of the East: An Inaugural Lecture*. Oxford: Clarendon Press.

Ginzburg, Carlo. 1980. "Morelli, Freud and Sherlock Holmes: Clues and Scientific Method." *History Workshop* 9(Spring): 5-36.

Coffman, Erving. 1959. *The Presentation of Self in Everyday Life*. Garden City, N.Y.: Doubleday.

Goldman, Irving. 1980. "Boas on the Kwakiutl: The Ethnographic Tradition." In *Theory and Practice: Essays Presented to Gene Weltfish*, ed. Stanley Diamond, pp. 334-336. The Hague: Mouton.

Gomila, Jacques. 1976. "Objectif, objectal, objecteur, objecte." In Pierre Beaucage, Jacques Gomila, and Lionel Vallée, *L'experience anthropologique*, pp. 71-133. Montreal: Presses de l'Université de Montréal.

Goody, Jack. 1967. Review of *Conversations with Ogotemmêli*, by M. Griaule. *American Anthropologist* 69: 239-241.

Graburn, Nelson, ed. 1976. *Ethnic and Tourist Arts*. Berkeley: University of California Press.

Greenblatt, Stephen. 1980. *Renaissance Self-Fashioning: From More to Shakespeare*. Chicago: University of Chicago Press.

Greimas, A. J., and François Rastier. 1968. "The Interaction of Semiotic Constraints." *Yale French Studies* no. 41: 86-105.

Griaule, Marcel. 1929. "Crachat." *Documents* 1(7): 381.

——1930. *Documents* 2(1): 46-47.

——1933. "Introduction méthodologique." *Minotaure* 2: 7-12.

——1934a. *Les flambeurs d'hommes*. Paris: Calmann-Lévy.

——1934b. "Mission Dakar-Djibouti." *Minotaure* 2(special issue).

——1937. "L'emploi de la photographie aérienne et la recherche scientifique." *L'anthropologie* 47: 469-471.

——1938. *Masques Dogons*. Paris: Institut d'Ethnologie.

——1943. *Les Saô légendaires*. Paris: Gallimard.

——1946. "Notes de terrain, Dogon, Ogotemmêli" (11 microfiches). Paris: Musée de l'Homme, 1974.

——1948a. *Dieu d'eau: Entretiens avec Ogotemmêli*. Paris: Editions du Chêne. Trans. R. Butler and A. Richards as *Conversations with Ogotemmêli*. London: Oxford University Press for the International African Institute, 1965.

——1948b. "L'action sociologique en Afrique noire." *Présence africaine*, March-April: 388-391.

——1948c. *Les grandes explorateurs*. Paris: Presses Universitaires de France.

——1951. "Préface." In G. Dieterlen, *Essai sur la religion Bambara*, pp. vii-x. Paris: Presses Universitaires de France.

——1952a. "Le savoir des Dogon." *Journal de la Société des Africanistes* 22: 27-42.

——1952b. "Connaissance de l'homme noir." In *La connaissance de l'homme au XXe siècle*, pp. 11-24, 147-166. Neufchâtel: Musée d'Ethnographie.

——1952c. "L'enquête orale en ethnologie." *Revue philosophique*, Oct.-Dec.: 537-553.

——1953. "The Problem of Negro Culture." In *Interrelations of Cultures*, pp. 352-378. UNESCO. Reprint. Westport, Conn.: Greenwood Press, 1971.

——1957. *Méthode de l'ethnographie*. Paris: Presses Universitaires de France.

——, and Germaine Dieterlen. 1965. *Le renard pâle*. Vol. 1. Paris: Institut d'Ethnologie.

Guidieri, Rémo, and Francesco Pellizzi. 1981. Editorial. *Res* 1: 3-6.

Guillemin, Jean. 1975. *Urban Renegades: The Cultural Strategy of American Indians*. New York: Columbia University Press.

Guss, David. 1986. "Keeping It Oral: A Yekuana Ethnology." *American Ethnologist* 13(3): 413-429.

Haacke, Hans. 1975. *Framing and Being Framed*. Halifax: The Press of the Nova Scotia College of Art and Design.

Hainard, Jacques, and Rolland Kaehr, eds. 1982. *Collections passion*. Neuchâtel: Musée d'Ethnographie.

——1985. *Temps perdu, temps retrouvé: Voir les choses du passé au présent*. Neuchâtel: Musée d'Ethnographie.

——1986. "Temps perdu, temps retrouvé. Du coté de l'ethno . . ." *Gradhiva* 1(Autumn): 33-37.

Handler, Richard. 1985. "On Having a Culture: Nationalism and the Preservation of Quebec's Patrimoine." In *History of Anthropology*. Vol. 3, *Objects and Others*, ed. George Stocking, pp. 192-217. Madison: University of Wisconsin Press.

Handler, Richard, and Jocelyn Linnekin. 1984. "Tradition, Genuine or Spurious." *Journal of American Folklore* 97: 273-290.

Hannerz, Ulf. n.d. "The World System of Culture: The International Flow of Meaning

and its Local Management." Manuscript.

Haraway, Donna. 1985. "Teddy Bear Patriarchy: Taxidermy in the Garden of Eden, New York City, 1908-1936." *Social Text*, Winter: 20-63.

Harris, Wilson. 1973. *The Whole Armour and The Secret Ladder*. London: Faber and Faber.

Hartog, François. 1971. *Le miroir d'Hérodote: Essai sur la représentation de l'autre*. Paris: Gallimard.

Heller, Thomas, Morton Sosna, and David Wellbery, eds. 1986. *Reconstructing Individualism: Autonomy, Individuality, and the Self in Western Thought*. Stanford: Stanford University Press.

Hiller, Susan. 1979. Review of "Sacred Circles: 2,000 Years of North American Art." *Studio International*, Dec.: 8-15.

Hinsley, Curtis. 1983. "Ethnographic Charisma and Scientific Routine: Cushing and Fewkes in the American Southwest, 1879-1893." In *History of Anthropology*. Vol. 1, Observers Observed, ed. George Stocking, pp. 53-69. Madison: University of Wisconsin Press.

Hobsbawm, Eric, and Terence Ranger. 1983. *The Invention of Tradition*. Cambridge: Cambridge University Press.

Hodgson, Marshall. 1963. "The Interrelatedness of Societies in History." *Comparative Studies in Society and History* 5: 227-250.

——1974. *The Venture of Islam*. Vol. 1. Chicago: University of Chicago Press.

Hollier, Denis, ed. 1979. *Le Collège de Sociologie*. Paris: Gallimard.

Honour, Hugh. 1975. *The New Golden Land*. New York: Pantheon.

Houghton, Walter. 1957. *The Victorian Frame of Mind*. New Haven: Yale University Press.

Hountondji, Paulin. 1977. *Sur la "philosophie" africaine*. Trans. Henri Evans as *African Philosophy: Myth and Reality*. Bloomington: Indiana University Press, 1983.

Hourani, Albert. 1967. "Islam and the Philosophers of History." *Middle Eastern Studies* 3: 204-268.

——1979. "Orientalism." *New York Review of Books*, March 8: 29-30.

Howe, Susan. 1985. *My Emily Dickinson*. Berkeley: North Atlantic Books.
Hutchins, Francis. 1979. *Mashpee: The Story of Cape Cod's Indian Town*. West Franklin, N.H.: Amarta Press.
Hymes, Dell, ed. 1969. *Reinventing Anthropology*. New York: Pantheon.

Imperato, Pascal. 1978. *Dogon Cliff Dwellers: The Art of Mali's Mountain People*. New York: L. Kahan Gallery.

Jackson, Anthony, ed. 1987. *Anthropology at Home*. London: Tavistock.
Jakobson, Roman. 1959. "Boas' View of Grammatical Meaning." In *The Anthropology of Franz Boas*, ed. Walter Goldschmidt, pp. 139-145. San Francisco: American Anthropological Association.
Jameson, Fredric. 1981. *The Political Unconscious: Narrative as a Socially Symbolic Act*. Ithaca: Cornell University Press.
——1979. "Marxism and Historicism." *New Literary History* 11(1): 41-73.
Jamin, Jean. 1977. *Les lois du silence: Essai sur la fonction sociale du secret*. Paris: Maspéro.
——1979. "Une initiation au réel: A propos de Segalen." *Cahiers internationaux de sociologie* 66: 125-139.
——1980. "Un sacré collège ou les apprentis sorciers de la sociologie." *Cahiers internationaux de sociologie* 68: 5-30.
——1982a. "Objets trouvés des paradis perdus: A propos de la Mission Dakar-Djibouti." In *Collections passion*, ed. J. Hainard and R. Kaehr, pp. 69-100. Neuchâtel: Musée d'Ethnographie.
——1982b. "Les metamorphoses de L'Afrique fantôme." *Critique* 418: 200-212.
——1985. "Les objets ethnographiques sont-ils des choses perdues?" In *Temps perdu, temps retrouvé: Voir les chases du passé au présent*, ed. J. Hainard and R. Kaehr, pp. 51-74. Neuchâtel: Musée d'Ethnographie.
——1986. "L'ethnographie mode d'inemploi: De quelques rapports de l'ethnologie avec le malaise dans la civilisation." In *Le mal et la douleur*, ed. J. Hainard and R. Kaehr, pp. 45-79. Neuchâtel: Musée d'Ethnographie.

Jencks, Charles. 1973. *Le Corbusier and the Tragic View of Architecture*. London: Penguin.

Jones, Nicholas Burton, and Melvin Konner. 1976. "!Kung Knowledge of Animal Behavior." *Kalahari Hunter-Gatherers*, ed. R. Lee and I. De Vore, pp. 325-348. Cambridge, Mass.: Harvard University Press.

Jules-Rosette, Benetta. 1984. *The Messages of Tourist Art*. New York: Plenum.

Karady, Victor. 1981. "French Ethnology and the Durkheimian Breakthrough." *Journal of the Anthropological Society of Oxford* 12: 165-176.

——1982. "Le problème de la légitimité dans l'organisation historique de l'ethnologie française." *Revue franc;aise de sociologie* 32(1): 17-36.

Karl, Frederick. 1979. *Joseph Conrad: The Three Lives*. New York: Farrar, Straus, and Giroux.

Kaufman, Walter, ed. 1954. *The Portable Nietzsche*. New York: Vintage.

Keesing, Roger. 1974. "Theories of Culture." *American Anthropologist* 2: 73-97.

Kermode, Frank. 1980. *The Genesis of Secrecy: The Interpretation of Narrative*. Cambridge, Mass.: Harvard University Press.

Khatibi, Abdelkebir. 1976. "Jacques Berque ou le saveur orientale." *Les temps modernes* 359: 2159-2181.

Kroeber, A. L. 1931. Review of *Growing Up in New Guinea*, by Margaret Mead. *American Anthropologist* 36: 248.

——, and Clyde Kluckhohn. 1952. *Culture: A Critical Review of Concepts and Definitions*. New York: Vintage.

Lacoste-Dujardin, Camille. 1977. *Dialogue des femmes en ethnologie*. Paris: Maspéro.

Lafitau, joseph-François. 1724. *Moeurs des sauvages ameriquains comparées aux moeurs des premiers temps*. Paris: Saugrain l'ainé et Charles Etienne Hochereau.

Langham, Ian. 1981. *The Building of British Social Anthropology*. New York: Dover.

Laude, Jean. 1968. *La peinture française (1905-1914) et "l'art nègre."* Paris: Editions Klincksieck.

Leach, Edmund. 1976. *Culture and Communication*. Cambridge: Cambridge University Press.

Lebeuf, Jean-Paul. 1975. Review of *Mystagogie et mystification*, by D. A. Lettens. *Journal de la Société des Africanistes* 45: 230-232.

Leclerc, Gerard. 1972. *Anthropologie et colonialisme*. Paris: Fayard.

Leenhardt, Maurice. 1932. *Documents néo-calédoniens*. Paris: Institut d'Ethnologie.

——1937. *Do Kamo: La personne et le mythe dans le monde mélanésien*. Paris: Gallimard. Trans. Basia Gulati as *Do Kamo: Person and Myth in the Melanesian World*. Chicago: University of Chicago Press, 1979.

——1950. "Marcel Mauss." *Annuaire de l'Ecole Pratique des Hautes Etudes, Section des Sciences Religieuses*, pp. 19-23.

Lienhardt, Godfrey. 1961. *Divinity and Experience: The Religion of the Dinka*. Oxford: Oxford University Press.

Leiris, Michel. 1929a. "Alberto Giacometti." *Documents* 1(4): 209-211. Trans. J. Clifford in *Sulfur* 15(1986):38-41.

——1929b. "L'eau à la bouche." *Documents* 1(7): 381-382. Trans. L. Davis in *Sulfur* 15(1986): 41-42.

——1929c. "Compte rendu de L'ile magique de William Seabrook." *Documents* 1(6): 334.

——1930. "L'oeil de l'ethnographie: A propos de la Mission Dakar Djibouti. *Documents* 2(7): 405-41 4.

——1934. *L'Afrique fantôme*. Reprinted with new introduction. Paris: Gallimard, 1950.

——1935. "L'Abyssinie intime." *Mer et Outre-mer*, June: 43-47.

——1938a. "Du musée d'ethnographie au Musée de l'Homme." *Nouvelle revue française* 299: 344-345.

——1938b. "Le sacré dans la vie quotidienne." In *Le Collège de Sociologie*, ed. Denis Hollier, pp. 60-74. Paris: Gallimard, 1979.

——1946. *L'age d'homme*. Paris: Gallimard. Trans. Richard Howard as *Manhood*. Berkeley: North Point Press, 1985.

——1948. "Avant propos." *La langue secrète des Dogons de Sanga*, pp. ix-xxv. Paris:

Institut d'Ethnologie.
——1948-1976. *La règie du jeu*. Vols. 1-4, *Biffures, Fourbis, Fibrilles, Frêle bruit*. Paris: Gallimard.
——1950. "L'ethnographe devant le colonialisme." In *Les temps modernes* 58. Reprinted in *Brisées*, pp. 125-145. Paris: Mercure de France, 1966.
——1953. "The African Negroes and the Arts of Carving and Sculpture." In *Interrelations of Cultures*, pp. 316-351. Westport, Conn.: UNESCO.
——1958. *La possession et ses aspects théâtraux chez les Ethiopiens de Gondar*. Reprint. Paris: Le Sycomore, 1980.
——1963. "De Bataille l'impossible à l'impossible Documents." *Critique* 195-196. Reprinted in *Brisées*, pp. 256-266. Paris: Mercure de France, 1966.
——1966a. *Brisées*. Paris: Mercure de France.
——1966b. "The Musée de l'Homme: Where Art and Anthropology Meet." *Realities* 182: 57-63.
——1968. "The Discovery of African Art in the West." In M. Leiris and J. Delange, *African Art*. New York: Golden Press.
——1981. *Le ruban au cou d'Olympia*. Paris: Gallimard.
Leroi-Gourhan, André. 1982. *Les racines du monde*. Paris: Pierre Belford.
Lettens, D. A. 1971. *Mystagogie et mystification: Evaluation de l'oeuvre de Marcel Griaule*. Bujumbura, Burundi: Presses Lavigerie.
Levi-Strauss, Claude. 1943. "The Art of the Northwest Coast at the American Museum of Natural History." *Gazette des beaux arts*, Sept.: 175-182. Partially reprinted in *La voie des masques*, pp. 9-14. Paris: Pion, 1979.
——1945. "French Sociology." In *Twentieth Century Sociology*, ed. Georges Gurvitch and Wilbert Moore, pp. 503-537. New York: Philosophical Library.
——1950. "Introduction à l'oeuvre de Marcel Mauss." In M. Mauss, *Sociologie et anthropologie*, pp. ix-lii. Paris: Presses Universitaires de France.
——1952. *Race and History*. Paris: UNESCO.
——1955. *Tristes tropiques*, trans. John and Doreen Weightman. New York: Athenaeum, 1975.
——1960. "Leçon inaugurale." Trans. M. Layton as "The Scope of Anthropology." In

Structural Anthropology. Vol. 2, pp. 3-32. New York: Basic Books, 1976.

—— 1976. "The Work of the Bureau of American Ethnology." In *Structural Anthropology*. Vol. 2. New York: Basic Books.

——1978. "Preface." In Roman Jakobson, *Six Lectures on Sound and Meaning*, pp. xi-xxvi. Cambridge, Mass.: MIT Press.

——1983. "New York post-et préfiguratif." In *Le regard éloigné*, pp. 345-356. Paris: Pion.

——1985. "New York in 1941." In *The View from Afar*, pp. 258-267. New York: Basic Books.

Levin, Gail. 1984. "'Primitivism' in American Art: Some literary Parallels of the 1910s and 1920s." *Arts*, Nov.:101-105.

Lewis, I. M. 1973. *The Anthropologist's Muse*. London: London School of Economics and Political Science.

Lourau, R. 1974. *Le gai savoir des sociologues*. Paris: Union Génér ale des Editions.

Lowie, Robert. 1940. "Native Languages as Ethnographic Tools." *American Anthropologist* 42(1): 81-89.

Lukács, Georg. 1964. *Studies in European Realism*. New York: Grosset and Dunlap.

Lyman, Christopher. 1982. *The Vanishing Race and Other Illusions: Photographs of Indians by Edward Curtis*. New York: Pantheon.

Macnair, Peter, Alan Hoover, and Kevin Neary. 1984. *The Legacy: Tradition and Innovation in Northwest Coast Indian Art*. Vancouver: Douglas and McIntyre.

Macpherson, C. B. 1962. *The Political Theory of Possessive Individualism*. Oxford: Oxford University Press.

Makreel, Rudolf. 1975. *Dilthey: Philosopher of the Human Sciences*. Princeton: Princeton University Press.

Malinowski, Bronislaw. 1915. "The Natives of Mailu." *Transactions of the Royal Society of Southern Australia*. 39: 49-706.

——1916. "Baloma: Spirits of the Dead in the Trobriand Islands." In *Magic, Science and Religion*. Garden City, N.Y.: Natural History Press.

——1922. *Argonauts of the Western Pacific*. London: Routledge.

——1932. "Pigs, Papuans and Police Court Perspective." *Man* 32: 33-38.

——1935. *Coral Gardens and Their Magic*. Bloomington: University of Indiana Press.

——1967.*A Diary in the Strict Sense of the Term*. New York: Harcourt, Brace, and World.

Malraux, Paule. 1957. "Marcel Griaule." In *Marcel Griaule, counseiller de l'Union français*, ed. M. Demarle, pp. 13-16. Paris: Nouvelles Editions Latines.

Maquet, Jacques. 1964. "Objectivity in Anthropology." *Current Anthropology* 5: 47-55.

Marcus, George. 1980. "Rhetoric and the Ethnographic Genre in Anthropological Research." *Current Anthropology* 21: 507-510.

——1985. "A Timely Rereading of *Naven*: Gregory Bateson as Oracular Essayist." *Representations* 12: 66-82.

——1986. "Contemporary Problems of Ethnography in the Modern World System." In *Writing Culture*, ed. James Clifford and George Marcus, pp. 165-193. Berkeley: University of California Press.

——, and Dick Cushman. 1982. "Ethnographies as Texts." *Annual Review of Anthropology* 11: 25-69.

——, and Michael Fischer. 1986. *Anthropology as Cultural Critique: An Experimental Moment in the Human Sciences*. Chicago: University of Chicago Press.

Matthews, J. H. 1977. *The Imagery of Surrealism*. Syracuse: Syracuse University Press.

Mauss, Marcel. 1902. *Esquisse d'une théorie générale de la magie*. Trans. Robert Brain as *A General Theory of Magic*. New York: Norton, 1972.

——1913. "L'Ethnographie en France et à l'étranger." In *Oeuvres*. Vol. 3: 395-434. Paris: Editions de Minuit, 1969.

——1923. "Essai sur le don." In *Sociologie et anthropologie*, pp. 145-279. Paris: Presses Universitaires de France, 1950. Trans. Ian Cunnison as *The Gift*. New York: Norton, 1967.

——1924. "Rapports réels et pratiques de la psychologie et de la sociologie." In

Sociologie et anthropologie, pp. 283-310. Paris: Presses Universitaires de France, 1950. Trans. Ben Brewster as "Real and Practical Relations between Psychology and Sociology." In *Sociology and Psychology*, pp. 1-32. London: Routledge and Kegan Paul, 1979.

——1930.*Documents* 2(3): 177.

——1931. "Instructions sommaires pour les collecteurs d'objets ethnographiques." Musée d'Ethnographie du Trocadéro. Pamphlet prepared with the assistance of M. Leiris and M. Griaule.

——1934. "Les techniques du corps." In *Sociologie et anthropologie*, pp. 363-386. Paris: Presses Universitaires de France, 1950. Trans. Ben Brewster as "Body techniques." In *Sociology and Psychology*, pp. 95-123. London: Routledge and Kegan Paul, 1979.

——1938. "Une categorie de l'esprit humain: La notion de personne, celle de 'moi.'" In *Sociologie et anthropologie* pp. 333-362. Paris: Presses Universitaires de la France, 1950.

——1947. *Manuel d'ethnographie*. Paris: Payot, 1967.

——1950. *Sociologie et anthropologie*. Paris: Presses Universitaires de France.

——1968-69. *Oeuvres*. Vols. 1-3, ed. Victor Karady. Paris: Editions de Minuit.

Mazur, Rona Sue. 1980. "Town and Tribe in Conflict: A Study of Local-Level Politics in Mashpee, Massachusetts." Ph.D. diss., Columbia University.

Mead, Margaret. 1939. "Native Languages as Field-Work Tools." *American Anthropologist* 42(20): 189-205.

——1971. *The Mountain Arapesh*. Vol. 3. Garden City, N.Y.: Natural History Press.

——1977. *Letters from the Field*: 1925-1975. New York: Harper and Row.

Mead, Sidney Moka, ed. 1984. *Te Maori: Maori Art from New Zealand Collections*. New York: Harry Abrams.

Ménil, René. 1981. *Tracées: Identité, négritude, esthétique aux Antilles*. Paris: Robert Lafont.

Merleau-Ponty, Maurice. 1947. *Humanisme et terreur*. Paris: Gallimard.

Métraux, Alfred. 1963. "Rencontre avec les ethnologues." *Critique* 195-196: 677-684.

Michel-Jones, Françoise. 1978. *Retour au Dogon: Figure du double et ambivalence*.

Paris: Le Sycomore.

Miller, J. Hillis. 1965. "Conrad's Darkness." In *Poets of Reality*, chap. 1. Cambridge, Mass.: Harvard University Press.

Mintz, Sidney. 1972. "Introduction to the Second English Edition." In Alfred Métraux, *Voodoo in Haiti*. New York: Schocken.

Mitchell, Juliet. 1984. *Women: The Longest Revolution*. London: Virago.

Monroe, Dan. 1986. "Northwest Coast Native American Art Reinstallation Planning Grant." Application for NEH funding on behalf of the Oregon Art Institute, Portland, Oregon.

Mullaney, Steven. 1983. "Strange Things, Gross Terms, Curious Customs: The Rehearsal of Cultures in the Late Renaissance. *Representations* 3: 40-67.

Nadeau, Maurice. 1965. *The History of Surrealism*. New York: Macmillan.

Najder, Zdzislaw. 1964. *Conrad's Polish Background: Letters to and from Polish Friends*. Oxford: Oxford University Press.

——1983. *Joseph Conrad: A Chronicle*. New Brunswick, N.J.: Rutgers University Press.

Nash, June. 1975. "Nationalism and Fieldwork." *Annual Review of Anthropology* 4: 225-245.

——1979. *We Eat the Mines, the Mines Eat Us: Dependency and Exploitation in Bolivian Tin Mines*. New York: Columbia University Press.

Ogono d'Arou. 1956. "Allocution prononcée au cours des funérailles du Marcel Griaule à Sanga." *Journal de la Société des Africanistes* 26: 8-10.

Ortner, Sherry. 1984. "Theory in Anthropology since the Sixties." *Comparative Studies in Society and History* 26: 126-166.

Pala, S. 1931. *Exposition coloniale internationale de Paris, 1931*. Paris: Bibliothèque de la Ville de Paris.

Paulme, Denise. 1977. "Sanga 1935." *Cahiers d'études africaines* 65: 7-12.

Payne, Harry. 1981. "Malinowski's Style." *Proceedings of the American*

Philosophical Society 125: 416-440.
Pietz, William. 1985. "The Problem of the Fetish, 1." *Res* 9(Spring): 5-17.
Pomian, Krzysztof. 1978. "Entre l'invisible et le visible: La collection." *Libre* 78(3): 3-56.
Pratt, Mary Louise. 1977. "Nationalizing Exoticism: Spanish America after Independence." *Inscriptions* 2: 29-35.
Price, Richard. 1973. Introduction. In *Maroon Societies*. New York: Anchor.
——1983. *First Time: The Historical Vision of an Afro-American People*. Baltimore: Johns Hopkins University Press.
Price, Sally. 1986. "L'esthetique et le temps: Commentaire sur l'histoire orale de l'art." *L'ethnographie* 82: 21 5-225.
——, and Richard Price. 1980. *Afro-American Arts of the Suriname Rain Forest*. Berkeley: University of California Press.
Pye, Michael. 1987. "Whose Art Is It Anyway?" *Connoisseur*, March: 78-85.

Queneau, Raymond. 1981. *Contes et propos*. Paris: Gallimard.

Rabassa, José. 1985. "Fantasy, Errancy, and Symbolism in New World Motifs: An Essay on Sixteenth-Century Spanish Historiography." Ph. D. diss., University of California, Santa Cruz.
Rabinow, Paul. 1977. *Reflections on Fieldwork in Morocco*. Berkeley: University of California Press.
——1986. "Representations Are Social Facts: Modernity and Post-Modernity in Anthropology." In *Writing Culture: The Poetics and Politics of Ethnography*, ed. J. Clifford and G. Marcus, pp. 234-261. Berkeley: University of California Press.
——, and William Sullivan, eds. 1979. *Interpretive Social Science*. Berkeley: University of California Press.
Radcliffe-Brown, A. R. 1922. *The Andaman Islanders*. Reprint. New York: The Free Press, 1948.
Rama, Angel. 1982. *Transculturación narrativa y novela latinoamericana*. Mexico City: Siglo XXI.

Rentoul, Alex. 1931a. "Physiological Paternity and the Trobrianders." *Man* 31: 153-154.

——1931b. "Papuans, Professors and Platitudes." *Man* 31: 274-276.

Reynolds, B. 1983. "The Relevance of Material Culture to Anthropology." *Journal of the Anthropological Society of Oxford* 2: 63-75.

Richards, A. I. 1967. "African Systems of Thought: An Anglo-French Dialogue." *Man* 2: 286-298.

Rickman, H. P., ed. 1976. *Wilhelm Dilthey: Selected Writings*. Cambridge: Cambridge University Press.

Ricoeur, Paul. 1971. "The Model of the Text: Meaningful Action Considered as a Text." *Social Research* 38: 529-562.

Rivet, Paul. 1929. Untitled article. *Documents* 1(3): 130-134.

——1948. "Organization of an Ethnological Museum." *Museum* 1: 110-118.

——, and Georges-Henri Riviere. 1933. "Mission ethnographique et linguistique Dakar-Djibouti." *Minotaure* 2: 3-5.

Rivière, Georges-Henri. 1968. "My Experience at the Musée d'Ethnologie," *Proceedings of the Royal Anthropological Institute*, pp. 117-122.

——1979. "Un rencontre avec Georges-Henri Rivière." *Le monde*. July8-9, p.15.

Robbins, Bruce. 1986. *The Servant's Hand: English Fiction from Below*. New York: Columbia University Press.

Rosaldo, Renato. 1980. *Ilongot Headhunting 1883-1974: A Study in Society and History*. Stanford: Stanford University Press.

Rosen, Lawrence. 1977. "The Anthropologist as Expert Witness." *American Anthropologist* 79: 555-578.

Rouch, Jean. 1978a. "Ciné transe." *Film Quarterly* 2: 2-11.

——1978b. "Le renard fou et le maitre pâle." In *Système des signes: Textes réunis en hommage à Germaine Dieterlen*, pp. 3-24. Paris: Presses Universitaires de France.

Rubin, William, ed. 1984. "Primitivism" in *Modern Art: Affinity of the Tribal and the Modern*. 2 vols. New York: Museum of Modern Art.

Rupp-Eisenreich, Britta, ed. 1984. *Histoires de l'anthropologie*. Paris: Klincksieck

Editions.

Sahlins, Marshall. 1985. *Islands of History*. Chicago: University of Chicago Press.

Said, Edward. 1966. *Joseph Conrad and the Fiction of Autobiography*. Cambridge, Mass.: Harvard University Press.

——1975. *Beginnings: Intention and Method*. New York: Basic Books.

——1976. Interview. *Diacritics* 3: 30-47.

——1978a. *Orientalism*. New York: Pantheon Books.

——1978b. "The Problem of Textuality: Two Exemplary Positions." *Critical Inquiry*, Summer: 706-725.

——1979. "Zionism from the Standpoint of its Victims." *Social Text* 1: 7-58.

——1986a. *After the Last Sky: Palestinian Lives*. New York: Pantheon.

——1986b. "On Palestinian Identity: A Conversation with Salman Rushdie." *New Left Review* 160: 63-80.

Saisselin, Rémy. 1984. *The Bourgeois and the Bibelot. New Brunswick*, N.J.: Rutgers University Press.

Sarevskaja, B. I. 1963. "La *Méthode de l'ethnographie* de Marcel Griaule et les questions de méthodologie dans l'ethnographie française contemporaine." *Cahiers d'etudes africaines* 4(16): 590-602.

Schaeffner, André. 1929. "Les instruments de musique dans un musée d'ethnographie." *Documents* 1(5): 248.

Schneider, David. 1968. *American Kinship: A Cultural Account*. Englewood Cliffs, N.J.: Prentice-Hall.

Schwab, Raymond. 1950. *La renaissance orientale*. Paris: Payot.

Seabrook, William. 1929. *L'ile magique*. Paris: Firmin-Didot.

——1931. *Les secrets de la jungle*. Paris: J. Haumont.

Segalen, Victor. 1907a. *Les immémoriaux*. Paris: Editions du Seuil.

——1907b. "Dans un monde sonore." *Mercure de France* 16(8): 648-668.

——1912. *Stèles*. Peking (private edition). Critical edition. Paris: Pion, 1963. Trans. Nathaniel Tarn as *Stelae*. London: Unicorn Press, 1969.

——1916. *Peintures*. Paris: Crès. Reprint. Paris: Gallimard, 1983.

——1922. *René Leys*. Paris: Gallimard, 1971.
——1929. *Equipée: Voyage au pays du réel.* Paris: Gallimard, 1983.
——1975. *Briques et tuiles*. Montepellier: Editions Fata Morgana.
——1978. *Essai sur l'exotisme*. Montepellier: Fata Morgana.
——1979. *Thibet*. Paris: Mercure de France.
——, and Henry Manceron. 1985. *Trahison fidèle: Correspondance 1907-1918*. Paris: Editions du Seuil.
Shostak, Marjorie. 1981. *Nisa: The Life and Words of a !Kung Woman*. Cambridge, Mass.: Harvard University Press.
Sieber, Roy. 1971. "The Aesthetics of Traditional African Art." In *Art and Aesthetics in Primitive Societies*, ed. Carol F. Jopling, pp. 127-145. New York: Dutton.
Simmons, William. 1986. *Spirit of the New England Tribes: Indian History and Folklore, 1620-1984*. Hanover, N.H.: University Press of New England.
Slagle, Logan. 1986. Tribal Recognition and the Tolowa. Lecture presented at conference on the Nature and Function of Minority Literature, University of California, Berkeley, May 25.
Sontag, Susan. 1977. *On Photography*. New York: Farrar, Straus, and Giroux.
Soupault, Philippe. 1927. *Le nègre*. Reprint. Paris: Seghers, 1975.
Sperber, Dan. 1975. *Rethinking Symbolism*. Cambridge: Cambridge University Press.
——1981. "L'interprétation en anthropologie." *L'Homme* 21(1): 69-92. Trans. in On Anthropological Knowledge, pp. 9-34. Cambridge: Cambridge University Press, 1985.
Spivak, Gayatri Chakravorty. 1987. *In Other Worlds: Essays in Cultural Politics*. New York: Methuen.
Steinbright, Jan, ed. 1986. *Alaskameut '86: An Exhibit of Contemporary Alaska Native Masks*. Fairbanks: Institute of Alaska Native Arts.
Stewart, Susan. 1984. *On Longing: Narratives of the Miniature, the Gigantic, the Souvenir, the Collection*. Baltimore: Johns Hopkins University Press.
Stocking, George. 1968. "Arnold, Tylor and the Uses of Invention." In *Race, Culture and Evolution*, pp. 69-90. New York: The Free Press.
——1974. "Empathy and Antipathy in *Heart of Darkness*." In *Readings in the*

History of Anthropology, ed. Regna Darnell, pp. 85-98. New York: Harper and Row.

——1987. *Victorian Anthropology.* New York: The Free Press.

——, ed. 1983. *History of Anthropology*. Vol. 1, *Observers Observed: Essays on Ethnographic Fieldwork*, esp. "The Ethnographer's Magic: Fieldwork in British Anthropology from Tylor to Malinowski," pp. 70-119. Madison: University of Wisconsin Press.

Stott, William, 1973. *Documentary Expression and Thirties America*. New York: Oxford University Press.

Sturtevant, William. 1969. "Does Anthropology Need Museums?" *Proceedings of the Biological Society of Washington* 82: 619-650.

——1973. "Museums as Anthropological Data Banks." In *Anthropology beyond the University*, ed. A. Redfield. *Proceedings of the Social Anthropological Society* 7: 40-55.

——1983. "Tribe and State in the Sixteenth and Twentieth Centuries." In *The Development of Political Organization in Native North America*, ed. Elizabeth Tooker, pp. 3-15. Washington: The American Ethnological Society.

Talbot, Steven. 1985. "Desecration and American Indian Religious Freedom." *Journal of Ethnic Studies* 12(4): 1-18.

Taussig, Michael. 1980. *The Devil and Commodity Fetishism in South America*. Chapel Hill: University of North Carolina Press.

——1987. *Shamanism, Colonialism, and the Wild Man: A Study in Terror and Healing*. Chicago: University of Chicago Press.

Tedlock, Barbara. 1984. "The Beautiful and the Dangerous: Zuñi Ritual and Cosmology as an Aesthetic System." *Conjunctions* 6: 246-265.

——, and Dennis Tedlock. 1985. "Text and Textile: Language and Technology in the Arts of the Quiche Maya." *Journal of Anthropological Research* 41(2): 121-146.

Tedlock, Dennis. 1979. "The Analogical Tradition and the Emergence of a Dialogical Anthropology." *Journal of Anthropological Research* 35(4): 387-400. Reprint. In D. Tedlock, *The Spoken Word and the Work of Interpretation*, pp. 321-338.

Philadelphia: University of Pennsylvania Press, 1983.

Thornton, Robert. 1983. "Narrative Ethnography in Africa, 1850-1920." *Man* 18: 502-520.

Tibawi, A. L. 1963. "English Speaking Orientalists: A Critique of Their Approach to Islam and to Arab Nationalism." *Muslim World* 53(3-4): 185-204, 298-313.

Tiryakian, E. A. 1979. "L'école durkheimienne et la recherche de la Société perdue: La sociologie naissante et son milieu culturel." *Cahiers internationaux de sociologie* 66: 97-114.

Todorov, Tzvetan. 1981. *Mikhail Bakhtine: Le principe dialogique*. Paris: Editions du Seuil.

Trinh T. Minh-ha. 1986. "Difference: 'A Special Third World Women Issue."' *Discourse* 8: 11-37.

Tureen, Thomas. 1985. "Afterword." In Paul Brodeur, *Restitution*, pp. 143-148. Boston: Northeastern University Press.

Turnbull, Colin. 1962. *The Forest People*. New York: Simon and Schuster.

Turner, Victor. 1967. *The Forest of Symbols: Aspects of Ndembu Ritual*. Ithaca, N.Y.: Cornell University Press.

——1975. *Revelation and Divination in Ndembu Ritual*. Ithaca: Cornell University Press.

Tyler, Stephen. 1981. "Words for Deeds and the Doctrine of the Secret World." In *Papers from the Parassession on Language and Behavior*, pp. 34-57. *Proceedings of the Chicago Linguistic Society*. Chicago: Chicago University Press.

Vitart-Fardoulis, Anne. 1986. "L'objet interrogé: Ou comment faire parler une collection d'ethnographie." *Gradhiva* 1(Autumn): 9-12.

Vogel, Susan. 1985. Introduction. In *African Masterpieces from the Musée de l'Homme*, pp. 10-11. New York: Harry Abrams.

——, and Francine N'Diaye, eds. 1985. *African Masterpieces from the Musée de l'Homme*. New York: Harry Abrams.

Volosinov, V. N. (M. Bakhtin?). 1973. *Marxism and the Philosophy of Language*.

New York: Seminar Press.

Wagner, Roy. 1980. *The Invention of Culture*. Rev. ed. Chicago: University of Chicago Press.

Walker, James. 1917. *The Sun Dance and Other Ceremonies of the Oglala Division of the Teton Dakotas*. Anthropological Papers. Vol. 16. New York: American Museum of Natural History.

——1982a. *Lakota Belief and Ritual*, ed. Raymond de Mallie and Elaine Jahner. Lincoln: University of Nebraska Press.

——1982b. *Lakota Society*, ed. Raymond J. DeMallie. Lincoln: University of Nebraska Press.

——1983. *Lakota Myth*, ed. Elaine Jahner. Lincoln: University of Nebraska Press.

Watt, Ian. 1979. *Conrad in the Nineteenth Century*. Berkeley: University of California Press.

Weatherhead, L. R. 1980. "What Is an 'Indian Tribe'?-The Question of Tribal Existence." *American Indian Law Review* 8(1): 1-48.

Webster, Steven. 1982. "Dialogue and Fiction in Ethnography." *Dialectical Anthropology* 7(2): 91-114.

Weiner, Annette. 1976. *Women of Value, Men of Renown*. Austin: University of Texas Press.

Whisnant, David. 1983. *All That Is Native and Fine: The Politics of Culture in an American Region*. Chapel Hill: University of North Carolina Press.

Willett, Frank, et al. 1976. "Authenticity in African Art." *African Arts* 9(3): 6-74 (special section).

Williams, Elizabeth. 1985. "Art and Artifact at the Trocadéro." In *History of Anthropology*. Vol. 3, *Objects and Others*, ed. George Stocking, pp. 145-166. Madison: University of Wisconsin Press.

Williams, Raymond. 1966. *Culture and Society, 1780-1950*. New York: Harper and Row.

——1973. *The Country and the City*. New York: Oxford University Press.

——1976. *Keywords*. New York: Harper and Row.

Williams, William Carlos. 1923. *Spring & All*. Paris: Contact Publishing Company. Reprint. New York: Frontier Press, 1970.

——1963. *Paterson*. New York: New Directions.

——1967. *The Collected Later Poems*. New York: New Directions.

Winner, Thomas. 1976. "The Semiotics of Cultural Texts." *Semiotica* 18(2): 101-156.

Yannopoulos, T., and D. Martin. 1978. "De la question au dialogue: A propos des enquêtes en Afrique noire." *Cahiers d'études africaines* 71: 421-442.

THE PREDICAMENT OF CULTURE: Twentieth-Century Ethnography, Literature, and Art by James Clifford
Copyright © 1988 by the President and Fellows of Harvard College
Published by arrangement with Harvard University Press
through Bardon-Chinese Media Agency
Complex Chinese translation copyright © 2023 by Rive Gauche Publishing House, an Imprint of Walkers Cultural Enterprise Ltd.
All rights reserved.

左岸|人類學 360

文化的困境

20世紀的民族誌、文學與藝術

The Predicament of Culture: Twentieth-Century Ethnography, Literature and Art

本書承科技部「人文社會經典譯注計畫」協助出版

作　　者　詹姆士．克里弗德 James Clifford
譯　　者　王宏仁、林徐達

總 編 輯　黃秀如
責任編輯　孫德齡
編輯助理　劉書瑜
企畫行銷　蔡竣宇
封面設計　陳恩安
內文排版　宸遠彩藝

出　　版　左岸文化／遠足文化事業股份有限公司
發　　行　遠足文化事業股份有限公司（讀書共和國出版集團）
　　　　　231新北市新店區民權路108-2號9樓
電　　話　（02）2218-1417
傳　　真　（02）2218-8057
客服專線　0800-221-029
E-Mail　rivegauche2002@gmail.com
左岸臉書　https://www.facebook.com/RiveGauchePublishingHouse/
團購專線　讀書共和國業務部　02-22181417分機1124

法律顧問　華洋法律事務所　蘇文生律師
印　　刷　成陽印刷股份有限公司
初　　版　2023年12月
定　　價　700元
I S B N　9786267209677（平裝）
　　　　　9786267209653（EPUB）
　　　　　9786267209660（PDF）

有著作權　翻印必究（缺頁或破損請寄回更換）
本書僅代表作者言論，不代表本社立場

國家圖書館出版品預行編目(CIP)資料

文化的困境：20世紀的民族誌、文學與藝術
詹姆士・克里弗德（James Clifford）著；王宏仁，林徐達譯.
-- 初版. -- 新北市：左岸文化出版：遠足文化事業股份有限
公司發行，2023.12
648面；14.8x21公分. -- (左岸人類學；360)
譯自：The Predicament of Culture: Twentieth-Century Ethnography,
Literature and Art

ISBN 978-626-7209-67-7(平裝)

1.CST: 文化人類學　　2.CST: 民族學

541.3　　112019299